普通高等学校省级规划教材
心理学创新系列教材

普通心理学

第2版

主　编　李　秀　刘新民
副主编　张　铭　何苗苗　王　婷
　　　　金　鑫
编　委（以姓氏笔画为序）
　　　　王　欣　刘　畅　刘新民
　　　　李　秀　李国柱　何苗苗
　　　　张　铭　张　婷　范君君
　　　　范佳丽　俞　瑶

中国科学技术大学出版社

内容简介

本书是安徽省普通高等学校省级规划教材。本书在上一版的基础上,充分考虑近几年的学科发展和当前现实需要,对内容进行了适当扩充,全书共 12 章,内容包括心理学的研究对象、任务和方法,心理活动的生理基础,认知过程,思维过程,情绪过程,意志过程,个性心理倾向性和个性心理特征等。较上一版,本书的内容会更具层次性和系统性,内容也比较丰富。本书在编写形式上最大限度地满足课堂教学、实践教学与拓展学习的需要。与国内同类教材相比,在内容与形式上做了很多创新,设置了管理案例、最新进展、参考资料、拓展阅读等内容,使本书的新颖性、实用性、趣味性和可读性有了进一步的提升。

本书可作为心理学专业的教材。

图书在版编目(CIP)数据

普通心理学/李秀,刘新民主编. —2 版. —合肥:中国科学技术大学出版社,2021.1

普通高等学校"十三五"省级规划教材

ISBN 978-7-312-05105-0

Ⅰ.普… Ⅱ.①李… ②刘… Ⅲ.普通心理学—高等学校—教材 Ⅳ.B84

中国版本图书馆 CIP 数据核字(2020)第 237876 号

普通心理学
PUTONG XINLIXUE

出版	中国科学技术大学出版社
	安徽省合肥市金寨路 96 号,230026
	http://press.ustc.edu.cn
	https://zgkxjsdxcbs.tmall.com
印刷	安徽国文彩印有限公司
发行	中国科学技术大学出版社
经销	全国新华书店
开本	710 mm×1000 mm 1/16
印张	20
字数	403 千
版次	2017 年 5 月第 1 版 2021 年 1 月第 2 版
印次	2021 年 1 月第 2 次印刷
定价	48.00 元

前　言

刘新民教授主编的安徽省高等学校"十三五"省级规划教材"心理学创新系列教材"包括《普通心理学》《发展心理学》《医学心理学》《护理心理学》《大学生心理健康的维护和调适》《管理心理学》《行为医学》《组织行为学》，本书为其中的一种。

普通心理学是高等学校心理学专业学生的必修科目，所教授的内容包含广大心理学工作者必备的基础知识。当前各种普通心理学教材很多，在形式与内容上各有所长，但也存在着一些问题，如内容无创新性、理论脱离实际等。本书试图在以上方面有所改变。

本书立足于适应教学改革、专业发展和课程建设需要，努力体现学科的科学性、系统性、先进性、实用性和新颖性，在编写形式上进行了多项创新：章前以案例导入，引出话题，激发学生学习的兴趣；关键之处附有个案，促进学生理论联系实际；设置丰富多彩的专栏，增加学生学习的深度和广度；即时呈现思考题，鼓励学生及时地深入思考，有利于学生对所学知识进行分析、综合和消化。

本书综合了国内外普通心理学教学与科研的成果，系统地阐述了心理学的基本规律，内容包括心理学的研究对象、任务和方法，心理活动的生理基础，认知过程，思维过程，情绪过程，意志过程，个性心理倾向性和个性心理特征等。全书共12章，各章执笔人为：刘新民、刘畅（第一章），范佳丽（第二章），李秀、柳海（第三章），俞瑶（第四章），张铭（第五章、第六章），何苗苗（第七章），张婷（第八章），王欣、蔡磊（第九章），李国柱、范君君（第十章），王欣（第十一章、第十二章）。

本书在出版过程中得到了中国科学技术大学出版社的大力支持，在此深表感谢！由于作者水平有限，书中存在缺点和不妥之处在所难免，希望各位老师、同学和同行专家不吝指正。

编　者

2020年10月

目 录

前言 ·· (i)

第一章　绪论 ·· (1)
第一节　心理学概述 ··· (2)
第二节　心理学的历史发展 ······································ (10)
第三节　心理学的研究方法 ······································ (18)

第二章　感知觉 ·· (25)
第一节　感觉概述 ·· (26)
第二节　视觉 ··· (28)
第三节　听觉 ··· (32)
第四节　其他感觉 ·· (34)
第五节　知觉的一般概念 ·· (39)
第六节　知觉的特性 ··· (41)
第七节　几种复杂的知觉及其机制 ······························ (48)

第三章　注意 ·· (60)
第一节　注意概述 ·· (61)
第二节　注意的品质 ··· (67)
第三节　注意的规律 ··· (72)
第四节　注意的理论 ··· (76)

第四章　记忆 ·· (82)
第一节　记忆概述 ·· (83)
第二节　记忆的神经生理机制 ···································· (88)
第三节　记忆的信息加工系统 ···································· (92)
第四节　遗忘 ··· (101)

第五章　表象与想象 ·· (107)
第一节　表象 ··· (108)
第二节　想象 ··· (113)
第三节　再造想象、创造想象与幻想 ···························· (119)
第四节　睡眠与梦 ·· (123)

第六章 思维 (129)
- 第一节 思维概述 (130)
- 第二节 问题解决与推理 (139)
- 第三节 决策 (150)
- 第四节 创造性思维 (152)

第七章 情绪 (156)
- 第一节 情绪概述 (157)
- 第二节 情绪和情感的分类 (163)
- 第三节 情绪理论 (166)
- 第四节 情绪调节 (175)

第八章 意志与行为 (181)
- 第一节 意志概述 (182)
- 第二节 意志行动的心理过程 (188)
- 第三节 意志行动中的挫折 (191)
- 第四节 意志的品质 (195)
- 第五节 意志对个人行为的影响 (198)

第九章 个性 (203)
- 第一节 个性概述 (204)
- 第二节 个性的理论 (206)
- 第三节 需要 (212)
- 第四节 动机 (218)
- 第五节 兴趣 (225)
- 第六节 价值观 (227)

第十章 能力 (231)
- 第一节 能力概述 (232)
- 第二节 能力结构理论 (236)
- 第三节 能力的形成与差异 (239)
- 第四节 能力测验 (248)

第十一章 气质 (259)
- 第一节 气质概述 (260)
- 第二节 气质的类型及其鉴定 (268)
- 第三节 气质研究的实践意义 (276)

第十二章 性格 (281)
- 第一节 性格概述 (282)

第二节　性格的结构 …………………………………………（285）
第三节　性格的理论 …………………………………………（287）
第四节　影响性格形成和发展的因素 ………………………（293）
第五节　性格测量 ……………………………………………（303）

参考文献 ………………………………………………………（308）

第一章 绪 论

第一节 心理学概述
　一、心理学的研究对象
　二、心理学的任务
　三、心理学的分支
第二节 心理学的历史发展
　一、现代心理学的产生
　二、西方心理学流派
　三、我国心理学的发展
第三节 心理学的研究方法
　一、心理学研究的基本原则
　二、心理学研究的基本类型
　三、心理学研究的基本方法
阅读　撕碎了生命的欲望

案例1-1　Rosenthal效应

"Rosenthal效应"产生于美国著名心理学家罗森塔尔(R. Rosenthal)的一次有名的实验:他和助手来到一所小学,声称要进行一个"未来发展趋势测验",并煞有介事地以赞赏的口吻将一份"最有发展前途者"的名单交给了校长和相关教师,叮嘱他们务必保密,以免影响实验的准确性。其实他撒了一个"权威性谎言",因为名单上的学生是随机挑选出来的。8个月后,奇迹出现了,名单上的学生个个成绩都有了较大的提高,且各方面都很优秀。

Rosenthal的"权威性谎言"之所以发生作用,是因为这个谎言对教师产生了暗示作用,左右了教师对名单上学生的能力的评价;而教师又将自己的这一心理活动通过情绪、语言和行为传递给了学生,使他们强烈地感受到来自教师的热爱和期望,变得更加自尊、自信和自强,从而使他们在各方面取得了异乎寻常的进步。

在这里,教师对部分学生的期待是真诚的、发自内心的,因为他们受到了权威者的影响,坚信这部分学生就是最有发展潜力的。也正因如此,教师的一言一行都难以隐藏对这些学生的信任和期待,而这种"真诚的期待"学生是能够感受到的。

思考题

1. Rosenthal效应反映了什么现象?
2. 你希望心理学对你有哪些帮助?

在现代社会生活中,心理学术语已经成为越来越热门的词语,也许你对心理学已经满怀憧憬,并且已经有了系统学习心理学知识的渴望。那么,你了解什么是心理学吗?你知晓心理学是研究什么的吗?你知道心理学家都是做什么的吗?如果你读过弗洛伊德(Freud)的《精神分析》,可能会认为心理学家就是会做精神分析治疗或是能看透人的内心世界的心理医生;如果你看过一些励志方面的书籍,可能会认为心理学家就是发掘人的潜力、提高社会适应力的激励者;如果你学习过"教育心理学",可能会认为心理学是帮助儿童提高学习效率的有效工具;如果你看过积极心理学,可能会认为它是有关人类幸福的一门学科。要准确地弄清这些问题,首先要从研究一般心理活动规律的"普通心理学"起步。在本章中,我们首先介绍心理学的研究对象与任务,接着探讨心理学的各个分支及其研究领域,然后介绍心理学产生的历史发展,最后介绍心理学的研究方法。

第一节 心理学概述

人类生活在一个纷繁复杂的世界里。我们周围存在着各种各样的现象,当我们在夏日的早晨醒来,会看到东方的晨曦,听到鸟儿婉转的啼叫,嗅到扑鼻的花草清香,感到阵阵凉爽的微风。晨曦、鸟鸣、花香、微风以及日月山川、江河湖海、庄稼森林、热声光电等,均属于自然现象,是自然科学的研究对象。你在电视中看到的炮火连天的战争场面、恐怖事件的混乱场景以及经济危机对生产生活的负面影响,诸如此类的有关国家、民族、政党、军队、战争、冲突、家庭、人口、生产、生活、消费等的现象,均属于社会现象,是社会科学的研究对象。这些现象构成了人类生存无法回避的外部环境,不管你是否喜欢,是否愿意,都避免不了受其影响。

除了这些自然现象与社会现象以外,在世界上还存在着另一种现象——心理现象。动物的生命活动之所以比植物高级,就在于动物有心理与行为表现;人之所以成为万物之灵,就在于人的心理比动物的心理高级。倘若人类没有心理现象,也就无法感知自然现象和社会现象。人类生活的每一天,都要感知事物、记忆信息、思考问题、做出决策;人要对各种事物表达自己的态度,如支持还是反对、接受还是拒绝,即在表达态度的同时,能体验到各种各样的情感和情绪,如高兴还是悲伤、喜爱还是厌恶;人的活动总是有一定的目的的,人类会组织和调节自己的行为,去克服各种各样的困难,以达到自己的某种目的;人还有独特的个性、需要、信念、动机和理想,像某些愿望和理想可以被称为"梦想",如"中国梦""美国梦"等。心理学便是研究这些纷纭复杂的心理行为现象的科学。

作为研究人类自身的一门科学,心理学致力于研究人的精神活动的基本形式和机制,心理学的英文名称"psychology"源于希腊文,意思是"灵魂的学问",最初的研究对象是人的灵魂。随着科学的发展,心理学的研究对象逐渐抛弃了原来虚幻的灵魂术语,转为人的心灵(mind)。由于当时对人的心灵的研究被包含在哲学研究中,因此心理学一直隶属于哲学,被称为心灵哲学。直到 19 世纪中叶,随着人类认识客观世界的能力的增强和知识经验的增长,特别是生理学的发展,心理学开始走向独立发展的道路。1879 年,德国哲学家和生理学家冯特(W. Wundt)在莱比锡大学建立了世界上第一个心理学实验室,从此心理学从哲学中分化出来而成为一门独立的科学。

一、心理学的研究对象

科学研究是人类追求真理的活动,科学研究的目的是发现现实世界中事物间固有的规律,心理学是研究人的心理现象的科学。现代心理学把人的心理现象看成一个复杂的系统,从不同的角度对心理系统进行描述。大多数心理学家把心理现象划分为心理过程、个性和心理状态三大范畴。

(一) 心理过程

人的心理是一种变化的动态过程,表现为"人在与世界的某种形式的相互作用下心理活动变化的顺序性"。心理过程(psychological process)一般分为认知过程、情绪过程和意志过程三个方面。

1. 认知过程　认知过程(cognitive processes)是指人由表及里、由现象到本质地反映客观事物的特性与联系的心理活动。人的认知过程包括对客观事物的感觉、知觉、记忆、思维和想象等过程。

人对客观事物的认识始于感觉和知觉。感觉(sensation)是人脑对作用于感觉器官的客观事物个别属性的反映,通过感觉我们了解到事物的个别特征,接收到客观事物的某些外部属性,比如事物的颜色、硬度、大小、气味等。知觉(perception)是人脑对直接作用于感觉器官的客观事物的整体属性的反映,如对大海、鲜花、图画等事物的认识;知觉是在感觉的基础上形成的,但不是感觉的简单机械相加。在知觉中,人的知识经验起着至关重要的作用。

人脑对事物的感知印象可以保留在头脑中,并在适当的时候再现出来,这就是记忆(memory)。在感觉、知觉的基础上,通过加工、改造、组织头脑中储存的事物映象而创造新形象的过程就是想象(imagination)。想象可以使我们超越直接感知的范围去认识事物。例如,我们可以通过《西游记》中对唐僧、孙悟空、猪悟能、沙悟净等的描述,在头脑中描绘出师徒四人牵着白龙马去西天取经的景象。

客观现实中许多事物、现象引发人的思考,个体运用已有的知识与经验间接、概括地反映客观事物,揭示事物本质特征与内在联系,解决所面临的实际问题的心理活动就是思维(thinking)。例如,通过探寻各种鸟的共同点,概括出鸟的本质特征是"有羽毛";通过长期的观察,概括出"朝霞不出门,晚霞行千里",都是属于思维活动。思维是认知过程的高级阶段,是对事物本质的认识和事物发展变化规律的理解。

2. 情绪过程　人在认识过程的基础上,会对人、对己、对事、对物抱有一定的态度(接受、拒绝等)并在内心产生相应的体验(高兴、不满意、愉悦、厌恶等),这种体验是和情绪密切相关的,称为情绪过程(emotional process)。每个人都有自己的情绪世界,而情绪世界是由喜、怒、哀、惧以及道德感、美感、理智等多种情绪和情感过程构成的。

3. 意志过程　人自觉确定目的,有意识地组织、调节行为,并按主观意愿排除障碍和克服困难的心理过程叫做意志过程(willed process)。有时,你面对错综复杂的情况,必须当机立断;有时,你面对重重阻力,必须排除困难;有时,你面对强烈诱惑,必须坚定不移。这些心理现象都是意志过程的表现。意志过程只有人类才具备,是人的主体性的心理表现。

在现实生活中,认知过程与情绪、意志过程之间相互联系、相互作用构成有机的心理活动过程。人的认知过程是人的情绪、情感和意志过程的基础,没有认知过程,人就不会产生喜、怒、哀、惧的情绪,也不可能有自觉的、坚强的意志。情绪、情感和意志又反作用于认识过程,没有人的情绪活动的推动或缺乏坚强的意志,人的认知活动就不可能发展和深入。可见,人的认知过程和意志过程中总是伴随着一定的情绪、情感活动,意志过程又总是以一定的认知活动为前提,而人的情绪、情感和意志活动又促进人的认知的发展。

人的认知过程和情绪过程都有其发生、发展及变化的过程,人的心理过程发生、发展的规律性是心理学研究的对象之一。

(二) 个性

心理过程总是在具体个人身上发生、发展的。由于受遗传、教育、职业活动和其他因素的影响,人的心理会形成各不相同的特点。所谓"人心不同,各如其面",指的就是人的个性。个性(personality)是指一个人的整个心理面貌,它是个人心理活动的稳定的心理倾向和心理特征的总和。个性的心理结构主要包括个性倾向性和个性心理特征两个方面。

1. 个性倾向性　个性倾向性(personality tendency)是一种内在的决定着人对事物的态度和行为的动力系统,主要包括需要(need)、兴趣(interest)、动机(motivation)、价值观(value judgement)和世界观(world outlook)。需要是人在生理上和心理上的某种不平衡状态,是引发个人活动的根本原因。人是需要者,每个人都有自己的需要,如生存的需要、发展的需要、爱的需要、安全的需要、尊重的需要等。人也是行动者,行动由动机推动。人还是价值观的持有者,人们根据自己的价值观来权衡事物的主次、轻重与是非。价值观不同,足以使人们的个性倾向性和行为表现大异其趣。因此,需要是心理活动的基础和行为的积极性源泉,动机是心理活动的推动力,世界观是个体意识倾向系统的最高调控者。

人的个性倾向性是在社会实践中形成、发展和变化的。它反映了人与客观现实的相互关系,也反映了一个人的生活经历。当一个人的个性倾向性成为一种稳定而概括的心理特点时,就构成了一个人的个性心理特征。

2. 个性心理特征　个性心理特征(psychological characteristics of personality)是指一个人身上经常地、稳定地表现出来的心理特点,主要包括能力(ability)、气质(temperament)和性格(character),它们也是心理学研究的对象。个性心理特征是多种心理特征的独特组合,集中反映了一个人的心理面貌的类型差异。例如,有人热情大方,有人冷漠疏离;有人擅长文学,有人擅长绘画;有人早慧,有人大器晚成。这些是人们在智力和能力发展上的差异。有人郁郁寡欢,有人激情昂扬。这是人们在气质上的差别,从而形成千姿百态的个性心理生活与精神风貌。

(三) 心理状态

心理状态(psychological states)是心理活动在一段时间内出现的相对稳定的持续状态。它既具有心理过程的暂时性、可变性的特征,又具有个性的持久性、稳定性的特点。但心理状态不像心理过程那样短暂可变,也不像个性那样持久稳定。所以,心理状态是现实存在的,并可以被看做介于这两者之间的中间状态。

人的心理活动和行为都是在一定的心理状态的基础上表现的。例如,一个人在一定时间里是积极向上还是悲观失望,是紧张、激动还是轻松、冷静等。从这个意义上说,心理状态是心理活动和行为表现的心理背景。我们要真正理解一个人的心理活动和行为表现,就必须了解他此时此刻的心理状态。无论是学生学习、工人生产还是士兵打仗、球员比赛等,其成效如何都与心理状态密切相关。

心理状态除了作为心理活动的背景和效应而客观存在外,它本身又是心理活动存在的直接形态。如表现在认知方面的聚精会神或漫不经心,表现在情绪方面的应激心境或激情状态,表现在意志方面的朦胧模糊或动机状态等,都是人在心理活动中表现出的不同心理状态。

总之,心理过程、个性和心理状态三者是相互联系、相互影响、相互依存的关系,不能把它们完全割裂开来。在了解一个人的心理全貌时,必须把三者结合起来进行考察。

二、心理学的任务

一切科学都肩负着为人类造福的任务,心理学也不例外。人类认识世界和改造世界的实践活动,既是在人的心理活动的参与下进行的,也是在人的心理调节指导下完成的。心理学主要探索环境因素、生理因素和心理因素的变化对人的心理活动是如何影响的。具体来说有以下四项基本任务。

(一) 描述

心理学首先应该做的工作是描述(description),即对心理事实用科学语言予以叙述,以便人们认识它。一般来说,如果人的心理活动的本质和发展规律不能被揭露,就不能被理解和控制,有时甚至会被看成是任意发生的、主观自决的、不受因果规律支配的。因此,心理学大量的工作是测量、描述和揭露人的行为以及心理如何调节和控制人的活动的规律性。

(二) 解释

人的心理活动和行为表现是现实世界最复杂的现象,要理解人的心理和行为并不容易。由于人的行为后面有可能存在某种心理原因,因此对已知的心理事实进行分析,找出因果关系是心理学研究承担的第二项基本任务。人的心理的产生、发展和变化,包括某种特定性格的形成和改变,都必定依存于一定的条件。找出这些依存条件及其内在的关系和联系,才能对心理现象的"所以然"给予科学的解释(explanation)。心理原因有些是暂时的,更多的则是稳定的个性使然;有些则是单一的因果关系,更多的是多种因素相互作用形成同一结果的关系,这些都需要具体分析和解释。

(三) 预测

预测(prediction)是科学研究的基本目的之一,根据心理现象的因果制约性、规律性,对人的心理进行预测,这是心理学的另一项基本任务。心理学不是算命,但心理学能够运用科学分析手段,在一定程度上预知个体心理和群体心理的发展趋势、表现特点等。当然,要进行科学正确的预测,必须建立在准确测量和正确描述的基础上。

(四) 控制

研究心理是为了有效地控制(control)人的心理,使之往有利于社会群体和个人的方向健全发展,这是心理学的根本任务。控制的目的是引导个体的心理与行为朝着目标所规定的方向变化,或者对异常心理与行为进行矫正。无论是对心理素质的养成或是对异常行为的矫正,心理学的原理与行为矫正技术都能够比较有效地调节与控制人的心理活动与行为。

三、心理学的分支

1879年,Wundt在莱比锡大学创建了世界上第一个心理实验室,使心理学从哲学、神学和医学等其他科学中分离出来,成为一门真正独立的科学。100多年来心理学的理论学科和应用学科分支不断产生,形成了由近百门分支学科组成的心理学学科群。我们可以把这些分支学科大致划分为理论心理学和应用心理学两大类。这里仅对若干分支学科进行简单介绍。

(一) 理论心理学

1. 普通心理学　普通心理学(general psychology)研究心理学的基本理论,是阐述正常成年人的心理现象一般规律的科学,是心理学中最基本、最重要的基础性研究。普通心理学所研究的内容涉及人的心理活动过程发生、发展和个性心理形成、发展与变化的一般理论和规律,以及心理学研究的基本原则和具体的研究方法。随着科学心理学的发展,普通心理学中既包括已经有定论、为科学实践所证实的心理学理论和规律,也包括具有重大影响的心理学学说和学派,以及处于科学发展前沿的新发现和新成果。

2. 发展心理学　发展心理学(developmental psychology)研究个体生命全过程中心理发展的规律以及如何促进心理发展的规律。发展心理学的研究课题，主要有两大类——个体心理发展的基本规律和心理发展的年龄特征。发展心理学可分为广义和狭义两类：广义的发展心理学是探索人类心理发展的基本理论和心理发生、发展过程或阶段中的各种心理特点和规律；狭义的发展心理学则指儿童心理学，主要探讨儿童各个发展阶段的心理特点和儿童心理发展的过程和规律性。

3. 认知心理学　认知心理学(cognitive psychology)用信息加工的方法，研究认知过程的规律。所谓认知过程，在认知心理学中是指人对知识接受、编码操作、提取和利用的过程。认知心理学力求通过揭示人如何获得和利用知识的机制来研究人类认识活动的规律性。

4. 实验心理学　实验心理学(experimental psychology)研究心理学领域内实验研究的原理、方法、技术、仪器装置和数据处理等问题。它是以实验的方法研究心理现象与心理规律的。强调实验条件的严格控制是它的显著特点。由于在心理学研究中采用了科学的实验方法，才有了对人的心理现象进行客观研究的手段，从对心理现象的一般推论进入到具体心理过程及其物质基础的分析研究，从而深入地揭示出各种心理活动的规律性。

5. 变态心理学　变态心理学(abnormal psychology)是研究个体行为异常的类别、表现及发生、发展的原因和规律的科学。变态心理学所探究的主要问题有：行为异常的实质、正常和异常行为的区别以及行为异常的分类和表现特点等，从而建立起阐述行为异常的系统的心理学理论并作为心理诊断和心理治疗的理论依据。

6. 社会心理学　社会心理学(social psychology)是研究社会心理现象产生、发展、变化的条件和规律。其研究内容既包括群体共同的心理现象，如舆论、风气、时尚、风俗等，也包括个体在群体影响下产生的各种心理现象，如社会动机、社会认知、社会态度等。社会心理学还研究社会发展与心理发展之间的相互关系。

7. 人格心理学　人格心理学(personality psychology)研究人格(个性)形成、发展、变化的规律，具体涉及性格、气质和自我意识等内容。人格心理学以人的性格、气质、能力和个性倾向性等个性心理为研究对象，揭示个人心理活动的独特性。

8. 生理心理学　生理心理学(physiological psychology)研究心理现象的生理机制，借以揭示大脑产生心理现象的物质过程。生理心理学建立在现代脑科学研究成果及现代技术方法的基础上，这一分支涉及较多的是神经系统及内分泌系统，研究较多的生理机制是本能行为、睡眠、情绪、动机、记忆、感知和学习等，其研究领域与生理学、遗传学、医药学等多有交叉。

(二) 应用心理学

1. 临床心理学　临床心理学(clinical psychology)是运用心理学原理诊断及治疗心理异常的心理学分支。心理异常的行为表现包括情绪问题、行为怪异、犯罪倾向、智力迟钝、适应困难和人际关系紧张等。临床心理学家不同于精神病医生，前者是以心理学原理和心理测量揭示心理方面的问题，以心理矫正技术与方法恢复正常的心理活动；后者是以医生的身份，运用医学知识和施以药物或手术等手段治愈病人。对于受到心理困扰的人，则需要进行心理咨询。心理咨询主要是对来访者的心理问题给予矫正，它是运用心理学的原理与心理疏解技术，通过商谈等一系列程序，探讨咨询者心理困扰的原因和行为问题的症结，寻找摆脱其困境的条件、途径和对策，使咨询者改变原有认知结构、负面态度和行为模式，增强其自信心，以达到对社会生活的良好适应。

2. 医学心理学　医学心理学(medical psychology)是心理学与医学交叉产生的心理学分支，它主要研究心理因素在疾病的发生、发展、诊断、治疗以及预防中的作用。心理因素既是致病原因，又是治病不可缺少的条件。因此，传统的生物医学模式已向现代的心理行为医学模式过渡，强调建立良好的医生和病人之间的和谐、互相尊重以及互相信任的关系。

3. 教育心理学　教育心理学(educational psychology)研究学校教育过程中的各种心理现象及其发展变化的规律，着重揭示受教育者在学校教育的特定条件下形成道德品质、养成行为习惯、掌握知识技能、发展智慧和个性的一般规律及有效方法。

4. 工业心理学　工业心理学包括工程心理学(engineering psychology)和管理心理学(management psychology)。工程心理学研究现代工业中人与机器的关系，例如，工程设计中使设备适应人体的活动特点，减少疲劳，增加安全感与舒适度，使工作效率提高。管理心理学的主要内容是研究领导与管理风格，以及在管理活动中如何提高与激励员工的工作积极性，发挥他们的潜能，从而提高工作效率、经济效益和社会效益等。

5. 心理测量学　心理测量学(psychometrics)研究如何对人的心理进行科学测量的问题。心理测验的理论与心理测验的编制方法是心理测量学的基本课题。心理测量学可以分为理论和实践两个部分。理论部分研究被测验者对心理测验做出反应的数学模型，实践部分探讨这些模型的应用和制定心理测验资料的分析程序。

6. 犯罪心理学　犯罪心理学(criminal psychology)研究人们在法律活动中的心理现象与心理规律。犯罪心理学有狭义和广义之分，犯罪心理学的研究对象亦有狭义和广义之分。狭义的犯罪心理学的研究对象是犯罪人，即犯罪主体的心理和行为，也就是说，犯罪心理和犯罪是其研究对象。犯罪主体的心理包括其心理过程和个性心理、犯罪心理结构形成的原因和过程犯罪心理外化为犯罪行为的机理、犯罪过程中的心理活动、犯罪心理发展变化的规律以及怎样对犯罪心理结构施加影响和加以教育改造等。简单地说,它只研究犯罪人的个性缺陷及有关的心理学问题。广义的犯罪心理学的研究对象,除包括狭义的犯罪心理学的研究对象之外,还包括以下内容:犯罪对策中的心理学问题,如预防犯罪、惩治犯罪以及教育改造罪犯的心理学问题;有犯罪倾向(即尚未实施犯罪行为)的人的心理和刑满释放人员的心理;被害者心理、证人心理、侦查心理、审讯心理、审判心理以及犯罪的心理预测等。简单地说,广义的犯罪心理学既研究犯罪人的心理和行为,又研究与犯罪作斗争的对策心理学部分,被认为是司法心理学的有关内容。

7. 咨询心理学 咨询心理学(counseling psychology)是研究心理咨询的过程、原则、技巧和方法的心理学分支。它是运用心理学的理论指导生活实践的一个重要领域,具有明显的实用性和多学科交叉性,属于应用科学。咨询心理学的业务范围与基本职能的内容广泛,它不仅与教育心理学、社会心理学、发展心理学和医学心理学关系密切,而且与教育学、社会学、文化人类学、医学相互交叉,它为解决人们在学习工作、生活保健和防治疾病方面出现的心理问题(心理危机、心理负荷等)提供有关的理论指导和实践依据,使人们的认识、情感、态度与行为有所改变,以达到更好地适应社会与家庭环境,增进身心健康的目的。

专栏 1-1 理论心理学与应用心理学

> 心理学在诞生的早期,以 Wundt 为代表的内容心理学派认为,心理学是一门"纯粹"的科学,主要研究心理活动的理论问题,心理学家只是"纯粹"的科学家。但是十余年后,心理学便以其实用性进入人们的社会生活中。
>
> 1896 年,美国心理学家 Lightner Witmer 开设了世界上第一个心理诊所(psychologic clinic),并提出"临床心理学(clinical psychology)"术语,成为第一个心理学应用学科诞生的标志。而后,将心理学理论与方法运用于健康、管理、教育、法律、军事、体育等领域的应用心理学分支学科陆续出现,这些分支涉及人类活动的各个领域,形成由数十门分支学科组成的应用心理学,成为心理学学科发展的亮丽风景线。在发达国家,服务于人类健康与保健事业的临床心理学和健康心理学分别是应用心理学中最大的分支学科和心理学从业人数最多的职业方向。
>
> 心理学学科群的发展与形成的历程告诉我们,心理学通过对人类心理活动发生机制的研究,不仅有助于丰富人类的知识,增加人类对自身的了解,而且其理论与方法可以直接运用于社会生活,解决各种心理问题,促进个体发展和社会进步。联合国教科文组织将心理学列为 21 世纪重点发展建设的学科之一,甚至有人认为"21 世纪是心理学的世纪"。

第二节　心理学的历史发展

案例 1-2　"催眠术"的由来

> 催眠术起源于18世纪,最初带有欺骗性质,被称为"江湖魔术"。当时德国医生梅斯梅尔(F. Mesmer)博士发明了一种神奇的疗法,可以治愈各种无法解释的怪病。在昏暗的灯光和虚无缥缈的音乐中,他向病人灌输一种只有他可以控制的看不见的"催眠气流"。这样经过催眠之后,病人就会痊愈。尽管最终证明梅斯梅尔博士所言并非全部属实,然而他是第一个发现思想可以控制和影响身体的人。英国眼科医生布莱德(J. Braid)博士在治疗实践中采用了这个发现,1842年他根据希腊语的"睡眠"一词发明了英文单词"催眠"。19世纪,印度医生成功地运用催眠术作为麻醉剂,甚至运用于截肢手术,直到发现麻醉用的乙醚后,这种做法才被弃之不用。
>
> 总体来说,催眠术在19世纪曾引起研究的热潮,包括精神分析学派的创始人Freud也曾深受催眠术的影响。但20世纪前30年,人们对此的研究热情开始退却。它在治疗精神病方面受到了一些重视与应用,并取得了一些成功。相对而言,在第一次世界大战期间,这种治疗方法只受到少数人的重视;但到了第二次世界大战期间,它受到了广泛的注意,在治疗由战争带来的身心疾病中发挥了巨大的作用。20世纪后期,随着实验心理学家们的介入,对催眠术的研究与探索进入了一个新的层次,英国、美国医生催眠家协会陆续建立,并出版了各自的科学杂志。

思考题

1. 催眠术有没有科学依据?
2. 催眠术适用于哪些心理障碍的治疗?

一、现代心理学的产生

德国心理学家药艾宾豪斯(Ebbinghaus)说过:"心理学有一个很长的过去,但却只有一个短暂的历史。"因此,心理学是一个既古老又年轻的科学。说它古老,是因为心理学的源头在西方可以追溯到古希腊的哲学家柏拉图(Plato)和亚里士多德(Aristotle)的思想。Plato是一位理想主义者,他认为灵魂无所不知,只是来到人的体内后将已知晓的观念忘记了。所以,他认为"知识就是回忆"。Aristotle则是一位经验主义者,他认为知识来源于经验,外物作用于感官产生感觉和意象,简括的意象构成经验,从经验中抽取概念,构成原理,就是知识。Plato和Aristotle的观点对后世影响极大,一直影响着后来心理学的发展。

现代心理学的发展有三大源头：一是近代哲学思潮的影响；二是19世纪实验生理学的影响；三是19世纪生物学的影响。所以，有人形象地作了一个比喻：现代心理学的发展，哲学是父亲，生理学是母亲，生物学是媒人。经过生物学这个媒人，哲学与生理学结合，生育的孩子就是心理学。

（一）近代哲学的影响

近代哲学为现代心理学的诞生提供了理论基础。近代哲学对心理学的影响主要包括法国17世纪的唯理论和英国17世纪到18世纪的经验论。唯理论(rationalism)的代表人物是17世纪的著名哲学家、自然科学家笛卡儿(Descartes)。唯理论主张只有理性是真理的唯一尺度。在身心关系的问题上，唯理论认为心理现象离不开身体的活动，但身体的活动不足以解释所有的心理现象；引起心理活动，除了身体以外，还需要灵魂参与。Descartes关于身心关系的思想对后来的解剖学和生理学的发展产生了重要的影响。经验论(empiricism)又称经验主义，其代表人物包括T. Hobbs、J. Locke、G. Bakeley、D. Hume等，经验论主张感性经验是一切知识和观念的唯一的来源，贬低甚至否定理性的作用和真实性。"经验"一词的含义比较宽泛，既包括直接从感性认识所做的规律性总结，也包括某种心理体验、生活阅历等。经验论与唯理论是相互对立的，它们的斗争一直持续到现代心理学的理论派别的斗争中，一个典型的例子是遗传决定论和环境决定论的争论。事实上，在这里反映了唯理论与经验论的斗争。

（二）实验生理学的影响

实验生理学为现代心理学的诞生提供了实验方法的基础。生理学在19世纪中叶已经成为独立的实验科学，生理学的一系列重要的发现对心理学的诞生产生了重要的影响。比如，1811年，C. Bell和F. Magendie首次发现了脊髓运动神经与感觉运动神经的区别；1840年，D. B. Reymond发现了神经冲动的电现象；1850年，H. V. Helmholtz用青蛙的运动神经测量了神经的传导速度；1861年，P. Broca确定了大脑的语言运动区位置；等等。总之，实验生理学为用实验方法研究心理现象奠定了基础。

（三）生物学的影响

心理学的产生也受生物学影响。19世纪，英国生物学家达尔文(Darwin)发表了划时代的著作《物种起源》，提出了进化论的主张，这一理论被恩格斯称为19世纪自然科学三大发现之一。Darwin强调"物竞天择，适者生存"，认为世界上现存的一切生物特征都经过数百万年的演变而成；不同物种之间的显著差异由遗传造成，相同物种之间的显著差异则由生物对生存环境的适应造成。Darwin也对人类的语言、表情等进行过深入研究。Darwin进化论中的许多观念，如遗传、环境、适应、个别差异等，已经成为现代心理学研究的主题。

二、西方心理学流派

自从1879年Wundt在莱比锡大学建立第一个心理学实验室，并开始对心理现象进行系统的实验室研究以来,心理学就摆脱了哲学思辨范畴的束缚,走上了独立发展的道路。但是由于受到不同理论思想基础和方法论的影响,心理学家在心理研究和建构理论体系过程中存在着巨大的分歧,形成了不同的心理学流派。

(一) 构造主义

构造主义(structuralism)是 19 世纪末心理学成为一门独立的实验科学以后出现的第一个心理学流派,其主要代表人物是 Wundt 和 E. B. Titchener。这个学派受经验主义和德国实验生理学的影响,将意识经验作为心理学的研究对象,并把人的经验分为感觉、意象和激情状态三种元素。其中,感觉是知觉的元素,意象是观念的元素,激情是情绪的元素,所有复杂的心理现象都是由这三种基本元素组成的。在研究方法上,主张心理学应该采用实验内省法分析意识的内容或构造,并找出意识的组成部分以及它们如何联结成各种复杂心理过程的规律。

专栏 1-2　Wundt

图 1-1　Wundt

Wundt(1832～1920,图 1-1)是德国心理学家,科学心理学的创始人、实验心理学之父。Wundt 生于德国曼汉市附近巴顿的一个牧师家庭。19 岁到海德堡大学攻读医学和哲学,并于 1856 年获得医学、哲学两个博士学位,毕业后留校任生理学讲师。读书期间,他曾到柏林大学跟当时被誉为"生理学之父"的 J. Müller 学习和研究生理学。1858 年后,Wundt 又任著名生理学 Hermann von Helmholtz 的助手十余年。此时,Wundt 开始研究生理心理学,并于 1862 年开始开设生理心理学讲座。1874 年,Wundt 到苏黎世大学担任哲学教授,这时他的学术兴趣已由生理学转向心理学。1875 年,Wundt 到莱比锡大学任哲学教授,并于 1879 年创建了世界上第一个正式的心理学实验室,在此后 40 多年时间里,他一直致力于心理学方面的研究和著述工作。此后,莱比锡大学成为心理学的圣地,世界各国的青年学生都慕名前来,包括我国著名教育家蔡元培在内的许多留学生都听过他的课。1881 年,他创办心理学专门刊物《哲学研究》,发表莱比锡实验论文;1903 年,《哲学研究》改名为《心理学研究》。

Wundt 是一位学识渊博、著述甚丰的学者,他的著作不仅数量多,而且涉及面广。除心理学外,他还发表大量有关生理学、物理学、哲学逻辑学、语言学、伦理学、宗教学方面的著作。可以说,Wundt 兼生理学家、哲学家、心理学家于一身,但他最大的贡献还是在心理学。他的心理学代表著作有《对感官知觉理论的贡献》《关于人类和动物心灵的讲演录》《生理心理学原理》《心理学大纲》《语言史与语言心理学》《民族心理学》等。

(二) 机能主义

机能主义(functionalism)学派的代表人物包括 W. James、J. Dewey、J. R. Angell 等人。与构造主义一样,机能主义学派也将意识作为研究对象,但是他们认为意识是不能还原为元素的,而是作为一个整体在起作用,是川流不息的意识流过程,意识的作用就是适应环境。在机能主义心理学家看来,每一种意识都是属于个人意识的一部分;意识是经常变化的,每个人的意识状态都是意识流的一部分,意识是具有选择性的。在研究方法上,机能主义心理学家主张采用内省法(主观观察法)和客观观察法,尤其看重内省法,认为它是心理学的基本方法。机能主义主要受到美国机能主义思潮和 Darwin 进化论等思想的影响。

专栏 1-3 James

James(1842~1910,图 1-2)是美国机能主义心理学派创始人。James 于 1842 年 1 月 11 日出生在美国纽约市的一个牧师家庭。他的祖父是爱尔兰人,1798 年移居美国,因投资开发伊利运河而成富豪。James 18 岁时,曾几度决心成为一名画家。在波士顿学画一年后,1861 年,他转入了哈佛大学学习化学和解剖学,后又改学医学。1867 年赴德国,师从著名生理学家 Hermann von Helmholtz。1869 年,James 在哈佛大学获得医学博士学位。1872 年,他接受了哈佛大学生理学讲师职位,在哈佛大学开

图 1-2 James

设生理学和解剖学课程。1875~1876 年,James 开设了他的第一门心理学课程,即"生理学和心理学的关系",这是第一个由美国人开设的新心理学课程。1880 年,James 任哲学副教授。1884 年,他发起组织"美国心理研究协会",并在《心灵》杂志上发表关于情绪的学说。1885 年开始任哲学教授。1889 年又改任心理学教授。1890 年出版了著名的《心理学原理》,这是 James 最重要的心理学著作。1894 年和 1904 年,James 两次当选为美国心理学会主席。1906 年当选为美国科学院院士。

(三) 行为主义

行为主义(behaviorism)是现代心理学的主要流派之一,也是对心理学影响最大的流派之一。行为主义按照发展阶段可以分为早期行为主义、新行为主义和新的新行为主义。早期行为主义的代表人物为 J. B. Watson。1913 年,他发表了《行为主义者眼中的心理学》,宣告了行为主义的诞生。新行为主义的主要代表人物是 Skinner 等,新的新行为主义则以 Bandura 为代表。

研究对象和研究方法是行为主义区别于其他学派的两个重要方面。在研究对象上,行为主义者主张心理学应该研究可以观察的行为而不是意识。Watson 曾经

说过,"在心理学中,永远不使用意识、心理状态、心理内容等诸如此类的名称,是完全可能的……它可以用刺激和反应的字眼,用习惯的形成、习惯的整合以及诸如此类的词加以实现"。在研究方法上,行为主义反对内省,主张采用客观的实验法。行为主义对现代心理学产生了重要的影响,它的主张对心理学走上客观的、科学的研究道路有积极的作用。但是,该学派忽略了心理的内部结构和过程,存在不可避免的局限性。行为主义主要受到机械唯物主义、实用主义、实证主义等哲学思想的影响。

专栏1-4 Waston

图1-3 Watson

Watson(1878~1958,图1-3)是美国心理学家、行为主义的创始人。Watson于1878年1月9日出生在南卡罗来纳州格林维尔,1894年入格林威尔伏尔曼大学学习哲学,1899年获硕士学位。1900年入芝加哥大学研究哲学与心理学,师从教育哲学家J. Deway、心理学家J. R. Angel、神经生理学家H. H. Donaldson和生物学家J. Loeb。1903年,他以论文《动物的教育》获芝加哥大学心理学博士学位,毕业后任芝加哥大学讲师,1908年受聘为霍普金斯大学教授。1913年,他发表论文《行为主义者眼中的心理学》,行为主义就此正式诞生。1915年,Watson当选美国心理学会主席。Watson还曾在第一次世界大战期间任美国军事航空服务社少校。1920年,Watson因主持一项有关性行为的实验研究而引起家庭纠纷并与妻子离婚,被迫辞职离开学术界,改行从商,进入广告行业。Watson的代表著作有《行为:比较心理学导论》《行为主义心理学》等。

(四) 格式塔心理学

格式塔是德文"gestalt"的音译,是完形、整体的意思。格式塔心理学(gestalt psychology)是西方现代心理学的主要流派之一,也称为完形心理学。它采取了Husserl的现象学观点,主张心理学研究现象的经验,也就是在观察现象的经验时要保持现象的本来面目,不能将它分析为感觉元素,并认为现象的经验是整体的或完形的,所以称为格式塔心理学。格式塔心理学的代表人物有M. Wertheimer、W. Kohler、K. Koffka等。格式塔心理学反对把意识分析成元素,它强调应当将心理作为一个整体来研究:整体不能还原为各个基本元素的总和;部分相加不会等于整体;整体先于部分而存在,并且制约着部分的性质和意义。在知觉、学习、思维等领域,格式塔心理学家开展了大量卓有成效的研究工作。

(五) 精神分析学派

精神分析学派(psychoanalysis)是Freud在毕生的精神病医疗实践中,对精神病人的病态心理经过总结、积累而逐渐形成的,主要着重于精神分析和治疗,并由此提出了对人的心理和人格的新的独特解释。其他代表人物还包括 C. Jung、A. Adler 等。精神分析学派与其他理论学派的研究对象和内容有着明显的区别,研究对象主要是异常行为以及异常行为背后的潜意识原因。精神分析学派认为,人类的一切行为都存在深层次的原因,是潜意识中某种欲望和动机的表达,特别是性欲冲动的表达。欲望支配人的行为,欲望受到抑制而不能得到满足是导致精神疾病的重要原因。而治疗手段主要是通过催眠、自由联想等方法对梦、童年经历、无意识动作等进行解释,发现病人的潜在动机,加以宣泄疏导,从而达到治疗的目的。

专栏 1-5　Freud

Freud(1856~1939,图 1-4)是奥地利精神病医生及精神分析学家、精神分析学派的创始人。Freud 于 1856 年 5 月 6 日出生在奥地利的一个犹太人家庭;17 岁考入维也纳大学医学院;1876~1881 年在著名生理学家 E. Brueck 的指导下进行研究工作;1881 年开始担任临床神经专科医生。Freud 对精神分析的兴趣是在 1884 年与 Breuer 合作期间产生的,他们合作治疗一位名叫安娜的 21 岁癔症患者。他先从 Breuer 那里学习了宣泄疗法,后又师从 J. M. Charcot

图 1-4　Freud

学习催眠术,继而提出了自由联想疗法。1897 年,他创立了自我分析法。1908 年,Freud 成立了维也纳精神分析学会,1910 年该学会发展为国际精神分析协会。1938 年,德国占领维也纳之后,他移居英国,次年卒于伦敦。他一生中对心理学的最重大贡献是对人类无意识过程的揭示,提出了人格结构理论、人类的性本能理论以及心理防御机制理论。作为一名治疗精神疾病的医生,Freud 创立了涉及人类心理结构和功能的学说。他的观点不仅在精神病学,也在艺术创造、教育及政治活动等方面产生了广泛的影响。Freud 的代表著作有《梦的解析》《性学三论》《自我与本我》等。

(六) 认知心理学派

认知心理学(cognitive psychology)是当代心理学发展的一个重要研究方向。它是 20 世纪 50 年代中期在西方兴起的一种心理学思潮,20 世纪 70 年代开始成为西方心理学界认识心理学的一个主要研究方向。美国心理学家 U. Neisser 在 1967 年出版了《认知心理学》一书,标志着现代认知心理学的诞生。

认知心理学的研究对象主要是认知过程,如注意、知觉、表象、记忆、思维和语言等。与行为主义心理学家相反,认知心理学家研究那些不能观察的内部机制和过程,比如记忆的编码、加工、存储、提取等。以信息加工观点研究认知过程是现代认知心理学的主流。从这个意义上说,认知心理学相当于信息加工心理学。它将人的信息加工系统与计算机的信息加工系统相类比,认为认知就是信息加工,包括感觉输入的编码、存储和提取的全过程。按照这一观点,认知可以分解为一系列阶段,每个阶段是一个对输入的信息进行某些特定操作的单元,而反应则是这一系列阶段和操作的产物。信息加工系统的各个组成部分之间都以某种方式互相联系着。

认知心理学家关心的是行为的心理机制和心理过程,但人们不能直接观察到内部心理过程,只能通过观察输入和输出来加以归纳和推测。其常用的研究方法包括反应时记录法、口语报告法、计算机模拟等。而现在,随着以脑成像技术为代表的新技术手段的出现,认知心理学家可以通过研究大脑本身来揭示认知活动的本质过程,而非仅仅推测其过程。认知心理学的诞生主要受到了信息论、控制论、系统论以及不断发展的计算机技术的影响。

(七)人本主义心理学

人本主义心理学(humanistic psychology)兴起于20世纪五六十年代的美国。其代表人物有Maslow、Rogers等。人本主义被称为除行为主义和精神分析之外的心理学"第三势力"。人本主义特别强调"人性本善",强调人的潜能和价值。因此,它的研究不局限于了解人性,还探讨自我成长的需要,并主张改善环境以利于人发挥出最大的潜力,实现充分的发展,最终达到自我实现的境界。这与其他学派特别是精神分析学派强调"人性本恶"、关注人的问题行为截然相反。人本主义心理学强调人的价值和发展潜力,为教育心理学、临床心理学等领域开创了一条富有创造性、建设性的人本主义路线和方法。

专栏 1-6 Maslow

图 1-5 Maslow

Maslow(1908~1970,图1-5)是美国著名社会心理学家、人本主义心理学的主要发起者和理论家、心理学"第三势力"的领导人。1908年4月1日,Maslow出生于纽约市布鲁克林区一个犹太人家庭。他于1926年考入康奈尔大学,三年后转至威斯康星大学攻读心理学;在著名心理学家H. F. Harlow的指导下,1934年获得博士学位,之后留校任教;1935年在哥伦比亚大学任著名心理学家E. L. Thorndike的研究助理;1937年任纽约布鲁克林学院副教授;1951年被聘为布兰戴斯大学心理学教授并担任系主任;1967年任美国人格与社会心理学会主席和美国心理学会主席。Maslow一生著作颇丰且影响很大,他的代表作有《动机与人格》《人格问题和人格发展》《宗教价值和高峰体验》《科学心理学》《存在心理学探索》《人性能达到的境界》等。

三、我国心理学的发展

现代心理学引入我国的标志性事件是 1917 年北京大学首次建立了心理学实验室。与其他学科相比,心理学的学科引入是较早的,而且我国古代具有丰富的心理学思想,这些都为心理学在我国的发展提供了良好的基础。但是,我国心理学的发展过程并不是一帆风顺的,而是充满了坎坷。

(一) 我国古代心理学思想

我国具有五千多年的历史。虽然我国古代没有心理学的专著,但却有丰富的心理学思想,这些思想广泛存在于古代哲学家、思想家、教育家的著述中。比如,我国的古代哲人很早就认识到心理是身体的一种机能:战国时期的荀况在《荀子·天论》中提出"形具而神生,好恶喜怒哀乐臧焉",南北朝时的范缜在《神灭论》中更是提出了"形者神之质也,神者形之用也"的精辟论断。可见,我国古人很早就已经认识到了先有身体后有心理,心理是身体的机能。又比如,虽然我国古人多认为心理是由心而生的,但也有学者指出了心理对脑的依存关系。例如,《黄帝内经·素问》中曾提出"诸髓者,皆属于脑";明代医学家李时珍曾在《本草纲目·人部》中做出"脑为元神之府""泥丸之宫,神灵所集"的论断,并且说"耳目口鼻动于内,声色臭味引于外";清代王清任更是明确提出了"灵机、记性不在心在脑"的科学论断。

(二) 心理学在我国的早期传播

清末时由于西学东渐,赴欧美学者对西方近现代心理学的传播加强了中外心理学思想的结合,也加快了我国现代心理学的形成与发展。例如,到西方留学的容闳、颜京等,传播了西方的哲学心理学和实验心理学;王国维翻译过西方心理学著作;蔡元培在留学德国期间更是直接聆听了 Wundt 亲自教授的心理学课程,这直接促成了北京大学建立了我国第一个心理学实验室。这些学者对心理学在我国的早期传播所做的工作为我国现代心理学的诞生做出了重要贡献。

我国现代心理学始于 1917 年,其标志是北京大学心理学实验室的建立。五四运动前后,在"科学与民主"口号的感召下,赴欧美留学并专门学习心理学的人逐渐多起来。他们回国后从事心理学教学,开始进行心理学研究,建立心理学研究机构和学术组织,并创办心理学刊物,进行多种形式的学术交流。1920 年前后,我国早期的心理学工作者唐钺、陆志韦、陈鹤琴和张耀翔等赴美留学,并相继归国,分别在北京大学、南京高等师范学校、北京高等师范学校等校讲授心理学课程。蔡元培任北京大学校长时,于 1917 年支持该校哲学系的陈大齐创立了我国第一个心理学实验室。同时,陈大齐在 1918 年出版《心理学大纲》,这是我国第一本大学心理学教本。1920 年,南京高等师范学校教育科建立了我国第一个心理系。1921 年成立了中华心理学会,它是现在的中国心理学会的前身。1922 年 1 月,中华心理学会会刊《心理》杂志出版,这是我国出版的第一份心理学杂志。

(三) 1949 年后的我国心理学

1949 年中华人民共和国成立以后,我国心理学进入了一个新的发展时期。新中国成立初期,心理学面临着社会主义改造的任务,我国心理学主要以引进和学习苏联心理学为主,学习辩证唯物论哲学、Pavlov 学说以及苏联心理学,并试图改造西方的心理学。这个时期,心理学有所发展,心理学的教学、科学研究和培养新生力量的工作都逐步开展起来,为我国心理学的发展打下新的基础。但是 20 世纪 60 年代至 70 年代中期,心理学遭受到灾难性的破坏,心理学研究机构被关闭,心理学人才的培养被中断。

20 世纪 80 年代后,随着改革开放的不断深化,心理学开始获得了崭新的发展机遇,西方心理学重新受到重视。我国心理学家在追踪西方心理学研究新进展的同时,也开展了大量心理学本土化的研究工作。经过改革开放后 40 多年的发展,我国心理学已经取得了长足的进步,在国际心理学的地位也有了显著的提高;我国心理学科的国际学术交流也有了空前的发展和进步。特别值得一提的是,2004 年 8 月 8 日至 13 日,第 28 届国际心理学大会在北京举行。这是国际心理学大会一百多年来第一次在发展中国家举办,能够举办这样大规模的学术会议,反映了我国心理学的发展成就和国际影响。

第三节　心理学的研究方法

案例 1-3　Skinner 箱

斯金纳(Skinner)在 Pavlov 经典条件反射基础上提出了操作性条件反射,他自制了一个"斯金纳箱",如图 1-6 所示。在箱内装一特殊装置,压一次操纵杆就会出现食物,他将一只饿鼠放入箱子里,它会在里面乱跑乱碰,自由探索,偶然一次压到操纵杆得到食物,此后老鼠压杠杆的频率越来越大,即学会了通过压操纵杆来得到食物的方法。Skinner 将这一现象命名为操作性条件反射或工具性条件作用,食物即是强化物,运用强化物来增加某种反应(即行为)频率的过程叫做强化。

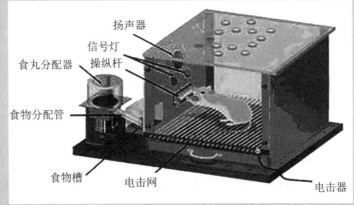

图 1-6　Skinner 箱

思考题
1. 什么是经典条件反射?
2. 操作性条件反射与经典条件反射的区别是什么?

人的心理现象是复杂的。在19世纪以前,当心理学还处在哲学襁褓中的时候,哲学家和心理学家大多数采用思辨、内省的方法研究心理学问题,这是造成心理学长期落后于其他科学的重要原因之一。1879年,Wundt创建了第一个心理学实验室,宣告了科学心理学的诞生。心理学作为一门科学,要研究心理现象、揭示心理的规律和本质,必须遵循一些科学的原则,采用科学的方法。

一、心理学研究的基本原则

心理学研究必须遵照科学的要求,遵循以下基本原则:

(一) 客观性原则

客观性原则(objective principle)是指按照客观事物发展变化的本来面目,遵照实事求是的精神,对人的心理及其发展变化进行真实的表述与研究。对心理学研究来说,就是要从心理活动所依存的客观条件及其表现和作用来揭示心理活动发生发展的规律。具体要求做到:① 在收集研究材料时,必须如实记录,不可对没有出现的心理事实妄加臆断或以个人主观感受替代客观事实;② 在整理和分析材料时,尽可能用客观的尺度来评定,切忌偏见的干扰;③ 在下结论时,持谨慎态度,能说明什么问题就说明什么问题,不可任意夸大。

(二) 系统性原则

系统性原则(systematic principle)是指应按照事物间普遍联系和整体性的观点去研究、考察人的心理活动和各种心理现象。这一原则要求做到:① 把心理现象看成一个有机整体;② 要认识到心理系统内部存在着有序的等级结构特性;③ 要对心理现象作动态分析,而不是仅满足于静态分析;④ 要研究心理这个开放系统与生理、环境、行为等相关系统的关系,而不是把心理看成一个自我封闭系统。

(三) 发展性原则

发展性原则(developmental principle)指以发展变化的观点去看待和研究人的心理活动,切忌静止、固定地看待各种心理现象。

人的心理活动是一种相对稳定而绝对变化的动态过程。由于个体受生长、成熟、刺激、知识经验、实践活动等因素的作用与影响,其心理始终处于运动变化之中,心理结构不断进行着改组与重建。因此,心理学研究必须以发展变化的观点去看待人的心理活动,不仅要看到其现实状态与当前特征,而且要看到其发展变化的趋势和前景。

(四) 道德性原则

道德性原则(moral principle)是指心理学研究应该遵守社会道德伦理原则,在保护人的身心不受侵犯与伤害的前提下,为促进人的健康发展而进行研究。

遵守社会道德伦理规范应是心理学研究中一个重要的原则。特别是面对青少年儿童时,如果在研究时操作处理不当,就可能妨碍或伤害青少年儿童的身心发展,甚至对其他方面造成消极影响。例如,心理咨询中如未能保护学生的个人隐私,会造成他们的精神、名誉受到损害等。因此,心理学研究在选择课题、设计研究方案、解释研究结果、保存资料等方面都要遵循道德性原则,保证被试对象的身心发展和个人生活不会因研究而受到损害。

二、心理学研究的基本类型

(一) 因果研究

因果(cause and effect)联系是事物的普遍联系之一。心理学的第一类研究就是要揭示心理现象的因果联系。例如,我们可以做一个实验,要求被试记忆不同的材料。一种任务是分析词形,另一种任务是比较词的读音,第三种任务是分析词义。第一种和第二种任务只要求被试做浅层加工,只要记住材料的形、音就够了,而第三种任务要求被试做深层加工,要求被试了解材料的意义联系。结果发现,被试对第三种材料的记忆成绩明显高于对第一种和第二种材料的记忆成绩。这说明被试对材料的加工深度与记忆成绩间存在着因果联系。在心理现象和外界刺激、心理现象和脑的活动间存在着广泛的因果联系。例如,光波的长度决定了颜色的色调,声音的频率决定了声调的高低,语言环境决定了儿童语言发展的水平,词的熟悉程度决定了对词的识别的快慢等。

在进行因果研究时,研究者应该注意:① 要创设某种实验的情景,使之能引起某种心理现象,同时要控制可能影响这种心理现象的其他因素;② 当一种情景引起了某种心理现象时,我们只能说,在特定的、当时的实验情景下,前者是因,后者是果,脱离一定的条件来谈因果联系是没有意义的。

(二) 相关研究

相关(correlation)是事物间的另一种关系,它和因果关系是不同的。例如,在吸烟的人群中,肺癌的发病率较高。这时我们可以说,吸烟和肺癌的发病率有较高的相关性,但吸烟并不是引起肺癌的唯一原因。我们不能根据一个人吸烟的多少来预测他是否会得癌症。

相关研究是心理学的另一类重要的研究。心理学的许多研究都是在寻找相关,例如,人的社会经济地位和心理发展的关系、某种人格特质和特定行为的关系、老年人自我支配的意识与生理健康的关系等。但是,相关本身不能提供因果的信息,当两种现象被发现有关联时,甲可能是引起乙的原因,乙也可能是引起甲的原因,或者它们是以其他的方式产生相关关系。只从相关本身的信息,你无法推断哪个是因,哪个是果。

(三) 个案研究

无论是因果研究,还是相关研究,都是以较大的被试样本为基础的。使用的样本数越大，实验的结果越可靠。但是，心理学家也常常进行个案研究(case study)，从个别案例中发现有价值的结果。例如，在临床研究中，医生发现某些失语病人只丧失了词的命名能力，而语言的其他方面是正常的；有的儿童智力发展基本正常，而语言能力有明显的缺陷；或者语言发展正常，而智力明显低下。这些结果都是从个案研究中得到的。在研究正常儿童的智力发展时，个案研究也是一条重要的研究途径。

三、心理学研究的基本方法

心理学和其他科学一样，必须具有科学态度并采取科学的研究方法。心理学的研究方法很多，常用的方法有以下几种：

(一) 观察法

观察法(observation method)是在自然条件下，实验者通过自己的感官或录音、录像等辅助手段，有目的、有计划地观察被试者的表情动作、语言、行为等，来研究人的心理活动规律的方法。观察法是科学研究中最原始的方法，也是最基本、应用最广泛的一种研究方法。观察是人类认识世界的基本方式，但科学研究的观察不同于日常观察，日常观察具有自发性、偶然性，而科学观察则是一种带有目的性、计划性和系统性的观察。

观察法有两种方式：一是参与被观察者的活动过程，成为其中一名成员；二是在一旁观察而不参与被观察者的活动。无论采取哪种方式，原则上是不让被观察者发觉自己的活动正在被他人观察，否则就会影响他们的行为表现，从而导致结果失真。在心理研究中，一般研究成人的心理活动采取第一种方式，研究儿童的心理活动则采用第二种方式。

观察法具有如下特点：① 可以即刻观察与记录被观察者的心理与行为；② 能收集到被观察者不能或不便直接报告和报道的资料；③ 能获取被观察者在自然环境中的真实表现；④ 无需被观察者专门配合，便于实施。

为了使观察能获取准确的资料，使用观察法时应遵循以下原则：① 观察应有明确的目的，每次只观察被试的某一行为；② 观察事先已明确界定的行为特征，应在被试处于自然状态下进行；③ 必须随时如实地做好记录，以获得反映客观心理事实的资料；④ 宜采取时间抽样方法。

观察法的优点是保持了被观察对象的心理活动的自然流露和客观性，获得的资料比较真实，操作运用简便易行。它的不足之处是观察者处于被动的地位，只能消极地等待被观察者的行为表现，而且常常只能了解到表面的事实，只能说明"是什么"，难以说清"为什么"，并且很难对观察结果进行反复验证。

(二) 实验法

实验法(experimental method)是一种有控制的观察。研究者根据一定的研究目的，事先拟订周密的设计，把与研究无关的因素控制起来，让被研究者在一定的条件下引发出某种行为,从而研究一定条件与某种行为之间的因果关系。在心理学中,通常把实验的研究者称为主试,把被研究者称为被试。实验法是一种较严格的、客观的研究方法,在心理学中占有重要的位置。实验法可分为实验室实验和自然实验两种。

1. 自然实验　自然实验(natural experiment method)是在被试的原有环境中进行的有控制的观察。例如,在教室里不影响课堂教学的条件下,研究教师的语调对小学生注意力的影响,在运动场上研究小学儿童在体育活动中的互助行为等。它的优点是研究工作能与正常的生活、工作结合起来,研究情境自然、常态,研究结果具有直接的实践意义;不足之处是实验情境不易控制,研究结果可能受周围无关因素影响。因此在许多情况下还需要实验室实验来加以验证和补充。

2. 实验室实验　实验室实验(laboratory experiment method)是在心理实验室里使用仪器设备进行的有控制的观察,它可以提供精确的实验结果,常用于对感知、记忆、思维、动作和生理机制方面的研究。心理学的许多课题都可以在实验室进行研究,通过实验室严格的人为条件的控制,可能获得较为精确的研究结果。另外,由于可以严格控制实验条件,运用这种方法有助于发现事件之间的因果关系,并可以对实验结果进行反复验证。但是正是由于实验者严格控制实验条件,被试者处于这种环境中,意识到正在接受实验,就有可能干扰实验结果的客观性,并影响到将实验结果应用于日常生活中,因此具有一定的局限性。

(三) 调查法

调查法(investigation method)是就某个问题或某些问题,请被调查者如实回答其想法或做法的心理学研究方法。调查法分为访谈法和问卷法两种。

1. 访谈法　访谈法(interview method)是指研究者根据一定的研究目的和计划直接询问研究对象的看法、态度,或让他们做一个简单演示并说明为什么这样做,以了解他们的想法,从中分析心理的特点。

访谈法的优点主要是:① 灵活性大,调查者可以随时调整问题的次序与进度;② 适用范围广;③ 控制性强;④ 回报率高。其缺点主要在于:① 匿名性低,被调查者可能因各种顾虑不给予真实回答;② 由于误解等原因,问题容易产生偏差;③ 标准化程度低,资料难以比较。

2. 问卷法　问卷法(questionnaire method)根据研究目的,以书面形式将要收集的材料列成明确的问题,让被试回答。更为常用的形式是将一个问题回答范围的各种可能性都列在问卷上,让被试圈定,研究者根据被试的回答,分析整理结果。

问卷法的优点在于:① 应用范围广;② 效率高,费用低,可在较短时间内、较大范围内获取大量资料,可以节省人力、物力;③ 因为进行科学抽样,调查结果具有较高代表性。缺点在于:① 问卷回收率不高可能会影响结果的准确性;② 被调查者可能不认真合作而使问卷结果的真实性和有效性受到影响。

(四) 测验法

测验法(measurement method)就是采用标准化的心理测验量表或精密的测

验仪器,来测量被试有关的心理品质的研究方法。例如,常用的心理测验有能力测验、品格测验、智力测验、个体测验、团体测验等。在管理心理学的研究中,心理测验常常被作为人员考核、员工选拔、人事安置的一种工具。

测验法的使用必须具有两个基本要求:① 信度(reliability):指一个测验的可靠程度。测验的可靠程度高,同一个人多次接受该测验时,就可得到相同或大致相同的成绩;② 效度(validity):指一个测验有效地测量了所需要的心理品质。

测验法常用来探讨那些难以确定自变量和因变量关系的课题以及复杂的社会心理方面的问题。由于测验法是个体心理特征和行为表现的量化研究的主要工具之一,所以应用范围很广泛。

在使用标准化心理量表进行测验时,必须注意以下几点:① 选用的测量工具应适合于研究的目的,不可生搬硬套;② 心理测验的主持者应具备使用测验的基本素质,能严格按测验手册的要求实施测验和处理结果;③ 对测验分数的解释应有根据,不能随意发挥。

心理学是一门实证性很强的科学。有关被试心理的特点和规律只能从收集到的实际材料中分析、综合,而不能由研究者想当然的发挥。因此,每一个学习心理学的人都要学会正确使用研究方法。心理现象是复杂的,具体运用哪一种方法,要根据研究对象研究条件、研究目的来确定,有时要综合好几种方法才能收集到多方面的资料。

心理学的各种研究方法是收集感性材料的直接手段,目的是要从中分析、归纳出规律性的东西。因此,每一个学习心理学的人还必须运用唯物辩证法对感性材料做出全面的、深刻的、相互联系的理性分析,防止片面地、孤立地、静止地研究心理现象。

阅读 撕碎了生命的欲望

这是个寓言式的故事。

1981年4月3日,世界卫生组织公布了这样一份材料:世界上有三个长寿地区,分别是巴基斯坦的劳扎、苏联的高加索和厄瓜多尔的毕路卡邦巴。这些地区居民的平均寿命特别高,百岁老人的比例高出其他地区8~12倍。

此时,大出版商、纽约洛兰德出版公司的老板萨拉·何塞正在罗德岛度假。这份材料使他又看到了大赚一笔的希望。他认为如果能出版一套探寻这三个地区长寿奥秘的书,一定会大赚一笔。于是,他停止了休假,飞回纽约,并让他的手下分别到那三个地方去采访,要求两周后交稿,三周之内出书。同时在全美各大媒体上刊登广告,征订单飞向了全美各地。

不得不承认何塞先生有敏锐的商业头脑,书还没上市便引起了空前的关注,他的公司很快收到了650万份订单。但是,让何塞先生没有料到的是,几位记者两周之内没能赶回来交稿,三周之内出书的计划不得不延误。不能如期出书就得支付巨额违约金,萨拉·何塞极度焦虑、彻夜难眠、血压上升……一天早上,人们发现了已经身亡的萨拉·何塞。经鉴定,他是因突发脑溢血,年仅52岁。

何塞先生死后不久,《百岁奥秘》出版了,几位记者在书中详尽介绍了那三个地区人们长寿的秘诀,丰富又翔实。其中最重要的,也是最难以做到的就是,那里的人们奉行着这样一种处世原则:返璞归真的环境、与世无争的处世之道和清心寡欲。

思考题

你能用心理学理论与方法对此现象进行科学的解释吗?

(刘新民　刘畅)

第二章 感 知 觉

第一节　感觉概述
　　一、什么是感觉
　　二、感受性与感觉阈限
　　三、几种常见的感觉现象
第二节　视觉
　　一、视觉刺激
　　二、视觉的生理基础
　　三、视觉的基本现象
第三节　听觉
　　一、听觉刺激
　　二、听觉的生理基础
　　三、听觉的基本现象
第四节　其他感觉
　　一、皮肤感觉
　　二、嗅觉和味觉
　　三、内部感觉

第五节　知觉的一般概念
　　一、什么是知觉
　　二、自上而下的加工和自下而上的加工
　　三、生理机制
　　四、知觉的种类
第六节　知觉的特性
　　一、知觉的选择性
　　二、知觉的整体性
　　三、知觉的理解性
　　四、知觉的恒常性
第七节　几种复杂的知觉及其机制
　　一、空间知觉
　　二、时间知觉
　　三、运动知觉
　　四、错觉
阅读　有趣的橡胶手错觉

案例2-1　淘气的豆豆

豆豆虽然只是个一年级的小学生,但是已经让她的妈妈非常伤脑筋了。学校老师说豆豆上课时注意力不集中,总是在和窗外的行人打招呼或者和屋檐下的燕子聊天,老师喊她也不在意,好像与她无关;重复地把课本、铅笔、橡皮从书桌里拿出来又放进去,把桌子开开关关的弄得啪嗒啪嗒响;做作业粗心,经常翻错页码、抄错题目,画画的时候超出纸张,不仅学习非常困难,而且生活中也经常丢三落四,动作不协调,常常跌倒。医生说豆豆之所以表现出这些行为,是因为感觉统合失调,外部的感觉刺激信号无法在她的大脑神经系统进行有效的组合,从而使机体不能和谐地运作,久而久之形成各种障碍,最终可能影响到她的身心健康。

思考题

感知觉是什么？它们对于我们的生活有着怎样的意义？

感觉是人类认识世界的第一步，帮助我们从内外环境中获取信息，而这些从环境中输入的信息，需要通过知觉，根据个体的经验加以整合和识别，本章中我们将感觉和知觉联合起来进行阐述。

第一节 感 觉 概 述

一、什么是感觉

阳光灿烂的日子，仰面躺在草地上，望着湛蓝的天空，听着周围鸟儿欢快的鸣叫，微风轻柔地拂过脸颊，深吸一口还弥漫着甜甜的青草香的空气，这样的场景或许我们都经历过，然而你是否思考过我们的身体和大脑是如何对围绕在我们周围的这些刺激——光线、声音、气味等产生感觉的？

感觉(sensation)是人脑对当前直接作用于感觉器官的客观事物的个别属性的反映。感觉能够反映客观事物的颜色、大小、声音、气味、软硬等个别属性，帮助人们了解和认识外界事物，同时也能够反映个体自身的状态，如身体各部分的位置、运动、疼痛、饥渴、冷热等，从而决定是否进行自我调节和调动防御机制。

产生感觉的第一步是收集信息；第二步是转换，把刺激的能量转化成神经冲动，完成这一关键环节需要依赖专门化的感受器；第三步，神经冲动传到大脑皮层，并进行有选择的加工，使之成为个体体验到的不同性质和强度的感觉。

感觉是最基本的心理现象，是认识世界的开端。一切高级的、复杂的心理活动，都是通过感觉获得材料，在感觉的基础上产生的。限制或剥夺人的感觉经验会影响到知觉、记忆、思维等高级心理过程，导致心理活动出现异常。

根据刺激来源的不同，可以将感觉分为两大类：外部感觉和内部感觉。外部感觉是指接受外部刺激，反映外界事物的属性，主要包括视觉、听觉、嗅觉、味觉、皮肤觉等。内部感觉是指感受内部刺激，反映身体内部变化的感觉，主要包括运动觉、平衡觉、内脏觉等。本章将重点阐述视觉、听觉的相关内容。

二、感受性与感觉阈限

感觉是由刺激物直接作用于感受器官引起的，然而人的感受器官只对一定范围内的刺激做出反应。这个刺激范围及相应的感觉能力，我们称为感觉阈限和感受性。

（一）绝对感受性与绝对感觉阈限

刺激物只有达到一定强度才能引起人的感觉，例如，人耳有反应的纯音范围为

16～2000赫兹,频率低于16赫兹可能感觉到振动而无法通过声音辨识。这种刚刚能够引起感觉的最小刺激量叫做绝对感觉阈限,而人的感受器官觉察这种微弱刺激的能力叫做绝对感受性。绝对感受阈限越小,即能够引起感觉所需要的刺激量越小,表明感受性越高;绝对感受阈限越大,即能够引起感觉所需要的刺激量越大,表明感受性越低。因此,绝对感受性与绝对感受阈限在数值上成反比,公式如下:

$$E = 1/R$$

其中,E代表绝对感受性,R代表绝对感受阈限。

(二) 差别感受性与差别感觉阈限

两个同类的刺激物,只有它们的强度达到一定差异,才能引起差别感觉,即能够将它们区别开来。这种刚刚能引起差别感觉的刺激物间的最小差异量,叫做差别阈限或最小可觉差。对这一最小差异量的感觉能力,称作差别感受性。差别感受阈限越小,即能够引起差别感觉所需要的刺激量越小,表明差别感受性越高;差别感受阈限越大,即能够引起差别感觉所需要的刺激量越大,表明差别感受性越低。因此,差别感受性与差别感受阈限在数值上成反比。

经研究发现,为了引起差别感觉,刺激的增量与原刺激量之间存在着一定的关系。公式如下:

$$K = \Delta I/I$$

其中,I代表标准刺激的强度或原刺激量;ΔI代表引起差别感觉的刺激增量,即JND(just noticeable difference);K为一个常数。此公式称为韦伯定律。不同的感觉,K的数值是不同的,即韦伯分数不同(表2-1)。

表2-1 不同刺激的韦伯分数值

刺　激	韦伯分数
视觉明度	0.016
重压	0.013
响度	0.088
橡皮气味	0.104
咸味	0.200

(资料来源:BORING E G, LANGTELD H S, WELD H P. Introduction to Psychology[M]. New York:Wiley,1939.)

三、几种常见的感觉现象

(一) 适应

感觉适应是指感受器在刺激物的持续作用下感受性发生变化的现象。古语所说的"入芝兰之室,久而不闻其香;入鲍鱼之肆,久而不闻其臭"就是嗅觉的适应现象。适应既可以表现为感受性的提高,也可以表现为感受性的降低。

(二) 对比

感觉对比是指同一感受器接受不同的刺激而使感受性在强度和性质上发生变化的现象。感觉对比可分为同时对比和继时对比。同时对比是指若干个刺激物同时作用于同一感受器产生的感受性变化；继时对比是指刺激物先后作用于同一感受器时产生的感受性变化，如先吃糖后吃药，会觉得药特别苦。

(三) 后像

感觉后像是指对感受器官的刺激停止作用后，感觉映像不会立即消失，还能保留一段时间的现象。感觉后像分为正后像和负后像。正后像在性质上和原感觉的性质相同；负后像的性质则同原感觉的性质相反。例如，持续不断地注视白色荧光灯一段时间后，闭上眼睛，感觉灯还在眼前亮着，这就是正后像；但如果将视线转向一面白墙，就会感到有黑色灯的形象，这就是负后像。

(四) 联觉

联觉是指一种感觉引起另一种感觉的现象，它是感觉相互作用的一种表现。色觉易产生联觉，例如，色觉可以引起温度觉，如红、橙、黄等能带来温暖感，而蓝、青、紫则会带来寒冷感。色觉还可以引起轻重感，如使用浅色系的室内家具，就会给人轻盈的感觉。医院病房多采用米白、暖黄色，也是巧妙运用联觉，以达到让患者感到情绪平和，舒适放松的目的。

第二节 视 觉

一、视觉刺激

视觉(vision)主要由光刺激作用于人眼产生，是人类非常重要的一种感觉。光是指具有一定波长和频率的电磁辐射，能够作为人类视觉刺激的可见光只是其中一部分，其波长为380～760纳米。可见光中，波长最短的是紫色，若波长小于紫色光，我们肉眼就不能识别，这样的光被称为紫外线。可见光中，波长最长的是红色，若波长大于红色光，我们肉眼看不见的光被称为红外线。能够产生光的物体称为光源，太阳是最重要的光源，人眼的许多视觉特性是在长期适应太阳光特性的过程中产生的。环境中大部分物体不能自行发光，它们需要反射来自太阳或人造光源的光线。一般情况下，人眼不会直接朝向光源接受刺激，所以我们主要接受的光线是物体表面反射的光线。因此，人类的视觉特性由光源的特性及具有反射作用的物体表面的特性决定。

二、视觉的生理基础

眼睛是人的视觉器官，形状类似一个球，由眼球壁和眼球内容组成。眼球最外部是一个透明的保护膜，叫做角膜，当眼睛注视物体时，由物体反射的光线通过它进入虹膜中央的瞳孔，它随光线的强弱调节自身大小，从而控制进入眼球的光线量。瞳孔后方的晶状体能够利用睫状肌舒张进行厚度的变化,从而汇聚光线,最终投射到眼球后部的视网膜(retina)上成像。这些结构组成完整而精巧的光路系统,负责对入射光进行适当折射,使外界的物像清晰地聚焦在视网膜上。

眼睛的关键作用是把光波转换成神经信号,这个过程是在视网膜上完成的。视网膜由多层神经细胞组成,最主要的是两种感光细胞:棒体细胞(rod cell)和锥体细胞(cone cell)。人的视网膜上有 1.2 亿个棒体细胞和 700 万个锥体细胞。在光的刺激作用下,它们通过所含化学物质的变化传递着视觉信息。棒体细胞与锥体细胞的形状、功能、分布位置都不相同:棒体细胞对光的强度起反应,即使在微弱的光线下也很敏感,但不能分辨颜色;锥体细胞则可以对光的颜色(即波长)起反应,却对光的强度的反应很差。因而在光亮条件下,锥体细胞可以精确地分辨颜色,但在光线微弱时则能辨别颜色。锥体细胞集中于网膜视网膜中央窝上,这里只有锥体细胞,没有棒体细胞,由中央窝向视网膜边缘扩散,锥体细胞逐渐减少,棒体细胞逐渐增多。

大脑枕叶的纹状区是视觉的直接投射区,实现对视觉信号的初步分析。该区域受到刺激时,人能看到闪光。与之相邻的另一些脑区负责进一步加工视觉的信号,从而产生更精细、更复杂的视觉。来自每只眼睛的视神经在视交叉处汇合,左侧视野的信息传递至右脑,右侧视野的信息传递至左脑,使神经纤维与皮层下结构(如外侧膝状体和上丘)的细胞形成突触。这两种神经结构都与视皮层相连接(图 2-1)。

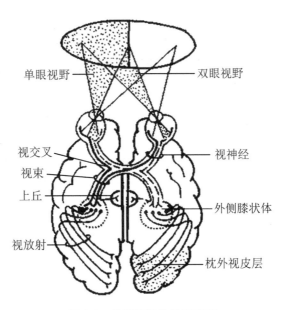

图 2-1 从眼到脑的神经通路

(资料来源:彭聃龄.普通心理学[M].3 版.北京:北京师范大学出版社,2004.)

三、视觉的基本现象

(一) 色觉

色觉是视觉系统对物体颜色的反应,颜色即光波作用于人眼所引起的视觉体验。产生颜色的三个维度包括明度、色调和饱和度。

明度主要取决于光刺激的强度,指光刺激的强度作用于眼所产生的效应,即颜色的明暗程度。光源的照度、物体表面的反射率越高,物体看着越亮。

色调主要取决于光波的波长,并非光波本身的物理特性,而是不同波长的光波作用于眼睛而产生的视觉体验。例如,如果短波占优势,物体会呈现蓝色或绿色;如果长波占优势,物体就会呈现红色或橘黄色。

饱和度(saturation)是指某种颜色的纯、杂程度或鲜明程度。饱和度取决于物体所反射出的光波中决定其色调的光波所占的比例,比例越高,饱和度越大。纯色有最大的饱和度,浑浊和浅淡的颜色饱和度居中,灰色为完全不饱和的颜色。

日常生活中出现的颜色混合可以分为两种:色光混合和颜料混合。色光混合指将不同波长的光混合在一起同时作用于人的眼睛,是在视觉系统中实现的混合。例如,将各种波长的光适当地混合起来能产生白光。颜料混合指将不同的颜料或油漆、油墨混合之后,作用于视觉系统引起的。色光混合遵循加法原则,即把各种波长的光相加,其三原色是红、绿、蓝。色光混合的例子有:黄=红+绿,紫=红+蓝,青=绿+蓝,白=红+绿+蓝。颜料混合则遵循减法原则,即某些波长的光被吸收了,其三原色是黄、蓝、青。

颜色体验的一些规则对于有些人是不适用的,他们天生有色觉缺陷,如色盲和色弱。色盲分为全色盲和局部色盲,全色盲指丧失对整个可见光谱上各种光的颜色视觉,只能看见灰色和白色。局部色盲拥有部分颜色经验,但范围小于正常人,丧失的颜色通常成对出现,常见的有红绿色盲、黄蓝色盲。色弱主要是指对光谱中的颜色分辨力较低,感受性较差,当刺激较弱时,他们几乎分辨不出颜色。

(二) 视觉对比

视觉对比(visual contrast)指由于光刺激在空间上的不同分布引起的视觉经验,分为明暗对比和颜色对比。明暗对比是一个物体由于周围物体的明度不同,而产生的不同的明度经验。两个同样的灰色正方形块,分别放在白色和黑色的背景上,人们会认为放在白色背景上的灰色正方形块比放在黑色背景上的灰色正方形块暗得多(图 2-2)。颜色对比指一个物体的颜色会受到它周围物体颜色的影响而发生色调的变化。

(三) 视觉适应

前面我们提到感觉适应现象,视觉适应中存在明适应和暗适应两种现象。明适应(bright adaptation)是指一种对光的感受性下降的现象,从暗处到亮处,尤其是强光下,最初一瞬间感到光线刺眼,几乎看不清,几秒钟后逐渐看清物体的过程。

暗适应(dark adaptation)是指从亮处到暗处,最初看不见周围东西,经过一段时间后才逐渐看清物体、感受性逐渐提高的过程。暗适应最初的时间里,锥体细胞和棒体细胞共同参与,感受性迅速提高,之后感受性虽然仍在上升,但是速度降低了,这一阶段只有棒体细胞继续起作用。明适应过程正相反,主要是锥体细胞发生作用。一般暗适应时间较长,持续 30~40 分钟,而明适应进行较快,一般 5 分钟左右完成。

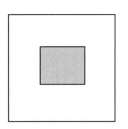 

图 2-2　明暗对比

现实生活中,很多地方考虑到了视觉适应现象,比如一般隧道入口处和出口处的照明要多一些,目的就是帮助驾驶员更好地适应光线的改变,驾驶员的眼睛通过分阶段接受不同强度的照明,因而有充分的时间进行明适应和暗适应,不会出现突然看不见物体的状况。

(四) 马赫带

马赫带是 1868 年奥地利物理学家马赫(E. Mach)发现的一种明度对比的视觉效应。具体内容是人们在明暗交界的边界上,常在亮区看到一条更亮的光带,在暗区看到一条更暗的线条。从刺激物的能量分布来看,亮区的明亮部分与暗区的黑暗部分在刺激的强度上应该与所在区的其他部分相同,而明暗分布在边界处却出现了起伏现象。说明马赫带不是由于刺激能量的实际分布引起的,而是神经网络对视觉信息加工的结果,即侧抑制的结果(图 2-3)。

图 2-3　马赫带

(五) 闪光融合

一个间歇频率较低的光刺激作用于眼睛时,我们就会产生一亮一暗的闪烁感觉,随着光刺激间歇频率逐渐加大,闪烁现象会逐渐消失,由粗闪变成细闪。当闪烁频率增加到一定程度时,人眼就不再感到是闪光而感到是一个完全稳定或连续的光,这种现象称为闪光的融合。闪烁刚刚达到融合时,光刺激的间歇频率称为闪光临界融合频率(critical flicker frequency,CFF)。产生闪光融合的原因是:视网膜在光刺激时需要一定的时间把光能转换为神经反应,在光消失时又需时间停止反应。在闪烁频率超过感受器启动和停止兴奋速度时,神经反应就会相互重合、叠加在一起。CFF 反映了视觉系统分辨时间能力的极限,CFF 越高,表明时间的视敏度越高。不同人的 CFF 的差异相当大,但一般在 30~55 赫兹。

> 请联系你的生活实际,想想还有哪些明适应和暗适应的例子。

第三节 听 觉

一、听觉刺激

人类对世界的体验中,视觉和听觉(hearing)起着相互补充的作用。声波是物体振动时对周围空气产生压力,从而使空气中的分子进行疏密相间的运动,它是听觉的适宜刺激。声波通过空气传入人耳形成听觉。真空状态中不会产生声音,因为真空中没有由振动物体引起运动的空气分子。

声波的物理特性包括频率、振幅和波形。频率是发声物体每秒振动的次数(波的周期循环次数),单位为赫兹(Hz)。不同的声音,频率也不同,人耳能接受的声波振动频率为 16~20000 赫兹。低于 16 赫兹的次声波和高于 20000 赫兹的超声波,人耳都无法接收。振幅是声波强度的物理特性,振幅大、压力大,我们听到的声音就强;振幅小,压力小,我们听到的声音就弱。最简单的波形是正弦波,纯音就是由正弦波得到的。人们在日常生活中听到的大部分声音都不是纯音。

二、听觉的生理基础

耳朵是人的听觉器官,由外耳、中耳、内耳三部分组成。外耳包括耳郭和外耳道,主要起收集声音的作用。鼓膜将外耳和中耳分开,并通过振动将声音传递给中耳的听小骨系统——由锤骨、砧骨、镫骨组成。通过它们将振动集中起来,传送到卵圆窗,起到将声波放大的作用。卵圆窗将声波传导到后面的内耳,内耳由前庭器官和耳蜗组成。前庭是平衡觉的器官。耳蜗是听觉的主要器官,内部充满液体,其中部有一层膜,叫基底膜。卵圆窗将振动传入耳蜗内的液体,液体中压力的变化便引起基底膜的位移。基底膜上分布着听觉感受器——科蒂氏器,它由支持细胞和末端有细毛的毛细胞组成,听神经便由此发出。听神经的兴奋是由基底膜的位移刺激毛细胞产生的,兴奋向大脑传导,最后达到皮层颞叶的听觉中枢,听觉由此产生(图2-4)。

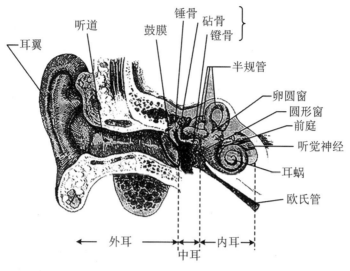

图 2-4　人耳的构造
(资料来源:张春兴.现代心理学[M].台北:东华书局,1991.)

三、听觉的基本现象

(一)声音的属性

声波的物理特性,使人们听到的声音具有三种基本属性:音高、音响和音色。

音高(pitch)指声音的高低,主要由声波的频率决定。高频产生较高的音高,低频产生较低的音高,人类语言的音高一般在30~5000赫兹,钢琴的88键音高在30~4000赫兹。频率(物理现实)和音高(心理效果)之间不是线性关系,当频率很低的时候,只要增加一点点,就能引起音高的显著增高;但当频率较高的时候,需要将频率提高很多才能够感受到音高的差异。

音响指声音的强度,主要由声波的振幅即振动的大小决定,单位为分贝(dB)。0分贝是人类在正常听觉下可觉察的最小的声音大小,长时间暴露于超过90分贝的声音环境中会损伤我们的听力。生活中熟悉的声音强度分别为:繁忙的汽车道约100分贝,地铁约120分贝,普通谈话约80分贝,树叶的沙沙声约20分贝。

音色反映的是复杂声波的成分,现实生活中大部分声音都不是纯音,而是复杂声波,包含由多种频率和振幅组成的混合波。只有少量的声音刺激,如音叉,包含一个单一正弦波的纯音。音色使我们能够区分是什么物体发出的声音,如钢琴声或是口哨声。

(二)声音的混合与掩蔽

两个声音由于频率、振幅不同,同时到达耳朵相混合时结果也不同。当两个声音强度相差不大,频率相差较大时,就会产生混合音。但如果两个声音强度相差较大,就只能感受到其中较强的一个声音,这种现象称为声音的掩蔽。例如,当房间里空调开着的时候,我们往往没有留意到其他声音,然而当空调突然关闭的瞬间,我们也许就能够听到时钟秒针转动时发出的微弱声音或者是隔壁房间说话的声音。声音的频率、强度、掩蔽音和被掩蔽音之间的时间间隔会对声音的掩蔽产生影响。研究结果显示,掩蔽音和被掩蔽音都是在纯音的情况下,两个声音频率越接近,掩蔽作用越大;低频音对高频音的掩蔽作用比高频音对低频音的掩蔽作用大。当掩蔽音强度提高,掩蔽作用增加,覆盖的频率范围也随之增加;当掩蔽音强度减小,掩蔽作用覆盖的频率范围也随之减小。

第四节 其他感觉

一、皮肤感觉

皮肤是重要的感觉器官,分布着众多类型的感受器细胞,通过它们接受感觉信息,从而对与皮肤接触的不同刺激做出反应。皮肤感觉(skin sense)包括:触压觉、温度觉和痛觉。

(一) 触压觉

触压觉指由压力在皮肤上引起的感觉,感受器呈点状分布,被称为触点,可分为触觉和压觉。触觉是外界刺激引起的皮肤轻微变形,压觉是外界刺激引起的皮肤明显变形。身体不同部位对压力敏感性的差别非常大,面部是最敏感的部位,这种差异与神经末梢分布的密度以及负责这些部位的感觉皮层区域的大小有关。有研究结果显示,经常触摸你所关心的人,并鼓励他人抚摸你,不仅使皮肤感觉良好,而且对自己和他人的健康都有好处。

(二) 温度觉

温度觉是皮肤表面温度的变化引起的一种感觉,感受器有温点和冷点,由刺激温度与皮肤表面温度共同决定。当刺激温度高于皮肤表面温度时,引起温觉;当刺激温度低于皮肤表面温度时,产生冷觉;当两者温度相等时,不产生温度觉。身体的不同部位,生理零度(即皮肤表面温度)存在差异,所以对温度刺激的敏感程度也不相同。此外,受刺激的皮肤面积的大小也会影响温度觉。温度觉易于适应。

(三) 痛觉

痛觉是躯体对有害刺激的反应,这些有害刺激能够导致有机体损伤,包括机械的、物理的、化学的等。痛觉是人体的报警和防御系统,具有保护机体免受伤害的作用。痛觉的感受器称之为痛点,是皮肤下各层中的自由神经末梢,由它们收集的神经冲动传至脊髓并经过丘脑,最后到达大脑皮层,确定痛觉产生的位置和强度,评估损伤的严重性,从而决定下一步的行动计划。

二、嗅觉和味觉

(一) 嗅觉

嗅觉是由不同气味的气体物质引起的感觉。这种物质作用于鼻腔上部黏膜中的嗅细胞,在气味刺激下,产生兴奋,经嗅束传至嗅觉的皮层部位——海马回、沟内,因而产生嗅觉。嗅觉感受性受多种因素的影响,不同性质的刺激物有不同的感受性;嗅觉与环境因素、机体状态有关,温度的高低、干湿程度以及患有感冒、鼻炎等疾病,都会影响嗅觉的感受性;由于刺激的持续作用产生嗅觉适应,使得感受性明显下降。嗅觉需要不断更新嗅神经,当嗅神经细胞老化后,就会被位于感受器上方和大脑中前额叶下部的嗅球形成联结的新细胞所替代。

气味是一种有效的交流形式,信息素是一定物种内用来传递感受性、危险、领地分界和食物源等信息的化学物质。有研究数据表明,人类也具有分泌和感受信息素类物质的能力。例如,同一宿舍内的亲密女性朋友的月经周期会逐渐同步。这种同步性可以认为是由嗅觉所携带的化学信号导致的。

另外,不同的气味对人的作用被广泛地应用于社会实践中,例如,在房间内放芳香类物质可以起到振奋精神、减轻疲劳、提高工作效率的作用。

(二) 味觉

溶于水的化学物质是味觉的适宜刺激。味觉的感受器是分布于舌面上和咽喉的黏膜、软腭等处的各种味蕾。基本的味觉有酸、甜、苦、咸,其他味觉都是这四种味觉再加上触觉、温度觉综合作用的结果。品尝食物的时候,味觉和视觉、嗅觉密不可分的联系在一起;蒙住眼睛、捏住鼻子时很难辨别质地相同但味道不同的食物。酒精、香烟等物质会破坏味觉感受器。值得庆幸的是,人类的味觉系统对损坏的抵抗性是最强的,间隔几天就要更新一次感受器。舌面不同的部位,味觉的感受性是不同的,舌头上特定区域专司一种味觉:舌尖对甜味最敏感、舌根对苦味最敏感、舌两侧对酸味和咸味最敏感,这就是人们熟知的"味觉地图",但也有学者对此持不同观点,认为舌上不同区域对甜、咸、苦味的尝出阈没有差别,目前此争议尚无定论。

很多人认为,辣是一种味觉,实际上舌头上没有感知辣味的部分,辣味的本质是一种痛觉。辣椒所含的化学物质辣椒素,会刺激到与舌头上的味蕾相连的伤害性疼痛纤维,从而产生辛辣的感觉。

专栏 2-1　人为什么爱吃辣?

辣味在本质上是一种灼痛感,现如今,吃辣却成了一种享乐行为,世界上很多地区的人们"无辣不欢"。人们缘何要如此"自虐"?人们并非天生喜欢食辣,食辣导致疼痛,人天生惧怕、厌恶疼痛,为何却又享受食辣?调查发现,即使在饮食普遍嗜辣的地区,对食辣的喜爱也不是与生俱来的,而是后天获得的,从不喜爱到喜爱,存在一个明显的喜好反转。从心理和行为层面看,喜好食辣的因素有纯粹接触效应、良性自虐说和其他因素等。

1. 纯粹接触效应　纯粹接触效应(mere exposure effect)指某外在刺激仅仅频繁出现，就能够使个体对其产生偏好，即熟悉导致喜好。Rozin和Schiller于1980年在墨西哥采用访谈法、直接观察法和偏好测量法进行的研究发现，喜爱辣椒的个体和不喜爱/讨厌辣椒的个体在早期经验方面的差异主要在于喜爱者的父母在饮食中更频繁地使用辣椒；并且青春期以前的未成年人对辣度的承受力和对辣味的偏好水平伴随年龄的增长显著地上升。其调查表明对于儿童而言，不愿意食辣并不会遭受到社会压力或来自父母的惩罚，该研究进一步表明在个体成长过程中辣椒在餐桌上频繁出现是导致喜好产生的主要因素。

对食辣的积极情感的产生可能还涉及一个拮抗过程。Harrison于1977年最早提出拮抗过程模型(opponent-process model)，是对纯粹接触效应的一种解释模型，认为拮抗过程导致纯粹接触效应。该模型的基本前提是当一个刺激引发一种情感反应时，撤除该刺激将导致一个拮抗机制，使个体体验到相反的情绪，重复暴露在某一刺激下会加强拮抗反应。根据该模型，初次食辣时，这种陌生的刺激带有不确定性和风险性，会使人产生不愉快的负性情绪；而重复多次暴露在食辣环境下将使得负性情绪反应水平降低，与拮抗反应相联系的正性情绪得到加强，由此导致对食辣的喜好。纯粹接触效应及其拮抗过程模型对吃辣的喜好产生的解释得到了后来研究者的广泛认可，但相应的实证支撑却严重不足，还需进一步验证。

2. 良性自虐说　"良性自虐"(benign masochism)也被用于解释食辣带来的愉悦感。良性自虐指个体享受那些身体或大脑将之错误地解读为威胁的负面体验，个体一旦意识到真正的危险并不存在，认知和身体反应的差异会导致一种令人愉悦的兴奋感(Rozin & Schiller, 1980; Rozin, Guillot, Fincher, Rozin & Tsukayama, 2013)。良性自虐理论与幽默的良性冲突(benign violation)理论有共通之处。良性冲突理论是幽默产生机制的解释理论，根据该理论，如果个体感知到自我受到威胁(如被嘲笑和冒犯)但同时认为该威胁是心理上可以接受的，幽默点得以产生(Mc Graw & Warren, 2010)。良性冲突以"安全的冒犯"产生幽默点，而良性自虐则以"可约束的风险"实现愉悦感。

根据良性自虐理论，人喜欢吃辣与喜欢观看恐怖片这样的主动寻求负性体验的行为是相似的。Rozin等人在2013年的研究验证了八类属于良性自虐的经验，其中食辣属于灼痛类经验，其余七类分别是悲伤类(如看悲剧电影)、恶心类(如令人恶心的笑话)、恐惧类(如坐过山车)、疼痛类(如按摩)、酒精类(如喝啤酒)、耗竭类(如体育运动)和苦味类(如喝黑咖啡)。从良性自虐的角度看，个体食辣导致的灼痛感使身体误报危险，并做出防御反应(如流汗、流泪)，但个体同时意识到危险并不真正存在，这使得食辣带来的灼痛、流汗、流泪成为了刺激的享受。该研究还提出当个体吃到的辣度刚好低于其承受力时可能是产生愉悦感的最佳水平,但这还需等待更多的实证验证。

3. 其他因素　社会压力因素被认为是人们喜好食辣的原因之一。在一些社会文化环境下,食辣与男子气概被关联起来,因此男性在是否能食辣的问题上更容易受到来自社会文化环境的压力(Rozin & Schiller,1980)。男性的食辣行为受到渴望被接纳为成年男性和融入文化习俗的驱动,食辣带来的社会奖励则使其对辣味产生喜好,这样的社会压力对女性而言则不明显(Byrnes & Hayes, 2015)。

个体身心适应也是人们食辣的重要原因。如同咖啡摄入后产生的神经兴奋作用让人们喜欢上苦味的咖啡,辣椒的摄入后效应也可能是偏好反转发生的原因。研究表明,辣椒素的摄入能够增加身体的能量消耗从而促进负能量平衡(Ludy & Mattes, 2012),使体温升高(Rozin & Schiller, 1980),促进人体脂肪氧化(Ludy, Moore, & Mattes, 2012)。动物研究显示,辣椒素和类辣椒素具有缓解外周疲劳和中枢疲劳的作用,其生理机制在于辣椒素能够调节组织对糖原的利用,提升血浆肾上腺素的浓度,从而增强机体的耐力,抵抗疲劳(郭时印,姜德建等,2007)。辣椒素还具备镇痛作用,这是由于辣椒素受体瞬时受体电位香草酸亚型1(transient receptor potential vanilloid 1,TRPV1)被激活后释放和消耗大量神经肽物质,使神经细胞对伤害性刺激产生脱敏化反应,继而起到镇痛作用(张宁宁,纪晓丽等,2015)。此外,大量摄入辣椒素还会促使大脑分泌内啡肽,从而产生欣快感(Rozin & Schiller, 1980)。

此外,基因对食辣也起到一定作用。Törnwall, Silventoinen, Kaprio 和 Tuorila 于 2012 年在芬兰以双胞胎为被试进行研究,根据对辣食的喜好评分将之分为不喜好(食辣)者,中等喜好(食辣)者和喜好(食辣)者三类,通过量化遗传模型对遗传因素和环境因素对喜爱食辣的影响进行分析后发现,不喜好食辣者对辣食的辣度评分更高,对辣食带来的愉悦度评价更低;遗传因素对喜好食辣的解释水平为18%~58%,其余的则是环境因素的作用。这表明对食辣的喜爱具有遗传倾向。

对于人们为何喜爱食辣,纯粹接触效应、良性自虐说、社会压力、摄入后效应等多种因素可能同时起作用,也可能单独起作用。

三、内部感觉

内部感觉是反应有机体内部状态和内部变化的感觉,它不像前面所介绍的感觉,拥有眼睛、耳朵、鼻子这样能直观接触到的感受器。内部感觉包括有平衡觉、运动觉以及机体觉。

(一) 平衡觉

平衡觉是指人体做加速度或减速度运动时所引起的一种感觉,其感受器是位于内耳的前庭器官上的毛细胞,包括前庭和半规管两部分。前庭是反应直线加速或减速的器官,半规管是反映身体旋转运动的器官。平衡觉和视觉紧密联系,如果来自视觉和前庭系统的信息相互冲突,人的消化系统就会出现呕吐、恶心等现象,所以相比较司机同时看到和感觉到移动,坐在汽车后排的乘客的视觉提供的是静止的信号,他的前庭觉提供的信号却是移动的,因而更容易出现晕车的现象。感觉的补偿现象是指当某种感觉缺失或受损,其他感觉会给予补偿,例如,由于意外事故导致平衡觉丧失的个体,开始时会感觉失去方向感,容易头晕,甚至摔倒,但大多数个体最终会通过更多的依赖视觉得到补偿。

(二) 运动觉

运动觉是为我们提供运动过程中各种身体状态——位置、运动以及肌肉的紧张程度等反馈信息的感觉,信息来源于肌腱、关节中的神经末梢。位于关节中的感受器对伴随不同肢体位置和关节运动的压力变化起反应,肌肉和腱中的感受器对伴随肌肉收缩和舒张时的张力变化起作用。运动觉是实现动作协调、完成各种复杂运动技能的基础,运动觉和皮肤觉结合,为我们提供了物体形状和大小的精确信息。例如,只有知道了十个手指的相对位置,大脑才能完全感知来自手指的信息,如果闭着眼睛握住一个物体,触觉和冷觉使你猜测这可能是冰块,但运动觉会告诉你它的大小和形状。

(三) 机体觉

机体内部器官受到刺激而产生的感觉,又称内脏感觉。当各种内脏器官工作正常时,各种感觉融合为一种感觉,称自我感觉。内脏感觉性质不确定,缺乏准确定位,因此也叫"黑暗"感觉。内感受器的神经末梢比较稀疏,一般强度的刺激信号在从内感受器到达大脑时常被外感受器的信号所掩盖,所以引不起机体觉。只有在强烈的或经常不断的刺激作用下,机体觉才较鲜明。可单独划分出来的机体觉有饥、渴、气闷、恶心、窒息、牵拉、便意、胀和疼痛等。机体觉在调节内脏器官的活动中起重要作用,它能及时报道体内环境的变化和内部器官的工作状态,使有机体能更好地适应环境,维护生命。

总之,视觉是所有感觉机能中获得信息量最大的一种,虽然存在个人差异,但一般情况下,人类获得的信息中,有80%来源于视觉。然而视觉也是最靠不住的一种感觉,经常出错。人类视觉只能看到正面一定角度范围内的事物,听觉却可以不受方向的限制,听到四周的声音,不过听觉有时会出错。触觉可以通过直接接触获得信息,触觉与视觉、听觉不同,不容易出错,尤其是指尖的触觉最敏感。人类的嗅觉经常和记忆有较强联系,当闻到特定的气味时,可能会让我们想起某一段回忆,嗅觉是一种原始的感觉,与其他动物相比,人类的嗅觉技能比较弱。味觉是所有技能中最弱的一种,味觉与人类的本能有较强的联系,有很多人会追求味觉的刺激。

表 2-2 归纳了人类各种感觉以及适宜刺激、感受器,在感觉部分的最后,你可以通过本表对所介绍的内容进行回顾和总结。

表 2-2 人类的感觉系统

感觉名称		感受器	适宜刺激
外部感觉	视觉	眼球视网膜上的视细胞	光(电磁波刺激,380~760 纳米)
	听觉	内耳耳蜗的毛细胞	声(声波刺激,16~20000 赫兹)
	嗅觉	鼻黏膜中的嗅细胞	气体(挥发性物质)
	味觉	舌头味蕾上的味细胞	液体(可溶性物质)
	肤觉(温度觉触压觉痛觉)	皮肤和黏膜上的冷点、温点、痛点、触点	热冷刺激 压力 对有机体具有损伤作用的刺激
内部感觉	平衡觉	内耳前庭器官中的毛细胞	身体位置变化和运动(机械刺激)
	运动觉	肌腱、关节中的神经末梢	身体位置变化和运动(机械刺激)
	机体觉	内脏器官壁上的神经末梢	机械刺激、化学刺激

第五节 知觉的一般概念

一、什么是知觉

人类生活在一个丰富多彩的世界里,每时每刻都有许多刺激作用于人的感官,感觉在不断地分别了解事物的个别属性,比如物体的声音、颜色、气味等,然而我们所认识到的任何属性都与一定的客体相联系,并具有一定的意义。例如,看到一个物体的视觉就包含了对这一物体的距离、方位,乃至对这一物体其他外部特征的认识。所以现实生活中很难有单独存在的感觉,单一或狭隘感觉的研究往往只能产生于实验室中。我们把通过感觉所得到的事物的个别属性整合起来加以理解,这就是知觉过程。例如,看到红褐色的液体,通过品尝我们发现它是酸味的,闻起来有些呛鼻,我们根据理解认识到它可能是醋,并且把它作为一个整体和酱油、可乐等其他东西区分开。

知觉(perception)是人脑对当前直接作用于感觉器官的客观事物的整体属性的反映。它在感觉的基础上产生,但不是各种感觉的简单总和,而是通过对感觉信息的组织和解释,形成了一个完整的映像。

感觉和知觉的关系十分密切,既相互区别,又密切联系。感觉和知觉的区别主要表现在:第一,反映内容不同。感觉反映的是事物的个别属性,知觉反映的是对客观事物的整体属性。第二,反映机制不同。感觉是单一感受器活动的结果,知觉是多种感受器协同活动的结果。第三,依赖主体因素的程度不同。感觉反映内容简单,主要依赖外界事物的刺激特性以及感觉器官的状态,而对主体因素的依赖程度不高;知觉的反映内容更为复杂,它的产生不仅依赖于外界事物的刺激特性以及感觉器官的状态,而且极大地依赖于一个人过去的知识和经验,受人的各种心理特点,如兴趣、需要、动机、情绪等制约,尤其是主体的知识经验,会对知觉的结果产生很大影响。例如,这样一个符号 𝄞,具有乐理知识的人会将其认知为五线谱中的高音谱号,而没有相关知识的人则可能只看到五条直线和一个奇怪的图形。

感觉和知觉的密切联系表现在以下两个方面:第一,感觉和知觉同属于认识过程的初级阶段,都是对直接作用于感受器的事物的反映,当客观事物在我们感官所及的范围之内消失了,感觉和知觉也就随之停止了。第二,感觉是知觉的基础,知觉是感觉的深入。没有对事物个别属性的反映,就无法产生对事物整体的反映。对事物个别属性反映越精确越丰富,对该事物的知觉也就越准确越完整。

二、自上而下的加工和自下而上的加工

知觉作为一种活动过程,包含了互相联系的几种作用。对感觉信息解释通常采取假设检验的方式,即从提出假设到验证假设的过程是:觉察、辨别/识别、确认。觉察是指发现事物的存在,但尚未搞清是什么;辨别/识别是指区分事物的属性;确认是指利用已有的知识经验和当前获取的信息,确定知觉的对象是什么、叫什么,并将其纳入一定的范畴。

图 2-5 示意的是感觉、觉察、辨别/识别到确认的加工过程。当知觉从周围环境获取感觉信息,并将这些信息发送给大脑并抽取加工相关的信息,这就是自下而

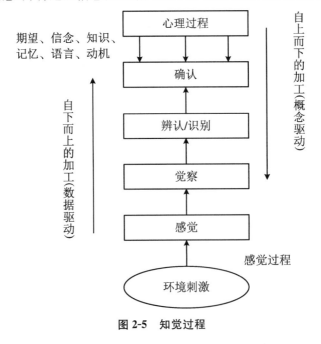

图 2-5 知觉过程

上的加工过程（bottom-up processing）。自下而上加工与经验事实密切相关，它处理一定量的信息，并将外界刺激的具体物理特征转化为抽象表征，所以也被称为数据驱动的加工（data-driven processing）。当知觉受个体的先验知识、动机、期望、兴趣爱好以及其他高级精神活动的影响时，就是自上而下的加工过程（top-down processing）。由于记忆中存储的概念会影响对输入信息的解释，所以自上而下的加工也被称为概念驱动的加工（concept-driven processing）。一般来说，个体的知觉活动中，非感觉信息越少，就需要越多的感觉信息，这时自下而上的加工占优势；如果非感觉信息越多，所需要的感觉信息就越少，这时自上而下的加工占优势。

三、生理机制

知觉之所以不同于并高于感觉，还在于知觉一般需要各种感觉系统的联合活动。现代神经心理学的研究表明，知觉过程是一个复杂的机能系统，这个系统依赖于许多皮层区的完整复合体的协同活动。例如，感觉皮层的一级区主要负责对外界信息进行初步分析和综合，感觉皮层的二级区实现整合的功能，感觉皮层的三级区是视觉、听觉、皮肤觉、运动觉等皮层部位的重叠区，它起到综合各种分析器的作用，该区域受到损伤将破坏复杂的同时性综合能力。此外，大脑的额叶也参与了知觉活动的组织活动，这些部位的损伤会造成各种知觉障碍。例如，失去主动知觉的意图，不能对客体做出合理假设，不能对知觉结果做出正确评定。

四、知觉的种类

根据在知觉过程中起主要作用的感觉器官的不同，可以把知觉分成视知觉、听知觉、味知觉、嗅知觉、触知觉等。根据知觉所反映事物的特征的不同，可以把知觉分成空间知觉、时间知觉和运动知觉。空间知觉处理物体的大小、形状、方位、距离的信息；时间知觉处理事物的延续性、顺序性；运动知觉处理物体在空间的位移及移动速度。根据知觉是否与客观事物相符合，可以将知觉分为正确的知觉和错误的知觉。错觉是知觉的映像与客观情况不符合的一种特殊形态。

第六节　知觉的特性

一、知觉的选择性

人不可能对同时作用于他的刺激全都清楚地感知到，也不可能对所有的刺激都做出相应的反应。在同一时刻里，他总是对少数刺激知觉得格外清楚，而对其余的刺激知觉得比较模糊，知觉得特别清楚的部分称为知觉的对象，知觉得比较模糊的部分称为知觉的背景。把知觉的对象优先地从背景中区分出来的特性称为知觉的选择性，其意义在于使知觉既清晰、准确，又完善、丰富，不致陷入僵化。

在知觉过程中,对象与背景并不是固定不变的,而是根据一定的主客观条件来相互转化的。"鲁宾之杯"就是解释对象和背景之间关系的著名图案,由丹麦心理学家鲁宾(Rubin)最先发现。观察图 2-6 时,如果我们把图中的白色部分看做图案,把黑色部分作为背景时,可以看到一个黑色背景上的白色杯子;相反,如果把黑色部分看做图案,把白色部分作为背景时,则可以看到两个黑色的对视的侧面人脸。对于这幅图,黑、白两部分都可以看做图案,但是除非恍惚使知觉选择中心模糊,我们不能够同时既看到一个白色杯子,又看到两个黑色侧面人像。

图 2-6 两歧图形

(资料来源:Morris C G, Maisto A A. Understanding Psychology[M]. 7th ed. Prentice Hall,1990:101.)

影响知觉选择性的因素有客观因素和主观因素,客观因素包括刺激物的强度、色彩、位置、运动、对比、出现的频度等;主观因素有个体的兴趣、需要、动机、情绪状态以及经验等。

在知觉过程中,强度大的、轮廓清晰的刺激容易成为知觉的对象。暖色、亮色比冷色、暗色更容易成为知觉的对象。刺激对比越明显,对象就越容易从背景中区分出来。例如,安静的自习室,一个人的手机铃声突然响起,这个铃声会很容易成为众人的知觉的对象;在相对静止的背景上,运动的物体容易成为知觉的对象;刺激的多维变化比单维变化更容易成为知觉的对象;在空间上接近、连续,形状上相似的刺激也容易成为知觉的对象;在时间上有规律的、重复出现的刺激也容易成为知觉的对象。此外,凡是与人的兴趣、需要、愿望、任务及以往经验联系密切的刺激,都容易成为知觉的对象。《断章》一诗所描写的"你站在桥上看风景,看风景的人在楼上看你",那个显然也是为"看风景"而来的楼上人,登临高楼,眼里所看的竟不是风景,而是那个"站在桥上看风景"的"你",这种知觉的对象的选择就是受个体的兴趣、需要的影响。

知觉定势是指前面的知觉直接影响到后来的知觉,从而产生以某种特定的方式对刺激进行知觉反应的特殊准备状态,个体的经验、需要、期望、情绪、态度和价值观念等,都会引起定势作用。定势具有双向作用,积极的一面是使知觉过程变得迅速有效；消极的一面则使反应刻板，妨碍知觉，甚至引起知觉误导。

二、知觉的整体性

知觉的整体性是指人的知觉对象有不同的属性、不同部分组成，但人们并不将其作为孤立、个别的部分，而是把各种属性或各个部分有机组合起来形成完整的映像。知觉的整体性提高了人们知觉事物的能力，是知觉的积极性和主动性的一个重要方面。

知觉的整体性是一种心理现象。虽然引起知觉的刺激是零散的，但是所得的知觉经验仍然是整体的。图 2-7 就可用来作为此种心理现象的说明。从客观的物理现象看，这个图形不是完整的，没有线段将这些点联结起来，但是我们仍然能看到一个三角形和一个正方形，都是边缘清楚、轮廓明确的图形，说明我们的知觉系统仍然把视野中的个别成分综合成了一个有组织的整体结构。这种刺激本身无轮廓，而在知觉经验上显示"无中生有"的现象，被称为主观轮廓（subjective contour）。这种奇妙的知觉现象经常为艺术家应用在绘画与美工设计上，使得不完整的知觉刺激形成完整的美感。

图 2-7　点子图

当我们感知一个熟悉的对象时，只要感觉了它的个别属性或主要特征，就可以根据以前的经验知道它的其他属性和特征，从而整体的知觉它；如果感知的对象是没有经历过的或不熟悉的话，知觉就更多地以感知对象的特点为转移，将它组织成具有一定结构的整体。

知觉对象本身的特性及其各个部分间的构成关系会对知觉的整体性造成影响，格式塔心理学派的心理学家们对此进行了深入的研究，并总结了一些知觉组织定律，也称格式塔原则，现已被广泛接受，主要包括以下内容：

（一）接近性

其他条件相同时，空间距离上或者时间上接近的物体容易被知觉为一个整体。图 2-8 中，A 部分与 B 部分都是 20 个圆点组成的方阵，如果单就各个圆点看，并不容易找出可供分类组织的特征。可是如果仔细观察，就会发现两部分中，点和点之间的间隔距离并不完全相等；A 部分两点之间的上下距离比其左右间隔接近，所以 20 个点看起来组成了 4 个纵列；B 部分两点之间的左右间隔比上下距离接近，所以 20 个点看起来组成了 4 个横行。

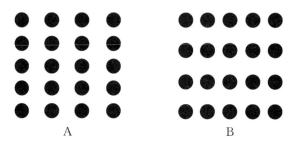

图 2-8　接近原则

（二）相似性

其他条件相同时，物理属性（如大小、形状、颜色等）相似的物体容易被知觉为一个整体。图 2-9 中，斜叉与圆点各自相似，很容易被看成由斜叉组成的大方阵当中另含一个由圆点组成的小方阵。

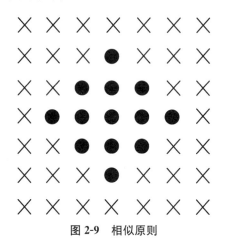

图 2-9　相似原则

（三）连续性

具有连续性或共同运动方向等的物体，容易被知觉为同一整体。共同命运原则是指当其他条件相同时，朝同一方向运动和具有相同速度的元素会被组织在一起。

（四）封闭性

人们倾向于填补对象的一些缺损从而将其知觉为一个完整图形。图 2-10 中，你是否看到了一个白色星形重叠在五个黑色圆形之上？虽然刺激物本身并不闭合，也不连接，但知觉系统提供了他们之间的边界，产生了主观轮廓。

图 2-10　封闭原则

(五) 良好图形原则

物体本身具有良好图形的因素,如简明性的、对称性的物体更容易被知觉。知觉的整体性不仅与物体本身的特性有关,还与知觉者的知识经验、主观状态有关。

整体不是各个部分的简单堆积,知觉对象的各种属性和各个部分在整体知觉中所起的作用不同。一般来说,刺激物的关键部分、强的部分在知觉的整体性中起着决定作用。而有些物理化学强度很弱的因素,可能因为与人的生活实践密切关系而转变成很强的刺激成分。整体还通过各个部分的有机结合而表现出新的意义,例如,我们在欣赏一幅油画的时候,会感知到色彩、线条、笔触、布局等多种因素,并将他们组合起来从而享受到美感,体验到整体大于部分之和。

三、知觉的理解性

知觉的理解性是指人总是根据自身的知识、经验去加工处理知觉对象。一般情况下,人们对任何事物的知觉,都建立在过去的知识和经验的基础上,以便做出最佳的解释和说明。知觉的理解性使人的知觉更为深刻、精确和迅速。

影响知觉理解性的因素主要包括:

(一) 言语

在信息不足或环境非常复杂的情况下,言语的指导和提示作用,可以促进人们对事物的理解。通过在内心说出感知对象的名称,将其归入一定的范畴之内,这种词语的概括,就赋予了它一定的意义。例如,旅游时,根据导游的言语引导,游客们更容易把山峰看成人或动物的形象。

(二) 知识经验

不同知识经验的个体即使知觉的是同一个对象,产生的结果也会不同。如一株向日葵,在植物学家眼中,它是种结矩卵形瘦果实的草本植物;在中医医生眼中,它是各部位均有不同功效的一味药材;在画家眼中,它是凡·高笔下那团熊熊闪烁的灿烂火焰;在普通人眼中,它是既可以榨油,又可以食用的常见作物。总之,人的知识经验越丰富,对事物的知觉就越精确、完整和深刻。

图 2-11 是一幅斑点图,但仔细观察一下,其实我们可以把它知觉为一艘帆船,但是如果一个人从未见过帆船,也没有任何与帆船有关的知识,那么他就无法得出上述知觉结果。所以以知识经验为基础的理解作用,帮助我们填补了画面信息,并把对象知觉为一个有意义的整体。此外,如果一开始就询问"这幅图像不像一艘帆船",那么知觉起来就更容易,这体现了语言在理解过程中的重要作用。

图 2-11 斑点图

(三) 情绪状态

同一知觉对象,当个体时所处的情绪状态的不同时,人们对它的理解也不同。

(四) 定势

定势也会影响人们对客观刺激的理解,如下面两列词组:

① 喜鹊、画眉、杜鹃;② 牡丹、月季、杜鹃。当你读第①组单词时,如果你认为"杜鹃"是一种鸟类,当你读第②组词时,会认为"杜鹃"是一种花卉。这是因为每行前面的单词,使阅读者产生了一种定势,导致你以某种特定的方式在记忆中寻找合适的理解。

除此之外,知觉的理解性还会受个体的意向、价值观等因素的影响。知觉的理解性与知觉的选择性、整体性有密切的关系。理解有助于对象与背景的分离,理解还有助于形成整体知觉。

四、知觉的恒常性

知觉的恒常性是指当知觉对象的物理特性在一定范围内发生变化时,人们的知觉映像仍然在相当程度上保持稳定的特性。因为客观事物具有相对稳定的结构和特征,所以当我们知觉熟悉的物体时,虽然它的物理特征(大小、形状、亮度、颜色等)受环境影响有所改变,但是由于对这些事物有比较丰富的经验,数次的经验校正了来自每个感受器的不完全的甚至歪曲的信息。反之,如果我们知觉的是一个全新的对象,而且周围没有熟悉的事物可以作参照,我们就不会对该事物产生知觉恒常性。因此,过去的经验对知觉的恒常性起到不可替代的作用,对知觉对象的知识经验越丰富,就越有助于保持感知对象的恒常性。

在视知觉中,知觉的恒常性表现得非常明显,主要包括:形状恒常性、大小恒常性、明度恒常性、颜色恒常性。

知觉的恒常性主要包括以下几种:

(一) 大小恒常性

在一定范围内,不论观看的距离如何,我们仍然把物体看成是特定的大小,知觉的这种特征叫大小恒常性。当对象与我们之间的距离发生变化时,例如,同样的一个人站在离我们2米、10米、50米的不同距离处,他在我们视网膜上的成像也会随之发生变化,然而人类的知觉系统会利用经验数据自动修正视觉的误差,推测出对象物体的实际大小,所以我们看到的这个人的大小是不变的。

(二) 形状恒常性

虽然当观察物体的角度、距离发生变化时,其形状在视网膜上的投影也会变化,但是我们仍倾向于把它知觉为一个标准形状,知觉的这种特性称为形状恒常性。门打开时,在视网膜上投影由矩形变成了梯形,但经验会告诉你这个门本身并没有变形(图2-12)。

图 2-12 形状恒常性

(三) 明度恒常性

不受外界照明条件影响,保持对物体明度知觉稳定性的特征就是知觉的明度恒常性。即使照明的亮度改变,我们仍倾向于把物体的表面亮度知觉为不变,例如,强烈阳光下的煤块和黄昏时分的白粉笔,尽管前者反射的光量远大于后者所反射的光量,但我们还是会把煤块知觉为黑色的,而把粉笔知觉为白色的。

(四) 颜色恒常性

不受照射到物体表面色光的影响,保持对物体颜色知觉稳定性的特性就是知觉的颜色恒常性。不同环境中物体反射光的波长其实存在很大差异,例如,在夕阳下看香蕉与在室内荧光灯下看是不同,黄色中会泛出一点红色,但人们不会知觉到香蕉的颜色有变化,仍然把它知觉为黄色。

知觉恒常性也存在于视知觉外的其他知觉领域中。比如方位知觉恒常性现象是指当我们转动头部的时候,虽然声音对听觉器官的作用条件发生了变化,但我们感到声音的方位并没有变化。

在生活实践中知觉的恒常性具有重大意义,它能使我们能够客观地、稳定地认识事物,保持在不同的情况下始终按事物的真实面貌来反映事物,使人有可能根据对象的实际意义来认识和改造客观世界,从而有效地适应瞬息万变的外界环境,是人类长期实践的结果。

> 你还能想到哪些知觉恒常性的例子?

专栏 2-2 知觉恒常性的习得

> 20 世纪 50 年代末 60 年代初,人类学家特恩布尔进入扎伊尔(今刚果)茂密的伊图里森林,为了更好地研究巴布提部落俾格米人的生活和文化,他聘请了当地一位名叫肯格的小伙子(约 22 岁)担任自己的助手。
>
> 然而在这次考察中,特恩布尔意外地发现了一个有趣的现象,由于肯格居住的伊图里森林十分茂密,他也从未看到过远处的风景。所以当肯格跟随特恩布尔第一次离开他从出生就一直居住的丛林,驱车来到一片广阔的平原时,看到一群野牛在几千米外吃草,肯格转向特恩布尔问道:他们是什么昆虫?确实,

相隔那样的距离,野牛投射到肯格视网膜上的映像是很小的。特恩布尔回答说那是野牛,这些野牛甚至比肯格从前在丛林看到的还要大。然而肯格立刻笑了起来,认为他是在开玩笑,并再次询问那是些什么昆虫。然后,他自言自语说他的这个同伴实在不够聪明,竟然把那些像甲虫和蚂蚁的昆虫说成野牛。

  特恩布尔立即回到车里,带领肯格开车接近吃草的野牛。肯格是个勇敢的年轻人,但当他看到物体的形体在不断增大时,他挪到特恩布尔身旁,小声地说这应该是魔法。最后,当他们到达野牛身旁,看到野牛的真实大小时,肯格不害怕了,但他仍然不明白为什么刚才它们看起来那么小,并且怀疑它们是不是在刚才那段时间里渐渐长大的,或者这是不是某种骗人的把戏。当两个人继续驱车来到爱德华湖边的时候,发生了类似的情况。这是一个很大的湖,在3~4千米外有一艘渔船。肯格认为那不过是一块木头,并不是大到足以装下几个人的船,特恩布尔提醒他野牛的经历后,他才惊讶地点头表示同意。特恩布尔将这一经历写成了一篇简短的研究报告并发表于心理学杂志上。

  肯格的例子说明了我们是如何获得知觉恒常性的。知觉恒常性不仅是经验习得的结果,而且这些经验还会受到我们居住地区的文化和环境的影响。在肯格居住的丛林中,没有开阔的景象,实际上,他们的视野通常被限制在几十米内。因此对于俾格米人来说,没有发展大小恒常性的环境条件。他们很可能有更发达的识别图形-背景关系的能力,因为分辨出藏在周围植物背景中的动物(特别是那些极为危险的动物)极其重要,而这种知觉的能力对于居住在现代工业文明社会中的人们来说,则不那么重要了。为了尽可能地生存下来,我们的知觉技能以最适合生存环境的方式得以发展。

第七节 几种复杂的知觉及其机制

一、空间知觉

  空间知觉是反映物体的形状、大小、距离、方位等空间特性以及对自己和周围事物关系的知觉。空间知觉是在后天的实践中形成、发展和完善起来的。因为个体生活在一个三维空间中,一切活动都必须对远近、高低、方向等做出合适的判断。例如,就连简单的穿衣吃饭、上下楼梯,都要依靠空间知觉,否则就容易产生困难,甚至遭遇危险。所以对个体生活而言,空间知觉是一种必不可少的能力。它是视觉、听觉、触觉、运动觉等多种感觉器协同活动得到的产物,其中视觉系统起主导作用。空间知觉包括:形状知觉、大小知觉、距离知觉和方位知觉。

(一) 形状知觉

  客观世界中的一般事物都具有一定的形状。形状是由轮廓及其所包围的空间组成。形状知觉的形成借助于视觉、触摸觉和动觉的协同活动。当一个物体出现在我们面前时,该物体和背景一起投射到我们的视网膜上,眼睛的视轴沿着物体的边缘轮廓扫描,视网膜、眼肌及头部就会把信息传到大脑,产生形状知觉。在某些情况下不凭借视觉也能形成形状知觉。例如,我们闭上眼睛通过触觉也能知道一个物体的形状,但在触摸的过程中,手不是固定在一个地方,而是要不断地移动,所以动觉也参与其中。通过形状知觉我们能知道物体是圆的还是方的,是三角形还是多边形。人类和动物都具有形状知觉能力,但是在长期劳动和社会生活的作用下,人类产生了特有的形状知觉能力,如识别文字的能力。

(二) 大小知觉

大小知觉是物体的大小特征在人脑中的反映。大小知觉也是视觉、触摸觉和动觉共同作用的结果,其中视觉占最重要的地位。视觉中,大小知觉的重要线索是视网膜上成像的大小。物体本身的实际大小、物体到眼睛的距离、眼球水晶体的调节都是影响视网膜上成像大小的因素。

物体大小、物体到眼睛的距离与视网膜上成像大小的关系可以用公式表示为

$$a = A/D$$

其中,a 指视网膜成像的大小,A 指物体的大小,D 指物体与眼睛的距离。

公式的含义是视网膜成像的大小与物体的大小成正比,与距离成反比。在人离物体距离相等的条件下,物体越大,视像越大;物体越小,视像越小。同一物体的视像,距离越远,视像越小;距离越近,视像越大。

然而远处大的物体在视网膜上的成像可能比近处小物体的成像还小,这时仅凭视网膜像的大小是无法判断物体的大小的,必须借助眼肌动觉信息的帮助。此外,我们的大小知觉在很大程度上受知识经验、周围参照物等因素的影响。日常生活中我们经常接触的物体,对其大小非常熟悉,使得物体的实际大小能够准确地被知觉到。

(三) 距离知觉

距离知觉涉及知觉物体的高度、宽度、距离、深度、凹凸等特点,也称为深度知觉,它能够把二维的(只有两个空间维度:垂直和水平)视网膜成像解释为三维的世界,形成更加准确的认识。人们对距离和深度的解释依赖于两方面的信息来源(即深度线索):第一,以刺激物的特性作为线索;第二,产生于视觉系统本身的特性。

视觉刺激常用的深度线索有以下几种:

1. 视像的相对大小　相同的物体离我们距离不同时,在视网膜上的视像的大小也不一样,知觉会把视像大的解释为离我们近,把视像小的解释为离我们远。

2. 相对高度(relative height)　其他条件相等的条件下,视野中远处的物体通常位置较高。

3. 遮挡(对象的重叠)(object interposition)　当一个物体部分地遮住了另一个物体时,我们会知觉到被遮挡物比遮挡物更远的深度信息。你可以思考一下,为

什么图 2-13 中大楼看起来比灯塔离我们更远？

4. 线条透视(linear perspective) 同样大小的物体，在近处占的视角大，看起来较大，而在远处占的视角小，看起来较小，所以两条向远方延伸的平行线，看起来会趋于相交。因此，两条直线越趋向接近，就表示距离越远，图 2-14 说明了线条透视的作用。

图 2-13 深度的遮挡线索

图 2-14 线条透视

5. 空气透视(aerial perspective) 日常生活里因为空气中尘埃、烟、雾等的影响，近处的物体看起来细节清晰分明，远处的物体则看起来比较模糊，这种远处物体在细节、形状和色彩上的衰变现象被称为空气透视。所以，对象的清晰度可以用做判断远近的线索，由于空气透视我们很容易知觉到哪段长城离我们更近。然而在空气新鲜、阳光充足的条件下，由于不能有效地利用空气透视，我们常常会觉得远处的物体就在眼前(图 2-15)。

图 2-15 空气透视

6. 结构级差(texture gradient)(纹理梯度) 是指物体在视网膜上的投影大小及投影密度发生有层次的变化的现象。在通常情况下,离我们近的地方,投影较大,密度较小;而离我们远的地方,投影较小,密度较大。如图 2-16 所示,我们眺望一片荷塘,荷叶形成的结构极差为我们提供了有效的距离线索。

图 2-16 结构极差

7. 明暗和阴影 光线的照射会产生明暗的差别或造成阴影,使得光亮的物体看起来较近,阴暗的物体看起来较远,这是物体明度变化规律,可以成为距离知觉的线索。

8. 运动视差(motion parallax) 当人与周围环境中的物体发生相对运动时,远近不同的物体在运动速度和运动方向上会出现差异,近处的物体看起来运动较快,方向相反;远处的物体则运动较慢,方向相同,这种各个物体间运动速度的差异就是运动视差。例如,我们在向前行驶的汽车上向外观望,会看到近处的树木快速地向后闪过,远处的房屋较慢地向后移动,而最远处的山峰则随着我们相同的方向移动。这种经验是我们进行距离知觉判断的一个重要线索。

来自视觉系统本身的深度线索包括:

1. 眼睛的调节 在看位于不同距离的物体时,为了获得清晰的视觉,眼部肌肉会进行活动,利用这些信息可以为距离知觉提供线索。其重要的来源是眼肌的调节和双眼视轴的辐合。眼睛在注视一个物体时,为了使进入眼内的光线聚焦在视网膜上,睫状肌会调节眼球水晶体的曲度,物体越近,水晶体越凸,这种活动被称为调节。在双眼注视一个物体时,为了使视像都落在两只眼睛视网膜的中央窝上,它们会在某种程度上向内侧转动,这时操纵眼球的肌肉活动被称为视轴的辐合。如果物体较近,视轴的辐合角度就大;如果物体较远,视轴辐合的角度就小。

2. 双眼视差(binocular parallax) 人的两只眼睛之间有一定的距离,因此如果我们观察的是一个立体的物体,那么在两只眼睛的视网膜上就会形成两个稍有差异的视像,即双眼视差。双眼视差对知觉深度和距离有重要的意义。当物体的视像落在两眼网膜的对应部位时,人们看到单一的物体;当视像落在网膜非对应部位而差别不大时,人们将看到深度与距离;两眼视差进一步加大,人们将看到双像。双眼深度线索随距离的增加而变化,当距离超过 1300 米时,双眼视轴平行,双眼视差为零,就无法进行距离的判断了。

专栏 2-3 视崖实验

美国心理学家 R. D. Walk 和 E. J. Gibson 为了科学地研究深度知觉能力,设计出了一种叫做"视崖"的实验装置。视崖装置的组成:一张约 1.2 米高的桌子,顶部是一块透明的厚玻璃(图 2-17)。桌子的一半(浅滩)是用红白格图案组成的结实桌面。另一半是同样的图案,但它在桌子下面的地板上(深渊)。因此,从浅滩边上看,图案好像直接落到了地面,但实际上一块玻璃覆盖了整个桌面。在浅滩和深渊的中间是一块约 30 厘米宽的中间板。

使用这种装置对婴儿施测的过程十分简单,研究的被试是 36 名年龄在 6~14 个月的婴儿,每个婴儿都被放在视崖的中间板上,让婴儿的母亲先后站在装置的"深""浅"两侧召唤婴儿,观察婴儿是否拒绝从有深度错觉的"悬崖"一边爬向母亲,借以研究婴儿的深度知觉的发生。这个实验方法非常巧妙,它解决了我们无法向婴儿询问他们是否知觉到深度,而且他们也不能在真正的悬崖上进行试验的难题。

图 2-17 视崖实验

实验中,当视崖深度时(大约 90 厘米或更多),尽管母亲向他(她)招手呼唤,诱导其爬向母亲,但均被拒绝。只有不到 10%(3 名)的婴儿会越过悬崖爬向母亲,而有 27 名婴儿从中间爬向浅滩。"通常他们能透过深的一侧玻璃注视下面的深渊,然后再爬向浅滩。一些婴儿用手拍打玻璃,虽然这种触觉使他们确信玻璃的坚固,但还是拒绝爬过去。"实验结果表明,出生 6 个月左右的婴儿已经具有了深度知觉的能力。后续研究还表明婴儿深度知觉的能力可以随着年龄的递增不断发展。

(资料来源:霍克.改变心理学的 40 项研究[M].5 版.白学军,等译.北京:人民邮电出版社,2015.)

(四) 方位知觉

方位知觉(orientation)即方向定位,是对物体所处的方向位置的知觉,如对东西南北、前后左右、上下等方向的知觉。

因为物体在空间中的方位是相对的,所以我们的方位知觉也只能是相对的。人类的方位定向必须先确定各种主客观的参照物。例如,东西以太阳出没位置为参照,太阳从东方升起西方落下;南北以地磁为参照,地磁的南极为北,地磁的北极为南;上下以天地为参照,天空为上,地面为下;前后左右以观察者自身为参照,面对的物体为前,背对的物体为后,位于身体左侧的为左,位于身体右侧的为右。

一般情况下正常人的方向定位是以视觉、听觉为主并辅以其他感官的协同活动。视觉确定方向时,人往往要转过头或身子去寻找物体,把视线对准物体,以便在视网膜上形成清晰的物像。假如物体在身体的上方或下方,人要仰头、低头或屈身寻找物体时,视觉、动觉和平衡觉协同活动向大脑提供的信息,确保人知道物体所在的空间位置。

人的两只耳朵分别长在头部的左右两侧,由于同一声源到达两只耳朵的距离不同,导致两耳刺激的时间差、强度差和位相差是听觉确定方向的主要线索。一般具有以下几个规律:左右两侧方向的声音不易混淆,人们一般不会把左边的声音误以为是右边的声音;对来自上下、前后方向的声音容易混淆,往往误上为下,误前为后,或误下为上,误后为前;前方水平线上的声音最容易被正确辨认。

二、时间知觉

时间知觉(temporal perception)是对客观现象的延续性和顺序性的反映,具体有四种形式:

(1) 对时间的分辨,即按照时间顺序把不同活动区分开。例如,早晨写作业,下午打篮球。

(2) 对时间的确认。例如,知道今天是某年某月某日,知道现在是几点。

(3) 对持续时间的估量。例如,知道一场电影放映了多长时间。

(4) 对时间的预测。例如,知道2个月后要进行期末考试。

时间知觉对人类的生活工作有重要的意义,恰当地估算时间才能为我们规划自身的活动提供正确的依据。时间知觉

> 除了借助计时工具,还有什么线索能够帮助我们获得时间知觉呢?

不是由固定刺激所引起,也没有专门的感觉器官,所以要判断时间,就必须以某种客观现象作为参考体系。

(一) 获得时间知觉的线索的方式

1. **自然界的周期性现象** 太阳的升落、月亮的圆缺、四季的变化等,都可以成为我们感知和判断时间的客观依据。从古至今,自然界这些周期性现象对人测量时间和调节活动起到了积极作用。例如,日出日落为一昼夜,月圆月缺为一个月,

经历了四季的变化就是一年等。人们通过制定历法来计量时间,安排生活。

2. 借助计时工具　人类发明了钟表和日历等后,就借此来计量时间。较长的时间以日历的年、月、日来计量;较短的时间以钟表的时、分、秒来计量,这样可以准确的记录极其短暂的时间。

3. 生理过程各种节律性的活动　人体的许多生理活动是周期性的、有节律的。例如,心跳和脉搏60～79次/分钟;进食到饥饿4～6小时/周期;睡眠和觉醒24小时/周期,呼吸、消化、排泄等节奏性生理变化,也可成为判断时间的依据。例如,消化过程的周期性变化可以使我们借助饥饿的感觉估计开饭的时间,我们还能够依据困倦的程度判断深夜的时刻。这些生理的节律性信息即生物钟,是时间知觉的一个重要线索。

(二) 影响时间知觉的因素

1. 感觉通道的性质　听觉判断时间的精确性最好,触觉其次,视觉较差。

2. 活动的内容和数量　一定时间内,发生的事件越多,内容越复杂,人们倾向于产生对时间的短估;而发生的事件越少,内容越简单,人们倾向于产生对时间的长估。

3. 情绪和兴趣　一般说来,心情愉快的时候觉得时间过得快,在心情烦闷的时候觉得时间过得慢;进行自己感兴趣的活动,会觉得时间过得快,进行厌恶的、不愿意干的活动时,会觉得时间过得很慢。例如,等人的10分钟我们会觉得时间很长,课间10分钟我们会觉得时间很短。

然而回忆的时候,时间估计的情况与上述情形正好相反。同有趣的、欢乐的事情相联系的一段时间,回忆起来就觉得长些;而单调乏味的一段时间,回忆起来就觉得短些。出现这种情况与回忆时联想的多寡有关:快乐的时间,联想的事情较多;乏味的时间,联想的事情较少。

4. 年龄影响对时间的估计　时间估计会通过实践经验变得精确,儿童年龄越小,对时间估计的准确性越差。例如,有经验的教师不用看手表也能准确地估计一节课45分钟的持续时间。

5. 时间持续的长短　对持续时间的估计是对从几十秒到几小时,或更长时间的认知。人们对长时间的估计往往不足,对短时间的估计又往往过长,而且时间越长估计的误差越大。

6. 估计方式　预期式估计比追溯式估计持续时间要显得长些,由于被试知道活动终了需要对持续时间做出估计,便会对活动中的事件积极地加以记忆,记住的事件数多,持续时间就显得长些;而追溯式估计则是偶然地加以记忆,记住的事件数少,持续时间就显得短些。

三、运动知觉

运动知觉(motion perception)是对空间中物体运动特性的知觉。通过它我们可以分辨物体是运动的还是静止的,运动的速度是快还是慢。运动知觉依赖于物体运行的速度、运动物体和观察者的距离以及观察者本身所处静止或运动的状态。

物体运动的非常快速或者非常缓慢,都不能使人形成运动知觉,例如,光的运动速度太快我们感觉不到,而钟表上时针的移动速度太慢,我们也无法感觉到。肉眼刚刚能够辨认出的最慢的运动速度称为运动知觉下阈,运动知觉的阈限用视角/秒表示,运动知觉下阈为1～2度/秒;肉眼能够辨认出的最快的运动速度称为运动知觉上阈,约为35度/秒。只有物体的运动速度在上下阈值之间,我们才能产生真正的运动知觉。

运动物体和观察者的距离直接影响着运动知觉。以同样速度运动着的物体,如果离我们近,看起来速度快;如果离我们远,看起来速度慢;离我们很远时,看起来移动得很慢,甚至看不出在动。

世界上万物都在运动,只是速度有快慢的差异而已,就连地球每天都在环绕太阳公转的同时,不停地自转着。所以当我们要知觉某个物体的运动时,就要与另一物体相比较,这个被比较的物体就是运动知觉的参考系统。选择的参考系统不同,运动知觉的结果也会不同。例如,骑自行车的人如果以步行者为参考系统,则会知觉到运动得快,但与行驶的汽车相比,则会知觉到运动得慢。

运动知觉分为真动知觉(real movement)和似动知觉(apparent movement)。

真动知觉是指对物体本身真正的空间位移和移动速度的知觉。上文提到的运动知觉的下阈为1～2度/秒,上阈为35度/秒,只有运动速度在这个之间才能产生真正的运动知觉,过慢或过快都不行。运动知觉的阈限受刺激物的照明和持续时间、目标物的视网膜定位、视野中有无参照点的存在等多种因素的影响,例如,当刺激呈现在视野中央,对象与背景对比明显时,运动知觉的阈限就比较低。

似动现象指在一定条件下人们把客观上静止的物体看成是运动的,或把客观上不连续的位移看成是连续运动等心理现象。主要形式有:

1. *动景运动* 动景运动是指两个刺激物按一定空间和时间间隔呈现,我们知觉到从一个刺激物向另一个刺激物的连续运动。

例如,图2-18中的两条直线,如果以适当的时间间隔(60毫秒)依次先后呈现给被试,人们便会看到a线向b线移动;如果呈现时间间隔过短(低于30毫秒)人们看到的是a线、b线同时出现;如果呈现时间间隔过长(长于200毫秒)人们看到的则是a、b两线先后出现。日常生活中,我们看到的电影、动画片都是依据动景运动的原理制成的,知觉到的物体运动并不真实存在,而是以连续呈现的很相似的一个接一个的画面而已,由于视觉后像的作用使我们把断续的刺激知觉合为一个整体刺

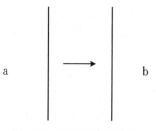

图2-18 PHI现象示意图

激,这种知觉现象也被称为 PHI 现象。

2. 自主运动(autokinetic movement) 一片漆黑的房间里,仅有一个静止的微弱光点,当人们长久地注视它,会觉察到光点在游荡(晃动),这种将静止的物体看成是运动的物体的现象称为自主运动。关于它形成的原因至今尚未有定论,有一种观点认为,自主运动是由于人倾向于认为观察物体时,眼睛是固定不动的,实际上眼睛却是在不经意地运动着,即使在注视时也仍有微弱的颤动,但这种眼动的信息反而使人觉得是亮点在运动。也有其他观点认为,自主运动是因为视野中缺乏参照物,一旦视野里有了参照物,自主运动就会随之消失。

3. 诱导运动 因为一个物体的运动使得其周围他物体看上去好像也在运动的现象,称为诱导运动。例如,浮云飘动时,看上去好像月亮在云中穿行,其实相对于云朵来说,月亮并没有移动,只是运动着的云朵"诱导"出静物(月亮)好像在运动。

4. 运动后效(movement after-effect) 在注视向一个方向运动的物体之后,如果将注视点转向静止的物体,会看到静止的物体朝相反的方向运动的现象,称为运动后效。例如,在看流动的河水时,凝视一段时间之后,再看静止的河岸,会觉得河岸仿佛在朝相反的方向移动。

四、错觉

错觉(illusion)是在特定条件下人们对事物必然会产生的带有主观倾向的歪曲知觉。它不同于幻觉,幻觉指在没有现实刺激作用于感觉器官的情况下出现的一种虚幻的知觉体验,而错觉是在客观事物刺激作用下产生的,映像性质与刺激物一致,但歪曲了的知觉。一般正常人也经常出现错觉,而幻觉则多见于精神病人,被归为严重的知觉障碍。

关于错觉产生的原因,人们提出了多种解释,较有代表性的理论有:

(一) 眼动理论

该理论认为人们在知觉几何图形时,眼睛总在沿着图形的轮廓或线条作有规律的扫描运动。当人们扫视图形的某些部分时,由于周围轮廓的影响,改变了眼动的方向和范围,造成取样的误差,因而产生各种知觉的错误。

(二) 神经抑制作用理论

该理论从神经生理学角度来对错觉进行解释,它认为当两个轮廓彼此接近时,视网膜内的侧抑制过程改变了由轮廓所刺激的细胞活动,因而使神经兴奋分布的中心发生变化,引起了几何形状和方向的错觉。

(三) 深度加工和常性误用理论

该理论认为错觉具有认知方面的根源,人们在知觉三维空间物体的大小时,总把距离估计在内,这是保持物体大小恒常性的重要条件。但是当人们把知觉三维世界的这一特点自觉或不自觉地应用于知觉平面物体时,就会引起错觉。然而目前还没有哪种理论能够解释所有的错觉现象,有些研究的结果并不支持以上的理论假设。

错觉的种类很多,常见的有大小错觉、形状和方向错觉、形重错觉、方位错觉、时间错觉、运动错觉等。大小错觉(图 2-19)、形状和方向错觉(图 2-20)可统称为几何图形错觉。

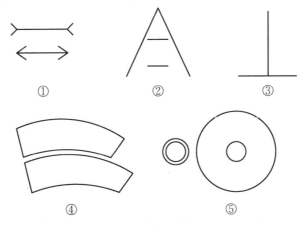

图 2-19 大小错觉

(资料来源:彭聃龄.普通心理学[M].3 版.北京:北京师范大学出版社,2004.)

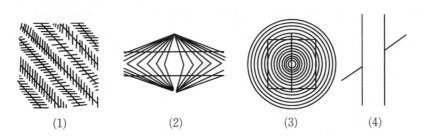

图 2-20 形状和方向错觉

(资料来源:彭聃龄.普通心理学[M].3 版.北京:北京师范大学出版社,2004.)

1. **大小错觉** ① 缪勒-莱耶错觉:该图箭头内的线是一样长的,但我们看上去箭头向外的线比箭头向内的线要短;② 潘佐错觉:在两条辐合线的中间有两条等长的直线,结果上面一条直线看上去比下面一条直线要长;③ 垂直-水平错觉:两条等长的直线,一条垂直,一条水平,但看上去垂直线要比水平线长;④ 贾斯特罗错觉:两条等长的曲线,包含在下图中的一条看上去要比包含在上图中的一条长些;⑤ 多尔波也夫错觉:两个面积相等的图形,被大圆包围的显得小,被小圆包围的显得大。

除图形外,现实中的物体,也能在一定条件下产生大小错觉,如初升的(天边)月亮看起来好像比天空中的月亮要大一些。

2. 形状和方向错觉 ① 佐尔拉错觉：一些平行线由于附加线段的影响而看上去不平行了；② 冯特错觉：两条平行线由于附加线段的影响，使中间显得凹下去了；③ 爱因斯坦错觉：在许多环形曲线中，正方形的四边显得有点儿向内弯；④ 波根多夫错觉：被两条平行线切断的直线，看上去不在一条直线上。

3. 形重错觉 物理重量同样为一斤的铁和棉花，如果不用仪器而用手的感觉进行比较的话，人们一定会感觉一斤铁比一斤棉花重得多，这就是视觉之"形"影响到肌肉感觉之"重"的错觉。

4. 方位错觉 飞机驾驶员在海上航行时，远处水天一色，缺失了环境中的视觉线索，就会以为大海是蓝天，蓝天是大海，容易产生"倒飞"错觉，这就是方位错觉的例子。

运动错觉、时间错觉在前面的内容中已经有所介绍，例如，动景运动就是运动错觉的一种；由于态度、兴趣、情绪的不同，对相同长度的时间做出不同的估计，实际上就是一种时间错觉。

错觉研究具有重要的实现意义，一方面它有助于消除错觉对实践活动的负面影响。例如，法国国旗是由蓝、白、红三条色带组成的，最初按蓝、白、红三色同样宽窄的尺寸做成后，产生了红色带看上去总是没有蓝色带宽的视错觉，后来将蓝、白、红的宽度比例改为 30∶33∶37 即把蓝色条带缩窄，红色条带加宽，就很好地克服了这一错觉，使得三条色带看起来十分自然、匀称、宽窄一致。另一方面，可以利用某些错觉为人类的生产、生活服务。例如，室内设计师们在设计一个较小的房间的装潢方案时，会选择较浅的墙壁颜色，并在房屋中间（而非靠墙）摆放一些较矮的桌子和沙发，使得房间看起来比实际上更宽敞。

阅读 有趣的橡胶手错觉

> 1998 年，Botvinick 与 Cohen 在《自然》上发表的一篇占幅仅一页的实验报告，将橡胶手错觉（rubber hand illusion，RHI）这一奇妙的实验范式呈现在了大家面前，从此也为身体拥有感的研究提供了一种新范式。橡胶手错觉是一种将人造的身体部分感受为自己真实身体的一部分的体验，实验中通常采用的是人造手。最初的橡胶手错觉包括两个实验。在第一个实验中，被试坐在一张桌子前，左胳膊置于桌面上。将一块竖立的挡板置于被试的视线和左胳膊之间，使得被试无法直接看到自己的左手。将一只人造的橡皮仿真手置于被试面前的桌面上，用一块布将被试的左侧肩膀至橡胶手腕部分遮挡起来，以便让被试能够直视面前的橡胶手而无法看到自己置于挡板左侧的真实的手（图 2-21）。用两把刷子尽可能同时地轻刷被隐藏的左手和他视线内的橡胶手。10 分钟之后结束实验，要求被试完成一份包含 9 个问题的问卷。结果显示他们感受到的触感不是来自视线外的真正施加在自己真实手上的刷子，而是源自眼前所能看到的与橡胶手接触的刷子。也就是说，第一个实验说明了被试通过这种方式产

生了一种拥有感的错觉。

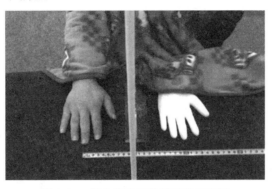

图 2-21　经典橡胶手错觉实验示意图

在第二个实验中，Botvinick 和 Cohen 把被试的眼睛蒙上，并要求被试将他们的右手食指放到与看不见的左手食指对齐的位置（左手仍置于与第一个实验中相同的位置）。结果显示被试右手食指所放置的位置会趋于橡胶手对应的位置，第一个实验持续的时间越久这种偏移就越明显。

这个实验中观察到的现象与结果得到了很多研究者的重复与证实，并在各种不同的条件下得到了验证。Armel 和 Ramachandran 采用皮肤电传导技术（skin conductance responses，SCR）发现当有威胁直接作用于橡胶手上时，人体内的电流会升高，说明在人造手上产生了一种"情感反应"（affective resonance）与"情绪卷入"（emotional involvement）。

（范佳丽）

第三章 注 意

```
第一节 注意概述                    三、注意的分配
    一、注意的概念                  四、注意的转移
    二、注意的外部表现           第三节 注意的规律
    三、注意的功能                  一、影响注意的因素
    四、注意的分类                  二、注意规律与课堂教学
    五、注意的生理机制           第四节 注意的理论
第二节 注意的品质                  一、选择性注意理论
    一、注意的稳定                  二、分配性注意理论
    二、注意的广度              阅读 注意的障碍
```

案例 1-1 他为何总是动个不停

> 明明是一个9岁的三年级男孩,自上学以来,学习成绩一直不好。他上课时很难安静地坐着,一会儿玩玩学习用具,一会儿撕撕纸条、扔扔垃圾,没一刻消停。他在课堂上随意离座走动,抢同学的书或文具;与同学相处时,经常发生冲突,同学们集体游戏时他不能耐心等待,经常时而参与,时而破坏,不满意时就与同学打架。回家他也很难踏实地完成作业,经常一会儿玩,一会儿写,一会儿吃东西,一会儿上厕所;而且字迹歪七扭八,常抄错题。妈妈在旁边盯着他学习,他的成绩能好一些,稍一放松,他写作业又会变慢,且错误百出。他的房间总是杂乱无章的。他做什么事总是一项还没有完成,又去做另一项,丢三落四。由于没有完成任务,他常常受到责罚,但这似乎没有起到太大作用。无奈之下,妈妈求助于心理医生,医师初步认为:明明可能是患了儿童多动症。

思考题

1. 明明存在哪些心理与行为问题?
2. 他的异常心理产生的原因是什么?
3. 请为明明设计一个心理干预的方案。

注意是心理的"门户",任何心理过程都开始于对一定事物的注意;而且,注意始终伴随着心理过程,任何心理活动的进行都离不开注意的维持和调控,一旦注意

发生转移或分散,相应的心理过程就会随之中断或被其他心理过程所替代。研究注意的规律、培养良好的注意力,对学习、工作、生活乃至个体心理发展都具有直接的现实意义。

第一节 注意概述

一、注意的概念

(一) 注意及其特征

注意是心理活动对一定事物的指向和集中。所谓指向,是指心理活动对一定事物的选择。在日常生活中,每一瞬间都有许多事物同时作用于我们,但我们并非一视同仁地反映它们。由于感官功能的局限,我们在每一瞬间只能将心理活动有选择地指向其中的某一个(或少数几个)。注意所指向的事物也就是注意的对象,它既包括外部世界的物体或现象,也包括我们自身的心理或行为。

> 注意有哪些基本特征?

所谓集中,是指心理活动对所指向对象做出清晰的反映,即在特定的对象上保持并深入下去,如聚精会神地听课、全神贯注地阅读等,都是注意"集中"的体现。心理活动指向某一对象后,该对象就在我们的意识中得到了鲜明而清晰的反映,而其他事物则处于"注意的边缘",对其的反映比较模糊,或者根本得不到反映。

指向和集中是注意的两个基本特性,它们是同一注意状态下的两个方面。指向是集中的前提和基础,集中是指向的深入和发展,两者是不可分割的统一体。在现实生活中,正是由于注意的指向性和集中性,我们才能够在每一瞬间清晰地反映周围的一定事物,并同时对其他无关事物"视而不见"或"听而不闻"。

(二) 注意与心理过程

注意本身不是一种独立的心理过程。因为从反映论的角度来看,注意本身并不反映事物的属性,它只是将我们的心理活动集中到所指向的事物上,具体反映事物属性的是伴随注意的感知、记忆、想象、思维等心理过程。也就是说,当我们注意到特定事物的时候,也就同时感知它、记忆它或思考它。人们平常所说的"注意红灯""注意铃声"等,并不意味着注意本身就是独立的心理过程,而是由于习惯,把"注意看红灯""注意听铃声"中的"看"和"听"字省略而已。

虽然注意本身不是一种独立的心理过程,但是它不能离开一定的心理过程独立存在。对注意和心理过程的关系我们可以从两个方面来认识:首先,注意是心理的"门户",即任何心理过程都开始于注意。人只要产生心理活动,就总是指向和集中于一定对象;日常生活中人们所谓的"没注意"或"没有注意",实际上并不是没有指向和集中,而是没有指向和集中到该注意的对象上去。其次,注意始终伴随着心理过程,即任何心理活动的进行都离不开注意的维持和调控,一旦注意发生转移或分散,相应的心理过程就会随之中断或被其他心理过程所替代。

(三) 注意与意识的关系

注意与意识既有区别,又有联系。首先,注意不等同于意识。注意是一种心理活动或"心理动作",而意识是一种心理内容或体验。注意提供了一种机制,决定什么东西可以成为意识的内容。只有被注意到的内外刺激,才能被个体所觉察,进而产生意识。其次,注意又和意识密不可分。人从睡眠到觉醒,再到注意,其意识状态分别处在不同的水平;即使人在觉醒状态下,也不能意识到所有的外部刺激。在可控制的意识状态下,人的注意集中在当前有意义的内容上,会得到比较清晰和深刻的认识。自动化的意识状态要求很少的注意,意识的参与成分也相对较少。在白日梦状态,人的意识内容不断地变化,实际在这些内容上所分配到的注意极少。睡眠状态下的人处于一种无意识状态,注意也基本停止了活动。

二、注意的外部表现

当人对一定的事物产生注意的时候,他的身体外部就会表现出某些显著的变化。例如,汉乐府《陌上桑》描绘各种人物注意到美丽的女主人公罗敷时,有这样一段精彩的描述:"行者见罗敷,下担捋髭须,少年见罗敷,脱帽著帩头,耕者忘其犁,锄者忘其锄。"具体来说,注意的外部表现主要体现在以下3个方面:

(一) 适应性动作

当人在注意某一事物时,身体的某些部位会出现一些与当前的注意状态相适应的动作或姿势。例如,注意听声音时,会把耳朵朝向声音发出的方向;注意观赏一个物体时,躯干上部就会前倾;注意思考某个问题时,则往往两眼"呆滞"地望着前方。

(二) 无关运动的停止

当人对某事物高度注意的时候,他的各种多余动作或与当前注意活动不相干的动作都会停止或消失。例如,学生注意听教师讲课时,整个教室会显得特别安静;反之,教室里就会出现学生讲话或做小动作的现象。

(三) 呼吸运动的变化

当人对某事物产生高度注意的时候,他的呼吸也会发生明显的变化,如呼吸变得轻微而缓慢,吸气时间缩短而呼气时间延长,有时甚至还会出现呼吸暂时停止的情况,即"屏息"现象。

注意的外部表现如此明显,以至于在教学过程中,教师可以根据学生的外部表现来判断学生是否注意听讲、专心学习。当然,注意的外部表现有时可能与注意的实际情况不相一致,甚至故意以某种外部表现掩饰注意的真正内容,如貌似注意或貌似不注意,而实则在注意。因此,观察一个人是否注意,不仅要看外部表现,还要根据其他方面的现象,进行细心观察,认真分析,才能做出正确的判断。

三、注意的功能

注意具有选择功能、维持功能、调节和监督功能,其中最基本的功能是选择功能。

（一）选择功能

注意能使人从同时作用于我们的大量刺激中，选择出对我们有意义的、符合需要的、与当前活动任务相一致的刺激，并避开无意义的、不符合需要的、与当前活动任务无关的刺激。注意的选择功能保证了心理活动的方向性和有效性，否则人的心理活动将变得一片混乱。

（二）维持功能

注意不仅使心理活动有所选择地指向一定的对象，而且使心理活动维持在对该对象的反映上，直至完成活动、达到目的为止。具体来说，注意的保持功能有两方面的意义，一是指外界大量信息输入后，各种信息必须经过注意才能清晰地呈现，进而转换为更持久的方式得到保持。如果不加注意，就不能有清晰的印象，会很快消失。二是注意能使心理活动保持到完成行为动作，获得结果或达到目标为止。

（三）调节和监督功能

注意还能使人随时调节和监督自己的心理活动，使之向着一定方向或对象进行。在注意状态下，一旦心理活动偏离了预定的方向或目标，人就会立即发现并及时予以调整，以保证心理活动的顺利进行。

注意不仅是个体进行信息加工和各种认知活动的必要条件，也是个体完成各种行为的重要条件。它保证了人对事物的清晰认识，更准确地反应和进行可控有序的行为。这是人们获得知识、掌握技能、完成各种智力操作和执行工作任务所必需的。

四、注意的分类

根据注意时有无预定目的和是否需要意志努力，可把注意分为无意注意、有意注意和有意后注意 3 种类型。

（一）无意注意

无意注意是一种事先没有预定目的、也不需要付出意志努力的注意。这种注意由于不受意识的控制，所以又叫不随意注意。例如，上课时，一声突然的巨响就会使大家不由自主地注意巨响产生的地方，这种注意就是无意注意。无意注意的优点在于不易使注意者产生疲劳。

注意的分类有哪些？

（二）有意注意

有意注意是指事先有预定目的、必要时还需付出一定意志努力的注意。例如，学生在排除一切外来干扰、全神贯注地抓紧时间完成家庭作业时的注意就是有意注意。有意注意是受人的意识支配和调节的，是注意的高级形式。有意注意有两个明显特征，即目的性和意志性。目的性是指人要注意什么，不是由刺激物本身的特点决定的,而是由预先提出的任务决定的;意志性是指为了实现目的任务,就要排除干扰,克服困难,做出一定的努力。

有意注意是在生活实践中发展起来的。在人们参加各种实践活动中,当需要做一些既枯燥又乏味的事情时,就需要付出一定的意志努力,迫使自己把注意力集中到这些活动上来,并维持注意过程的一定强度,直至活动终止。

有意注意还受语言等符号系统的支配和调节。儿童最初的注意是通过与成人的交往实现的。成人以言语指令形式、给物体命名的形式,告诉儿童"这是什么""那是什么",使儿童对周围的事物有选择地指向并使行为服从于一定的活动。随着儿童年龄的增长,言语概括能力的发展,自己逐渐能独立地提出目的任务,并以此来控制自己的行为,维持稳定的注意。正是由于语言等符号的作用,我们可以提出任务,组织心理活动,关注和控制事物的发展。所以,有意注意是人类特有的一种注意形式。

(三) 有意后注意

有意后注意是指事前有预定目的,但又不需要意志努力的注意。它是注意的一种特殊形式,一方面类似有意注意,是有目的、主动积极的注意;另一方面又类似无意注意,不需要意志努力,是轻松的、符合人兴趣的注意。

有意后注意通常由有意注意转化而来,又叫继有意注意。例如,有人初学外语时,对其并不感兴趣,但为了工作需要或获得学分,不得不做出努力,专心致志地学习外语,这时的注意就是有意注意。在学习外语的过程中,由于逐渐克服困难并获得良好成绩后,逐渐对外语学习本身产生了直接兴趣,甚至达到迷恋的程度,这时的学习不需付出意志努力也能全神贯注,这就是有意后注意。

有意后注意是个体心理活动对有意义、有价值事物的指向和集中,具有高度稳定性,是高层次的注意,是人类创造性活动的必要条件。

无意注意、有意注意和有意后注意是三种不同性质的注意,但在实践活动中,三者密切联系、协同活动,很难截然分开,在实际工作中也都是需要的。无意注意轻松,不易疲劳,有时印象也很深刻;有意注意目的性强,需要一定的意志努力,时间久了,会感到疲劳,产生分心;有意后注意兼有前两者之长。三种注意在一定条件下可以相互转化,无意注意在一定条件下可以转化为有意注意,有意注意也可以发展为有意后注意。例如,开始时,学生为某种活动所吸引,这时对该活动的注意是无意注意;后来逐渐认识到活动的意义,有意识地加以关注,这时即是有意注意;随后通过活动产生浓烈兴趣,自觉地积极参加此项活动,这时的注意就逐渐发展为有意后注意了。

五、注意的生理机制

注意作为一种心理现象,有着特定的生理机制。其中,神经系统的一些特定结构和功能与注意现象密切相关。

（一）定向反射与注意的指向性

注意就其发生的方式来说是有机体的一种定向反射。每当新异刺激出现时，人便产生一种相应的运动，将感受器朝向新异刺激的方向，以便更好地感知刺激。也就是说，定向反射发生后，随即会产生适应性反射。此时，只有与刺激有关的分析器进行活动。因而，心理活动即有了指向性。定向反射引起身体的一系列的变化有助于提高机体感官的感受性，并动员全身能量资源以应付个体面临的活动任务。它的这种特殊作用在人和动物的生活中具有重要的生物学意义。定向反射一开始带有无条件反射的性质，当环境中有新异刺激物出现时，机体不由自主地去注意它，这是定向反射初期的具体表现。在这种无条件反射的基础上，以后又进一步发展了条件性定向反射，如人类有意识地观察、探索活动等。这种条件性定向反射主要受到人们的需要、动机和活动目的等支配。

（二）优势兴奋中心与注意的集中性

生理学研究发现，大脑中经常有一个占优势的兴奋中心，这个兴奋中心在自身活动的同时，还会对周围其他区域产生负诱导，使它们处于不同程度的抑制状态。这个占优势的兴奋中心是与最清晰的意识状态相联系的，因此，引起这个兴奋中心活动的各种刺激物就能得到明晰的反映。与此同时，与其邻近区域相关联的刺激物由于负诱导所产生的抑制作用，就不能得到清晰的反映。优势兴奋中心及其负诱导理论，对于理解注意集中性的生理机制有重要价值，它有助于我们理解为什么人们对某一事物产生高度注意的时候，会对同时存在的其他事物"视而不见、听而不闻"。优势兴奋中心一旦转移，就会出现注意的转移。

（三）网状结构与觉醒状态

注意必须在机体觉醒状态下才能进行，而中脑网状结构的激活作用对保持有机体的觉醒状态是必不可少的。研究发现，机体觉醒状态依赖于网状结构与大脑皮层的相互作用。一方面，网状结构的激活作用使大脑皮层保持了觉醒状态，提高了兴奋性；另一方面，网状结构又对向大脑皮层发送的信息进行了筛选，实现对刺激物的控制性选择，从而使心理活动指向并集中于一定的事物。进一步研究还发现，觉醒状态还受神经生化的调节，如动物在兴奋时大脑皮层释放的乙酰胆碱增多，在睡眠时的释放减少。

（四）边缘系统与"注意神经元"

边缘系统是由边缘叶、附近皮层和有关的皮层下组织构成的一个统一的功能系统。它既是调节皮层紧张性的结构，又是对新旧刺激物进行选择的重要结构。研究表明，边缘系统中存在大量神经元，它们不对特殊通道的刺激做反应，而对刺激的每一变化做反应。因此，当环境中出现新异刺激时，这些细胞就会活动起来，而对已经习惯了的刺激不再进行反应。这些神经元也叫"注意神经元"。它们是对信息进行选择的重要器官，是保证有机体实现精确选择行为方式的重要器官。这些组织的失调，将引起整个行为选择的破坏。临床观察发现，这些部位的轻度损伤,将使患者出现高度分心的现象;若这些部位严重损伤,将造成精神错乱和虚构现象,意识的组织性与选择性也会因此而消失。

(五) 额叶与注意的调节

大脑皮层的额叶在调节有意注意上有着重要作用。心理学家发现,额叶能抑制大脑非注意区域的活动,从而使注意能集中到重要的对象上。同时,人们还发现,人在注意力高度集中时,额叶的生物电有明显的变化,进一步表明额叶和注意活动的发生有显著的关系。鲁利亚等心理学家的研究还发现,额叶部分受伤后,定向反射几乎不能恢复,大脑皮层的觉醒水平不能提高;额叶部分严重受伤的话,就不能根据预定的目标集中注意,非常容易分心。临床观察也发现,大脑额叶严重损伤的病人不能将注意集中在所接受的言语指令上,也不能抑制任何附加刺激物的反应。这种病人在没有干扰的条件下能做某些事,但只要环境中出现任何新的刺激或存在任何干扰作用,如有外人走进病房或病房中有人在说话,他们就会停止原来进行的工作,把视线转向外来者或说话人的方向。由于注意高度分散使他们无法完成有目的的行为。此外,大脑皮层的其他一些部位,如边缘系统的海马和尾状核是实现精确选择性行为的结构,被认为是"过滤器"的重要组成部分。这些部位一旦被损坏,就会引起选择性注意障碍。

(六) 脑区协同与注意

近些年来,事件相关电位(event related potential,ERP)技术、脑磁图(magnetic encephalo-graphy,MEG)技术、正电子发射断层扫描(PET)和功能磁共振成像(FMRI)等新技术不断应用于神经心理学研究。应用这些技术,人们对注意的神经机制及注意对大脑活动的影响进行了大量的实验研究。研究发现,当注意指向一定的认知活动时,可以改变相应的大脑功能区或神经功能单元(通常是由很多神经元组成的神经环路)的激活水平,从而对当前的认知活动产生影响。注意的这种作用可以通过3种方式来实现:① 提高目标认知活动对应的神经功能单元的激活水平;② 抑制目标周围起干扰作用的神经功能单元的活动;③ 上面两种方式的结合。来自 PET 和 ERP 的研究一致显示,当注意集中在某一认知活动时,其相应的神经功能单元的活动水平增加。基于已有的研究发现,La Berge 于 1997 年提出对某一对象的注意需要三个脑区的协同活动,这三个脑区分别是:① 认知对象或认知活动的大脑功能区(功能柱);② 能提高脑激活水平的丘脑神经元;③ 大脑前额叶的控制区,可以选择某些脑区作为注意的对象,提高其激活水平,使激活维持一定的程度和时间。相关学者认为,这三个脑区通过三角环路的形式结合起来,构成产生注意现象的生理基础。

第二节 注意的品质

一、注意的稳定

注意的稳定是指对同一对象或同一活动注意所能持续的时间，是注意的时间特征。

> 注意有哪些品质？

注意的稳定可以分为狭义的注意稳定和广义的注意稳定。狭义的注意稳定是指注意保持在同一对象上的时间；广义的注意稳定是指注意保持在同一个活动上的时间。广义的注意稳定并不意味着注意总是指向或集中同一对象，而是指注意的对象会有所变化，但注意的总方向和总任务不变。例如，科学家实验时既要动手操作，又要观察实验现象，还要记录实验结果，虽然他的注意在若干个对象中移动，但他的注意始终关注于科学实验，因此，科学家的注意仍然是稳定的。

因此，注意的稳定并不意味着注意只能指向同一对象，它包括在活动总方向，总任务不变的前提下，注意指向集中的对象有适当的变化。

实验证明，人的注意不可能长时间地保持固定不变。例如，在听觉方面，将表放在离被试耳朵的一定距离处，使之刚好能隐约听到表的滴答声。这时，就会发现，即使被试十分专心地听，也会感到表的声音时强时弱；在视觉方面，看到知觉图 3-1 时，会感到图中小的正方形一会儿凸起，一会儿凹陷。注意的这种时强时弱的周期变化，称为注意的起伏，也叫注意的动摇。这种周期的变化，即使用有意注意，也只能维持很短的时间。但是，我们也可以减少周期性的变化，这就是使它具有某种实物意义。例如，想象它是台座，凸出的时间就长；想象它是房间，凹进去的时间就长。

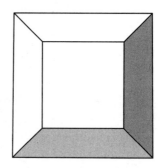

图 3-1 注意的起伏现象

保持注意稳定的条件：

（一）注意对象的特点

对于内容丰富、特征复杂、活动变化的对象，注意就容易稳定持久；而对于内容贫乏、特征单调、静止不变的对象，注意就不容易保持稳定。例如，看小说或电视就比看单调的图片或静止的楼房容易保持稳定的注意。这就是说，在一定范围内，注意的稳定性程度是随着注意对象趣味性的增加而提高的。此外，刺激物强度和作用持续时间长短对注意稳定性也有显著影响。提高刺激强度，延长刺激作用时间有助于提高注意的稳定性。

（二）主体的状态

注意的稳定性常常跟一个人的主体状态有关。人对所从事活动的目的、任务意义认识越清楚,理解越深刻,态度越积极,兴趣越浓厚,注意就越稳定。另外,在失眠、疲劳、焦虑或生病的时候,注意就不易稳定;而在身体健康、精力充沛、情绪饱满的情况下,注意就容易稳定。

(三) 个体的差异

人的注意稳定性存在着个别差异和年龄差异。就个别差异而言,神经过程的强度不同、意志努力程度不同、希望习惯不同的人,在注意的稳定性上就会有显著的差异。就年龄差异而言,注意的稳定性随人的年龄的增长而发展,因而年龄不同的人,注意稳定的程度也有所不同。年龄与注意稳定性的关系可参见图 3-2。

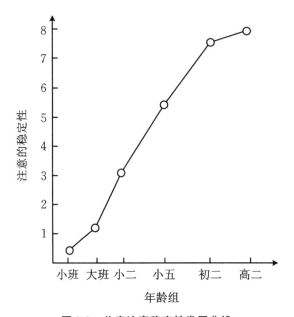

图 3-2 儿童注意稳定性发展曲线

(资料来源:沈德立,阴国恩. 非智力因素与人才培养[M]. 北京:教育科学出版社,1992.)

二、注意的广度

注意的广度也叫注意的范围,是指注意主体在同一时间里能够清晰地把握对象的数量。

注意的广度实质上是一个知觉范围的问题。用速示器测量视知觉的范围,结果表明:在 1/10 秒时间内,成年人一般能注意到 8~9 个黑色圆点、4~6 个没有联系的外文字母、3~4 个几何图形。当刺激的数量增多,呈现的速度加快时,判断的错误就增加,一般倾向于低估。

人们在经验上仿佛能够注意很多客体,其实不然。例如,教师上课时注意学生,似乎从前到后、从左到右,貌似全班学生的情况尽收眼底;实际情况却是一片模糊,只有一个一个地看,才是清楚的。

人们注意的广度受多方面因素的影响：

（一）注意对象的特点

注意任务相同，注意对象的特点不同，注意的广度会有一定的变化。实验表明，颜色相同的字母比颜色不同的字母注意广度要大些，排列成行的字母比分散在各个角落上的字母注意的数目要多些。这表明，知觉的对象越集中，排列得越有规律或成为相互联系的整体，注意的广度就大些。

（二）活动的任务和个人的知识经验

相同的注意对象，因为活动的任务和个人知识经验不同，注意的广度也有一定变化。当任务复杂或需要更多的注意细节时，注意的广度就小些。知识经验比较丰富或经验过的对象，注意的广度要大。例如，刚学会阅读的学生注意的广度较小，而饱学之士知觉的范围扩大，甚至能做到所谓"一目十行"。有战斗经验的人，在战场上注意的广度要比没有战斗经验人的要广。因此，越是熟悉的东西，注意的范围就越大。另外，我国心理学家对儿童注意广度发展状况的研究表明：儿童的注意广度随年龄的增长而增长。其中一项研究结果显示，小学二年级学生注意广度不足 4 个点，五年级学生已达到 4.48 个点，中学生增加到 6.33 个点。这表明随着个人知识经验的增加，注意的广度在扩大。

（三）把握注意对象的方法

实验表明，把握注意对象的方法不同，对注意的广度也有一定影响。对较少的对象（4 个以下），直接把握效果较好；对中等数量的对象（5～6 个），分组把握效果较好；对较多数量的对象，分组和逐个把握的效果相似。

注意广度的调控，在生活、工作、学习中有着重要的现实意义。例如，驾驶员、交通警、裁判员就需要扩大注意的范围，而钟表工人、绣花工人的某些工作需要缩小注意的范围。

三、注意的分配

注意的分配是指在同一时间内把注意指向两种或两种以上的对象或活动。

成语"双管齐下"的典故，说的是唐代画家张璪善于画松，"能手握双管，一时齐下，一为生枝，一为枯干"。这就是注意的分配现象。法国心理学家波朗于 1887 年在大庭广众之下表演一边朗诵一首熟悉的诗，一边完成复杂的乘法演算。这说明，在一定条件下，注意的分配是可以做到的。注意分配的现象在生活中是常见的，如音乐教师一边看乐谱，一边弹琴，同时还要领唱；汽车司机双手操纵方向盘，脚要控制油门、离合器和刹车，眼要观察路上的行人、车辆、交通信号灯，这些都是注意分配的例子。

注意的分配需要两个基本条件：其一，同时进行的几种活动中，只有一种是不熟练的，而其他都已经达到了相对"自动化"的程度。这样，人就可以在集中注意于较生疏活动的同时，将注意分配到其他活动上。如果同时进行的几种活动都不熟悉,注意则难以分配。其二,同时进行的几种活动之间必须有一定的联系,或形成了某种反应系统。如果它们之间缺乏有机的联系,或未能形成彼此关联的反应系统,注意的分配就难以实现。

注意分配能力是在实践活动中逐步锻炼出来的。用注意分配仪对儿童注意分配能力的研究表明,幼儿注意分配的能力较低,上小学以后,随着有意注意的发展,儿童注意分配能力迅速提高。在现代化的复杂劳动中,许多工作都要求有高度的注意分配能力,善于分配注意也是学生掌握知识技能的必要条件。

当然,同时把注意指向两种活动,其活动效率不如仅指向单一活动。例如,让一些被试一边听故事,一边进行加法运算,结果显示:单一活动时,正确完成加法运算的数目为52;复合活动时,正确完成加法运算的数目为43,相当于单一活动时正确完成运算的83%。单一活动时,正确复述故事项目数目为31;复合活动时,正确复述故事项目的数目为10,相当于单一活动时正确复述项目的32%。这个实验证明,同时进行两种或两种以上活动时,效果确实不如单一活动时好。

四、注意的转移

注意的转移是指根据任务或需要,主动把注意从一个对象及时调动到另一个对象上去。

注意的转移可以发生在同一活动的不同对象间。例如,学生做作业时,一会儿注意书本的内容,一会儿奋笔疾书,就是在同一活动中,注意在不同的对象间转移。注意的转移也可以发生在不同活动之间。例如,上课时学生认真听讲,注意集中于教师的讲课,下课后,同学们进行游戏,注意集中于快乐的游戏,这是注意在不同活动间的转移。

注意的转移不同于注意的分散。注意的转移是一种服从于任务或需要的自觉行为,而注意的分散却是在需要注意稳定时,受无关刺激干扰,不自觉地注意了不该注意的事物。能否按照需要及时地转移注意也是衡量人注意品质的重要方面。

注意转移的快慢和难易受以下因素影响:

(一) 原有注意的紧张度

原有注意的紧张度越高,转移注意也就越困难、越缓慢。例如,学生对自己的考试成绩很关心,如果在上课前宣布上次的考试成绩,教师就很难把学生的注意力从关注成绩转移到听课上来。

(二) 新事物或新活动的性质

引起注意转移的新事物或新活动,如果符合人的需要和兴趣,注意的转移就会迅速;反之,注意的转移就较困难。例如,原有的注意对象是解难题,而新注意的对象是电视剧,这时候的注意转移就相当迅速。

(三) 个体差异和年龄差异

注意转移的快慢、难易存在着个体差异和年龄差异。

个体神经过程的灵活性,对个体注意转移的速度和难易有一定影响,神经过程灵活性高的,注意转移得快,转移的质量也较高;神经过程灵活性低的则相反。另外,我国心理学家对儿童注意转移发展的研究表明:注意转移的综合反应时间随年龄增长而缩短,从小学至初中阶段,儿童注意转移的发展较为迅速(图3-3)。

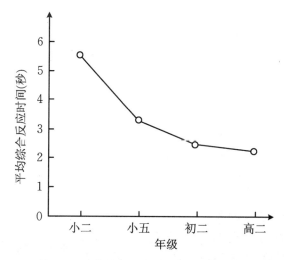

图 3-3　注意转移综合反应时间发展曲线

(资料来源:沈德立,阴国恩.非智力因素与人才培养[M].北京:教育科学出版社,1992.)

注意的转移和注意的分配是相互联系的。注意一转移,原来注意的主要对象便转移到注意中心之外,新的对象则进入注意中心。这时,必然出现新的注意分配。其实严格地说,注意分配是很不容易做到的。大多数情况下,人们把注意的迅速转移看做是注意的分配。

注意的转移不仅和注意的分配有关,而且和注意的稳定性有关。注意的稳定性是指同一活动范围内注意的相对稳定,它和注意的转移密切相关。在同一活动中,没有注意的转移,也就难以保持注意的稳定。

专栏 3-1　培养孩子的注意力

(1) 对孩子进行注意力训练,应从视觉注意力和听觉注意力等方面入手,可训练孩子的上课注意力,因为上课必须使得视觉注意力和听觉注意力高度结合起来,这样才能达到良好的听课注意力。例如,在某一时间里只盯住一个目标,而不为其他事物所动;在某一时间里,只听某一种声音,从众多声音中抽离出这种声音来聆听;在某一时间里,专心感受某一种事物,像太阳、月亮的存在,空气的温度、树的动静等。

(2) 培养孩子提高自己专心素质的自信心。自信往往通过多肯定、多鼓励来达到。多一些正面暗示,尽量避免负面暗示。例如,家长说"我们孩子注意力不集中",孩子自己说(或认为)"我不专心""我无法专心"等,都非常不利于自信心的培养。

(3) 为孩子创造一个舒适、安静、良好的环境。最好有单独的房间,家里干净整洁,物品摆放有序;从小培养孩子的归位意识及良好的生活习惯;家长尽量不在家里打牌、搓麻将,尽量减少电视等带来的干扰,也不要一会儿送个苹果或饮料。这样既分散了孩子的注意力,又弄得孩子心烦意乱,根本无法专心学习。

(4) 提高孩子的抗干扰能力。培养孩子的抗干扰能力,让孩子参加静心训练,稳定情绪训练,以增强孩子抗外界干扰的能力。

第三节 注意的规律

一、影响注意的因素

(一) 影响无意注意的因素

引起无意注意的因素主要有两方面:一是客观刺激物的性质和特点;二是人自身的主观状态。

> 影响注意的因素有哪些?

1. 刺激物的性质和特点　主要包括以下几点:

(1) 刺激物的强度。刺激物的强度是引起无意注意的重要原因,如一声巨响、一道强光、一股浓烈的气味等,都可以引起人的无意注意。刺激物的强度可以是绝对强度,也可以是相对强度。低声耳语在喧闹的大街上不能算是强烈刺激,不会引起人们的注意,但在安静的图书馆、阅览室内却能引起众人的无意注意。事实上,刺激物的相对强度才是引起无意注意的更重要的因素。

(2) 刺激物的新异性。刺激物的新异性也是引起无意注意的最重要的原因之一,而刻板的、千篇一律的、多次重复的事物,往往难以引起人们的注意。所以,一个教师如果平常上课不讲普通话,而有其他人听课就讲普通话,往往容易使学生注意教师讲话的本身,对讲课的内容反而分散了注意。刺激物的新异性也可以分为绝对新异性和相对新异性。绝对新异性指人们从未感知过的事物及其特征;相对新异性是指刺激物的某些特征的新异变化。研究表明,相对新异性也能引起人的注意。如一位平常爱说爱笑的同学最近却一反常态不爱说也不爱笑了,自然容易引起人们的注意。

(3) 刺激物的活动变化。刺激物的活动与变化往往比静止无变化的刺激更容易引起人们的注意。大街上霓虹灯的闪烁变化,交通指挥灯信号变换时的闪动,就是为了引起人的注意。教师讲课时,音调适当变化、讲话节奏跌宕起伏往往更能吸引学生的注意。

(4) 刺激物间的对比关系。刺激物之间(或刺激物与背景间)在大小、强度、形态、颜色等方面的显著差别越大,对比关系越鲜明,往往越容易引起人的注意。例如,"万绿丛中一点红""鹤立鸡群"。

2. 人的主观状态　刺激物的性质特点虽然是引起无意注意的主要原因,但个体的主观状态,也有重要作用。同样的事物,如果只能引起一些人的注意,而不能引起另一些人的注意,就要从人的主观状态上找原因了。引起人的无意注意的主观原因有以下一些方面:

(1) 需要和兴趣。能满足人的需要(特别是当前需要)、符合人的兴趣(特别是直接兴趣)的事物,容易成为人们无意注意的对象。例如,体育运动的消息往往容易引起体育运动爱好者的注意,而其他人可能熟视无睹。能满足人的需要和引起人的兴趣的事物又常常使人产生期待的心情和积极的态度,从而引起人的无意注意。旧章回小说往往在故事情节发展的关键时刻戛然而止,以"欲知后事如何,且听下回分解"造成悬念,就是利用人们的期待心情和积极态度引起人们的注意。此外,与人有关的事物也容易引起人的注意。

(2) 情绪和精神状态。人的情绪状态在很大程度影响着无意注意。如果一个人的心情舒畅,心境开朗,周围的事物就容易引起他的注意。相反,如果一个人郁郁寡欢,平常容易引起注意的事物这时也不一定引起他的无意注意。人的精神状态对无意注意也有重要影响。当一个人过于疲劳或患病时,常常不能对周围的事物产生稳定的注意;而当人身体健康、精神饱满时,往往容易对事物产生稳定的注意。

(二) 影响有意注意的因素

1. 任务理解　有意注意是有目的地服从于一定活动任务的注意。因此,人们对活动的目的、任务、意义认识与理解的程度,对有意注意的引起和保持有一定影响。理解得越清楚、越深刻,对完成任务的愿望越强烈。那么,与完成任务有关的事物也就越能引起和保持人们的有意注意。

2. 间接兴趣　无意注意受直接兴趣的影响较大,而有意注意往往受到人们间接兴趣的影响。间接兴趣不是对活动本身的兴趣,而是对于活动目的和活动结果的兴趣,间接兴趣,特别是稳定、持久的间接兴趣,对引起和保持对活动的有意注意有很大的影响。例如,许多人对枯燥无味的古汉语学习本身并无多大兴趣,但对它的结果,可以作为学习其他古代文献,特别是古典文学的工具却很感兴趣,这就是间接兴趣。由于这种兴趣的支撑,学习者对学习古汉语知识就能保持稳定的有意注意。

3. 意志努力　人们在从事有意注意的活动过程中,总会受到各种分散或妨碍注意的内外因素的干扰。在这种情况下,人们能否集中注意力,除了有无采取一些必要的措施排除外界的干扰之外,关键是能否以坚强的意志努力与内外干扰作斗争。据说国外某著名大学就有意在学生的自习课上安排一些干扰性刺激物,以锻炼学生在嘈杂环境中排除干扰集中注意的能力。另外,心理学研究认为,并不是所有的干扰都会妨碍有意注意的集中。某些微弱的刺激非但不会干扰人的有意注意,而且会加强人对活动的有意注意;相反,"死气沉沉的"寂静则可能使人逐渐进入昏昏欲睡的状态。

4. 活动方式　心理学的研究结果表明,形式单调、缺乏实际操作的活动容易使人产生厌倦和疲劳,从而导致注意的分散;而形式多样、伴随实际操作的活动往往有利于提高大脑的兴奋性,有利于保持有意注意的稳定性。因此,在活动目的、任务明确的前提下,合理地组织活动、丰富活动的组织方式有助于集中有意注意。

二、注意规律与课堂教学

正确运用注意的规律对提高课堂教学的效率,促进教学的顺利进行有着重要的作用。

(一) 无意注意规律与课堂教学

无意注意是不需要任何意志努力就能实现的注意,运用无意注意的规律进行课堂教学能充分发挥无意注意的积极作用,使学生轻松愉快地学习,提高教学的质量和效果。运用无意注意的规律进行课堂教学要注意:

1. 创设良好教学环境　为了使学生在学习过程中不受外部无关刺激的干扰,应该创造一个安静、整洁的教学环境。首先,教师应该注意教室外环境对课堂的干扰,如冬天风雪大的时候应关紧门窗,夏天日晒的时候要拉上窗帘,如果有噪音、视觉干扰或不良气体侵入,应该尽快排除。其次,还应注意教室内的环境,如地面是否干净、桌椅排列是否整齐、教室的布置和装饰是否简洁朴素等。过于华丽、繁杂的室内布置,有时会成为课堂教学的"新异刺激",使学生注意力分散。

2. 教学内容符合学生需要　教学实践表明,学生更愿意关注与自己知识经验有联系的、能满足自己的求知需要的教学内容。为此,教师在教学过程中既要关注教学内容的科学性与系统性,又要关注教学内容与学生的知识经验和生活实际的联系,不仅让学生听着有趣,还要让学生学以致用,以满足学生的求知需要。同时,教学内容难易要适当,过分艰难或过分容易的教学内容都不能吸引学生的兴趣且使之保持稳定的注意力。

3. 教学方法生动活泼　课堂教学中,教师要适当利用刺激物的新异性、变化性与对比性来引起学生的注意。例如,适当变换讲课的节奏与速度,以直观的多媒体教学手段辅助语言讲解,穿插使用角色扮演、集体讨论以及动手操作等教学形式,调动学生的学习兴趣和学习积极性,吸引学生对课堂教学内容的注意。

(二) 有意注意规律与课堂教学

学习是一种长期、艰苦的、有目的、有计划、有组织的活动,仅仅引起学生无意注意是不够的,还必须运用有意注意的规律,促使学生自觉地通过意志努力克服困难,保证学习任务的完成。运用有意注意的规律进行课堂教学要注意:

1. 加强学习目的教育　学习的内容不可能都是有趣的,因而学习活动的进行更多地需要有意注意的调节和控制。为此,要加强学习目的性的教育,培养学生的间接兴趣,激发学生学习的主动性、自觉性,从而发展学生对学习的有意注意。当学生能够把自己学习的兴趣与社会的需要、自己的责任和前途联系起来,他们就能通过意志努力克服困难,将注意指向和集中到学习内容上去,从而完成学习任务。另外,在每节课的开始,教师有必要使学生明确本节课的教学目标和应完成的任务,以增强学生学习的自觉性,有目的地配合教师的教学活动。

2. 提高教学组织水平　有意注意需要意志努力,时间稍长容易疲劳。因此,教师要尽量以内容充实、形式活泼的方式组织教学,严密地组织课堂教学,做到结构严谨、内容充实、形式活泼。注意将学生的智力活动与实际操作相结合,组织学生多种方式参加学习活动,如要求学生做笔记,看黑板,阅读教科书,从而把应该注意的对象作为实际行动的对象;根据教学任务的需要,提醒学生保持注意;提出富有启发性的问题,加强学生的有意注意。学习活动需要学生维持有意注意,但人的注意力又很难长久地集中,所以教师的教学过程应避免任务安排过满、节奏过于紧张,应该张弛有度,给学生适当放松休整的时间。有时,教师适当放慢速度,穿插些有趣的内容,可以更好地促进学生的学习。另外,教师可以运用多种电化教学手段,采取生动活泼的形式来调整学生的注意状态。色彩丰富的形象和活动画面的刺激以及操作活动,有利于降低和消除学生的疲劳感,维持较长时间的有意注意。可以说,课堂教学组织越合理,越符合学生的心理特点和内在需要,学生越不容易分心。

3. 加强组织性和纪律性的教育　研究表明,外在的组织性和纪律性要求,能促进内在活动的协调性、意识性。因此,建立正常的教学常规,加强对课堂教学的组织、管理,培养严肃、认真的学习态度,有利于增强学生的有意注意。此外,要培养学生抗干扰的能力,防止注意的分散。

(三) 有意后注意规律与课堂教学

前面说过,无意注意事先没有目的,也不需要意志努力,比较轻松;有意注意有预定目的,但需要作一定意志努力。在教学工作中,单纯依靠无意注意,目的性不强;单纯依靠有意注意,学生容易疲劳,造成注意的分散。因此,要使学生在课堂教学中始终保持稳定的注意,一方面需要将激发无意注意与激发有意注意协同进行,另一方面需要运用注意的转化规律,激发学生的有意后注意,即通过灵活生动的讲解使学生对学习及其过程产生兴趣,从而使学生的有意注意向有意后注意转化。由于有意后注意是一种有预定目的但不需要意志努力的注意,兼有无意注意和有意注意的优点,因而,一旦激发起学生对于课堂教学的有意后注意,不仅能使学生的学习处于相对轻松愉快的状态之中,而且能充分调动学生学习的自觉性和主动性,保持教学目标的顺利实现。

第四节 注意的理论

注意理论可分为两类：一类是侧重于选择性注意的理论，另一类是侧重于分配性注意的理论。

一、选择性注意理论

20世纪60年代以来，心理学家对注意的选择功能进行了大量的研究，提出了一系列理论模型。这些理论重在阐述注意的选择作用的实质，以及人脑对信息的选择究竟发生在信息加工的哪个阶段上。

（一）过滤器理论

该理论的主要依据是双耳分听的实验。在一项实验中，Cherry于1953年给被试的两耳同时呈现两种材料，让被试大声追随从一个耳朵听到的材料，并检查从另一个耳中听到的信息。前者称为追随耳，后者称为非追随耳。结果发现，被试从非追随耳中得到的信息很少。当原来使用的英文材料改用法文或德文呈现时，或将课文颠倒呈现时，被试也很少能够发现。这个实验说明，追随耳中得到的信息因为受到注意，所以得到进一步加工、处理，而非追随耳中得到的信息，由于没有受到注意，所以没有为被试所觉察。Broadbent于1954年用数字做实验材料，也得到了类似的结果。根据这些实验结果，Broadbent提出了一种解释注意的选择作用的理论——过滤器理论（selective filter theory）。他认为，人类面临大量的信息，但个体的神经系统在同一时间内对信息加工的能力是有限的，因而在信息加工中需要过滤器进行调节，以减轻神经系统的负担。过滤器相当于一个"开关"，它按"全或无"（all or none）的原则工作，接通一个通道，允许一些信息输入脑中，同时其他通道则被阻断，信息不能通过，且完全丧失了。Broadbent将这种过滤机制比作一个狭长的瓶颈，当人们往瓶子里面灌水时，只有一部分水通过瓶颈进入瓶内，其余则流到瓶外了。所以这种理论有时也叫做瓶颈理论或单通道理论。由于这一理论认为选择发生在信息加工的开始阶段，所以这一理论也叫早期选择模型。

（二）衰减理论

过滤器理论得到一些实验事实的支持，但在解释另一些实验事实时却碰到困难。Gray和Wedderburn于1960年在双耳分听实验中，给被试的两耳分别呈现一些有意义的材料，如左耳呈现 ob-2-tive，右耳呈现 6-jec-9。结果发现，被试报告的既不是 ob-2-tive，也不是 6-jec-9，而是 objective。这个实验结果表明，非追随耳的信息也得到了加工。Treisman于1960年给被试的双耳同时呈现下述材料：右耳（追随耳）：There is a house understand the word；左耳（非追随耳）：Knowledge of on a hill。结果表明，被试的报告多为"There is a house on a hill"，而且声称这是从一只耳中听来的。这表明,当有意义的材料从追随耳转移到非追随耳时,被试者不顾实验者的规定而去追随意义。这只有在过滤器允许两只耳的信息均能通过的情况下才能实现。根据上述研究结果,Treisman 对 Broadbent 的理论进行了修正,提出衰减模型(attenuation model),认为过滤器不是按照"全或无"的方式工作的,而是按照衰减的方式工作的。当信息通过过滤装置时,不被注意或非追随的信息只是在强度上减弱了,但不是完全消失。假定长时记忆中储存的项目具有不同的激活阈限值,当输入信息通过过滤器未被衰减时,就能容易地激活长时记忆中的有关项目而得到识别;当输入信息受到衰减时,由于强度减弱,因而经常不能激活长时记忆中的相应项目。但是,有些刺激对人有特别重要的意义,如自己的名字、火警信号等,由于它们的激活阈限特别低,容易激活,所以当它们出现在非追随耳时,也能被识别。至于过滤器在信息加工系统中的位置,目前认为有两种情况:一是在语义分析之前,称为外周过滤器;二是在语义分析之后,称为中枢过滤器。外周过滤器对刺激的特点进行级差性选择,对输入的感觉信息进行不同程度的衰减,中枢过滤器在选择中具有核心作用,它根据范畴、语义进行选择。由于强调中枢过滤器的作用,所以人们把这个模型称为中期选择模型。

(三) 晚期选择理论

1963 年,Deutsch 等人认为,所有输入通道的信息均可以达到高级分析的水平,因而得到完全的知觉加工。注意不在于选择知觉刺激,而在于选择对刺激的反应。他们假设中枢的分析结构可以识别一切输入,但输出却是按照重要性来安排的,对重要的刺激才会做出反应,对不重要的刺激则不做出反应。如果更重要的刺激出现,则又会挤掉原来重要的东西,做出另外的反应。因此注意是对反应的选择。他们认为,在双耳分听实验中,追随耳和非追随耳中的信息均能达到知觉分析的水平,只是由于实验者采用了追随程序,使追随耳中的信息比非追随耳中的信息更重要,因而引起了反应,而非追随耳中的信息则不能,但其中重要的信息如自己的名字、火警信号等是可以引起反应的。

(四) 多阶段选择理论

上述三种理论都假定注意选择发生在信息加工的某个特定阶段上,这意味着信息加工系统是非常刻板的。这种刻板的描述不能说明注意选择复杂灵活的事实。于是,1978 年,Johnson 和 Heiz 提出一个较灵活的模型,认为选择在不同的加工阶段上都可以发生。这就是多阶段选择的理论。这种理论主张选择发生的阶段依赖于当前任务的要求,而且在选择之前加工的阶段越多,所需要的认知加工阶段也越多(图 3-4)。

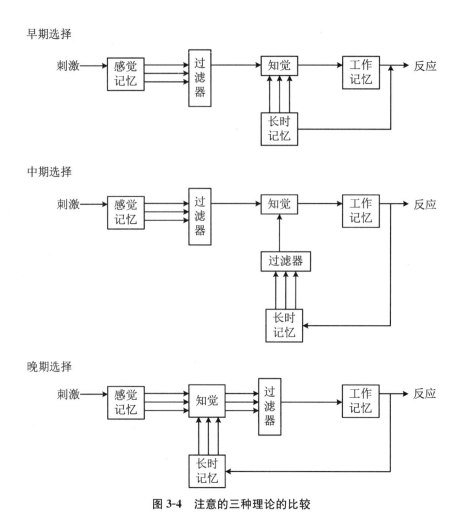

图 3-4 注意的三种理论的比较

二、分配性注意理论

(一) 认知资源理论

1973 年,Kahneman 在其《注意和努力》一书中提出,注意是人能用于执行任务的数量有限的能量或资源。为了完整地识别一个刺激,需要用到资源;如果刺激较复杂,需要的资源就多;如果同时呈现几种复杂的刺激,资源可能会很快耗尽;如果给资源已耗尽的人再呈现另外的刺激,这些新异刺激将不被接收和加工。这种理论称为认知资源理论(cognitive capacity theory)或能量分配模型。Kahneman 提出了一个资源分配的模型(图 3-5)。他认为人可得到的资源与唤醒(arousal)相联系,其数量也可因情绪、药物等因素作用而发生变化。决定注意的关键是所谓的资源分配方案,它本身又受到几个因素制约:唤醒因素的可能的能量、当时的意愿和对完成任务所需能量的评价。当然,个人的长期倾向也起作用。在这几个因素作用下,分配方案体现出注意选择。

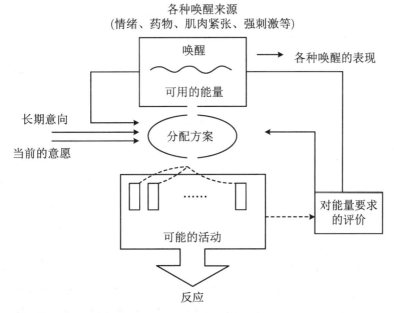

图 3-5　Kahneman 的资源分配模型

Kahneman 假定,认知系统内有一个机制负责资源分配,资源在这里被分配来对刺激进行加工。认知资源的分配是灵活的,并且人可以对其进行控制。对完成任务所需要的能量评价是一个重要因素,它不仅影响可得到的能量,使其增多或减少,而且极大地影响分配方案。Kahneman 认为,人的认知资源或能量是一般的,而不是特殊的。他预言:① 由竞争的刺激源产生的干扰不是特殊的。人同时做两件事会感到困难并非由任务干扰引起,而是任务需要的资源超过了人的资源总量。只要活动所需要的资源不超过人的资源总量,人就能够同时做两件事。② 当加工需要的资源超过人本身拥有的资源总和,而人又试图同时做第二项任务,那么第一项任务的成绩将会下降。③ 人的注意资源分配很灵活,它可以改变以适应新异刺激的需要。在日常生活中,人可以一边跑步,一边听音乐。但是,大多数人却难以一边看电视,一边看书。这是支持一般资源理论的有力证据,说明性质相似的两种任务难以同时完成,而对性质完全不同的两种任务,则能比较容易地分配注意。

（二）双加工理论

在认知资源理论基础上,Shiffrin 和 Schneider 于 1977 年进一步提出了双加工理论。他们认为,人类的认知加工有两类:自动加工（automatic processing）和控制加工（controlled processing）。自动加工是自动进行的,不需要注意,因而不受认知资源的限制。这些过程由适当的刺激引发,发生得比较快,在习得之后,其加工过程较难改变。控制加工受意识控制,需要注意,因而受认知资源的限制,但可随环境变化不断进行调整。意识控制经过大量练习后,有可能转化为自动加工。这种理论可解释许多注意分配的现象。在同时进行的几种活动中,其中一种或多种已经自动化,不需要个体再消耗较多的认知资源,因而个体可以将注意集中在其他认知过程上。如大学生可以一边听课,一边记笔记,记笔记的活动是熟练的、自动的。但小学生要做到这一点就很难,因为小学生听课和写字都不熟练,此时分配注意就很困难。

(三) 交替反应理论

该理论是 Rogers 和 Monsell 于 1993 年提出的。他们假设存在着一种独立的心理机制,它会对刺激做出选择和应答。这种应答将用于较大范围的任务。这种机制每次运作只对一个刺激进行反应,被试只能在完成一项任务后才能进行第二项任务。该理论的支持者认为,这种交替时间非常短,人们无法觉察。就好像电话交换机和电子计算机的运作,交换机和计算机并非同时做几项工作,而是将一项工作分成若干子工作,然后将两项或多项工作的子工作交替运行,而人们似乎看到它们同时进行多项任务。这种分配过程是一种时间的分配。

交替反应理论与心理不应期(psychological refractory period, PRP)效应理论的观点比较相似。PRP 理论认为,当人们试图同时完成两件快速任务时,会出现短暂的心理不应期,正是由于这种心理不应期导致了双作业任务难以完成。

阅读 注意的障碍

> 儿童多动症(hyperactive disorder)又称注意缺陷(attention deficit hyperactivity disorder, ADHD),是以活动过多、注意力不集中、冲动任性为主要特征的行为障碍。多于 3 岁左右发病,发病高峰在 7~9 岁,9 岁最为突出,男孩约为女孩的 4~9 倍。我国患病率为 1.3%~13.4%。
>
> 引起多动症的原因很多,归纳起来可能与以下因素有关:遗传因素、脑损害因素、生物化学及代谢因素、神经生理因素、家庭及社会因素等。
>
> 注意障碍为 ADHD 最主要的表现之一,表现为注意力不集中、上课不能专心听讲、易受环境干扰而分心、频繁地改变注意对象。例如,做作业时不能全神贯注,家长描述为做做玩玩,粗心大意;对家长的指令心不在焉,似听非听;做事有始无终,常半途而废或虎头蛇尾;做作业拖拉,不断地以喝水、吃东西、小便等理由中断,做作业时间明显延长。有些患儿表现为凝视一处,走神、发呆,眼望老师,但脑子里不知想些什么,老师提问时常不知道提问的内容。
>
> 活动过度是 ADHD 另一常见的主要症状,表现为明显的活动增多,不适当地奔跑、爬上爬下或小动作不断,在教室里不能静坐,常在座位上扭来扭去,严重时离开座位走动或擅自离开教室。话多、"人来疯"、喧闹、插嘴、惹是生非、影响课堂纪律,目的为引起别人注意。喜观玩危险游戏,常常丢失东西。冲动性情绪不稳、易激惹冲动、任性、自我控制能力差。易受外界刺激而过度兴奋,易

受挫折,幼稚、行为不考虑后果,易出现危险或破坏性行为,事后不会吸取教训。

学习成绩低下或波动较大。ADHD 患儿智力正常或基本正常,学习成绩低下或波动较大的原因与注意力不集中、多动有关。出现学习成绩低下的时间取决于智力水平及 ADHD 的轻重程度。智力水平中下的严重患儿学龄早期即出现学习成绩低下;智力水平较高、ADHD 症状较轻者可在较高年级才出现学习成绩低下。

诊断 ADHD 必须符合以下 5 项标准:① 症状学标准:见专栏 3-2。其中注意障碍症状至少符合专栏 3-2 中的 2 项,且持续至少 6 个月,达到适应不良的程度,并与发育水平不相称;多动、冲动症状至少符合专栏 3-2 中的 6 项,达到适应不良的程度,并与发育水平不相称。② 起病与病程:7 岁前出现症状,至少持续 6 个月。③ 某些症状造成的损害至少在两种场合(如学校和家里)出现。④ 严重程度标准:在社交、学业或成年后职业功能上具有明显的临床损害证据。⑤ 必须排除以下疾患:精神发育迟滞、广泛性发育障碍、儿童精神分裂症、躁狂发作和双相障碍、焦虑障碍、特殊性学习技能发育障碍、各种器质性疾病(如甲亢)和各种药物副反应所导致的多动症状等。

专栏 3-2　CCMD-3 关于多动障碍的症状诊断

(1) 注意障碍,至少有下列 4 项:① 学习时容易分心,听见任何外界声音都要去探望;② 上课很不专心听讲,常东张西望或发呆;③ 做作业拖沓,边做边玩,作业又脏又乱,常少做或做错;④ 不注意细节,在做作业或其他活动中常常出现粗心大意的错误;⑤ 丢失或特别不爱惜东西(如常把衣服、书本等弄得很脏很乱);⑥ 难以始终遵守指令,完成家庭作业或家务劳动等;⑦ 做事难于持久,常常一件事没做完,又去干别的事;⑧ 与他说话时,常心不在焉,似听非听;⑨ 在日常活动中常常丢三落四。

(2) 多动,至少有下列 4 项:① 需要静坐的场合难于静坐或在座位上扭来扭去;② 上课时常小动作,或玩东西,或与同学讲悄悄话;③ 话多,好插嘴,别人问话未完就抢着回答;④ 十分喧闹,不能安静地玩耍;⑤ 难以遵守集体活动的秩序和纪律,如游戏时抢着上场,不能等待;⑥ 干扰他人的活动;⑦ 好与小朋友打逗,易与同学发生纠纷,不受同伴欢迎;⑧ 容易兴奋和冲动,有一些过火的行为;⑨ 在不适当的场合奔跑或登高爬梯,好冒险,易出事故。

(3) 起病于 7 岁前(多在 3 岁左右),符合症状标准和严重标准至少已 6 个月。

(李秀　柳海)

第四章 记　　忆

第一节　记忆概述
　　一、记忆的概念
　　二、记忆的分类
　　三、记忆的过程
第二节　记忆的神经生理机制
　　一、与记忆相关的脑区
　　二、记忆的脑细胞机制
　　三、记忆的生物化学机制
第三节　记忆的信息加工系统
　　一、感觉记忆（瞬时记忆）
　　二、短时记忆
　　三、长时记忆
第四节　遗忘
　　一、遗忘的概念
　　二、遗忘的规律
　　三、遗忘的原因
阅读　改善记忆的方法

案例 4-1　被偷走的那五年

　　一场浪漫美好的蜜月之旅戛然而止。曾经沉浸在无比幸福中的何蔓从昏迷中醒来后发现，自己深爱的老公已经与自己离婚并且有了新的女朋友，自己曾经最好的闺蜜竟然与自己闹翻，公司同事也都对她敬而远之。原来她不久前刚刚出了一场车祸，导致忘记了过去五年间发生过的所有事情，最后的记忆只停留在五年前蜜月旅行的梦幻时刻。五年的时间，她失去了生命中最重要的爱情和友情，为了重新找回自己失去的幸福，她开始一步步寻找这五年生活的点滴线索，展开了一段寻找丢失的自我的旅程……

思考题

一个人失去了记忆会怎么样？

　　上述情节源自电影《被偷走的那五年》，女主角何蔓因为脑部受到创伤而得了失忆症，失去了过去五年间的记忆。电影以戏剧化的方式描绘了一个失去记忆的世界，生动地说明了没有记忆的生活将会变得毫无意义。如果有人把过去的一切都忘记了，头脑中一片空白，会有何感受？不难想象，无论是谁，一定会感到迷茫和恐惧，因为最亲密的朋友和家人都成了陌生人，各项社会活动无法正常进行，连自我身份和自我意识也荡然无存。从这个意义上来说，一个人失去了记忆，就等于失去了一切，也失去了自己。

第四章 记　忆

你是否记得小学同学的名字？你是否记得中学班主任的模样？你是否记得去年的生日是怎么度过的？当我们回想一件与个人过往经历有关的事情时，都要依靠记忆。记忆是最基本的认知过程之一，几乎参与了每一项认知活动。有些活动很明显，比如考试或背诵，这样的活动需要记忆。还有一些其他活动，比如当你计算一个月的开销时，你会记住一些数字；或者当你听到好听的音乐时，会特别记住其中好听的旋律。我们在生活中频繁地运用记忆，往往将记忆视作理所当然的事情。记忆就是过去经历过的事物在大脑中留下的痕迹，只不过它在形式和内容上要复杂得多。本章要讨论的就是记忆这种有趣的心理过程。

第一节　记 忆 概 述

一、记忆的概念

所有自然界中的物体在受到外界的作用时，似乎都会留下痕迹，如一张纸被折过后，会留下印痕；静静的水面掉进一粒石子，会泛起阵阵涟漪。过去经历过的事情在大脑中也会留下痕迹，这就是记忆。如果没有记忆，我们无法认出亲友，无法记住约会，无法学习和工作，甚至学不会走路。著名认知神经科学家 Michael S. Gazzaniga 说："除了薄薄的一层'此刻'，我们生命中的一切都是记忆。"

记忆（memory）是在头脑中积累和保存个体经验的心理过程。用信息加工的术语来讲，记忆就是人脑对外界输入的信息进行编码、存储和提取的过程。记忆和感知觉不同。记忆可以将过去的经验和当前的心理活动联系起来，是一种比感知觉更为复杂、更加高级的心理过程。

编码是人获得个体经验的过程。在记忆中，编码有视觉的、听觉的和语义的等各种类型，不同的编码方式对记忆有不同的影响。

存储是把感知过的事物、体验过的情感、做过的动作和思考的问题等以一定的形式保持在人脑中。存储是信息编码和提取的中间环节，它在记忆过程中有重要的作用。

提取是从记忆中查找已有信息的过程，是记忆过程的最后一个阶段。再认和回忆是提取的基本形式。记忆的质量通过信息的提取表现出来。

人对外界输入的信息能主动地进行编码，使其成为可以接收的形式。现代心理学家认为，只有经过编码的信息才能记住。人可以有选择地接收外界信息，有意识地对不同内容进行记忆。记忆依赖于人已有的知识结构，比如将新的信息以不同的形式输入脑中已有的知识系统中，就能更好地巩固下来。一般来说，编码越完善，表征越好，提取就越容易；反之，就越困难。

二、记忆的分类

(一) 按照记忆保持的时间分类

按照记忆保持的时间,可以将其分为感觉记忆、短时记忆和长时记忆。

1. 感觉记忆(sensory memory) 感觉记忆是指外界刺激以极短的时间一次呈现后,在感觉通道内得到暂时的储存,又称瞬时记忆或感觉登记。例如,看书时能听得见翻书的声音,能闻到书本的墨香,能感觉到座椅的舒适……这些感觉在看书时都是存在的,只是因为专注于看书而几乎没有意识到它们,这些就是瞬时记忆。

感觉记忆的容量较大,储存时间以毫秒计,最长 1~2 秒。几乎进入感官的所有信息都能被登记,但都处于未经加工的状态,如果不予注意,感觉登记的信息将很快消失,所以保持时间非常短。

2. 短时记忆(short-term memory) 短时记忆是指信息一次呈现后,保持时间在 1 分钟以内的记忆,又称工作记忆。例如,当你听一个朋友讲话时,电视机里正在播放新闻,你一点都不记得播音员说了什么,就好像根本没听见。这就是短时记忆的选择性作用,使你把注意集中于朋友讲话的内容,而过滤掉了电视中正在播放的内容。

短时记忆的容量有限,只有 7 ± 2 个单位,一般所说的记忆广度指的就是短时记忆的容量。短时记忆的内容多以听觉编码存储,也存在视觉编码和语义编码。例如,医生边询问患者,边写病历;学生边听课,边记笔记等。

3. 长时记忆(long-term memory) 长时记忆是指信息经过充分的和有一定深度的加工后,在头脑中保持时间在 1 分钟以上直至终生的记忆。长时记忆源自于短时记忆阶段经过加工和复述的内容,也有由于印象深刻一次形成的。它将信息以有组织的状态储存起来,并能随时提取利用。

长时记忆是一种永久性的存储。长时记忆的容量是无限的,知道得越多,新的信息就越容易进入记忆系统,且不用担心记忆超负荷的问题。长时记忆主要通过言语编码和表象编码组织内容,一般人在长时记忆中往往将两种方式结合起来互相补充,但也存在倾向于只用某一种方式编码的个体差异。

> 1. 什么是记忆?
> 2. 记忆的种类及各自特点有哪些?

(二) 按照记忆的内容分类

按照记忆的内容分类,可以将其分为形象记忆、情景记忆、情绪记忆、语义记忆和动作记忆。

1. 形象记忆 当我们感知过的事物不在时,事物的具体形象会以表象的形式出现在我们的头脑中。这种以个体感知过的事物的具体形象为内容的记忆就是形象记忆。形象记忆保持的是事物直观的、感性的特征,一般以视觉和听觉为主,在嗅觉、触觉等其他感知觉的基础上也可以形成。例如，草莓的表象就不仅有视觉来源的形状、颜色等，也包括味觉、嗅觉、触觉等表象来源。形象记忆是人们从事设计、创作与表演等活动的基础。例如，经典的广告语"还是原来的配方，还是熟悉的味道"。

2. **情景记忆**　你还记得高考那几天是如何过的吗？你还记得自己来到大学时的情景吗？这些回忆都属于情景记忆。情景记忆是对个人亲身经历的、发生在一定时间和地点的、有情节的记忆。情景记忆以时间和空间为坐标，涉及个人生活中的特定事件，与个人经历密切相关。由于情景记忆受一定时间和空间的限制，信息的存储容易受到各种因素的干扰，因此记忆不够稳固，也不够确定。

3. **情绪记忆**　情绪记忆是以个体对曾经体验过的情绪和情感为内容的记忆。人们在各种活动中体验过不同的情绪和情感，如愉快、悲伤、愤怒、恐惧等都会在脑海中留下印象，在一定条件下这些情绪和情感又会重新再现起来。例如，"一朝被蛇咬，十年怕井绳"，说明被蛇咬过的恐惧情绪始终留存在记忆里。典型的情绪记忆把其他事物都忘记，只把某一情境与某种情绪相联系，一旦遇到这种情境就会产生这种情绪。如有的人怕黑、有的人怕打雷、有的人怕小动物……虽然当事人可能说不清原因，但这种情绪记忆比其他种类的记忆保持的时间更持久，甚至终生不忘，所以积极的情绪记忆要从小培养。

4. **语义记忆**　语义记忆是我们学习过程中最常用的一种记忆。语义记忆又叫逻辑记忆，是指个体用词语概括出来的对一般知识和规律的记忆。例如，概念、定理、公式、规律等都与事物的意义、关系、性质等方面相关，具有抽象性、概括性的特点。在我们获取知识的过程中，语义记忆起主导作用，它使我们主动运用获得的科学知识解决相关问题。语义记忆受一般规则、知识、概念和词的制约，很少受到外界因素干扰，因而比较稳定。

5. **动作记忆**　动作记忆是以操作过的动作、运动、活动为内容的记忆，对人们参与各项实践活动起着重要的作用。动作记忆识记时通常较难，但一旦掌握并达到一定的熟练程度后，容易保持、恢复，不易遗忘。例如，一个人学会骑自行车后，即便多年不骑，也会记得。特别是口腔运动与语言之间的联系极为密切，像小时候背熟的古文、诗词，即使过了几年，甚至十几年后，仍然能脱口而出，这是小脑对口腔肌肉的动作保持了牢固记忆的缘故。为什么朗读所产生的效果要比默读好得多呢？其原因就在于此。

（三）按照记忆时的意识情况分类

按照记忆时的意识情况分类，可以将其分为外显记忆和内隐记忆。

1. **外显记忆**　这是个体有意识或主动地收集相关经验，用以完成当前任务所表现出来的记忆。这种记忆受到个体有意识的控制，又被称为意识控制的记忆。

2. **内隐记忆**　它跟外显记忆相对，内隐记忆是指在不需要意识或有意回忆的条件下，个体过去的经验对当前任务自动产生影响而表现出的记忆，又被称为自动的无意识记忆。

(四) 按照记忆对信息的加工处理方式分类

按照记忆对信息的加工处理方式,可以将其分为陈述性记忆和程序性记忆。

1. 陈述性记忆　陈述性记忆是指用语言描述而获得,并有意识参与提取的对某个事实情景的记忆,如姓名、词语、日期和定理等。陈述性记忆通过词语和符号来表达,是一般人都具备的,却是遗忘症病人所缺失的。

2. 程序性记忆　程序性记忆是指多次重复后形成的,不依赖于意识或认知的记忆。程序性记忆主要包括基本条件反射和习得性行为等,如打字、游泳、弹钢琴等。程序性记忆通过动作来表达,包括一切经学习或经验而获得的行为,比条件反射具有更广泛的含义。

三、记忆的过程

古代哲学家曾经将人的记忆比喻成鸟笼,当人们获得一个新的记忆,就像鸟笼里新增加了一只鸟,而回忆就如同要从鸟笼中捕捉出这只鸟。这个比喻形象地说明了记忆的过程。记忆包括识记、保持、再认和回忆三个环节,它们相互联系、相互依存,就像一台电脑有机运行。

(一) 识记

识记是反复感知某种事物并在脑中留下印象的过程。识记是学习与取得知识和经验的过程,它是记忆的第一步。外在的刺激在这一环节中进行编码,使物理性特征(如声音、形状、颜色等)转换成能在记忆中存储并为以后使用的心理表征形式。这一阶段像是用键盘将数据敲入电脑中。

1. 按照识记时的目的性和自觉性,可以把识记分为无意识记和有意识记

(1) 无意识记指没有预定目的,无需意志努力的识记。例如,我们在小时候偶然看过一部有趣的动画片,尽管过去多年,但还能将它的某些故事情节绘声绘色地讲给别人听。在当时并没有去主动识记的意图,但内容却不知不觉地融入到我们的记忆中。所谓"潜移默化""耳濡目染"就是这个意思。

现实生活中,有很多内容都通过无意识记获得,但不是所有事物都可以经无意识记进入记忆。只有在人们的生活中具有重要意义的,与人们的兴趣、需要密切相关的,能够引起人们强烈情感体验的事物,才容易被记住。这说明无意识记具有选择性。

(2) 有意识记指有预定目的,经过一定意志努力所进行的识记。例如,演员在表演之前要背诵剧本台词。这种识记目的明确、任务具体,一般比无意识记的效果要好。要获得系统的科学知识,必须依靠有意识记。

有意识记是积累系统知识和经验、形成具体技能的主要途径。如果能将新旧经验联系起来,即使没有识记的意图,识记的效果也会较好。有意识记在学习中占有重要的地位。

2. 按照识记时对材料的理解程度,可以把识记分为机械识记和意义识记

(1) 机械识记是指对识记的材料没有理解的情况下,依据材料的外在联系,采取机械重复的方式进行的识记,如死记硬背定理、地名、数据等。由于材料本身没有意义或者材料之间没有特定联系,只能采取机械识记的办法。

(2) 意义识记是指对材料进行理解的情况下,找出材料之间的相关联系,运用有关经验进行的识记,如数学公式、哲学规律等。由于材料本身具有意义或者通过联想人为地赋予材料某种意义,所以意义识记的效果在全面性、准确性、速度等方面都要优于机械记忆。

只有合理配合运用机械识记和意义识记,才能更好地取长补短,增进识记效果。

(二) 保持

保持是知识和经验在大脑中保留和巩固的过程。识记的遍数越多,知识和经验在大脑中保存得越牢固。保持是由识记通向再认和回忆的必经环节。这一阶段像是信息数据存储在电脑里。

保持是一个动态的过程,识记的材料会随着时间的推移而发生量变或质变。量变主要表现为保持内容的减少。例如,内容中某些部分消失了或者某些内容被压缩了,某些细节被忽略了,等等。但有时也会出现内容增加的现象,即后来回忆的内容比即时回忆的要多,称为"记忆恢复"。一般来说,学习较难的材料时较学习容易的材料时容易产生这种现象,在学龄初期的儿童身上比较普遍。质变主要表现为材料情节的夸大和歪曲等,例如,有的内容夸张了,有的部分突出了,等等。

在保持的过程中,材料的变化与个人的知识经验、需要、动机、兴趣等因素有关,具有积极的或消极的作用。善于运用各种记忆策略,可以减少保持过程中材料的消极变化。

(三) 再认和回忆

再认和回忆阶段像是数据从电脑里进行提取后呈现在屏幕上的过程。

1. 再认 再认是过去感知过的事物重新出现时,能被识别的心理过程。比如能够听出熟悉的歌曲,认出曾经的童年伙伴等。

人们并不是对所有感知过的东西在任何情况下都能够再认,不同的人对不同的材料再认速度也不相同,这由以下几个方面决定:一是识记的准确性与保持的巩固性。识记越准确,保持越巩固,再认越容易。二是当前事物、情景与以前感知过的事物、情景的相似程度。事物和情景越相似,再认就越容易。三是个性特征。个性特征不同,反应快慢不同,再认速度也有明显差异。

如果保持在脑中的材料发生了较大变化或者条件不具备,那么发生"误认"的情况也是有的。"误认"是错误的再认。

2. 回忆 回忆是过去感知过的事物不在面前时,在头脑中呈现的过程,也叫重现。回忆在无预定目的的情况下,自然而然想起以往的经验,这是无意回忆,如"触景生情"。回忆在有预定目的的情况下,自觉地追忆以往的经验,这是有意回

忆,例如,学生考试时的回忆。有意回忆遇到困难时,经过较大的努力,费一番心思才能回忆出来,这种现象叫追忆。

回忆的速度和正确性与以下几个因素相关:一是重现材料的数量。数量越大,所需时间就越长,回忆的速度就越慢。二是识记时的材料组织。材料组织越有层次,回忆正确性越高。三是情绪的作用。愉快的情绪有利于回忆,与获取信息时相同或相似的情绪可促进回忆。

专栏 4-1　我们的记忆完全属实吗？

> 现代理论家们认为,记忆是一个选择和解读的过程,涉及大量的加工(如感知),而不仅仅是消极的信息存储。各种实验也表明,记忆可以重组、整合先前的编码时的观念、期待和信息(包括误导性信息)。
>
> Steve Church 向从没去过医院急诊室的孩子反复询问在他们生活中有没有发生过类似的事件。开始,孩子们准确地报告他们没有去过急诊室,但在第三次实验后(自从其中一个小孩说他的手被捕鼠器夹到并被送往医院后),孩子们开始说他们去过,还能提供详细的故事。这一实验被称为捕鼠器实验。这些孩子开始并没有被给予错误的信息,但被反复提问,这导致他们开始用想象创造记忆。
>
> Holst 和 Pedek 认为,脚本会影响人们对某些事件的回忆。他们告诉被试一个虚构抢劫的系列事实。一个星期后,他们再问被试者,那次抢劫发生了哪些事情。被试者的故事描述经常与一般的抢劫脚本相符,而不是陈述故事实际发生的事实。这一发现具有广泛的法律意义,也为证人具有错误识别和不实回忆提供了心理学的依据。

第二节　记忆的神经生理机制

一、与记忆相关的脑区

记忆加工是在我们的大脑中进行的。那么记忆究竟存储在大脑的什么地方？哪些结构或区域参与了记忆过程？神经心理学家发现,许多大脑结构参与了记忆的过程。美国心理学家 Ashlee 于 1929 年训练大鼠走迷宫,然后切除它们大脑的不同部位,接着再测验它们对迷宫的记忆。结果发现:由大脑损伤引起的记忆损失程度与切除组织的数量成正比;皮质损伤得越多,记忆损害就越严重。因此,他认为,记忆的保持不依赖于大脑皮层的精细结构定位,而是整个大脑皮层的机能。记忆痕迹并不存在于特定的脑区,而是广泛分布于整个大脑中。

1992 年,Desiccant 对脑损伤病人的研究表明:小脑损伤会损坏经典条件作用动作反应的获得,影响程序记忆;纹状体是习惯的形成和刺激-反应间的联系的基础,它的损伤和病变会影响习惯的刺激-反应学习;大脑皮质负责感觉记忆以及感觉间的关联记忆,其中颞下回皮质的损伤会影响视觉的辨识和联想记忆,颞上回皮质的损伤会损害听觉识别记忆。脑的其他部位,如丘脑、前脑叶基部和前额叶也都与不同种类的记忆有关(图 4-1)。

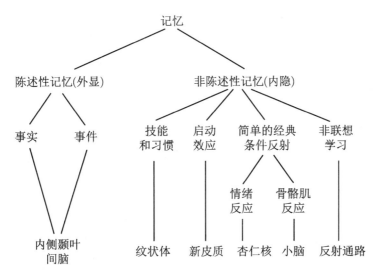

图 4-1 不同记忆模块的不同脑区定位

(一) 颞叶中部及其皮层下结构在记忆中的作用

研究发现,颞叶中部及其皮层下结构——海马和杏仁核在记忆中起着重要的作用。例如,加拿大医生 Wilder Penfield 于 1963 年无意中发现了人类的记忆能力。他在医治严重癫痫病人时,用微电极刺激患者大脑皮层,以便确定大脑中与癫痫病发作有关的区域。他发现,当刺激到颞叶时,引起了病人对往事的鲜明回忆。病人们强调:那不是简单的记忆,而是他们当时实际经历的全过程,包括气味、噪声、颜色、运动、味道等。

研究还发现,海马损伤会引起顺行性遗忘,短时记忆不再向长时记忆转化。这种遗忘症的患者不能够长久储存海马损伤后新学习的材料,对自己刚刚说过的话、做过的事很快就忘记了,表现为外显记忆的损伤。此外,海马对有关物体的空间位置、方向等方面的空间记忆保持也起着非常重要的作用。

杏仁核在那些与情绪有着强烈关联的记忆中起重要的作用,如一个遭受过暴力攻击的人,在他头脑中那种挥之不去的痛苦记忆可能与杏仁核有关。

(二) 前额叶在记忆中的作用

Gazzaniga 和 Heatherton 发现,前额叶在情景记忆、工作记忆、空间记忆、时间顺序记忆以及记忆的编码、储存和提取过程中都起着重要的作用。

前额叶损伤的病人虽然没有严重的记忆障碍,但是他们对事件发生的时间顺序的记忆受到了破坏,分不清事件发生的前后顺序。

脑功能成像的研究表明,前额叶和情景记忆有关。当被试回忆诸如"上周六做了些什么"这种情景记忆的问题时,前额叶的激活程度增加。

Crutis 和 D'Esposito 发现,前额叶还和工作记忆有关。工作记忆的作用是暂时保存和加工信息,前额叶受损的猴子工作记忆将相应受损。例如,McGaugh 等人于 1972 年在实验中让猴子注视实验中的两个容器,并把食物放在其中一个容器中,相隔一定时间后,才允许猴子去取食物。结果发现,前额区被破坏的猴子,不能摄取食物,只要延缓时间超过几秒钟,它们的选择性就会发生混乱。

研究还表明,人脑左侧额叶的言语运动区受损伤,将造成言语记忆的缺陷;人脑右侧额叶受损伤后,非语言刺激的记忆会发生困难。临床观察还发现,当额叶受到严重损伤时,病人会表现出缺乏计划的能力,不能形成牢固的行为动机,也不能进行有目的的回忆。

> 联系本章案例中的女主角何蔓,思考她可能是脑部哪个部位受到了创伤而导致了失忆?

二、记忆的脑细胞机制

(一) 反响回路

我们的脑部有大量的神经元彼此连接,它们能够互通信息。一旦神经元 a 被激活,就依次传递到 b、c、d……最后又返回神经元 a,如此循环,形成神经回路,往返于神经系统中皮层和皮层下的组织。任何心理过程都可以看作某特定神经回路的活动。回路的活动由感觉刺激所引起,在刺激消除后会持续一段短暂的时间。这个短暂的活动属于反响回路。反响回路可以使神经活动在一段时间里循环和"自我维持",以引发巩固过程。反响回路可能是短时记忆的生理基础。

研究表明,神经元和突触结构的改变是短时记忆向长时记忆过渡的生理机制。这种改变包括相邻神经元突触结构的变化、神经元胶质细胞的增加和神经元之间突触连接数量的增加。

专栏 4-2　白鼠跳台实验

> 心理学家通过白鼠跳台实验验证了神经回路的说法。将控制组的白鼠放在一个窄小的台子上,使它总想往下跳,当它跳下台后,就受到带电金属的电击。为了避免电击,白鼠很快又跳上高台,形成回避反应。但狭小的高台又使它想往下跳……这样经过一天的训练,白鼠在高台上待的时间明显延长,说明它"记住"了下面有电,形成了长时记忆。这时给予白鼠电休克以破坏它的记忆。当白鼠从电休克状态恢复正常后,再将它放回跳台上,这时它不往下跳了,说明电休克没有破坏它的长时记忆。将实验组的白鼠在形成回避反应后,立即给予电休克,也就是在短时记忆时用电休克破坏它的电回路。在白鼠恢复正常后再把它放在跳台上,发现它立即往下跳,这说明电休克可能破坏了短暂保存的回避反应的电回路,引起了"遗忘"。

(二) 突触结构

加拿大神经心理学家 Donald Hebb 认为短时记忆的活动过程只持续短暂的一段时间,而长时记忆则涉及神经系统结构上的改变,故较持久,这种变化往往是由特异的神经冲动导致的。突触变化一旦发生,记忆痕迹就会深刻的储存在大脑中。这两种记忆具有不同的神经生理机制。

(三) 长时增强作用

1973 年,Bliss 等人首先发现了长时增强(long-term potentiation,LTP)现象。如果两个神经元间的一个突触一再被激活且大约在同时向突触后神经元传递神经冲动,突触的结构或化学成分就会发生改变。此时,长时增强就起作用,在这个过程中,受到重复强烈电刺激的海马体神经回路会激发为更敏感的海马细胞,导致这种作用能持续数周甚至更长的时间,这可能就是长时学习和保持的机制。研究表明,如果破坏长时程增强作用(比如通过不同的药物),就会破坏学习和记忆。例如,1953 年一位患有癫痫的患者 H. M. 为了控制病情,切除了杏仁核、海马的前 2/3 和其上的两半球的皮层。手术成功减轻了癫痫的发作,但对他的记忆造成了毁灭性的破坏。他的短时记忆和很久以前的记忆均正常,却失去了手术前几年的记忆,表现出部分逆行性遗忘症的症状,并有非常严重的顺行性遗忘症,几乎不能建立任何新的长时记忆。他对时间、人物和地点的记忆事件不能超过短时记忆的极限,虽然仍能学习新的程序性技巧,但是他不记得自己学过了这些技巧。

三、记忆的生物化学机制

神经元的电活动不仅会引起神经元突触结构的改变,而且会导致神经细胞内容的生物化学变化,这些变化包括核糖核酸以及某些特异性蛋白质分子结构的改变。

(一) 核糖核酸

近年来,随着分子生物学的兴起,特别是发现了遗传信息的传递机制——脱氧核糖核酸(DNA)借助另一种核酸分子核糖核酸(RNA)来传递遗传密码,使得科学家相信记忆是由神经元内部的核糖核酸的分子结构来承担的。由学习引起的神经活动,可以改变与之有关的那些神经元内部的核糖核酸的化学结构。

(二) 激素和记忆

研究表明,机体内部的一些激素分泌能够促进记忆的保持。1983 年,McGaugh 在研究中发现,如果在动物学习时给予中等强度的刺激,往往会引起动物皮质类固醇、肾上腺素等激素的分泌,而这些激素对动物记忆的保持有明显的加强作用。研究者们普遍认为,激素能够影响记忆的保持,其原因可能是因为某些激素能使大脑更好地注意当前的输入信息,从而增强了记忆的保持。

第三节　记忆的信息加工系统

过去100年的主要发现之一是记忆有不同的类型。从信息加工的角度来看，记忆活动是由感觉记忆、短时记忆、长时记忆三个相互联系的系统组成的（图4-2）。三个记忆系统在信息的贮存时间、信息的编码方式、记忆的容量等方面都有各自不同的特点；同时，三个系统的信息加工水平是不同的，感觉记忆的信息加工水平最低，长时记忆的信息加工水平最高。外部输入的信息会在感觉记忆中保持1～2秒，然后从中筛选出信息送入短时记忆系统，如果对这些临时存储的新信息进行了编码，将进入长时记忆系统中，相对长久地保存下来。长时记忆也有不同的类型，如外显记忆与内隐记忆、情景记忆、语义记忆和程序记忆。

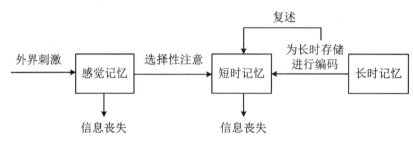

图4-2　记忆的信息加工系统

一、感觉记忆（瞬时记忆）

感觉记忆，即瞬时记忆，是记忆系统的开始阶段，又叫感觉登记。它是一种原始的感觉形式，保持了感觉刺激停止时的瞬间印象。感觉记忆保存的时间虽然短暂，但在外界刺激的直接作用消失后，它为进一步的信息加工提供了可能性。感觉记忆容量很大，其中大部分信息因为来不及加工而迅速消失，只有一部分信息由于注意得到进一步加工，进入短时记忆。

视觉的感觉记忆叫图像记忆，指视觉器官能识别刺激的形象特征，并保持一个生动的视觉图像。1960年，Sperling利用实验验证了视觉器官的编码能力。

Sperling在开始研究感觉记忆时，采用了整体报告法。这种方法是把一排字母和数字同时快速闪现在屏幕上，呈现时间仅50毫秒（千分之一秒），要求被试尽量多地报告他所看见的符号及位置。结果显示，当呈现的字母或数字低于4个时，被试可以全部正确地报告出来；当字母或数字增加到5个以上时，被试的报告开始出现错误，平均只能回忆起4个左右。无论屏幕上呈现的刺激材料有多少，被试能回忆出的字符数基本相同。在实验中，有的被试提到，他们本来是清楚看到了所有的刺激，但在报告的过程中忘记了一些。

为什么这么简单的任务，被试的成绩如此之差呢？Sperling设想，在感觉记忆中所保持的信息可能比报告多，只是由于方法限制未能检查出来。于是，他将刺激材料排成 3 行，每行 4 个字符。当被试看到呈现的字母后，再对应的给被试呈现一个高音、中音或低音的刺激，分别对应最上面的、中间的或最下面的一行字符，使被试只需回忆声音所提示的那行的显示内容。利用部分报告法，Sperling 发现，如果在字符呈现之前或是之后立即出现提示线索，那么被试大概可以提取 9~12 个字符。然而如果线索出现在 1 秒以后，他们的回忆量将降至 4~5 个，与整体报告法中获得的数字大致相同。

是什么使成绩提高了呢？Sperling 认为，在最初情况下（即整体报告法），当被试报告前几个字母时，便已经丢失了记忆中的其他信息。当视觉刺激消失后，立即给予声音信号，被试能报告的项目数平均为 9 个，这比采用整体报告法几乎增加了一倍。图像记忆大约可以存储 9 个项目，而且记忆痕迹消失得很快。事实上，只要声音有 0.3 秒的延迟，部分报告法的优点将不再明显，如果声音延迟 1 秒出现，则优点基本上全部消失了。

由此 Sperling 认为，视觉信息是通过图像存储的形式进入我们的记忆系统的，图像以感觉登记的形式被存储下来，只能持续很短的时间。

1965 年，Moray 等人研究发现，除视觉通道以外，听觉通道也存在感觉记忆。他们模仿 Sperling 的整体报告法和部分报告法，在一个房间的 4 个角落放置 4 个扬声器，被试坐在房间中间听到 4 个不同的声音，并区分声音来源和位置。实验时通过不同的扬声器同时呈现 1~4 个字母，刺激呈现后，被试要报告他所听到的字母。结果表明，和图像记忆一样，听觉系统中也存在感觉记忆，且部分报告法要优于整体报告法。听觉的感觉记忆编码形式称为声像记忆。

当外界刺激输入之后，它们首先被转换成各种感觉信息，之后这些感觉信息经过组织，获得一定的意义，成为被识别的

1. 什么是感觉记忆？
2. 整体报告法和部分报告法说明了什么？

某种模式。其中一部分信息引起个体注意并被及时识别，才被传送到短时记忆中，从而有了新的意义。而另外在瞬间存储的大量未经加工的信息，由于没有受到注意，信息保持时间很短，很快就消失了。

专栏 4-3　记忆擦除实验

　　另一项由 Averbach 和 Coriell 研究的实验揭示了图像记忆另外一个重要的特征：它可以被擦除。Averbach 和 Coriell 发现，当一个目标字母呈现之后，在其位置上再出现一个刺激，那么该刺激将擦除原视觉图像。这种干扰被称为后摄视觉掩蔽。研究者发现，如果掩蔽刺激出现的位置与原刺激相同，且时间间隔在原目标字母出现后的 100 毫秒之内，那么，掩蔽刺激将与字母图像重叠（例如，F 之后出现 L，结果是 E）。如果目标刺激与掩蔽刺激之间的时间间隔稍长，那么掩蔽刺激将代替原始刺激（例如，F 之后出现 L，结果只保存了 L）。如果

> 时间间隔再延长,那么掩蔽刺激不再有干扰效果,这很可能是因为目标信息已经被转移到其他保存时间更长的记忆存储中。

二、短时记忆

尽管大多数人很少或者从未意识到我们的感觉记忆,但却有过体验短时记忆的经历。它对事物的保持可以是几秒钟,也可达到几分钟。例如,有人留了一个电话让你回拨给他,当你正要拨号时,门铃响了,你很快去看了看是谁。返回电话旁边时,你已经完全忘记了号码。当你默记一遍,正要拨号时,另一通电话打进来找你,你打完电话,发现自己又忘记了号码。这个例子说明,短时记忆只能持续很短的时间,操作很少量的信息。

(一) 短时记忆的容量

短时记忆同注意一样,容量是有限的,这限制了我们在短时记忆中只能保存一小部分信息。

请你读下面的数字,只能读一遍,然后合上书,尽可能多地将它们按顺序写出来。

$$1 9 4 8 2 7 5 3 6$$

你写对了几个?

如果你能正确地重复出 7 个数字,说明你有正常的短时记忆能力。1956 年,Miller 发表了《神奇的数字 7±2:我们信息加工能力的限制》一文,明确提出了短时记忆的容量是 7±2。后来人们利用数字、单词、字母、无意义章节等各种实验材料得到的结果都和 Miller 的结果一致(表 4-1)。

表 4-1 不同类别材料的短时记忆容量

不同类别材料	短时记忆容量
数字	7.70
颜色	7.10
字母	6.35
单词	5.50
几何图形	5.30
随机图形	3.80
无意义音节	3.40

信息量的单位是比特。1 比特是一个独立的、有意义的信息单位。有的人的短时记忆容量是 9 比特,有的人的短时记忆容量是 5 比特。因此,人们的平均短时记忆容量是 7 比特。

再读下面的字母,进行同样的测验:

J P A C E F Y Q B M S T

你写对了几个?

这里有 12 个字母,假设每个字母都占用 1 比特,则超过了短时记忆所能存储的容量。但也许你会发现,自己能够记住全部的 12 个字母。这是由于字母被分为了若干组,形成了若干信息组块。组块是指将若干较小的单位联合而成熟悉的、较大的单位的信息加工,也指由若干比特组成的较大的信息单位。一个字母可以是一个信息组块,几个字母组成的一个字词仍是一个信息组块。当信息形成组块后,我们就能够在短时记忆中可以保存 5~7 个组块单位的信息。组块的过程是对信息进行再编码的过程,也就是通过对新信息进行调整或重组,使其进入到长时记忆中的某些内容中。

专栏 4-4 象棋实验

> 丹麦心理学家和象棋大师 A. D. de Groot 曾做过这样一个实验,首先给象棋大师和新手看一个真实的棋局 5 秒,然后将棋子移开,要求他们复盘。象棋大师在第一次尝试时就能将 90% 的棋子正确复位,而新手只能正确恢复 40% 的棋子。但是,如果给他们呈现的不是一个真实的棋局,而是一些任意放置的棋子,那么象棋大师和新手正确复位的棋子数目都很少,没有什么差别。这一结果说明,象棋大师在真实棋局的复盘上成绩之所以好,是由于他们比新手具有更丰富的下棋知识和经验,熟悉许多棋局,可以对短暂看到的棋子进行有效地组块,而新手则差得多。然而,象棋大师对任意放置的棋子却无法运用其丰富的知识和经验,因而复盘的成绩下降到新手的水平。由此可见,个体的知识和经验对组块有着很大的影响。

当我们记忆时,可像象棋大师一样,将信息按照熟悉的意义来进行组织。即使我们不能赋予信息任何意义,仍然可以运用类似组块的策略——分组策略来扩大记忆广度。例如,记忆一个手机号码 18650792143,可以用节奏模式来简单组织(186,停顿,5079,停顿,2143),如果能找到一些方法将大量信息组成少量组块,记忆能力将大大提高。

1961 年,Murdock 的实验证明,组块可以提高记忆的容量和效率。他用听觉方式先向被试呈现三组不同的材料:第一组是由 3 个辅音构成的 3 字母组合,如 PTK;第二组是由 3 个字母组成的单词,如 HAT(帽子);第三组是 3 个单词,如 EAR(耳朵)、MAN(男人)、BED(床),然后让他们进行回忆。实验结果表明,3 字母组合与 3 个单词的回忆成绩差不多,而回忆 3 个字母组成的单词比回忆不相关的 3 个单词组合的成绩要好得多。这说明一个单词是一个熟悉的单位——块。通过组块被试能大大提高对一系列字母的记忆数量。

(二) 短时记忆的延长

短时记忆中的内容很快会变弱直至消失,但可以通过复述信息的方式延长短时记忆。复述分为保持性复述和精细复述两种。

保持性复述指机械地一遍又一遍地重复记忆信息。这种复述使信息处于活动状态,只能在短时记忆中保持一段时间。无复述时,信息将在短时记忆中迅速消失;信息被复述的次数越多,它进入长时记忆的可能性就越大。例如,当别人向你介绍他的名字时,如果只说一遍,这个名字很快会从短时记忆中消失。如果你再次询问对方名字怎么写,并且集中注意力对自己多重复几次,这样就不会很快忘记了。

专栏 4-5 短时记忆的遗忘过程

> Peterson L R 和 Peterson M J 夫妇给被试呈现一组无意义音节(如 XAR),接下来马上报出一个数字(如281),要求被试一旦听到数字就要开始用这个数字减去3,不断减下去,以阻止对音节的复述。实验结果表明:听到音节后,立即回忆是准确无误的。但随着保持时间的延长,记忆的准确性急剧下降。当时间间隔为3秒时,被试回忆的正确率达到80%;当时间间隔延长到6秒时,正确率迅速下降到55%;而当时间间隔延长到18秒时,正确率只有10%了。由此说明,短时记忆信息存储的时间很短,如果得不到复述,将会迅速遗忘。

精细复述指将记忆的信息和长时记忆中的信息建立起联系。这种复述可以使信息得到长期保存。精细复述是建立永久性记忆的好方法,因此在学习的过程中对学习过的内容不断进行分析、消化和扩展性思考,会取得更好的记忆效果。例如,在学习新知识的过程中,不断问问自己"为什么""怎么样"的问题,再将新知识和自己的经验与以往的知识相联系,就能够地更快掌握。

(三) 短时记忆的信息提取

短时记忆信息容量不大,看起来从短时记忆中提取信息应该较为容易,但是Sternberg于1969年的研究表明实际情况要复杂得多。Sternberg在实验中给被试呈现1~6个不等的数字系列,如5、2、9、4、6,之后马上呈现一个探测数字,要求被试判断探测数字刚才是否出现过,如果被试判断探测数字出现过就做出肯定的反应,反之做出否定的反应。

Sternberg预测,短时记忆中被试对项目的提取有三种可能方式(图4-3)。

1. 平行扫描　平行扫描(parallel processing scanning)是同时对短时记忆中保存的所有项目进行检索,即将目标项目与短时记忆中的全部项目同时进行比较。假如真是这样,无论短时记忆中保存的项目有多少,检索的时间都应该是一样的。

2. 自动停止系列扫描　自动停止系列扫描(serial self-terminating scanning)是对项目逐个进行检索,一旦找到目标项目就停止检索。如果是这样,那么短时记忆中保存的项目越多,反应时就会越长。另外,找到目标项目(肯定判断)就不再需要对剩余项目进行检索。因此,其反应时要比找不到目标项目的搜索(否定判断)反应时短。

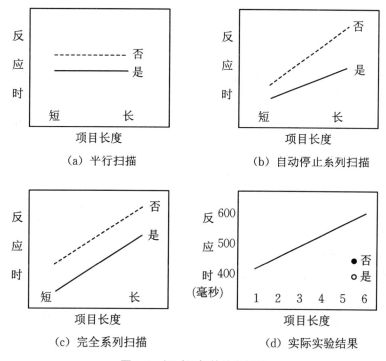

图 4-3 短时记忆的信息提取

3. 完全系列扫描 完全系列扫描(serial exhaustive scanning)是对全部项目进行完全的检索,然后再做出判断。在这种提取方式下,反应时间随项目的增加而增加,但由于肯定判断和否定判断都要对全部项目进行搜索,因此它们应该有同样的反应时。

(四) 工作记忆

自 20 世纪七八十年代以来,Baddeley 和 Hitch 等主张用工作记忆的概念拓展短时记忆的概念。工作记忆是指信息加工过程中,对信息进行暂时存储和加工的、容量有限的记忆系统。它是知觉、长时记忆和动作之间的接口,因此是思维过程的一个基础支撑结构。

工作记忆由中央执行系统、视觉空间模板、情景缓冲器和语音回路四个部分组成,不同部分具有不同的功能(图 4-4)。

1. 中央执行系统 主要用于分配注意资源,控制加工过程,这是工作记忆的关键成分。

2. 视觉空间模板 主要用于加工视觉和空间信息。

3. 情景缓冲区 用于保存不同信息加工结果的次级记忆系统,在中枢执行系统的控制之下保持加工后的信息,支持后续的加工操作。

4. 语音回路　储存和复述以言语为基础的信息,主要用于记住词的顺序,保持信息。

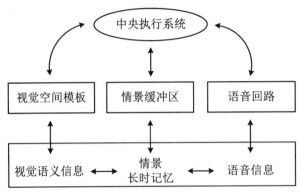

图 4-4　工作记忆的理论模型

工作记忆是我们完成认知任务时,对信息进行暂存储和操作的一个记忆系统。工作记忆更像是一个工作台。在这个工作台上,材料持续地得到处理、结合和转化。大量研究表明,工作记忆在许多复杂的认知活动中,如问题解决、推理、阅读理解等,起着非常重要的作用。

> 1. 短时记忆有哪些特点?
> 2. 为什么短时记忆中的信息会发生遗忘?

三、长时记忆

现在让你回忆童年趣事,你是否回想得起来呢?当你年纪大的时候,你回忆起过去的事情的时间会更长。长时记忆是指存储时间在一分钟以上的记忆。长时记忆存储的信息大部分来自于短时记忆信息内容中的精细复述加工,也有小部分是由于印象深刻而一次性存储的。长时记忆对于个体的生存和发展意义重大,因为它为人们提供了随时可供检索的经验和知识。

(一) 长时记忆的编码

长时记忆的编码主要有语义编码和视觉编码两种形式。

1. 语义编码　长时记忆的编码主要采用语义编码的形式。语义编码是通过词加工信息,按意义、语法关系、系统分类等方法处理语言信息,帮助记忆。即在长时记忆中人们更多的是对一般意义或一般观念进行编码,而不是去记忆事物的某些细节,也就是说,长时记忆中语义编码占主导地位。

2. 视觉编码　尽管在长时记忆中主要涉及的是语义编码,但人们也将视觉编码的信息编入长时记忆。视觉编码是利用视觉形象、声音、味觉和触觉形象组织材料,帮助记忆。例如,人们对某一事件的记忆,既有关于事情是如何发生、如何进行的事实过程的记忆,也有关于该事件的具体图像的记忆。

在人的学习与记忆中,两个编码系统都非常重要。在长时记忆中,一般是将这两种编码方式结合起来,相互补充。

(二) 影响长时记忆编码的因素

影响长时记忆编码的因素主要有意识状态和加工深度。

1. 意识状态　研究发现,有意编码的效果明显优于自动编码的效果。例如,给被试呈现不同颜色的字母:O、B、P、C、M、O、R、B,要求被试记住其中有几个字母O,然后问被试有几个字母O?它们是什么颜色?除了字母O以外,还有哪些字母?它们是什么颜色?结果表明,在有意编码的情况下,被试对字母O的数量回答得最准确,对其他问题回答得少或者错误较多,或者不能回答。这说明没有记忆的意图,编码的结果往往不够准确。有意编码可使人们的心理活动趋向于一个目标,使任务从背景中突出出来,留下较深的记忆痕迹。

2. 加工深度　另一些研究表明,由于信息加工的深度不同,记忆的效果是不同的。例如,将被试分为两组:第一组被试记住一些有"主—谓—宾"结构的简单句子;第二组被试用句子中的主语和宾语另造句子,然后进行回忆。记忆单词时,进行意义加工的效果优于字形的加工。检查时只给两组被试提示主语,要求他们回忆宾语。结果表明,第一组回忆率为29%,第二组为58%,两组之间差异显著。这是因为第二组被试的句子是自己编造的,他们对句子的主谓宾关系作了较深入的分析和思考,比第一组被试对材料的加工深一些,因而记忆的效果也要好一些。

(三) 长时记忆的信息存储

长时记忆中信息存储是一个动态过程,保持的经验会发生变化。这种变化体现在质和量两个方面:在量的方面,存储信息的数量随时间而逐渐下降;在质的方面,由于个体知识和经验不同,会有以下几种形式的变化:① 内容简略和概括,不重要的细节将逐渐趋于消失;② 内容变得更加完整、合理和有意义;③ 内容变得更加具体或者更为夸张和突出。

Carmickael(1932)的一个实验证实了上述变化的存在。他给被试看12个刺激图形(图4-5),然后将被试分为两组,一组听左边一列物体的名称,另一组听右边一列物体的名称,要求被试回忆并画出图形。

结果表明,被试所画的图形与原来呈现的图形之间有很大的变化:大约有3/4的图形被歪曲了;而且歪曲的图形都与他们听过名称的事物形状类似。

记忆存储内容的变化,还表现为记忆恢复现象。记忆恢复现象指的是学习某种材料后间隔一段时间所测量到的保持

> 1. 什么是长时记忆?
> 2. 长时记忆的保持形式是什么?

量,比学习后立即测量到的保持量要高。1913年,Ballard曾要求一些12岁左右的学生用15分钟学习一首诗,学习后让他们写下记忆的内容,以后隔1天、2天、3天和7天继续测量所记忆的内容。结果表明,第2天、第3天的保持量都比第1天的

回忆数量多。记忆恢复现象在儿童期比较普遍,随着年龄增长逐渐消失。学习较难的材料更易出现记忆恢复现象;学习程度较低时不易出现。

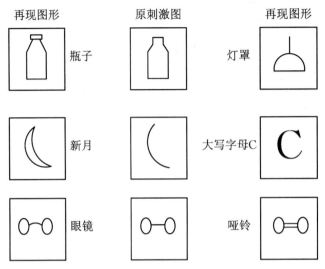

图 4-5　Carmickael 实验部分图形

(资料来源:CARMICKAEL L. A new commercial stereoscope[J]. American Journal of Psychology, 1932(43):644-645.)

专栏 4-6 超级记忆法——宫殿记忆法

来自英国的"世界记忆大师" Dominic O'Brien,曾获得过 8 次世界记忆冠军,他能记住 54 张桌子上的所有牌(2808 张)的顺序,且每张牌只看一次。他所运用的超级记忆法就是记忆宫殿法。

记忆宫殿记忆法是中世纪传教士 Matteo Ricci 发明的一种快速记忆方法,使用此记忆方法一定要放松,心无杂念。记忆宫殿法主张每个人都可独立打造专属自己的记忆之宫,基本原理是:我们非常善于记住我们所知的场所。"记忆宫殿"是一个暗喻,象征任何我们熟悉的、能够轻易地想起来的地方。它可以是你的家,也可以是你每天去上课的路线。这个熟悉的地方将成为你储存和调取任何信息的指南。

运用记忆宫殿法主要有 5 个步骤:①选择宫殿。选择一个你非常熟悉的地方,并试着确定一条明确的路线,对这个地方的细节的再现越鲜明,你就能越有效地记忆。②列出明显的特征物。在你的记忆宫殿里虚拟漫步,系统地分解这个宫殿构成,一边走一边在头脑中记录特征物,用来储存特定信息。③把宫殿牢牢印在脑中。让所选择的地方或者路线 100% 地印在你的头脑中,尽你所能去记住它。④联系。选择一个明显的特征物,将它和你想记住的要素结合起来,从简单信息开始,发挥形象化的联想作用。⑤参观宫殿。从同样的

> 地方开始并遵循同样的路线,每当你看到途中选定的特征物时,在脑中重演场景,要记的东西就会瞬间浮现。当你的行程终结,转过身从反方向走回你的出发点。到这一个步骤,你已经记住了那些项目。但如果你是个新手,你可能还需要做一点复习。
>
> 当然,我们中的大多数人不是要做 Dominic 那样的记忆冠军,但是记忆宫殿法对所有类似的学习,如学习外语、记住演讲内容、准备考试以及其他事情,都是非常有效的。

第四节 遗　忘

一、遗忘的概念

为什么考试前突击的内容在考试仅仅一两个星期后就不记得了？为什么我们这么容易就忘记了我们刚刚才查过的电话号码？这些都是源自于记忆的另一面——遗忘。当记忆内容不能够保持或不能再认和重现,或发生错误的再认和重现的现象,就是遗忘。遗忘往往被定义为信息的丢失、干扰(冲突)或其他(记忆)提取障碍。遗忘是一种合理的、正常的心理现象。

二、遗忘的规律

最早研究遗忘的人是德国心理学家 Ebbinghaus。他于 1885 年发表了著作《记忆》一书,使他成为第一位对记忆这种较为高级的心理过程进行定量研究的心理学家。他的研究方法对此后记忆的研究,乃至整个心理学的实验研究都产生了深远的影响。

为避免过去的经验对试验产生影响,Ebbinghaus 制作了 2000 多个无意义的音节,由中间一个元音、两边各一个辅音构成,如 XIQ、ZHE、GUB 等,音节本身没有任何意义。他以自己为被试,采用机械重复的方法对词表进行学习,当达到刚能一次成诵的程度时便停止,然后每隔一段时间后再测量自己还能记住多少。在测量时,他采用了再学习法,也叫节省法,即把原来学习过的材料再学或再记,直到达到原来同样的成诵的程度,然后比较两次学习所用的时间,来计算保持量。

保持量＝(初学所用时间－再学习时所用时间)/初学所用时间×100％

为了避免在间隔时间内对学过的材料进行回忆,Ebbinghaus 还在间隔时间内为自己安排了其他材料的学习任务。利用这种方法,他检验了在不同时间间隔内遗忘量的变化趋势。表 4-2 记录了他的一些实验结果。

表 4-2　遗忘的进程

次序	时距(秒)	保持的百分数	遗忘的百分数
1	0.33	58.2%	41.8%
2	1	44.2%	55.8%
3	8.8	35.8%	64.2%
4	24	33.7%	66.3%
5	48	27.8%	72.2%
6	144	25.4%	74.6%
7	744	21.1%	78.9%

Ebbinghaus将全部的无意义音节记熟后,分别在不同的时间间隔后再学习该材料,结果发现遗忘的过程是不均衡的。刚学完时保持量最大,在学后的短时间内保持量急剧下降,然后保持量逐渐稳定地下降,到了一定的时间后,保持量接近水平了。遗忘总的趋势是先快后慢,最开始忘得多,后来忘得少,到一定时间几乎不再遗忘。后人根据Ebbinghaus研究的结果,绘制了保持曲线,又叫Ebbinghaus遗忘曲线(图4-6)。

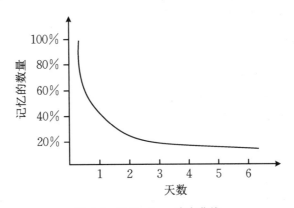

图 4-6　Ebbinghaus 遗忘曲线

之后,一些心理学家用单词、句子、故事等有意义的材料代替无意义音节进行了保持与遗忘的研究。试验结果证实,对于有意义的材料,遗忘规律仍然是先快后慢,先多后少。因此,为了取得良好的记忆效果,就要做到及时复习。如果不及时复习,学过的内容会在较短的时间内较快忘记,忘记后再去复习就是事倍功半。

三、遗忘的原因

产生遗忘的原因有很多,既有生理方面的原因,如大脑损伤;也有心理方面的原因。关于遗忘的心理原因最主要的几种理论有衰减理论、干扰理论、压抑理论和提取失败。

(一) 衰减理论

记忆活动使脑神经细胞或大脑活动发生变化,形成记忆痕迹,但这些痕迹会随着时间的流逝而逐渐衰减,直到消失。记忆痕迹的衰减一般从细节开始,然后扩展至其他部分。衰减理论强调,一旦记忆痕迹消失,不经过重新学习并建立神经联系,记忆就不能恢复。

这种理论比较形象,衣服穿久了会褪色,人的记忆也会随时间流逝而冲淡。然而事实并非如此,有的记忆内容十天半个月就会忘却;而有的记忆内容几十年后依然历历在目。

(二) 干扰理论

由于内外信息的相互竞争,记忆内容受到了干扰,使记忆痕迹受到抑制产生遗忘。一旦干扰解除,记忆就会恢复。干扰理论认为,干扰性抑制主要有前摄抑制(proactive inhibition)和倒摄抑制(retroactive inhibition)两种。

1. 前摄抑制　先学习的材料对后来学习的材料产生的干扰作用,叫做前摄抑制。研究模型如表4-3所示。

表4-3　前摄抑制实验程序

实验组	控制组
学习A材料	休息
学习B材料	学习B材料
回忆B材料	回忆B材料

实验表明,控制组的测试成绩比实验组好。这说明实验组受到了A材料的干扰,产生了前摄抑制。并且前摄抑制的影响随先前学习活动的次数与对材料保持时间的增加而增长。

2. 倒摄抑制　后学习的材料对先前学习的材料产生的干扰作用,叫做倒摄抑制。研究模型如表4-4所示。

表4-4　倒摄抑制实验程序

实验组	控制组
学习A材料	学习A材料
学习B材料	休息
回忆A材料	回忆A材料

实验表明,控制组的测试成绩比实验组好。这说明实验组受到了B材料的干扰,产生了倒摄抑制。

先后学习的材料会相互干扰,其干扰程度和材料性质有关。两个材料之间的相似性越大,产生相互干扰的可能性就越大。因此,在学习的过程中,对先后学习的材料要合理安排,尽可能减少相互之间的干扰作用。

(三) 压抑理论

压抑的概念源自 Freud。Freud 认为,回忆痛苦经验时,个体为避免痛苦感受而主动将自己的记忆加以压抑,有意将意识中的不愉快经验压抑在潜意识之中。这种压抑属于有动机的遗忘。

精神分析学家认为压抑具有自我保护的功能。那些羞耻、恐惧、内疚的经验记忆,一旦触及会增加个体的伤感和焦虑,人们用"压抑"的方法来保护自己,使自己不再处于痛苦记忆的煎熬中。

(四) 提取失败

有研究者认为,存储在长时记忆中的信息是永远不会丢失的,之所以对一些事情想不起来是因为在提取有关信息的时候没有找到适当的提取线索(线索检索困难)。例如,我们明明知道对方的名字,但就是想不起来。提取失败的现象提示我们,从长时记忆中提取信息是一个复杂的过程,如果没有关于某一件事的记忆,即使给我们很多的提取线索我们也提取不出来。因此,在记忆一个词义的同时,尽量记住单词的其他线索,如词形、词音、词组和语境等,会帮助我们想起这个词。

专栏 4-7　合理利用人体生物钟提高记忆力

研究证明,合理地利用生物钟,掌握最佳学习时间,能有效提高工作效率和学习效率。据生理学家研究,人的大脑在一天中有一定的活动规律:

6～7 点:机体休息完毕并进入兴奋状态,肝脏已将体内的毒素全部排净,头脑清醒,大脑记忆力强,此时进入第一次最佳记忆期。

8～9 点:神经兴奋性提高,记忆仍保持最佳状态,心脏开足马力工作,精力旺盛,大脑具有严谨、周密的思考能力,可以安排难度大的攻坚内容。

10～11 点:身心处于积极状态,热情将持续到午饭时间,人体处于第一次最佳状态。

12 点:人体的全部精力都已调动起来。全身总动员,需进餐。此时对酒精仍敏感。

13～14 点:午饭后,精神困倦,白天第一阶段的兴奋期已过,精力消退,此时反应迟缓,有些疲劳,宜适当休息,最好午睡 30～60 分钟。

15～16 点:身体重新改善,感觉器官此时尤其敏感,精神抖擞。试验表明,此时长期记忆效果非常好,可以合理安排一些需"永久记忆"的内容记忆。

17～18 点:工作效率更高,体力和耐力达一天中的最高峰时期。试验显示,这段时间是完成复杂计算和比较消耗脑力作业的好时期。

19～20 点:体内能量消耗,情绪不稳。

20～21点：大脑又开始活跃，反应迅速，记忆力特别好，直到临睡前为一天中最佳的记忆时期（也是最高效的）。

22～24点：睡意降临，人体准备休息，细胞修复工作开始。

阅读 改善记忆的方法

当你学习完以上的内容后，你可能考虑最多的问题就是："如何能让我的记忆变得更好？""如何能让我的记忆帮助我准备好下一次考试？"其实对于改善记忆的研究，从古罗马时代就开始了，那时人们称其为记忆术。记忆术的本质就是利用联想的方法来进行记忆的过程。我们可以通过不断的实践和努力来充分发挥我们的记忆潜能。

1. 精细复述策略 进行学习和阅读时，进行复述的次数越多，记忆的效果越好。但仅仅是机械复述，并不一定有效，最好进行精细复述，将新知识和已有经验之间建立起一定意义的联系。复述的形式有口述、回想、默写等，通过精细复述，将短时记忆转化为长时记忆，所记忆的材料会深深地印在头脑中。

2. 多重编码策略 学习时调动多种感官协同记忆，做到眼、口、耳、手、心等多种形式编码和多通道联系，这样增加信息的存储和提取途径，记忆的材料更加牢固，提高了记忆效果。

3. 学习策略

(1) 过度学习。过度学习指在已经掌握了学习材料并能准确无误地回忆后仍然继续学习。例如，一个材料用10分钟就能100%地记住，应当再花5分钟的时间加强记忆，达到150%程度。很多研究表明，过度学习对记忆很有益处。当然，过度学习至于过渡到什么程度，要因人而异，因记忆的材料而异。如果能坚持进行过度学习，就可以有效克服考试中因紧张而导致的遗忘的情况。

(2) 整体学习与部分学习相结合。一般来说，如果材料较短，组织得较好，整体学习比部分学习效果要好。但如果篇幅较长且内容复杂，则需要进行部分学习。对于很长或很复杂的材料，要把整个学习内容分解为一系列小任务，直到每项小任务掌握为止。在部分学习中，应尽量将意义完整的材料内容作为每次学习的单位。

(3) 及时复习与间隔复习相结合。根据遗忘曲线的规律，若人们所记忆的材料不及时复习，是很容易忘记的，而且忘记后再来记忆，耗时费力，得不偿失。可将复习内容分成若干部分，每天复习一部分，依次循环复习不同的内容。一般来说，复习到5次，就能记忆得比较牢靠。

(4) 意识复习与无意识复习相结合。临睡前复习材料往往记忆得更深刻。因为人在睡前进行意识复习后，当进入睡眠状态时，无意识继续作用于人的大脑，两者相结合必然效果更佳。

(5) 分散学习。分散学习指学习一段时间后休息一下,再继续学习。集中学习指学习时不间断地进行学习。例如,3个1小时的分散学习和1个3小时的集中学习比较之下,前者的学习效率更高。分散学习使人精力更充沛,注意力更集中,不容易感到疲倦和枯燥,学习效果更好。

(6) 系列位置效应。信息呈现的位置会影响记忆。一般来说,回忆的时候,呈现在"中间"位置的信息记忆最差。因此,学习和复习的时候,要对材料的中间部分内容增加记忆练习,投入更多的精力记忆处于材料中间位置的内容。

(俞瑶)

第五章 表象与想象

第一节 表象
  一、表象的概述
  二、表象的特征
  三、表象在思维中的作用
  四、表象的种类
第二节 想象
  一、想象的概念
  二、想象与客观现实
  三、想象与实践
  四、想象的功能
  五、想象的综合过程
  六、想象的品质
  七、想象的种类
第三节 再造想象、创造想象与幻想
  一、再造想象
  二、创造想象
  三、幻想
第四节 睡眠与梦
  一、睡眠
  二、梦
阅读　睡眠债造成严重的伤害

案例 5-1　鲁班造锯

鲁班大约生于公元前507年，本姓公输，名班。因为他是鲁国人，所以人们尊称鲁班。他主要从事木工工作。那时人们要使树木成为既平又光滑的木板，还没有什么好办法。鲁班在实践中留心观察，模仿生物形态，发明了许多木工工具，如锯子、刨子等。鲁班是怎样发明锯子的呢？相传有一次他进深山砍树木时，一不小心，手被一种野草的叶子划破了，是什么叶子这么厉害？他摘下叶片轻轻一摸，原来叶子两边长着锋利的齿，他的手就是被这些小齿划破的；他还看到在一棵野草上有条大蝗虫，两个大板牙上也排列着许多小齿，所以它能很快地磨碎叶片。鲁班就从这两件事上得到了启发。他想，要是有这样齿状的工具，不是也能很快地锯断树木了嘛！于是，他经过多次试验，终于发明了锋利的锯子，大大提高了工作效率。

思考题

1. 野草的叶子和蝗虫的大板牙与鲁班的发明有什么关系？
2. 你还知道哪些类似的故事？

从上面这个案例我们了解到,鲁班根据看到叶子两边长出的锋利的齿和蝗虫大板牙上的许多小齿,这些小齿能很快的划破手和磨碎叶片,因此,鲁班发明了齿状的工具——锯子。而鲁班头脑中的叶子两边长出的锋利的齿和蝗虫大板牙上的许多小齿,这些都是属于事物的表象,他在构思锯子的模型时,锯子的形象就是属于想象的成分。表象与想象在我们的学习和生活中都有非常普遍的应用。

第一节 表 象

一、表象的概述

(一) 直观形象性

表象是指当事物不在面前时,人们在头脑中出现的关于事物的形象。

现代认知心理学认为,表象是人们在其头脑中以形象的形式对物体进行操作和加工,是物体不在面前时关于物体的心理复现。

表象是由于人脑中刺激痕迹的再现所引起的,它以知觉提供的材料为基础,但又不只是知觉的翻版,是知觉痕迹经信息加工后的产物。

二、表象的特征

(一) 直观形象性

表象是以生动具体的形象在头脑中出现的。表象类似于客观世界的事物,它保存着物体的某些空间特性,如大小、距离等。人在头脑中产生某个事物或事件的表象,就像直接看到它们一样。表象是在知觉的基础上产生的,构成表象的材料均来自过去知觉过的内容。因此表象是直观的感性反映。但表象又与知觉不同,它只是知觉的概略再现。与知觉比较,表象有下列特点:① 表象不如知觉完整,不能反映客体的详尽特征,它甚至是残缺的、片断的;② 表象不如知觉稳定,它是变换的、流动的;③ 表象不如知觉鲜明,它是比较模糊的、暗淡的,反映的仅是客体的大体轮廓和一些主要特征(表 5-1)。然而在某些条件下,表象也可以呈现出知觉的细节,它的基本特征是直觉性。例如,在儿童中可发生一种遗觉象(eidetic image)现象。向儿童呈现一张内容复杂的画片,几十秒钟后把画片移开,其目光投向一灰色屏幕上,就会"看见"同样一张清晰的图画。这时,儿童根据当时产生的映像可准确地描述图画中的细节,同时他们也清楚地知道画片并不在眼前。遗觉象是部分学龄儿童特有的现象,一般到青年期就消失了。在表象的分类上,反映某一具体客体的形象,称为个别表象或单一表象,上述遗觉象就属于个别表象。反映关于一类对象共同的特征称为一般表象。一般表象更具上述与知觉相区别的那些特点。

表 5-1　表象的直观性与知觉的直接性的比较

差异	表象的直观性	知觉的直接性
反映对象	感知过事物的间接和形象的反映	面前客观事物整体属性的直接和具体生动的反映
形象特征	较模糊、暗淡、不清晰	鲜明、具体、生动
完整性	较不完整、片段和零碎	完整、统一
稳定性	动摇、可变	稳定、不变

(二) 概括性

一般来说,表象是多次知觉概括的结果,它有感知的原型,却不限于某个原型。因此表象具有概括性,是对某一类对象的表面感性形象的概括性反映,这种概括常常表征为对象的轮廓,而不是细节。

表象的概括性有一定的限度。对于复杂的事物和关系,表象是难以囊括的。例如,让儿童产生遗觉象的图片,如果是表现一个故事的片断,关于整个故事的前因后果、人物关系相互作用的来龙去脉,则不可能在表象中完整地呈现。

因此,表象是感知与思维之间的一种过渡反映形式,是两者之间的中介反映阶段。作为反映形式,表象既接近知觉,又高于知觉,因为它可以离开具体对象而产生;表象既具有概括性,又低于词的概括水平,它为词的思维提供感性材料。从个体心理发展来看,表象的发生处于知觉和思维之间。

(三) 可操作性

由于表象是知觉的类似物,因此人们可以在头脑中对表象进行操作,这种操作就像人们通过外部动作控制和操作客观事物一样。

表象的可操作性可以用心理旋转(mental rotation)的实验来说明。在 Cooper 等人的一项研究中,每次给被试呈现一个旋转角度不同的字母 R,呈现的字母有时是正写的,有时是反写的(图 5-1)。被试的任务是判断字母是正写的,还是反写的。

结果表明,当呈现字母垂直时(0°或 360°),被试判断需要的时间最短;随着旋转角度的增加,被试判断需要的时间也随着增加;当字母旋转 180°时,反应时最长(图 5-2)。

这说明,被试在完成任务时,对表象进行了心理操作,即他们倾向于把倾斜的字母在头脑中旋转到直立位置,然后再做出判断。它还说明,人们在完成某种作业时确实可以借助表象进行形象思维,形象思维的支柱就是人们已经形成的各种各样的表象。

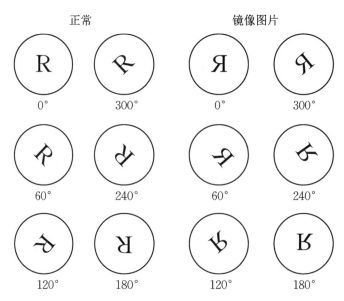

图 5-1 心理旋转试验的字母图形

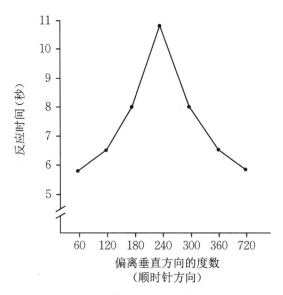

图 5-2 字母旋转角度与被试判断的反应时

三、表象在思维中的作用

表象是认知过程中的一个重要环节,在人们日常生活和各种社会实践活动中,具有重要的作用。

(一) 表象为概念形成提供了感性基础,并有利于对事物进行概括的认识

表象是认知过程的一个重要环节,它既有直观性,又有概括性。从直观看,它接近于知觉;从概括性看,它接近于思维。表象离开了具体的事物,摆脱了感知觉的局限性,因而为概念的形成奠定了感性的基础。例如,"动物"这个概念,孩子们常常用猫、狗、鸡、鸭等具体形象来说明。另外,表象的形成还有利于对事物进行概括。例如,在一项研究中,研究者要求二年级的同学概括文章的中心思想。学生分为三组:第一组阅读文章后,直接进行概括;第二组在阅读文章的同时看一张相关的图片;第三组阅读后,让同学用口头语言描述每段故事的情节,也就是用语言在头脑中引起有关情节的表象,然后进行概括。结果表明,第三组的成绩最好;第二组由于受图片的影响,概括具有较大的局限性;第一组的成绩最差,概括的内容与中心思想不一致。这说明第三组在头脑中形成的表象有利于概括,第一、二组缺乏表象,概括就出现困难。

(二) 表象是介于知觉和思维的中介环节

表象具有直观形象性,与知觉相似;又具有概括性,同思维又很接近。因此,表象是介于知觉与思维之间的中介环节,是由知觉过渡到思维的桥梁,是从感性认识到理性认识的过渡阶段。表象打破了人的认识受当前事物直接作用的局限,使认识更趋概括化。

(三) 表象是思维和想象活动的前提和基础

据有关专家推测,在人的记忆中,语言的信息量与想象的信息量的比例为1∶1000,这不但使得人们可以积累和利用感性经验,而且可以在表象的基础上,进行高一级的认识活动——思维和想象,即对已有的表象进行分析和综合,通过比较、抽象和概括,认识到一类事物的共同的本质特征以及事物间的内在联系;同时通过对已有表象的加工改造,创造出新的形象来。表象是进行思维想象的素材,没有表象,无论是思维还是想象,都是难以进行的。观察表明,若表象贫乏,对于儿童的想象和思想的发展,都会产生不利的影响。即便是成人,解决问题时也离不开表象,运用表象是顺利解决问题的有效方法。

另外,在有的表象活动中,常伴随着一定的运动反映。因此,表象不仅在想象和思维中起作用,而且也能够调节身体运动,它在人们采取行动中是不可缺少的。即使是学习一个简单动作,在采取行动之前,也要有表象的参与。在某些特殊的实践活动中,表象具有更大的作用。例如,画家、音乐家、电脑程序设计员、工程设计师等,都必须有鲜明、稳定、完整的表象。

总之,表象是使人们的生活、学习、劳动和工作获得成效的必要条件。它在认识过程中的重要地位决定了它必将对人的实践活动产生重要的影响。

四、表象的种类

根据不同的标准,可以把表象分为不同的种类。

(一) 以表象产生的主要感觉通道为标准

表象可以分为视觉表象、听觉表象、运动表象、嗅觉表象、触觉表象和味觉表象。视觉表象是由视觉器官获得的事物的形象在头脑中的保留和重现,如事物的形状、颜色等。听觉表象是由听觉器官获得的事物的形象在头脑中的保留和重现,如言语、音乐和其他声音等。运动表象是对于过去运动觉映像的重现,如对体操、舞蹈和其他动作的回忆。运动表象产生的时候,常常伴随轻微的肌肉运动等。嗅觉表象,如茉莉花温馨甜蜜的芳香气味、烧焦了的橡皮味、乙醚或酒精的气味等表象。味觉表象,如柠檬酸味、辣子味、胡椒味、香蕉味、药的苦味等表象。触觉表象,如想象手里握着一只颤抖的小鸟、大理石的冰冷感觉、开水烫着手等表象。

表象可以是单一的,也可以是综合的。在现实的生活中,人们的表象大部分是综合的。由于人们所从事的社会实践活动的不同,各种表象所起的作用也有所侧重。

(二) 以表象创造程度的不同为标准

表象分为记忆表象和想象表象。记忆表象是指在记忆中保持的客观事物的形象,如想起朋友的音容笑貌。想象表象是指在头脑中对记忆形象进行加工改组后形成的新形象,这些形象可能从未经历过,或者世界上还不存在,因而具有新颖性。这两种表象往往是交织在一起的,很难绝对地加以区分。

(三) 以对象范围和概括程度为标准

表象可以划分为个别表象和一般表象。对某一具体事物(如上海东方明珠)的表象称为个别表象,对某一类事物(如高楼大厦)的表象称为一般表象。个别表象和一般表象有着密切联系,个别表象是一般表象的基础和核心,而一般表象具有更高的概括性。

(四) 遗觉象

在刺激停止作用后,头脑中继续保持的异常清晰、鲜明的表象,称为遗觉象。

> 1. 你知道哪些遗觉象的例子?
> 2. 你有没有类似的经历?

遗觉象是记忆表象的一种特殊形式,它几乎与感知形象一样鲜明和生动,似乎是介于知觉和幻觉之间的状态。遗觉象是部分学龄儿童所特有的,随着年龄增长会逐渐消退。据研究,儿童中有 40%～70% 的人有遗觉象,在 11～12 岁时最为明显。有些儿童的遗觉象能保持半分钟。他们背诵课文就像看着课文朗诵一样,准确无误;在一幅画拿掉后,仍能在原处看到那幅画的清晰图像。通常,较为多见的遗觉象是视觉表象,但一些研究也发现了听觉遗觉象、嗅觉遗觉象和味觉遗觉象。

第二节　想　象

一、想象的概念

想象是对头脑中已有的表象进行加工改造,形成新形象的过程。所谓新形象,是指主体从未接触过的事物形象。这种新形象可能是现实中已经存在,但个人尚未接触过的事物形象。新形象也可能是现实中尚未有过,还有待创造的事物的形象。如作家、作曲家、工程设计师、发明家在创造某种新作品、新产品之前,他们所要塑造的新人物、所要谱写的新曲调、所要发明的新产品,就已经形象地出现在他们的头脑中。同样,新形象也可能是现实生活中根本不可能有的事物的形象。

形象性和新颖性是想象活动的基本特点。想象是在感知的基础上,改造旧形象,创造新形象的心理过程。它主要处理图形信息,而不是词或者符号。想象不仅

> 1. 为什么"玉皇大帝"看起来像汉人,而"西天古佛"看起来像印度人?
> 2. 你还能举出更多的例子吗?

可以创造人们未曾知觉过事物的形象,还可以创造现实中不存在或不可能有的形象,如三头六臂、牛头马面以及妖魔鬼怪等。尽管这一类形象离奇古怪,有时甚至荒诞无稽,但它们仍来源于现实,来自于人脑中记忆表象的加工。想象的形象在现实生活中都可以找到原型,它同其他心理活动一样,都有其现实的依据。

二、想象与客观现实

想象所创造出来的虽然是主体从未接触过的事物的形象,有些想象的内容又往往出现在现实之前,但世界上并不存在超脱现实的想象,想象同人的其他心理现象一样,都是客观现实在人脑中的反映。

(1) 从想象的内容看,通过想象创造出来的形象无论多么新奇,构成这些新形象的"原料"却是在现实中取得的。显然,这些形象的产生,绝不是所有表象原封不动的再现,而是经过作者大脑对原有表象进行分析、综合、加工、改造后,重新创造出来的。

(2) 任何想象都是由一定的原因所引起的,而引起想象的原因又都是存在于现实之中。当代人对太空奥秘探索的愿望,引发出人们对未来世界、其他星球智能的无限想象,才会有"变形金刚""地球卫士"等形象的出现。

(3) 如果没有足够的感性材料,就不能充分地进行想象,甚至不能想象。天生失明的人,即使掌握了文字,仍然无法想象"落霞与孤鹜齐飞,秋水共长天一色""孤帆远影碧空尽,唯见长江天际流"的景观;同样,天生听障的人,也无法体会"大弦嘈嘈如急雨,小弦切切如私语;嘈嘈切切错杂弹,大珠小珠落玉盘"的音响。

总之,尽管乍看起来,想象好像是脱离现实的,可是仔细分析,任何想象又都不是凭空产生、无中生有的。无论是想象的内容,还是想象的原因,都来自于实际生活中。

三、想象与实践

(一) 想象与实践有密切的关系

想象在实践中产生和发展,同时也是人类实践活动的必要条件。人为了满足自身的需要,必须从事改变客观现实的活动。这就要求人们预先看到自己行动的后果以及在实践活动中可能遇到的各种困难,从而使人的行动具有预见性,指向于一定的目标,并按照想象的前景去行动。否则,人们就不可能达到预期的结果。正如马克思所说的,劳动过程结束时得到的结果,在这个过程开始时就已经在劳动者的表象中存在着,即已经观念地存在着。人在劳动前对劳动结果做出预见,产生"做什么"和"怎么做"的表象;在劳动过程中,想象对人的实践活动起着调节作用。

(二) 想象可以引起和导致人的实践活动

人们想象出的形象,在一般情况下,都力求通过实践活动而变成实际的事物。想象在实践活动中,能够获得客观的和物质的表现。例如,作家和艺术家根据想象把作品创造出来,发明家根据想象把新产品制造出来等。

(三) 想象必须接受实践的检验

科学家要以实验室或实际生活中得到的事实材料来检验自己的假设;设计师要利用试验来证明自己的设计;作家要通过读者的评价来考查自己的作品。只有在实践中进行检验,才能摒弃和修正不符合现实的虚构的成分,才能使想象的形象逐渐达到丰富和精确的程度。

(四) 想象的内容和水平受社会历史条件的制约

不同的社会历史发展阶段,人的实践活动不同,人的想象也有所不同。原始社会关于雷公、风婆、电母、龙王、土地神等的种种想象,是受当时低下社会生产力和落后科技水平的影响而产生的,是人们在大自然面前无能为力的表现。同样,现代人对未来星际旅行、外星探秘等的想象,是建立在当代科学技术快速发展基础上而产生的。

四、想象的功能

想象在人们的工作和生活中都具有非常重要的作用,主要具有预见作用、补充作用、替代作用、调节生理作用和对人的心理活动的丰富和深化作用五个方面。

(一) 预见作用

想象具有预见的作用,它能预见活动的结果,指导人们活动进行的方向。同时,想象的新颖性、形象性也是人们创造活动中不可缺少的因素。科学家的发明、工程师的设计、作家的人物塑造、艺术家的艺术造型、工人的技术创新、学生的学习,所有这些活动都离不开人的想象。所以爱因斯坦说"想象力比知识更重要"。

(二) 补充作用

想象具有补充知识经验的作用。在实际生活中,有许多事物是人们不可能直接感知的。如宇宙间的星球、原始人类生活的情景、古典小说中人物的形象,这些空间遥远或时间久远的事物,人们是无法直接感知的。但是通过想象可以补充这种知识经验的不足。例如,《红楼梦》中王熙凤的形象是无法直接感知的,但当人们读到"一双丹凤三角眼,两弯柳叶吊梢眉,粉面含春威不露,丹唇未启笑先闻"的人物描写时,人们通过已有的"丹凤""三角眼""柳叶""粉面""丹唇"等表象的作用,就能在头脑想象出王熙凤的形象。

(三) 替代作用

想象还有替代作用。当人们的某些需要不能得到满足时,可以利用想象的方式得到满足或实现。例如,幼儿想当一名司机,但由于他们能力所限而不能实现,于是他们就在游戏中把排列起来的小板凳想象成小汽车,手握方向盘开起了小汽车。人们在精神失常时,有时也会从想象中得到寄托和满足。

(四) 调节生理作用

想象对机体的生理活动过程也有调节作用,它能改变人体外周部分的机能活动过程。早在中世纪,人们就已经发现了这样的事实:对某些患有歇斯底里症的病人,要求他们按《圣经》上的描写,想象耶稣基督钉在十字架上的痛苦。病人想象后,在手掌和脚掌上出现了血斑,甚至有溃疡的标记。当时人们把它称为圣斑。近年来,通过人们对生物反馈的研究,也证明想象对人的机体有调节作用。

(五) 对人的心理活动的丰富和深化作用

人的任何心理活动,不论是简单的还是复杂的都离不开想象,想象与其他心理活动都密切的联系着,想象是促使人的心理活动丰富和深化的主要因素。

1. 想象力的发展是智力发展的一个极其重要的方面　再造想象的发展对于学习科学文化知识起着重要作用,创造想象则是创造性活动的必要条件。想象力贫乏的人,思维是机械而褊狭的,不具备很高的分析问题和解决问题的能力。

2. 想象与其他心理过程存在着有机的联系　想象与人的思维、情感、意志活动甚至人的个性都有着深刻的联系。想象与记忆活动交织在一起,记忆表象是想象的素材,同时在一定程度上被想象补充着,与想象结合着。想象参与思维过程,任何一种思维,尤其是形象思维,都离不开想象的参与。想象在人的情感生活中也有重要意义,想象过程总是伴随着一定的情感体验,情感体验也是想象的内容之一。想象不仅可以是一种短暂的情绪状态,也可能成为深刻而牢固的情感产生的源泉。同时,想象尤其是向往未来的想象,是人的意志行动和社会实践的内部推动力。

总之,想象不仅在人的认识和实践中具有重要作用,而且在人的整个精神生活体系和创造活动中,在反映客观世界的一切形式中都具有十分重要的意义。同样,想象对人的个性发展、个性特点的形成与生活道路的选择也有着重要的作用。

专栏 5-1　积极的心理图像练习

> 通过一个人为控制的实验,心理学家 Fandel 证明:让一个人每天坐在靶子前面想象着他对靶子投镖,经过一段时间后,这种心理练习和实际投镖练习一样能提高准确性。
>
> 美国《研究季刊》曾报道过一项实验,证明心理练习对改进投篮技巧的效果。
>
> 第一组学生在 20 天内每天练习实际投篮,把第一天和最后一天的成绩记录下来。
>
> 第二组学生也记录下第一天和最后一天的成绩,但在此期间不做任何练习。
>
> 第三组学生记录下第一天的成绩,然后每天花 20 分钟做想象中的投篮。如果投篮不中,他们便在想象中做出相应的纠正。
>
> 实验结果:
>
> 第一组每天实际练习 20 分钟,进球增加了 20%。
>
> 第二组因为没有练习,也就毫无进步。
>
> 第三组每天想象练习 20 分钟,进球增加了 26%。

(资料来源:刘晓明,徐文杰,沈健.大学生心理素质教育[M].长春:吉林人民出版社,1997.)

五、想象的综合过程

想象是从旧的形象中分离出必要的原素,按照新的构思重新结合、创造出新的形象。想象过程是对形象的分析综合过程,它的综合过程有以下几种独特的形式:

(一) 粘合

粘合是把客观事物中从未结合过的属性、特征、部分在头脑中结合在一起而形成新的形象。通过这种综合活动,人们创造了许多童话、神话中的形象,如美人鱼、猪八戒、飞马等。这种创造都是将客观事物某些特征分析出来,然后按照人们的要求,将这些特点重新配置、综合起来,构成了人们所渴求的形象,以满足人们的某种需要。粘合的形象在内容上受到一定的社会文化、民族风俗习惯的影响。在科学技术的创造发明中也有运用这种综合方式的,如水陆两用的坦克就是坦克与船的某些特征和功能的结合。

(二) 夸张

夸张又称为强调。这是通过改变客观事物的正常特点,或者突出(略去)某些特点进而在头脑中形成新的形象。例如,人们创造的千手佛、九头鸟、大人国、小人国等形象,都是采用这种方式进行综合。

(三) 典型化

典型化是根据一类事物的共同特征创造新形象的过程。它是文学、艺术创作的重要方式。例如，装饰图案画中的花瓣、树叶等形象，就是来自各种植物的共同特征。小说中的人物形象的创造，也是作家综合某些人物的特点之后创造出来的。

（四）联想

由一个事物想到另一事物，也可以创造新的形象。想象联想不同于记忆联想，它的活动方向服从于创作时占优势的情绪、思想和意图。例如，一位诗人在某种情绪状态下，看到"修理钟表"几个字，联想到"修理时间"，进而想出这样的字句"请替我修理一下年代吧，它已不能按时间度过"。这是一种超乎寻常的联想，它打破了日常的联想习惯，因而引发了新的形象。

六、想象的品质

想象的品质是鉴定想象力发展水平的尺度，想象的品质包含以下几个方面：

（一）想象的主动性

想象的主动性指想象的积极性与目的的明确性程度如何。想象主动性良好的人，在一切活动中都积极主动地展开想象，能够围绕着特定的主题和要求，有计划、有系统地展开自己的想象，看到有什么不满意、不习惯、不顺手、不方便、不科学、不合理的东西，便会产生一种强烈的创造想象欲望和动机；一直以积极的态度进行必要的知识积累和丰富的表象储备，能紧紧围绕所确定的主题和目的去积极思维，有计划、有步骤地展开自己的想象，并始终保持确定的方向，因而能比较顺利地取得成果。想象主动性差的人，对周围的事物缺乏敏感，抱残守缺，难以展开想象；即使开展了活动也因缺乏知识的准备，头脑中没有想象目的的稳固的表象，在想象过程中常常没有主题，也不能实现创造的目的。

（二）想象的丰富性

想象的丰富性指想象内容的广泛程度和充实程度如何。想象丰富的人，能根据想象主题的要求，在广泛的领域和范围内展开多角度、多侧面、全方位的想象，从而产生出大量的新形象。想象贫乏的人，在任何方面都是难以展开想象的；即使展开了，也常常是空泛无物，平淡无奇。

（三）想象的新颖性

想象的新颖性指想象活动所产生的形象的新异性和独特性如何。想象的新颖性品质好的人，想象所依据的表象是多种多样的，且对其又进行了复杂的改造，所产生的新形象常与原有表象具有极大的差异性，从而产生出前所未有、别出心裁、独特新异的新形象。想象的新颖性品质差的人，在想象过程中，对原有表象总是因循守旧，新形象与原有表象相似，甚至雷同。

（四）想象的清晰性

想象的清晰性指通过想象活动所产生的新事物的形象的鲜明性和生动性程度如何。想象清晰性良好的人，想象某一事物，犹如在头脑里"看到了""听到了""闻到了"一样,情景再现,惟妙惟肖。想象清晰性差的人,头脑里出现的新形象常常是暗淡的、模糊的、片段的并且不稳定的。

(五) 想象的深刻性

想象的深刻性指通过想象而形成的新形象反映客事物本质的正确性和深透性程度。想象深刻的人,通过想象所产生的新形象是理性概括的、具有典型性的,因而就能反映客观事物的本质。想象的深刻性品质差的人,即使创造了新形象,也没有任何代表性,不能由个别反映一般,由现象反映本质,有的甚至违背了客观规律。

(六) 想象的现实性

想象的现实性指想象与现实的相关程度如何。想象是否能预见现实的发展并在现实中体现出来。想象现实性良好的人,能够把自己的想象植根于现实之中;尽管可能超越现实,然而是符合现实发展的方向的,经过充分发挥能动作用,想象的事物完全可以变成现实。想象的现实性品质较差的人,无视现实,想入非非,他们的想象只是一个漂亮的肥皂泡而已。陷入空想的人,就是其中的典型。

想象的这几种品质是相互联系和相互制约的,各人想象的特点也是有差异的。

七、想象的种类

想象是一种意象性的反映,它在某种程度上超脱现实,按照想象活动是否具有目的性,可以分为无意想象和有意想象。

(一) 无意想象

无意想象又叫不随意想象,是没有预定目的、不由自主地产生的想象。它是当人们的意识减弱时,在某种刺激的作用下,不由自主地想象某种事物的过程。例如,把天空飘浮的白云、高空耸立的山峰不由自主地想象为某类物的形象,或随着他人的描述而想象事件的情景。无意想象是最简单、初级形式的想象。梦是无意想象的一个极端的例子。梦是无意识进行的,梦的内容有时十分荒诞,但它的构成成分仍然是已有表象的分解与组合,经过改造和加工,从而形成常常是很离奇的梦境。幻觉是一种异常精神状态下产生的无意想象。有些麻醉剂或毒品也能引起幻觉。

(二) 有意想象

有意想象又叫随意想象,是按一定目的、自觉进行的想象。例如,科学家提出的各种想象模型,文学艺术家在头脑中构思的人物形象,都是有意想象的结果。在有意想象中,根据想象内容的新颖程度和形成方式的不同,可分为再造想象、创造想象和幻想。这些想象活动具有一定的预见性和方向性,都是意识活动的形式。

第三节 再造想象、创造想象与幻想

一、再造想象

再造想象、创造想象和幻想都是有预定目的的想象,是有意想象的三种形式。

(一)再造想象的概念

再造想象是根据语言的描述或图样的示意,在人脑中形成相应的新形象的过程。例如,建筑工人根据建筑蓝图想象出建筑物的形象;没有领略过北方冬日的人们,通过诵读毛泽东的诗词《沁园春·雪》,可在头脑中描绘北国风光的情景:寒冰封山、大雪纷飞、登山望远,雪中群山好似一条银蛇在翩翩起舞,丘陵好似银白色的象在奔跑,使人们有一种亲临其境的感受。这些都是再造想象。

再造想象必须依据一定的描述和提示为前提,再造别人想过的事物,虽然具有一定的独立性,但独立性较差。再造想象的形成要求有充分的记忆表象作基础,表象越丰富,再造想象的内容也就越丰富。同时,再造想象离不开词语思维的组织作用。它实际上是在词语指导下进行的想象思维的过程。

专栏 5-2 毛泽东的《沁园春·雪》

> 毛泽东的《沁园春·雪》这首词作于红一方面军 1936 年 2 月由陕北准备东渡黄河进入山西省西部的时候。1945 年 8 月 28 日,毛泽东从延安飞往重庆,同国民党进行了 43 天的谈判。其间柳亚子屡有诗赠毛泽东。毛泽东在 1945 年 10 月 7 日书此词回赠。在给柳亚子信中说,这首词作于"初到陕北看到大雪时"。此词随即发表在重庆《新华日报》上,轰动一时。1951 年 1 月 8 日《文汇报附刊》曾将作者书柳亚子的这首词的墨迹制版刊出。
>
> 沁园春·雪
>
> 北国风光,千里冰封,万里雪飘。
> 望长城内外,惟余莽莽;
> 大河上下,顿失滔滔。
> 山舞银蛇,原驰蜡象,欲与天公试比高。
> 须晴日,看红妆素裹,分外妖娆。
> 江山如此多娇,引无数英雄竞折腰。
> 惜秦皇汉武,略输文采;
> 唐宗宋祖,稍逊风骚。
> 一代天骄,成吉思汗,只识弯弓射大雕。
> 俱往矣,数风流人物,还看今朝。

思考题
1. 读这首词时你的脑海中会浮现出怎样的画面?
2. 你还知道哪些类似的作品?
3. 再造想象与创造想象有什么异同?

(二) 形成正确再造想象的条件

再造想象所产生的形象不仅应该是清晰的、生动的,而且应该是正确的和真实的,符合于描述的。为了做到这一点,必须具备以下几个条件:

1. 拥有必要的素材　个人记忆中的表象越多,对表象的内容越理解,形成再造想象的内容就越丰富,想象就越逼真。如成年人具备较多的生产和社会生活经历,关于历史事物的再造想象,就比少年儿童容易形成。教学中的实物直观和模像直观,不仅有助于发展学生的观察力,还有助于发展学生的想象力。

2. 图文描述生动　有关的图像、文字是展开再造想象的素材,除了内容丰富以外,还应该具体生动,譬如说线条细腻、色彩鲜明、文字贴切、比喻恰当或分析与解释量化等。

3. 理解图文准确　形成正确的再造想象,必须正确理解有关语言文字和图像符号所蕴藏的意义。如借助地图想象地理景物,必须懂得地图上的每种记号所表示的意义;根据平面工程蓝图,想象建筑物的立体形象,也必须懂得图纸上各种符号以及文字说明的意义。

4. 预防想象出错　再造想象的错误指头脑中构成的新形象与事物的本来面目不符。如儿童看过动物图片,就直接按图片上动物的大小,再造出动物的实际形象,就会认为兔子与黄牛的大小差不多。有以下几种方法可以避免出现这样的错误:① 表述的语言文字确切,必要时可引用具体的数字;② 提供的模像素材具有明确的比例关系;③ 切忌望文生义的简单化理解,要真正领会具体情景下的含义;④ 克服想象过程中的情绪性干扰。

(三) 再造想象的意义

再造想象在人的认识活动中具有重要意义。首先,它使得人有可能超越个人狭隘的范围和实践空间的限制,获得更多的知识。人不能事事依靠直接经验,我们不能亲自观察万里之外的事物;也无法超越历史,直接否认若干年后将出现的现象;更无法倒转历史,亲身经历若干年前已经发生的事情。但是,借助于再造想象,我们可以根据有关的描述,在头脑里产生具体且生动的想象,仿佛看到、听到这一切,从而无限地扩大自己知识范围,丰富认识内容。其次,借助于再造想象所产生的现象,人可以更好地理解抽象知识,使它们变得具体和生动,从而易于掌握。

再造想象对人格的塑造也有重要作用。再造想象是言行内化过程的一种形式。儿童听了故事或看了电影或连环画后,往往沉浸在故事情节中,想象自己亲身体验这种行为,这种想象甚至能指导他们的行为。

二、创造想象

(一) 什么是创造想象

创造想象是创造活动中,根据一定的目的、任务,在人脑中独立地创造出新形象的过程。新作品创作、新产品创造时,人脑中构成的新形象都属于创造想象(表5-2)。

表 5-2　再造想象与创造想象之间的异同和联系

	再造想象	创造想象
不同点	(1) 具有再造性,构造出的形象与原物相符合; (2) 再造的形象所代表的事物是已被他人创造出来的; (3) 在一般性活动中的作用较大。	(1) 具有创造性,构造出的形象是崭新的; (2) 创造的形象所代表的事物是前所未有的; (3) 在创造性活动中的作用较大。
共同点	(1) 都是根据已有表象构造出新形象; (2) 想象中的事物都是以前没有直接感知过的。	
联系	(1) 再造想象是创造想象的基础,创造想象是再造想象的发展; (2) 创造想象中有再造的成分,再造想象中有创造的成分。	

(二) 发展创造想象的条件

1. **实践的要求和个人创造的需要**　社会上不断地向人们提出创造新事物的要求,当这种要求反映到人脑中与人的信念、世界观相结合时,人便产生了创造新事物或解决新问题的兴趣和动机,并在其推动下进行创造性活动。

2. **表象的积累和储备**　创造想象是对旧表象的加工改造,表象是创造想象的原始材料。成功的创作想象需要以丰富的表象材料作为基础,大量的表象的积累和储备是发展创造想象的必要条件。

3. **原型启发**　原型启发是创造想象产生的契机。当人在现实任务面前,需要发挥想象力进行创造性劳动时,思维便会进入积极的准备状态和活跃状态。思维的一切形式,诸如分析、比较、抽象、记忆搜索和提取、形象成分和抽象成分的激活等,均可按需要随时由意识监督和指导进入加工系统。原型启发就是在复杂的创造想象过程中出现的一种加工方式。根据任务的需要,创造者思索和寻找解决问题的途径和方法。这时,某些事物或表象对所要解决的问题具有启示作用,这样的事物或表象就成为创造发明的原型。原型的启发作用在于,原型的特征与要创造的东西有相似之处,原型的特征在创造者的脑海中揭示了要解决问题的症结所在,原型激发了发明者的积极思考。人的头脑中储存的知识和表象都会成为原型。因此,知识经验的积累是创造性活动的基础。

4. **积极的思维活动**　创造想象是严格的构思过程,它受到思维活动的控制、调节和支配。因为任何文艺创作、艺术形象的塑造、技术革新和科学发明的过程,都是以创造新形象为特点的。这种创造新形象的过程,实际上是不断提出新问题,并通过思维活动不断解决问题的过程。

5. 灵感　灵感是指创造活动接近突破时出现的心理状态。创造想象活动中,新形象或新事物的产生往往带有突然性。这种突然出现的新意念状态,称为灵感。灵感是创造者经过长期的努力,付出巨大的思想劳动,有时还伴有艰苦的实践,经过反复的酝酿和构思才出现的。灵感的产生是人的全部精神力量和高度的积极性集中的结果,是在人的注意和兴趣全神贯注、思维活动排除一切干扰,情绪状态为思考提供最佳背景(中度激活)的情况下突然出现的。

(三) 创造想象的意义

在任何创造活动中,创造想象都起着重要作用。创造想象是一切创造活动的必要条件。

创造想象在科学的发明和发现上,起着重大作用。发明家在他新发明的东西制成之前,要先在头脑中把他所要发明的东西的形象创造出来。创造想象在文学艺术的创作上,同样具有重大意义。文学家、画家、作曲家等,在创作之前,都要先在头脑中把所要创作的东西形象化地呈现出来。苏轼所说的"画竹必先得成竹于胸中"正说明了这个原理。

三、幻想

(一) 幻想的概念

幻想是一种与生活愿望相结合并指向于未来的想象,它所创造的是人所期望的未来的事物形象。幻想同一般的创造想象一样,也是一种在头脑中独立地创造新事物形象的过程,但它与一般的创造想象又有区别。幻想是创造想象的一种特殊形式。(表 5-3)

表 5-3　幻想与创造想象之间的异同和联系

	幻想	创造想象
不同点	(1) 是个人所向往、追求的愿望; (2) 指向于遥远的未来,不与创造活动直接相关联。	(1) 不一定是个人所追求、向往的; (2) 与创造性活动直接相关,有想象的结果和产物。
共同点	(1) 都必须有一定的表象材料为依据; (2) 都富有创造性、新奇性。	
联系	(1) 创造想象是幻想的基础,幻想是创造想象的特殊形式; (2) 创造想象中有一定的幻想成分,幻想中也有一定的创造想象的成分。	

(二) 幻想的特点

幻想是与个人愿望相联系并指向未来的想象。幻想与再造想象不同,它不必由别人的语言或其他图像、符号所引起,具有一定的独创性。

(1) 幻想体现了个人的愿望,是向往的形象。幻想中的形象总是与个人的愿望相联系,体现了个人的向往和祈求,而创造想象所形成的形象则并不一定总是个人所向往的形象。例如,作家创造的人物形象有的是他所喜欢的和同情的,有的则可能是他所厌恶的或鞭挞的,后一种形象就不是作者所向往的。

(2) 幻想常是创造性活动的准备阶段。幻想虽然是有目的的,但不像一般的创造想象那样需要付出艰苦的精神劳动,幻想不指向于当前物质产品和精神产品的创造,而是指向未来的、个体的愿望,所以又常常是创造性活动的准备阶段。

(三) 幻想的种类

根据幻想的社会价值和有无实现的可能性,可把幻想分为积极的幻想和消极的幻想两种。

(1) 积极的幻想符合社会进步要求,是健康的、具有社会意义的幻想,是人创造性活动的动力。虽然这种幻想暂时可能不符合事物发展的自然进程,但对自己和社会都有益无害。理想是在正确世界观指导下产生的符合现实生活发展规律,并且可能实现的积极的幻想,它是促使人们进行创造活动的前奏和准备阶段,鼓舞人们不断向上,克服困难,为美好的未来而奋斗。

(2) 消极的幻想是违背社会的要求,违背客观规律并不能实现的,是空想。它完全脱离现实生活的发展规律,并且毫无实现的可能,它是以意愿代替实际行动的消极空想。空想是有害的,它使人脱离现实,丧失斗志,消耗体力,浪费生命。陶醉在空想之中,也可能蛮干徒劳,到头来两手空空如也。

第四节 睡眠与梦

梦是在睡眠状态下出现的一种想象活动。睡眠与梦是古往今来人们十分感兴趣的宇宙奥秘之一。生理心理学家为了探究梦的奥秘,采用记录脑电、眼动的仪器测量睡眠的深度,描述睡眠状态与梦的联系。

一、睡眠

(一) 睡眠的概念

睡眠是与觉醒周期性交替出现的生理状态,是最重要和最突出的生物节律之一。睡眠状态时,大脑皮层产生一种弥散性抑制,使人的感知能力、运动能力、意识等逐渐减退或处于休止状态,但这种抑制往往是不平衡的,有些神经细胞还处于兴奋状态并导致梦境的出现。

(二) 睡眠的阶段

对人类睡眠的科学心理学研究,最早开始于德国神经生理学家 Berg 对脑电波的研究。Berg 为研究大脑皮质部各区位的电位变化,发明了一种仪器,可以记录大脑电位变化而形成的波动,称为脑波仪。脑波仪所记录下来的脑波活动曲线图称为脑电波图。当一个人从清醒状态进入睡眠状态时,其大脑的生理电活动会发生复杂的变化。通过精确测量这些脑电的变化并绘成相应的脑电图(electroencephalogram,EEG),可以很好地解释和揭示睡眠的本质。

研究显示,当大脑处于清醒和警觉状态时,脑电中有很多β波。β波是一种频率较高、波幅较小的波,每秒钟有14~30个周期。在大脑处于安静和休息状态时,β波被α波取代。α波相对频率较低,每秒有8~13个周期,波幅稍大。而在睡眠状态时,脑电波主要是Δ波,Δ波频率更低,而波幅更大。

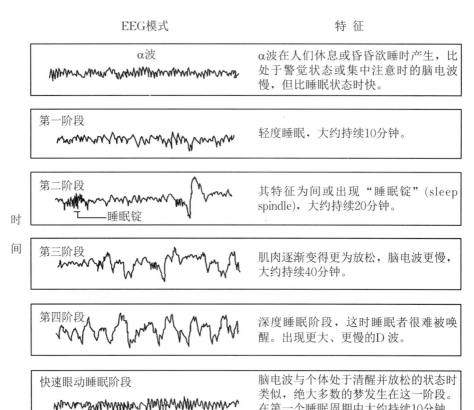

图 5-3　睡眠各个阶段的脑电波记录

根据脑电图的研究,将睡眠分为4个阶段(图5-3):第一阶段主要为混合的、频率和波幅都较低的脑电波。这个阶段个体处于浅睡眠状态,身体放松,呼吸变慢,但很容易被外界的刺激惊醒;第一阶段大约持续10分钟,随后进入睡眠的第二个阶段。在第二个阶段,偶尔会出现被称为睡眠锭(sleep spindle)的脑电波。睡眠锭是一种短暂爆发的、频率高、波幅大的脑电波。在这个阶段,个体较难被唤醒。第二个阶段大约持续20分钟,然后进入第三阶段。在第三阶段,脑电波的频率会继续降低,波幅变大,出现D波,有时也会有睡眠锭波。第三阶段大约持续40分钟。

当大多数脑电波开始呈现为 D 波时,表明已经进入了睡眠的第四阶段。这一阶段通常被称为深度睡眠,个体的肌肉进一步放松,身体功能的各项指标变慢,梦游、梦呓、尿床等也大多发生在这一阶段。第三、四阶段的睡眠通常被称为慢波睡眠(slow wave sleep,SWS)。几乎所有人的睡眠都会经历这四个阶段。如果睡眠不遵循这一模式,通常预示了身体或心理功能的失调。

前四个阶段的睡眠要经过 1~1.5 个小时,之后睡眠者通常会有翻身的动作并很容易惊醒。接着似乎又进入第一阶段的睡眠,但这时并不是重复上面的过程,而是进入到一个新的阶段,被称为快速眼动睡眠(rapid eye movement sleep, REM sleep)的阶段。这时候脑的生理电活动迅速改变,D 波消失,高频率、低波幅的脑电波出现,与个体在清醒状态下的脑电活动很相似。睡眠者的眼球开始快速左右上下移动,而且通常伴随着栩栩如生的梦境。睡眠者在这个阶段醒来通常会报告说他正在做梦。似乎眼睛的移动与梦境有一定关系。另外,心率和血压变得不规律,呼吸变的急促,如同清醒状态或恐惧时的反应,而肌肉依然松软。

第一次快速眼动睡眠一般持续 5~10 分钟,再过大约 90 分钟后,会有第二次快速眼动睡眠,持续时间通常长于第一次。而在这周期性的循环中,随着渐渐接近黎明,第四阶段与第三阶段的睡眠会逐渐消失(图 5-4)。

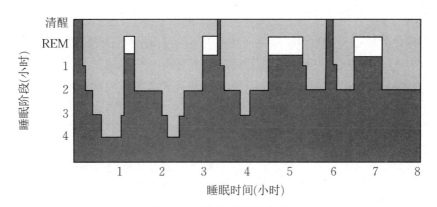

图 5-4　成年人的睡眠模式

总之,睡眠的周期一般包括四个阶段,外加快速眼动睡眠阶段。每个周期一般持续 90~100 分钟,每晚会重复几次。深度睡眠(第四阶段睡眠)的时间在前半夜要远多于后半夜。大多数的快速眼动睡眠发生于睡眠的后期,持续时间也越来越长。第一次快速眼动睡眠大约持续 10 分钟,最后一次则长达 1 小时。

根据心理学家的实验观察研究,一般大学生的睡眠期间,第二阶段约占全时间的 50%,第四阶段约占 15%,快速眼动睡眠则约占 25%。新生儿的睡眠中,快速眼动睡眠占时间最多,约占睡眠时间的一半。据此推论,婴儿的梦远比成人要多,老年人的睡眠做梦较少,一夜出现快速眼动睡眠的时间约在 18% 左右。

(三) 睡眠的特征

人的睡眠一般有以下3个特征：

(1) 人的一生都需要睡眠，只是每天睡眠时间的长短会随着年龄的增长而逐渐减少。根据心理学家的观察研究，新生儿每天睡眠时间为16小时；6个月后，减为13小时；儿童期的睡眠时间为10～12小时；青年期的睡眠时间为9～10小时；中年人的睡眠时间一般为7～8小时；老年人的睡眠时间一般为5～7小时。

(2) 人的睡眠的个别差异较其他动物要小。一般成人睡眠大致在每天5～9小时，而以7.5小时为平均数。

(3) 人的睡眠基本上固定在一定的地点，而且成为人的隐私行为的一部分。

(四) 睡眠的作用

睡眠对于维护正常的生理活动和心理活动都是十分重要的。在睡眠状态中，虽然大脑皮质的活动处于相对抑制状态，但植物神经系统却在紧张地调节着各种代谢活动。这对于消除疲劳、补充体能、排除体内毒素和代谢物是十分必要的。被剥夺睡眠的人睡眠时间会相应延长；剥夺睡眠暂时不会对人体各项生理指标产生明显影响，但对注意力的集中、情绪的稳定以及学习与记忆会产生明显的影响。

专栏5-3　你需要多少睡眠

许多大学生长期处于睡眠剥夺的状态。他们的行程表排满了学习、工作、社交事件，相信自己每晚只需要几个小时的睡眠。实际上，大学生平均的睡眠时间大概只有每晚6.8个小时。睡眠不足真的会造成你在课堂上表现差异吗？1990年，心理学家Cheryl Spinweber已经发现，相比于那些睡眠充足的学生，被剥夺睡眠的学生的成绩更低。最近的研究也支持睡眠剥夺会导致体重增加：每晚睡眠不足7个小时的人肥胖率高。

你如何知道自己是否需要更多的睡眠呢？请诚实地回答下面的问题：

(1) 你是否常常在课上犯困？
(2) 你是否在周末睡得晚？
(3) 感到无聊的时候，你是否会犯困？
(4) 你是否经常在看书或者看电视的时候睡着？
(5) 你是否经常在上床后5分钟内睡着？
(6) 你是否在早上醒来的时候感到还没睡够？
(7) 如果不使用闹钟，你是否会睡过头？

如果在任何一个问题上你的回答是"是"，那么你有可能睡眠不足。也许你正为此在自己的学习质量和成绩上付出代价。

二、梦

(一) 梦的概念

梦是无意想象的一种极端形式,是人在睡眠状态下,一种漫无目的的、不由自主的奇异想象。梦是睡眠过程中已有表象以某种不同寻常的方式组合并再现出来的无意想象活动。梦是在某一阶段的意识状态下所产生的一种自发性的心像活动,是在睡眠中产生的自觉体验,具有视觉、听觉、运动觉等感受性想象。梦境是过去经历的奇特组合。按照 Pavlov 的解释,梦是在人睡眠时,大脑皮层产生的一种弥散性抑制。由于抑制发展的不平衡,皮层的某些部位出现兴奋状态,暂时神经联系以料想不到的方式重新结合而产生各种形象,就产生了梦。因此,梦是在意识不清楚的状态下,暂时神经联系的活跃和改组。

梦是在睡眠中发生的,但不是整个睡眠过程都是在梦中度过的。当睡眠进入快速眼动睡眠阶段,通常伴随着栩栩如生的梦境。第一次快速眼动睡眠一般持续

> 1. 所有人都会做梦吗?
> 2. 梦的持续时间有多长?
> 3. 梦能预测未来吗?

5~10 分钟,再过约 90 分钟后,会有第二次快速眼动睡眠,持续时间通常长于第一次。而在这周期性的循环中,快速眼动睡眠的持续时间也越来越长。

(二) 梦的特点

1. **梦的离奇性** 所谓离奇性,是指梦中出现的事物往往是离奇荒诞、不可思议的,既不受时空的限制,又常常不遵循因果的规律。例如,梦中的人可能会在天空像小鸟一样飞起来。因而在梦的研究中,奇异梦境是很多研究者感兴趣的一个领域。1987 年,Hobson 等人的研究发现,奇异梦境的特征主要表现在三个方面: ① 不协调性,即人物、物体、行为和情景特征的错误搭配;② 不连续性,即人物、物体、行为和情景特征突然发生了改变,没有一定规律;③ 不确定性,即认识模糊。这可能是由于做梦时,高级中枢处于抑制状态,缺乏意识严密的调节和控制,使激活的表象形成了离奇的结合。

2. **梦的逼真性** 所谓逼真性,是指梦境常常伴有生动的视觉、听觉和动觉形象,人们有如身临其境一般。例如,梦见凶杀,情景十分恐惧,以致醒来时心脏还在剧烈地跳动。而且,尽管梦中出现的事物离奇荒诞,但是做梦的人当时并不觉得其荒诞。

(三) 梦的内容

不同的人,梦中的内容各不相同。

从感觉通道的角度来说,属于视觉的梦最多,其次分别是听觉的梦、运动的梦、触觉的梦,最少的是味觉的梦。

不同年龄的人,不同职业的人,梦中的内容也各不相同。例如,小女孩常梦见自己心爱的玩具,学生常梦见考试,教师常梦见上课等。

阅读　睡眠债造成严重的伤害

有时妈妈说得很对：大部分成年人要想感觉良好并高效运转，大约需要8个小时的睡眠时间或更多一点儿。在睡眠实验室中，志愿者在一间黑屋子里面，并且在没有时钟干扰的情况下，成年人平均每晚睡8.5个小时。但是大部分人睡得少，并且每晚如此。这被研究睡眠不足的研究员 William Dement 称为睡眠债(sleep debt)。

积累了睡眠债的人通常不会察觉到这一点：当闹钟响起的时候，他们都会昏昏沉沉的，但他们没有意识到这是睡眠债的预警，因为昼夜节律会在接下来的数小时内让人保持清醒。下午的昏沉可能会被归因为午餐的作用，实际上，午餐并不会引起睡意(这只是内部时钟)。他们可能会把会议或上课时努力保持清醒合理化为睡意只是对无聊的正常反应。实际上，对于无聊的正常反应是坐立不安，而不是睡意，除非某人处于睡眠剥夺状态。

即使睡眠不足，大脑中的时钟仍然会让人在一天的特定时刻保持相对的清醒，通常都是早上与下午的后半段时间。但是由于长期的睡眠债，你无法通过几个晚上高质量的睡眠来达到最清醒、最有效的状态，这对你会有很大的影响。睡眠剥夺不仅与体重增加有关，还会缩短寿命。另外，睡眠债有时候会带来惨剧，就像在2010年印度发生的空难，由于飞行员在飞行过程中睡了两个小时，在降落之前才醒来，因为头晕而没有办法做出正确的判断，飞机飞过了机场跑道，最终导致飞机化为灰烬，机上158人全部遇难。

而学生特别感兴趣的应该是：睡眠剥夺会对认知和运动功能造成毁灭性的影响吗？根据 Dement 的观点，睡眠不足会让你变成"白痴"。在第一个研究中，研究者将睡眠剥夺的志愿者与另外一组达到法定醉酒状态(血液酒精含量达到0.1%)的志愿者对比。在24个小时的睡眠剥夺之后，就像通宵复习一样，昏昏欲睡的志愿者跟那些喝酒的志愿者在思考和协调性测试上表现得一模一样。尝试想一想，如果在医院的实习医生里普遍存在长期睡眠剥夺情况，他们的工作表现将如何？

（张铭）

第六章 思 维

第一节 思维概述
　一、思维及其特点
　二、思维的分类
　三、思维的基本单位
　四、思维的过程
第二节 问题解决与推理
　一、问题解决
　二、推理

第三节 决策
　一、决策的含义
　二、决策的过程
　三、决策的影响因素
第四节 创造性思维
　一、创造性思维及其特点
　二、创造性思维的过程
阅读　高创造力者的个性特点

案例6-1 "叩诊法"的诞生

> 18世纪,一位奥地利医生在给一个患者看病时,尚未确诊,患者便突然死去。经过解剖发现,患者胸腔化脓并积满了脓水。能否在解剖前诊断出胸腔是否积有脓水?积了多少?一天,在一个酒店里,他看到伙计们正在搬酒桶,只见他们敲敲这只桶,敲敲那只桶,边敲边用耳朵听。他忽然领悟到,伙计们是根据叩击酒桶发出的声音来判断桶内还有多少酒的,那么人体胸腔脓水的多少是否也可利用叩击的方法来判断呢?他大胆地做了试验,结果获得了成功。这样,一种新的诊断法——"叩诊法"诞生了。

思考题

1. 什么是思维?
2. 该案例中医生使用的是何种形式的思维?

"叩诊法"的诞生体现了人类思维的重要性。思维总是与问题解决相联系。当人们对某件事情感到疑惑、困难,觉得不易理解、不易处理的时候,即碰到一个需要解决的问题的时候,头脑中就会出现寻求答案或方法的思维过程。思维与感知觉不同,但它又是在感知觉的基础上发展起来的。它所反映的内容是事物的内部本质和规律,它所反映的方式是间接的和概括的。

第一节 思维概述

一、思维及其特点

思维(thinking)是人脑借助言语、表象或动作实现的对客观事物本质特征的概括和间接的反映。

思维的反映形式和反映内容与感知觉都有所不同。感知觉是对事物直接反映,它们所反映的是事物的外部特征或属性;而思维是对事物间接的、概括的反映,它所反映的是事物的内部本质和规律。

事物的本质和规律往往隐藏在事物的内部,难以从外部直接认识到,需要在头脑中进行"由表及里、由此及彼"的间接思索,并在概括同类事物的共性的基础上加以把握。因此,间接性和概括性是思维活动的两个基本特性。

(一) 间接性

思维的间接性是指思维能在感性认识的基础上,借助已有的知识经验,间接地去理解和把握那些没有感知过的或无法感知到的事物。例如,医生能通过病人的体温、脉搏、血压等外部表现,了解病人身体内部脏器的活动状态。世界上有许多事物,如果单凭我们的感官是认识不清或无法认识的。其原因主要有:① 人类感官的结构和机能的限制。例如,人类听觉器官最多只能感知介于 20~20000 赫兹的声波,而对介于这一区间以外的声波,如次声波和超声波是无法感知的。② 时间和空间的限制。例如,千百万年前发生的历史变迁和地壳变动,以及各种宏观世界和微观世界的运动状况等,由于我们没有或不能身临其境而无法直接感知。③ 事物本质和规律的内隐性。事物的本质和规律尽管是客观存在的,但又是看不见、摸不着的,如生命的本质、意识的起源等。因此,对于上述事物,我们只能根据已有的感性认识,借助人类已有的知识经验或工具,在头脑中经过"去粗取精、去伪存真、由此及彼、由表及里"的思维加工,间接地加以认识。

(二) 概括性

所谓思维的概括性,是指思维对事物本质和规律的间接反映,是以概括的方式进行的。具体包括两个方面:① 将同一类事物的共同特征和本质特征抽取出来加以概括,从而把握事物的本质所在。例如,客观现实中的人形形色色,各不相同,可是在对人的本质特性的认识中,我们舍弃了高矮、胖瘦、大小、体形、肤色、性别等各不相同的特性,将直立行走、能制造和使用工具,具有抽象思维和语言等区别于其他动物的本质特性抽取出来,概括为人类所特有的本质特性。② 将事物之间的内在关系和普遍联系加以概括,从而把握事物发生、发展和变化的规律。例如,人们根据季节变换的规律和特点,概括出"二十四节气歌"。

> 请举例说明生活中体现思维的间接性和概括性的事例。

二、思维的分类

思维可以从多个维度去分类:

(一) 动作思维、形象思维和抽象思维

按思维时的凭借物,可以将思维分为动作思维、形象思维和抽象思维。从个体思维发展的角度来看,这三种思维也反映了思维发展的不同水平。

1. **动作思维**　动作思维是指凭借具体动作进行的思维。这种思维的特点是离不开触摸、摆弄物体的活动。例如,3岁前的幼儿的思维就属于动作思维。我们在日常生活中可以观察到这样的现象:两三岁的幼儿拿竹竿当马骑,同时说:"骑马了!"当丢开竹竿玩其他玩具时,"骑马"的事便烟消云散。幼儿的思维必须在具体动作中才能产生和进行,一旦离开了具体的动作,相应的思维活动就会停止或中断。所以心理学家认为婴幼儿的智慧在手指上,要用动作来开发他们的智力。成年人也有动作思维。例如,检查电脑、汽车的故障时,常常要把它们拆开,凭借具体的检查动作才能发现产生故障的原因。不过,成年人的动作思维与幼儿的动作思维明显不同,有大量的形象思维和抽象思维的参与。

2. **形象思维**　形象思维是指凭借具体形象或表象进行的思维。形象思维具有形象性、非逻辑性、粗略性和想象性的特点。例如,汽车司机在考虑走哪条路可以更快地到达目的地时,头脑中会出现若干条通向目的地的道路,并运用其形象进行分析和比较,最后选择一条最便捷的道路。形象思维是3～6岁儿童的主导思维,这种思维的产生使儿童的智力发生了明显的变化。例如,当皮球滚进床底时,处于动作思维阶段的幼儿只会爬进去拿,而处于形象思维阶段的儿童则会想到利用竹竿去取出来。

3. **抽象思维**　抽象思维是指凭借概念、判断和推理等抽象方式进行的思维。抽象思维作为一种重要的思维类型,具有概括性、间接性、超然性的特点。例如,数学定理的证明,科学假设的提出等。抽象思维的发展始于学龄期,但由于小学低年级儿童正处于从形象思维向抽象思维发展的过渡时期,因而他们的思维仍然带有较大的具体性。例如,当小学低年级儿童(特别是刚入学的儿童)听到80岁的老人叫60岁的老人"儿子"时,常常感到困惑不解,他们会想:"儿子是小孩,妈妈才叫我儿子。"这说明小学低年级儿童所掌握的概念大多是具体的。只有到了小学高年级,儿童才逐渐区分出概念中本质的东西。成年人的思维虽然以抽象思维为主,但也不同程度地运用动作思维和形象思维,特别是解决比较复杂的问题时,生动的形象和具体的动作有助于思维活动的顺利进行。

> 成年人在抽象思维时,有时也借助具体动作的帮助,这与动作思维有何不同?

专栏 6-1　形象思维和抽象思维的关系

> 尽管形象思维和抽象思维在概念、特点、人类思维的发展阶段等方面均有差异，但它们之间也存在着密切的联系。抽象地思考问题是以直观形象思维为基础的，形象思维又常常联系着抽象思维。宋朝文学家欧阳修得到一幅古画，画面是一丛牡丹，牡丹花下还卧着一只栩栩如生的猫。宰相吴正肃看后说："这是一只正午的猫。"他是这样解释的："一是花瓣分披，色泽浓艳而干燥，正是中午时候牡丹的样子；二是猫的眼睛细长如线，正是中午的猫眼形象。如果是清晨的牡丹，花瓣应是收缩而湿润的，猫的眼睛应该是圆的。"这就是抽象思维与形象思维紧密统一的典型例子。
>
> 从生物学的角度分析，产生这一现象的原因与人的脑部结构特点是分不开的。1981 年获得诺贝尔生理医学奖的 Roger Wolcott Sperry 教授根据他 40 多年割裂脑的研究发现：大脑的左右半球在功能上是不对称的。一般说来，人脑左半球主要具有言语符号、分析、逻辑推理、计算数字等抽象思维的功能；右半球主要具有非言语的、综合的、形象的、空间位置的、音乐的等形象思维的功能。由此认为：左半球是抽象思维中枢，右半球是形象思维中枢。左脑功能特点是串行的、继时的信息处理，是收敛性的因果式的思考方式；右脑则是并行的、空间的信息处理，是发散性的非因果式的思考方式。大脑左右两半球由横行神经纤维束——胼胝体联结，使大脑两半球互通信息。这样，大脑两半球既有各自的功能特点，又相互联结，联合起作用，使得抽象思维和形象思维同时作用于我们的思维过程中。

（二）发散思维和集中思维

按思维探索答案的方向的不同，可以将思维分为发散思维和集中思维。

1. **发散思维**　发散思维是指思路向多方面扩散，力求寻找多种答案的思维。例如，学生解答数学题时的一题多解，建筑师构思蓝图时设想多种方案等。发散思维通常发生于没有单一答案或单一解决方法的问题情境中，其主要特点是不拘泥于常规，求新、求异，因此也称求异思维。

2. **集中思维**　集中思维是指从众多信息或众多可能的答案中寻求正确答案或最佳答案的思维。集中思维通常发生于有唯一答案或最佳解决方法的问题情境中，其主要特点是思路集中于固定方向，求对、求同，因此也称求同思维。

在人们的实际思维过程中，发散思维和集中思维是密切相连的。当人们在分析问题产生的原因和设想解决问题的方法时，常常需要运用发散思维；而在确定问题的真实原因和解决问题的最佳方法时，则需要运用集中思维。

（三）直觉思维和分析思维

按思维活动是否有明确的逻辑步骤，可以将思维分为直觉思维（非逻辑思维）和分析思维（逻辑思维）。

1. 直觉思维　直觉思维是指没有明确的逻辑步骤或完整的思维过程,依靠灵感或顿悟而快速做出判断并得出结论的思维,也称非逻辑思维。例如,司马光砸缸救小孩时的思考;古希腊学者阿基米德在洗澡时突然发现浮力定律时的思索。尽管从表面上看,直觉思维没有明晰的逻辑步骤,思维似乎是大幅度地跳跃着的,但在一定程度上实际上是逻辑思维的凝聚和简缩。

2. 分析思维　分析思维是指有明确的逻辑步骤或完整的思维过程,经过一步步的推导而做出判断并得出结论的思维,也称逻辑思维。例如,学生通过一系列推理和论证来求证一道几何题时的思维,就是分析思维。

专栏 6-2　我们如何了解直觉?

直觉是不经过逻辑的、有意识的推理而识别或了解事物的能力,是与逻辑分析的、有意识的思维相对立的一种思维方式或能力。人们通常将直觉描述为某种预感,或者描述为知道某事却不知道自己是如何知道的。认知心理学研究发现,直觉是一种无意识的认知加工。对直觉的研究主要采用个案研究、心理测量和实验研究等方法。

1. 个案研究　此方法需要选择一些典型的个体,收集一切有关资料,进行全面深入的分析研究,从而揭示直觉发生发展变化的基本规律。例如,Gruber 曾详细地分析了 Darwin 的笔记本,发现 Darwin 物竞天择、适者生存的思想在其早期著作中已隐约可见。虽然 Darwin 称自己发现进化论的灵感来自于 Malthus 的《人口论》,但 Gruber 认为,其进化论想法在阅读《人口论》之前就曾以不同形式出现在他的笔记里。尽管 Darwin 在阅读 Malthus 的著作之前,也许没有意识到他的那些基于直觉的想法,也没有将这些想法以连贯的方式表达出来,但那些想法确实早已在他的头脑中萌发了。

2. 心理测量　心理测量是当前直觉研究中使用最为广泛的一种方法,其基本假设是将直觉看成是个人的一种心理特质,可以通过适当的测量工具进行定量测定。关于直觉的测量工具有多种,其中最为著名的是 Myers-Briggs type indicator(MBTI)。Raidl 和 Lubart 采用理性-经验量表(Rational-Experiential inventory,REI)、直觉行为问卷(intuitive behavior questionaire,IBQ)、想象分类任务和比喻倾向测验四种方法测量直觉,探讨直觉与创造力之间的关系。他们的结果表明,被试在四种直觉测验上的得分与创造力得分之间有显著的正相关。

3. 实验研究　实验法对于揭示直觉思维的过程和规律具有不可替代的作用,由于受到方法上的限制,有关直觉的实验研究还很少。Bowers 等人利用两组三项程序进行直觉研究。程序中,向被试呈现两组词,每组词由三个单词构成,一组单词有远距离联想词(这一联想词与三个单词都有共同点),而另一组根本不可能找到一个共同联想词。程序要求被试观察两组测试项目,并为存在解决方案的一组找到一个合适的共同联想词。呈现测试项目数秒钟后，不管被试是否找到合适的联想词，都要求停止思考，并判断哪一组具有解决方案。在严格控制思考时间的情况下，一般认为，被试很难在如此短的时间内有效解决面临的三项词任务。其判断基本是基于猜测、预感或直觉的，由此实现对于直觉的测量。

（四）常规性思维和创造性思维

按思维的创新程度，可以将思维分为常规性思维和创造性思维。

1. 常规性思维　常规性思维是指按照惯常的方式或已有的模式来解决问题的思维。例如，学生运用已经学会的公式去解决同一类型的问题。

2. 创造性思维　创造性思维是指不按照惯常的方式或已有的模式，而是以新颖、独创的方式来解决问题的思维。创造性思维由于需要对原有知识经验进行"与众不同"的改组，往往会产生新的思维成果。许多心理学家认为，创造性思维是多种思维的综合表现，它既是发散思维与聚合思维的结合，也是直觉思维与分析思维的结合；它不仅包括抽象思维，而且也离不开形象思维和创造想象的参与。

> 1. 为什么说创造性思维对人类有非常重要的作用？
> 2. 如何培养创造性思维？

三、思维的基本单位

思维的基本构建单位是概念。概念（concept）是具有共同属性的一类事物的总称。例如，鸟就是"有羽毛，无齿有喙"的一类动物的总称。这些特征使得鸟类与其他动物区别开来。有了概念，人们就不需要过多的认知努力，便可获得大量信息。例如，如果我们没有掌握"生气"这一概念，当发现有人在生气时，我们不会说"他生气了"，而是不得不去描述他们的面部表情、声音大小、姿态手势和言辞态度，以此来说明此人的状态。人们掌握了概念，就能超越感知觉的范围，透过事物的表面现象，更好地认识事物。

（一）概念的内涵

每一个概念都包括内涵与外延两个方面。概念的内涵就是概念对事物的特有属性的反映。外延是具体的、具有概念所反映的特有属性的那些事物。如"脊椎动物"概念的内涵是有生命和有脊椎，它的外延包括一切有脊椎的动物，如鸟、鱼、蛇、兔、狼、豹等。概念的内涵增加了，外延就变小了。

概念具有不同的等级或层次（图6-1），可分为上级概念、基本概念和下级概念，由它们构成一个个概念家族。以"水果"这个概念家族为例，水果是上级概念；苹果、梨、香蕉、桃、葡萄等是基本概念；红富士苹果、黄元帅苹果、鸭梨、雪花梨等则是下级概念。研究表明，基本概念最容易在头脑中激活，然后再扩散到概念网络中的上级概念或下级概念。

概念和词是不可分的。概念是用词来表达、巩固和记载的,概念的形成也是借助于词和句子来实现的。词的意义不断充实的过程,也是概念不断扩大和深化的过程。但是,概念与词不是一一对应的。同一概念可以由不同的词来表示,同一词也可以表达不同的概念。如"医生"与"大夫"虽然是两个不同的词,却表达了同一概念;而"千金"一词却表达了"许多钱""女儿""珍贵"等不同的概念。

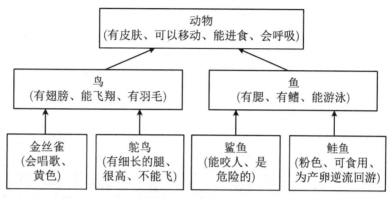

图6-1 概念的层次

(二)概念的种类

概念可以从不同的角度进行分类。

1. **合取概念、析取概念和关系概念** 根据概念反映事物属性的数量及其相互关系,可分为合取概念(conjunctive concept)、析取概念(disjunctive concept)和关系概念(relative concept)。合取概念是根据一类事物中单个或多个相同属性形成的概念,它们在概念中必须同时存在,缺一不可。例如,"毛笔"这个概念必须同时具有两个属性,即"用毛制作的"和"写字的工具"。合取概念是最普遍的概念,如鸟类、水果、动物等都属于这种概念。析取概念是根据不同的标准,结合单个或多个属性所形成的概念。例如,"好学生"这个概念可以结合好几种属性,如"学习努力""成绩好""热爱集体""关心他人""有礼貌"等。一个学生同时具有这些属性固然是好学生,如果只有其中两三种属性也是好学生,所以"好学生"是一个析取概念。关系概念是指根据事物之间的相互关系形成的概念。例如,高低、上下、左右、大小等。

2. **自然概念和人工概念** 根据概念形成的自然性,可分为自然概念(natural concept)和人工概念(artificial concept)。自然概念是指在人类历史发展的过程中自然形成的概念。自然概念的内涵和外延是由事物自身的特征决定的,例如,在自然科学中,声、光、电、分子、原子等概念;在社会科学中,国家、民族、文化等概念均属于自然概念。人工概念是在实验室的条件下,为模拟自然概念的形成过程而人为制造出的一种概念,它的内涵和外延常常可以人为地确定。

专栏 6-3　Bruner 的人工概念形成实验

概念形成(concept formation)是指个体掌握概念本质属性的过程。自然概念的形成涉及许多因素,是一个较长的过程,因此用实验手段研究自然概念的形成过程是不可能的。为了克服这一困难,心理学家利用人工概念对概念的形成进行了大量的实验研究,其目的是为了说明自然概念的形成过程。

在人工概念的研究中,最具代表性的当属 Bruner 等人于 1965 年的实验研究。该研究是通过图片选取探讨概念形成的过程。实验设计了 81 张图片(图 6-2),图片上的属性按性质分为四类:① 图形:有圆形、方形、十字形;② 图数:每张图上的图形数目分别为 1 个、2 个、3 个;③ 颜色:有绿、黑、红三种(图 6-2 的卡片从左至右依次为上述三种颜色);④ 边线:每张图片的边线数目分别为 1 条、2 条和 3 条。4 种属性的不同结合,可以构成许多概念。

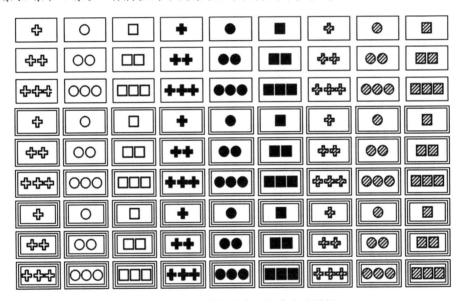

图 6-2　Bruner 等人的人工概念实验材料

实验进行的程序是:同时将 81 张图片呈现给被试,说明图片都有哪些属性以及怎样将图片结合成概念。然后指着一张图片对被试说:我现在心中有一个概念,概念的属性可以在这张图片上看到。请你按自己的想法,每次指一张图片给我看,"对"与"错"我随时告诉你,看看能否发现我所想的概念。如主试提示给被试的图片是"单边、一个、黑色、圆形",主试心中的概念是"黑色圆形"。被试可能按下列顺序发现主试心中的概念(表 6-1)。

表 6-1 Bruner 等人的人工概念实验步骤

被试选样	主试判定
①单边一个黑色圆形	对
②单边一个红色圆形	错
③单边一个黑色方块	错
④双边一个黑色圆形	对
⑤单边三个黑色圆形	对

实验到此为止,被试说:"我想你心中的概念是'黑色圆形'。"主试说:"对。"这时被试已形成了这种人工概念。

通过人工概念的研究,Bruner 提出了概念形成的假设检验模型。这一模型认为,概念形成的过程是一个提出假设和检验假设的过程,被试通过对所给刺激材料的分析与综合,并依据自己的知识经验,首先提出一个与目标相一致的假设,然后再根据主试的反馈和对新材料的分析,检验和修正所提出的假设,最终形成概念。其基本模式可以概括为:假设—检验—再假设—再检验—直到成功。

四、思维的过程

人的思维不仅要借助概念来进行,也要借助表象来进行。由于表象具有直观、概括、可操作性的特点,因此为概念的形成提供了感性基础,并有利于对事物进行概括的认识。所以我们认为表象是思维活动的前提和基础。关于表象的知识我们已经在第五章作了详细的阐述,因此在这里我们主要讨论思维的过程。

思维的过程包括分析、综合、比较、分类、抽象、概括、体系化、具体化等心智操作。

(一) 分析与综合

分析与综合是思维过程的基本环节,一切思维活动,从简单到复杂,从概念形成到创造性思维,都离不开头脑的分析与综合。

分析是在头脑中把事物整体分解成各个部分、方面或个别特征的思维过程。例如,我们把植物分解为根、茎、叶、花、果实、种子;把动物分解为头、尾、足、躯体等。综合是在头脑里把事物的各个部分、各个方面、各种特征结合起来进行考虑的思维过程。例如,把单词组成句子;把文学作品的各个情节串联成完整的场面等。

分析与综合在人的认识过程中有不同的作用。通过分析,人可以进一步认识事物的基本结构、属性和特征;可以分辨出事物的表面特性和本质特性,使认识深化;可以分析问题的情境、条件、任务,便于解决思维问题。通过综合,人可以完整的、全面的认识事物,了解事物间的联系和规律;整体地把握问题的情境、条件与任务的关系,提高解题的技巧。

分析与综合是同一思维过程中彼此相反而有紧密联系的过程,是相互依赖、互为条件的。分析是以事物综合体为前提的,没有事物综合体,就无从分析。综合是以对事物的分析为基础的,分析越细致,综合越全面;分析越准确,综合越完善。例如,学生读一篇课文,既要分析,也要综合。经过分析,理解了词义和段落大意;通过综合,掌握了文章的中心思想,便获得了对文章的整体认识。对事物只有分析而没有综合,只能形成片面的、支离破碎的认识;只有综合而没有分析,只能形成表面的认识。分析与综合是辩证统一的,只有把分析与综合有机地结合在一起,才能发现事物的内在联系和关系,才能更好地认识事物。

(二) 比较与分类

比较是在头脑中把各种事物或现象加以对比,确定它们之间的异同点的思维过程。人们认识事物,把握事物的属性、特征和相互关系,都是通过比较来进行的。只有经过比较,区分事物间的异同点,才能更好地识别事物。比较既可以是同中求异,也可以是异中求同。例如,在教学中,教师为了帮助学生清楚地了解某个对象,就把这个对象与它十分相似的各种对象进行比较,找出它们的不同点;又把这个对象与它差异很大的对象进行比较,找出它们的相同点。这样,学生就较容易地明确这个对象的本质特征。

分类是在头脑中根据事物或现象的共同点和差异点,把它们区分为不同种类的思维过程。分类是在比较的基础上,将有共同点的事物划为一类,再根据更小的差异将它们划分为同一类中不同的属,以揭示事物的一定从属关系和等级系统。例如,学生掌握数的概念时,把数分为实数和虚数;又把实数分为有理数和无理数;有理数又可分为整数、小数和分数等。

(三) 抽象与概括

抽象是在头脑中把同类事物或现象的共同的、本质的特征抽取出来,并舍弃个别的、非本质特征的思维过程。例如,通过分析、比较,我们抽出人类具有的共同的、本质的属性,即能说话、能思维、能制造工具等,舍弃能吃饭、能睡觉、能喝水、能活动等其他动物共有的非本质属性,这就是抽象过程。

概括是在头脑中把抽象出来的事物的共同的、本质的特征综合起来并推广到同类事物中去,使之普遍化的思维过程。例如,我们把"人"的本质属性——能言语、能思维、能制造工具综合起来,推广到古今中外一切人身上,指出:"凡是能言语、能思维、能制造和使用工具的动物都是人。"这就是概括。

抽象与概括的关系十分密切。如果不能抽出一类事物的本质属性,就无法对这类事物进行概括。而如果没有概括性思维,就抽不出一类事物的本质属性。抽象与概括是相互依存、相辅相成的。抽象是高级的分析,概括是高级的综合。抽象、概括都是建立在比较的基础上的,任何概念、原理和理论都是抽象与概括的结果。

(四) 体系化与具体化

体系化是在人脑中将知识的各个要素分门别类地构成一个有机的、层次分明的系统的思维过程。例如,把动物分成无脊椎动物和脊椎动物;无脊椎动物又可分成原生动物、腔肠动物、环节动物和节肢动物等;脊椎动物又可分为鱼类、两栖类、爬行类、鸟类、哺乳类,这样就把动物的知识要素体系化了。

体系化是在分析与综合、比较与归类抽象与概括的基础上进行的。

具体化是把抽象化和概括化了的一般原理应用到具体对象上去的思维过程。具体化使一般的抽象的知识与直观的感性的事物联系起来,从而更容易对客观事物的本质属性进行理解。

分析与综合、比较与分类、抽象与概括、体系化与具体化紧密联系,相互作用,并在解决问题的过程中相互结合。合理地组织和运用思维活动过程,是人类顺利完成各项任务的心理基础。

第二节 问题解决与推理

案例 6-2   如何测量灯泡的容积?

> 青年数学家 Apton 刚到 Edison 的研究所工作时,Edison 想考考他的能力,于是给了他一只实验用的灯泡,叫他计算灯泡的容积。一个小时过去了,Edison 回来检查,发现 Apton 仍然忙着测量和计算。Edison 说:"要是我,就往灯泡里灌水,将水倒入量杯,这样就知道灯泡的容积了。"

思考题
1. Edison 和 Apton 在解决问题的思维方式上有何不同?
2. Apton 受到何种因素的影响而没能灵活地解决灯泡容积的问题?

在日常生活中,我们会遇到各种各样的问题,有些问题我们能够顺利解决,有些则无法解决或无法正确解决。产生这种现象的原因是什么?哪些因素会影响我们解决问题的过程呢?

一、问题解决

(一) 问题解决的思维过程

思维总是与问题解决相联系的。当人们对某个事情感到疑惑、困难,觉得不易理解、不易处理的时候,即碰到一个需要解决的问题的时候,头脑中就会出现寻求答案或方法的思维过程。正因如此,有些心理学书籍甚至将思维界定为问题解决。

解决问题的思维活动一般要经历"发现问题—明确问题—提出假设—验证假设"的过程。其间,思维活动常常表现出以下两个规律性特征:① 目标指向性,即在问题解决的过程中,思维活动始终指向解决问题这一既定目标,其心智操作的每一步骤都围绕着是否有利于达到目标而进行。例如,卜棋的每一步骤均被最后取胜的目标所支配和指导;医生的诊断和治疗始终指向患者痊愈和康复的目标。② 操作序列性,即在问题解决的过程中,思维的心智操作具有逻辑上的序列性,即在解决问题的功能上具有不同层次:先明确解决问题的一般范围(方向和原则),再提出各种可能的方法,最后筛选并确定一个具体的方法。

1945 年,心理学家 Duncker 做了一项关于解决问题的经典研究。在一个实验中,他向被试(柏林大学的学生)提出一个问题:假定一个人的胃部长了一个不能手术的肿瘤。我们知道,如果应用某种放射线,只要有足够的强度,肿瘤是可以破坏的。问题在于:强烈的放射线怎么能够应用到肿瘤上,同时又不会破坏围绕这个肿瘤四周的健康组织?

实验记录了被试思考的解决办法(图 6-3),从中可以划分出他们头脑中形成的思维序列:

1. **一般范围**　即问题的一般性质和解决问题的一般原则。例如,"必须找到一种方法,使放射线不与健康组织接触"。

2. **功能性解决**　即解决问题的各种可能方法。例如,"找出一条达到胃的通道""把健康组织移出射线的通道以外""在射线和健康组织之间插进一道保护墙""把肿瘤移到表面上来"。

3. **具体化解决**　即各种可能方法的筛选与确定。功能性解决的每一种方法都可能暗示一种具体化的办法。如"利用食道管""插进套管"等。在解决方法具体化中,如果一种办法行不通,思路就会又回到功能性解决上去,寻找另一个具体化的方法,直到问题最后得到解决为止。被试最后形成的解决方法是:从体外的各个不同的点上,通过透镜发出几束微弱的放射线,所有这些微弱的放射线都汇聚在肿瘤上;于是,放射线只有在肿瘤上才能达到破坏组织所必需的强度。

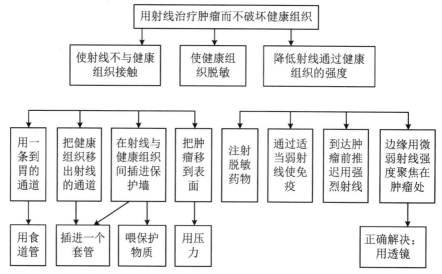

图 6-3　一个受试在解决 Duncker 治癌问题时尝试解决方法谱系图

(二) 问题解决的影响因素

1. 问题情境 问题情境是指思维者所要解决的问题的客观情境或问题的呈现方式。一般说来,问题情境与人的知识经验或认知结构的差异越大,问题就越难解决;反之,问题则容易解决。问题情境对思维的影响,主要表现在以下几个方面:

(1) 问题元素的空间集合方式。某实验要求学生解两道几何题,这两道几何题文字说明完全一样,即已知正方形的内切圆的半径为 20 厘米,求正方形的面积;这两题的差别是半径标示的位置不同(图 6-4)。结果显示,学生解题 B 比解题 A 快。其主要原因是:在 B 题中,圆的半径容易看成正方形边长的一半;而在 A 题中,学生需要在心理上将圆的半径向上或向下旋转 45°,才能看出圆的半径与正方形之间的关系。

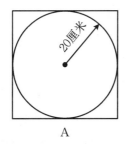
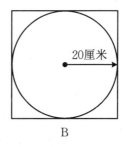

图 6-4 问题元素的空间集合方式对思维的影响
(资料来源:杜文东.心理学基础[M].北京:人民卫生出版社,2013.)

(2) 问题元素的多与少也影响思维效率。一般来说,当问题所呈现的元素太少时,会影响思维者对问题的已知条件的把握,进而影响对问题的分析程度;当问题所呈现的元素过多时,特别是包含某些与问题的解决无关的多余元素(多余刺激)时,则会对思维产生干扰作用。D. Katz 曾经研究过多余刺激对解决问题所引起的干扰作用。他以小学生做被试,让他们做一些运用加法和减法的简单算术题。第一步,先让被试做一些无单位的纯数字题,如 10.50+13.25+6.89 等,并将他们的平均计算速度记录下来;第二步,让被试做一些附加了他们所熟悉的货币名称作单位的数字题,如 10.50 美元+13.25 美元+6.89 美元,结果发现被试的平均计算速度有所减慢;第三步,让被试做一些附加了他们所不熟悉的货币名称(如克朗、盾、圆等)作单位的数字题,结果发现被试的平均计算速度减慢了更多。后来,Katz 又用成年人重做类似实验,发现做附加单位名称的加法计算题,要比做纯数字题用时增加 12%。显而易见,把一些不相干的或不熟悉的因素加在一项简单和熟悉的工作上(如加法或减法),由于"心理眩惑"作用,会对思维产生干扰。

专栏 6-4　心理眩惑

有一道趣题:有一个人用 60 美元买了一匹马,又以 70 美元卖了出去。然后他又用 80 美元买回来,再以 90 美元卖出去。然后他又用 80 美元买回来,再以 90 美元卖出去。在这个交易中,他赚了多少钱?答案有:① 赚了 10 美元;② 赚了 20 美元;③ 赚了 30 美元;④ 没赚钱。

密执安大学的 Meyer 和 Burke 曾把这个题目给一组大学生解答,能做出正确答案(赚 30 美元)的不到 40%。什么原因使如此简单的问题变得不简单呢?他们分析,这是因为同一匹马使计算者把几次不同的交易混而为一,造成干扰,形成"心理眩惑",导致计算错误。心理眩惑来自外界刺激所造成的某些干扰或解决问题过程中不适应的情绪反应,从而形成心理上的昏眩和惑乱。心理眩惑是解决问题、尤其是创见性地解决问题的主要障碍。

根据形成心理眩惑的原因,防止、避免心理眩惑地办法主要有以下几点:

(1) 一般复杂的事物包含的材料较多,其中有些与问题解决不相关或相关不大,它们对于人们解决问题起干扰作用,会引起心理眩惑。解决的方法是当遇到此类问题时,可以把其中主要因素重新进行"组织",使之简单、清晰。

(2) 当我们解释某种现象、解决某个问题时,还可能被刺激物所引起的情绪所迷惑。对某个事物的偏爱、嫉妒、向往、冷漠等诸多情绪,影响人们在问题解决中的思维活动。防止的办法是充分估计情绪对思维的作用。在分析问题、解决问题时要自觉避免过激的情绪;还可以参考其他人的观点,以减少情绪对我们的影响。

2. 原型启发　所谓原型就是与思维对象在结构、功能等方面有类似之处,能 | 原型启发和机械模仿的区别是什么? | 使人的思维受到启发作用的事物。原型启发可以使人们的思路豁然贯通,认识发生飞跃,从而找到解决问题的方法和途径。据说雷达的发明是受蝙蝠发出的超声波的启发的。近年来迅速发展的"仿生学",就是运用大量的生物为原型,从生物体的结构和功能中得到启发,从而设计和创造出新的技术设备。任何事物都可能作为原型,但是否能最终成为原型且具有启发作用,这不仅取决于事物本身的特点(即原型与思维对象之间具有某些相似之处),还取决于思维者自身的知识经验和思维状态。在教学中,为了帮助学生解决问题,教师可以向学生提供一些必要的范例作为原型,启发学生打开思路,但同时要注意防止学生机械地模仿范例。

3. 定势　定势是指心理活动的定向趋势,它是由于已有知识经验的作用而形成的一种心理准备状态。在解决问题的思维过程中,由于受已有知识经验的影响,人对问题性质的分析方式和解题思路的选择方法都会预先形成某种定向趋势,亦即所谓的思维定势。这种定向趋势既可能对思维产生积极作用，也可能产生消极作用。如果定势与问题的性质或解题的要求相一致，会提高思维的效率；但如果定势与问题的性质或解题的要求不相一致，则会降低思维的效率，甚至阻碍问题的解决。

心理学家 Luchins 曾做过一个有关定势对思维影响的著名试验。实验中，他要求被试利用三个不同容量的杯子去量出一定量的水，实验程序如下：被试分为两组，实验组从第 1 题一直做到最后一题，而对照组只需从第 6 题开始做。如此设计的目的旨在探讨经由同样的方法解答第 1~5 题之后，是否会产生一种思维定势而影响运用简便方法解答第 6~9 题。在这一系列作业中，第 1~5 题的解决方式都是 $D=B-A-2C$；第 6~9 题虽然也可以采用这一方式，但是还有简便的方法：$D=A-C$ 或 $D=A+C$。结果显示，实验组的大多数被试在继续做第 6~9 题时仍然按照 $D=B-A-2C$ 这一方式去做，而没有发现可以用更为简便的方法 $D=A-C$ 或 $D=A+C$ 来完成；而对照组被试在解第 6~9 题时，除个别人外，大都采用简捷方法。这说明，先前的解题方式所形成的思维定势对解决后继问题产生了消极影响。（表 6-2）

表 6-2 Luchins 定势实验的程序安排

作业序列	用指定的容器量出水的容量（毫升）			要求量出的水的容量（毫升）
	A	B	C	D
1	21	127	3	100
2	14	163	25	99
3	18	43	10	5
4	9	42	6	21
5	20	59	4	31
6	23	49	3	20
7	15	39	3	18
8	28	59	3	25
9	14	36	8	6

4. 知识与问题解决　具有专业知识多的人比专业知识少的新手更容易解决问题。新手和专家之间在知识结构或内容成分方面存在差异：专家比新手掌握更多属于不同具体领域的概念。专家所储存的关于各个概念的表征通常比新手丰富，因为专家的表征中包含更多的概念关系和特征。新手与专家在解决问题的认知过程或策略上也有差别：专家通常更有计划性，他们更可能在尝试解决问题前，分析问题并将其归类。这一初始加工可能为专家提供一个有效的行动计划，并在实际的问题解决中加以执行，专家具有大量高度组织性的知识记忆。

（1）专家与新手在知识数量上有差别。1965年，De Groot在一系列著名的实验中，比较了国际象棋大师和普通棋手的差异。在一项研究中，给象棋大师和新手看实际比赛的棋局各5秒钟，然后打乱棋子的位置，让他们重新复盘。结果发现，象棋专家正确恢复棋子的数量是20~25个，而普通棋手只有6个。但当专家和新手所看棋局为随机排列的棋局时，他们恢复棋子的数量没有差别，都是6个。1973年，Chase等人的实验也发现了类似的事实。他们利用"组块（chunks）"的概念解释了上述结果。他们认为，当棋局随机排列时，专家与新手把每个棋子当作一个组块，因此恢复的数量没有差别。而当棋局是实际比赛的棋局时，专家的组块包含更多的棋子，所以恢复出棋子的数量比新手要多。专家与新手相比，记忆存储的信息量大，存储的熟悉的棋局模式多，这些差别决定了专家与新手棋艺水平的差别。

（2）专家与新手在知识组织方式上有差异。1982年，Chi等人对专家和新手的知识组织方式进行了研究。在实验中，他们要求专家（物理学博士研究生）和新手（学过一学期力学的大学生）对24个物理问题进行分类。结果发现，新手往往根据问题的表面结构特征进行分类。例如，把插图中有斜面的问题分为同一类。而专家则根据问题的深层结构进行分类，把解题时运用相同定理的问题归为同一类。

在Chi的另一项研究中，让专家和新手对40道物理题进行分类。实验过程分四步：第一步，被试只需对这些问题分组；第二步，对原来的分组再划分为亚组；第三步，对划分出的亚组再进行详细的划分；第四步，被试重新检查最初划分的组，并应用合适的原则把它们合并起来。实验结果如下（图6-5）：

圆形代表最初分的组；正方形和六边形代表亚组；三角形代表合并的结果；图形中的数字代表归入该组问题的数量。

结果表明，两位专家都能运用某种一致性的原则对40个问题进行分组。例如，专家C和专家D把20道题合并为守恒定律的问题，把另20道题合并为运动方程的问题。而在两位新手中，只有一位能够确定出上位类别，而且只能解释40个问题中的14个。这表明，专家的知识是按层次结构的方式组织起来的，这种组织方式是专家长期解题经验积累出来的结果。

5. 功能固着　功能固着是指个体在解决问题时只看到某事物通常的功能，看不到它可能存在的其他方面的功能，从而干扰问题解决的思维活动。例如，锤子一般被当做敲击之用，有时很难发现它还可以当做门栓、挡书板，甚至秤砣来使用。1945年，Duneker的"纸盒问题"实验证实了功能固着的确是人们在问题解决中的障碍。这个实验表明直接解决某一问题的工具缺乏时，功能固着阻碍着问题解决者对现有工具潜在功能的发现，从而影响了问题的正确解决。克服功能固着这一心理因素负面影响的唯一办法是打破常规惯例，积极培养个人创新思维。

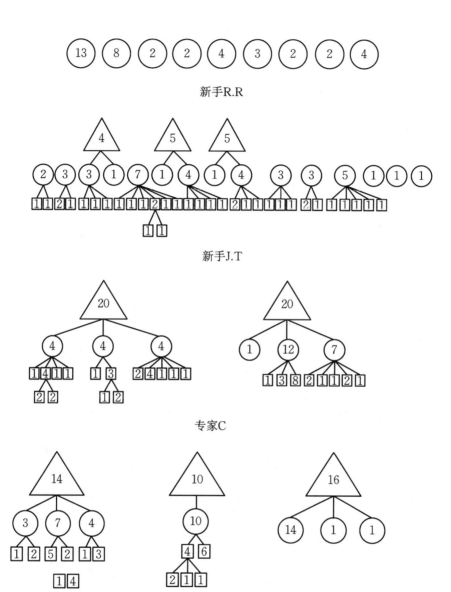

图 6-5　专家和新手在分类作业中的分组情况

(资料来源:CHI M,FELTOVICH P,GLASER R. Categorization and representation of physics problems by experts and novices[J]. Cognitive Science,1982(5):121-152.)

专栏 6-5　纸盒问题

Duncker 的纸盒问题是有关功能固着的一个经典研究。实验情境是,在一个房间里有一张桌子,桌子上有三个物体,即一支蜡烛、一盒火柴和一盒图钉。被试的任务是使用桌子上的物体把蜡烛粘到门上并使之继续燃烧。

Duncker 的实验采用被试间设计将他们分为三组。第一组被试(控制条件)看到的是三个空火柴盒,它和大头针、火柴以及蜡烛等实验材料一起摆放在桌子上;第二组被试(功能固着条件)看到的是装有火柴的三个火柴盒;第三组被试(中性物条件)看到装有纽扣等与问题解决无关的三个火柴盒。正确做法非常简单,就是把空火柴盒钉到墙上作蜡烛支架就可以了。但是由于功能固着的问题,大多数人都没有想到这个简单的方法。实验结果如表6-3所示:后两组条件下被试未能成功地解决问题,究其原因是盒子的容器功能过于突出,被试的功能固着思维方式过于强烈;而第一组被试之所以在控制条件下成功地解决了问题,则可能是因为空盒子的容器功能弱化了,所以也就弱化了功能固着的思维方式。

表 6-3　蜡烛问题三种实验条件下解决问题的人数

条件	盒子的状况	解决问题的人数($n=7$)
控制条件	空盒	7(100%)
功能固着条件	盒子里装着火柴	3(43%)
中性条件	盒子里装着无关材料(纽扣)	1(14%)

6. 动机和情绪状态　在解决问题的思维活动过程中,动机强度与思维效率之间存在着辩证关系。如果动机强度低下,思维者会因为缺乏足够的动力而不能进行有效的思维或有始有终地解决问题;但如果动机强度太大,思维者也会因为心情急切而发生"欲速则不达"的后果。有位心理学家曾做过一个有趣的实验:以黑猩猩为实验对象,要求它们在进食后,分别间隔 2、6、12、24、36、48 小时,用棍棒完成取食活动。实验结果显示:当进食后 2 小时,由于进食需求低,取食动机弱,黑猩猩很容易被无关刺激干扰而完不成取食活动;当进食后 48 小时,由于取食动机过强,黑猩猩往往只注意食物而不注意利用棍棒,因而也不能有效地完成取食活动;只有在进食动机处于中等强度时,黑猩猩取食活动的效率最高。通过对人类思维活动的系统研究,心理学家将动机强度与思维效率之间的关系,描绘成一条倒置的 U 型曲线(图6-6)。

该曲线图显示:① 当动机太弱时,思维者的注意力容易被无关因素所干扰,心理活动的积极性不高,思维效率也很低。② 在一定范围内,思维效率随着思维者动机的增强而提高。③ 当动机强度超过一定限度之后,思维的效率反而越来越低。这是由于心情急切,情绪过分紧张,妨碍了思维者的冷静思考和合理决策。所谓欲速则不达,就是由于这种动机状态造成的。④ 在一般情况下,动机适中才能获得最佳思维效率。因此,动机太弱或太强都不利于思维活动,而中等强度的动机则最有利于提高思维效率。

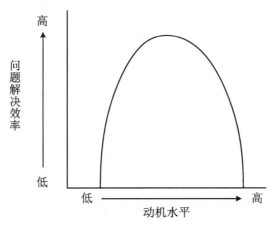

图 6-6　动机强度与思维效率

（资料来源：杜文东.心理学基础[M].北京：人民卫生出版社,2013.）

人的情绪高低也会影响问题解决。焦虑和问题解决的关系类似于动机强度和问题解决的关系。适度的焦虑情绪唤醒能够集中问题,集中解决者的注意力,促进他对问题信息的知觉和表征,唤起长时记忆中的相关信息,更进一步激起问题解决者在问题的表征和原有认知之间的信息加工和模式识别,发现问题解决的策略。而紧张、惶恐、烦躁、压抑等消极情绪会阻碍问题解决的速度。例如,学生高考时,由于情绪过于紧张焦虑,会使其思路阻塞,有时面对简单的题目反而束手无策。

> 你的情绪是如何影响你的思维的?

7. 个性特征　能否顺利解决问题与一个人的个性特征有着密切关系。一个勤奋乐观、自信坚定、勇于探索、不怕困难的人,能解决许多问题;一个态度怠慢、懒惰、无信心、畏难怕苦、遇事动摇不定的人,往往在问题解决的过程中容易半途而废。

二、推理

推理(reasoning)是指根据一般原理推出新结论,或者从具体事物或现象中归纳出一般规律的思维活动。前者叫演绎推理(deductive reasoning),后者叫归纳推理(inductive reasoning)。例如,针对"铁受热会膨胀吗?"这个问题,人们根据"一切金属受热都会膨胀"的原理,推出"铁是金属,铁受热会膨胀"的结论。这种回答问题的过程就是演绎推理。再如,"金受热后体积膨胀""银受热后体积膨胀""铜受热后体积膨胀""铁受热后体积膨胀",由于金、银、铜、铁都是金属,所以得出"所有金属受热后体积都会膨胀"的结论,这就是归纳推理。

心理逻辑理论认为人们在推理中常常将逻辑规则运用于心理操作。人类的推理过程应该包括三个组成部分:① 一组推理模式;② 一种以图式为工具进行推理的推理程序;③ 一组独立激活的实用原理。人们在推理中首先要将前提"翻译"成类似语言的心理表征,使其逻辑明确化,这样就可以将推理规则应用于这些表征,从而得出结论,如果前提不能和逻辑规则形式匹配,就不能运用这些规则,从而导致推理发生错误。

(一) 三段论推理

三段论推理是指从一般原理到特殊事例的推理形式。

三段论推理包括全称肯定前提、特称肯定前提、全称否定前提和特称否定前提四种论断。在以上四种三段论推理的论断中,只有第一个推论是正确的,其他三个都是错误的。但在实际生活中,许多人会从直觉上认为,以上四个结论都是正确的,这说明人们的推理并不一定总是遵循严格的逻辑规则。

所有的A都是B,所有的B都是C,因此所有的A都是C。

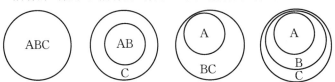

所有的A都不是B,所有的B都是C,因此所有的A都不是C。

所有的A都是B,所有的C都是B,因此所有的A都是C。

有些A都是B,有些B都是C,因此有些A是C。

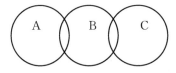

图 6-7 三段论推理的四种形式的各种可能意义的图解

(资料来源:梁宁建.心理学导论[M].上海:华东师范大学出版社,2013.)

（二）条件推理

条件推理是指利用前提条件进行推断并得出新结论的过程。在条件推理中，前提的"真"或"假"都以逻辑为准，而不是以个体具有的相关世界知识为基础。例如，"如果明天下雨，那么球赛就停止""明天下雨""所以球赛停止"，这个推理的结论是"真"。但是，如果前提推理出现问题时，这个结论就会有问题，例如：

如果：天冷，张三就是个男人（前提）

天是冷的

那么：张三是个男人（结论）

这个推理的结论在逻辑上是"真"的，但事实是"假"的，因为现实生活中的张三可能是个女人，而根据以上两个前提，从逻辑上是不会推理出"张三是个女人"的结论的。条件推理是从蕴含式条件陈述出发导出结论的过程，而从前提到结论的导出是建立在一系列规则之上的。条件推理的规则是：当前提为真时，能够得出某结论为"真"的判断。另外，如果说某个推理有效，实际上是该推理过程运用了正确的推理规则。

条件推理中有两条重要规则：取式和拒取式。取式是指通过肯定前提从而肯定结论的假设推理过程。拒取式是指通过否定结论来否定前提的否定推理形式。例如：

(1) 如果：明天是星期天，那么：阅览室不开放。

(2) 如果：阅览室不开放，那么：我就不能看《心理学》杂志。

(3) 明天是星期天，

根据取式，从(1)(3)可以推论出：

(4) 那么：阅览室不开放。

或从(2)(4)可以推论出：

(5) 那么：我就不能看《心理学》杂志。

从以上例子中可以看出，条件推理中的取式规则是：当给了 A 蕴含 B 的命题，以及肯定 A 为真时，推出 B 为真的过程。那么，如果是下面的陈述：

(6) 我能看《心理学》杂志。

根据拒取式，从(2)(6)中可以推论出：

(7) 那么：阅览室将开放。

或从(1)(7)中可以推论出：

(8) 那么：明天不是星期天。

条件推理过程中会发生许多错误。在否定结论和肯定结论推理中所犯的错误表明，很多人的思维和推理活动有时是不符合逻辑的，尤其是个体经常会发生拒绝有效结论而去接受无效甚至无稽的结论，其中最可能的原因要么是对前提条件的错误理解，尤其是错误解释一个或多个前提；要么是启发不恰当，即在前提条件中运用了多个抽象规则，造成它们之间的不协调。对前提加工错误，就不能在自己的工作记忆中保持必要的信息,其中包括前提理解错误或理解失败的原因。

第三节 决 策

一、决策的含义

决策是指在几种备选的方案中进行选择的过程。在日常生活中,决策时时发生并影响着人们的行为。例如,高考填写志愿时,选择什么学校、什么专业？准备购买汽车时,买什么牌子、什么价位、什么款式的汽车？这些都需要进行决策。

决策可分为确定性决策和风险决策。确定性决策是在确定的条件下,对备选的方案做出选择的过程。例如,购买运动鞋时,已知两种鞋的价格、款式、颜色、性能等,你只需要根据自己的喜好选择一种就可以了。这种决策就是在比较确定的条件下做出的决策。风险决策是在不确定的条件下做出选择的过程。在风险决策中,决策者不仅对各种备选方案成功的概率不清楚,而且对存在哪些备选的方案也可能不清楚。例如,在产品开发中,什么样的产品能赢利,就属于风险决策。

二、决策的过程

(一) 问题组织

决策者在这个阶段面临的主要问题是辨识与确定决策问题、有哪些抉择、在哪些维度上评价抉择、主要是什么不确定性因素、在何种水平上组织问题。

(二) 评价后果

决策者在这个阶段的主要问题是评价抉择所依据的维度是否适当、思考怎样给不同维度加权。判断决策维度是否合适有五条标准:完整性、操作性、可分解性、非多余性和最少性。

(三) 评价不确定性

在问题组织中,决策者已经知道哪些抉择是确定的,哪些抉择是不确定的。这一阶段的任务就是将不确定的抉择进行数量化,也就是对不确定性抉择的概率进行估计。

(四) 评价抉择

决策者在这个阶段的主要问题是判断使用什么样的准则来评价抉择。具有如下准则:乐观准则、悲观准则、乐观系数准则、"后悔值"准则和"等可能性"准则。

(五) 敏感性分析

决策者在这个阶段的主要任务是确定决策分析的目的性,即提供有关决策问题的数量和行动方案的期望值。在决策分析时,不论决策者采用哪种数据建构决策情境,通过敏感性分析都可以看出决策对这些变化的敏感性程度。

(六) 信息收集

决策者在原有信息的基础上,增加额外信息需要付出什么代价？收益如何？

以招聘为例,在聘用某人前,特别是竞争状况下,获得应聘者信息的速度至关重要。因为决策者若不能充分掌握信息,往往会推迟决策,这种推迟有时会造成很多原本可避免的损失。

(七) 选择

决策过程的最后阶段是选择。在完成以上六个步骤后,需要考虑对问题的分析是否充分。为此,应从代价、收益、情境、局限性等方面对问题进行分析。如果回答是肯定的,那么就要进行选择。此时,决策者一般会选择期望效用最大的选择。

三、决策的影响因素

研究发现,人在不确定的条件下进行决策往往是非理性的,而且做出决策的偏差是有规律的,人更多的是根据几种启发式的方法进行判断和决策。

(一) 代表性启发法

代表性启发法是指人们估计事件发生的概率时,受它与其所属总体的基本特性相似性程度的影响。通俗来讲,样本与总体的原型越相似,就越容易被归入该总体。例如,请你根据下面的情景进行决策:

心理学家现对 100 名工程师和律师进行了访谈和人格测验,其中,30 人是工程师,70 人是律师。现从中随机抽出一位进行描述,请判断他是工程师,还是律师。

"John,男,45 岁,已婚,有子女。他比较保守、谨慎、有进取心,对政治、社会问题没有兴趣,大部分休闲时间参与他嗜好的活动,包括家庭、木艺和猜数字谜语。"

或许和你选择的结果一样,多数被试选择了"John 是一位工程师"。但是根据上文的阐述,John 更有可能是律师。因为由 100 人的总体中有 70 位是律师。为什么多数人会选择 John 是工程师,而不是律师,这就是受到了代表性启发的影响。

在上面的例子中,John 的特点与工程师的人格特征很相似,例如,"谨慎、有进取心,对政治、社会问题没有兴趣"等。因此,尽管在上述例子中工程师的基础概率较低,大家仍然把 John 归入工程师的范畴。

(二) 易得性启发法

易得性启发法是指倾向于根据事件或者现象在记忆中获得的难易程度来评估其概率的现象,即根据事件或现象在记忆中是否容易提取到来做判断和决策。例如,请你对下面的问题做出判断和决策:

"英文中以 R 开头的单词多,还是以 R 是第三个字母的单词多?"

人们通常会认为以 R 开头的单词多,但实际上后者要比前者多。这是因为人们更容易从记忆中提取以 R 开头的单词。Kahneman 等人把这种启发法称为易得性启发法。

根据易得性启发法,你可能做出精确的判断,但也可能使你产生判断和决策的偏差。

(三) 锚定和调整启发法

锚定和调整启发法是指人们根据给定的信息做出最初的估计后,根据当前的问题对最初的估计做出调整,但是调整的幅度不大。这里最初的估计值相当于锚定,以后的调整是在锚定基础上的微调。

例如,1974 年,Tversky 和 Kahnemam 将以下两组数字分别呈现给两组被试,请他们在 5 秒钟内估计数字的乘积。

A. $1×2×3×4×5×6×7×8=?$

B. $8×7×6×5×4×3×2×1=?$

结果表明,被试对 A 行数字的平均估计值是 512,而对 B 行数字的平均估计值是 2250。为什么会出现这种情况呢?因为在时间紧迫的情况下,多数被试往往是先计算前几步,得到一个初始的计算值(锚定),然后在此基础上进行调整。B 行比 A 行的初始值高,因此估计得就会偏高些。但是这些估计值和数字乘积的实际值(40320)比较起来相差很远,因此即使对初始值有所调整,调整的幅度也不会高。这种启发法称为锚定和调整启发法。根据锚定和调整启发法,最初的估计是起到决定性的作用。

以上三种启发法对决策是有帮助的,它使人们利用已有的知识经验快速决策,但是采用这些启发法也可能导致决策的偏差。

> 举例说明在日常生活中你是如何进行决策的?这些决策受到哪些因素的影响?

第四节 创造性思维

一、创造性思维及其特点

创造性思维是指以新颖、独创的方法解决问题的思维。通过这种思维,不仅能揭示客观事物的本质及其内在联系,而且能在此基础上产生新颖的、独创的、有社会意义的思维成果。

创造性思维是人类思维的高级形式,它主要有以下 4 个特点:

(一) 新颖性

创造性思维不同于一般的思维活动,它要求打破惯常的解决问题的方法,将已有的知识经验进行改装或重建,创造出个体前所未知的或社会前所未有的思维成果。创造性思维最本质的特征是开拓和创新,它在综合他人思维成果及前人智慧精华的基础上,通过摄取与排除、改造与适应、联想与储备、理解与运用,从而在思想上产生一系列思维转化活动,以从不同以往的角度寻求解决问题的途径和方法,最后达到新的发现、新的突破。

(二) 发散思维与集中思维有机结合

众多的心理学家认为,创造性思维是发散思维与集中思维两种思维活动相结合的产物。在创造性思维活动中,既需要运用发散思维开阔思路、多向思索,提出多种假设或解决问题的方案;又需要根据一定的标准运用集中思维,从众多方案中筛选出一种最合适的方案。创造性思维常常是按照"发散—集中—再发散—再集中"的思维方式,经多次循环、不断深化才得以完成的。

(三) 创造性想象的积极参与

创造想象是创造性思维的重要成分。创造想象的积极参与,能使人的创造性思维具有很大的自由度,使之驰骋于无限的现实世界,奔腾于神奇的幻想境地,透过有限而深入无限,越过现今而推测过去和预测未来。没有创造想象的积极参与,人就不可能突破个体经验的局限而创造出具有新颖、独创价值的思维成果。

(四) 有灵感状态出现

灵感状态是创造性思维活动的又一典型特征。所谓灵感状态,是指人在创造性思维活动中,某种新思想、新概念、新方法或新形象突然闪现,从而使思维活动处于豁然开朗的亢奋状态的一种心理状态。灵感状态是创造性思维活动中必然性与偶然性的统一,是认识上的飞跃。强烈的探索需要、丰富的知识积累、长久的专注思考、原型的启发刺激是灵感得以产生的条件。

二、创造性思维的过程

创造性思维的过程是指在问题情境中,创造性思维从萌发到完成的整个过程。心理学家通过对发明家们的自述、日记、传记以及其他相关资料的分析研究发现,无论是科学研究,还是艺术创作,创造性思维的过程大致涉及以下 4 个阶段:

(一) 准备期

所谓准备期,是指创造活动前,创造者积累有关知识经验,收集有关资料和信息,为创造性思维活动作准备的阶段。创造性思维的准备期一般比较长,因为任何新生事物的创造,必须对前人经验有较深刻了解,然后才有可能从旧问题中发现新问题,从旧关系中发现新关系,进而才有可能创造新的思维成果。例如,司马迁撰写出《史记》,前后经过数十年的准备时间;Einstein 的著名论著《相对论》,写作仅花了 5 个星期,但是准备工作花了 7 年之久。

(二) 酝酿期

酝酿期是指在已积累的知识经验的基础上,对问题和资料进行深入探索和思考的时期。这一时期是创造性思维最为艰苦阶段,因为创造者虽然对某方面的知识经验已有了相当的基础,但是对于如何形成创造成果依然处于苦思冥想的尝试之中,以致创造者的创造活动没有任何看得见的进展,并伴有情绪上的烦躁。比如,处于这个时期的作家,尽管头脑中萦绕着各种问题,但是不知如何表述是好,看着面前的稿纸一个字也写不出来,或者写了一段又极不满意地撕碎扔掉。此时,创造者最盼望的就是灵感。由于缺乏灵感,创造者可能不得不把问题暂时搁置一边去从事其他活动,但对问题的思考可能仍在断续地进行着,并且常常在不自觉的潜意识活动中酝酿着。

(三) 豁朗期

豁朗期是指思路豁然开朗,创造者对所思考的问题一下子"恍然大悟"的时期,也称灵感期。豁朗期常常是从突如其来的顿悟开始的,而且往往是在创造者意想不到的时刻,相当富有戏剧性。此时,某种新思想、新观念、新方法或新形象突然涌现,构思的各个部分一下子各就各位,长时间苦思冥想的各种问题随之迎刃而解,创造者处于一种充满创造激情的亢奋状态之中。

(四)验证期

验证期是指对创造成果进行验证补充和修正,使其趋于完善的时期。验证可以有两种方式:一是从理论上求证其准确性、周密性;二是付诸实践,用行动加以检验。在验证期,部分否定或全盘否定情况也是会有的,如被否定可提出新的合乎现实的假设,使得要解决的问题更符合客观实际。

> 根据本章的知识,谈一谈如何培养创造性思维?

阅读 高创造力者的个性特点

日常行为
有独创性
语言表达流畅
智力水平较高
想象力丰富

思维能力
在思维中善于运用比喻
决策灵活
归类概括的能力强
善于独立判断
善于运用心理表象
有应对新鲜事物的能力
逻辑思维能力强
能打破心理定势
善于在混乱中找秩序

思维方式
不轻易接受假设,总要问"为什么?"
能找出新知识的新、异、奇处以及与已有知识的差别
利用现有知识,提出新观念喜欢非言语性的交流
喜欢把思维内容可视化
能在"漂亮"的问题的提出和解决中找到一种美感体验
利用每一个偶然机会

个性特点
愿意参加智力冒险游戏
在问题解决中具有良好的坚持性
好奇心强,爱刨根问底
重视新的经验,不受已有经验的束缚
做自己感兴趣的事时非常专注
工作遵守纪律,信守承诺
能对工作自发地产生强烈兴趣
对其他人施加的限制和规定极为反感
寻求竞争和挑战
勤于思考、精力集中
能容忍事物的不明确性
有广泛的兴趣
幽默地看待问题
重视创造性和独创性
直觉准确

(张铭)

第七章　情　　绪

第一节　情绪概述
　　一、情绪与情感的概念
　　二、情绪、情感与认知过程的关系
　　三、情绪和情感的机体变化
　　四、情绪和情感的功能
第二节　情绪和情感的分类
　　一、基本情绪
　　二、情绪状态
　　三、道德感、美感和理智感
第三节　情绪理论
　　一、传统理论观点
　　二、情绪的精神分析理论
　　三、情绪的认知理论
　　四、情绪的动机-分化理论
　　五、情绪的不协调理论
第四节　情绪调节
　　一、情绪调节的概念
　　二、情绪调节的基本过程
阅读　几种常见的情绪调节的方法

案例 7-1　八风吹不动　一屁打过江

　　传说苏轼在江北瓜洲任职时，非常热衷佛道，时常和隔江而望的金山寺住持佛印禅师讲禅说道。有一天，苏轼觉得悟禅忽有所得，即兴挥笔赋诗一首，急唤书童送给佛印禅师欣赏。并嘱咐书童，要等禅师写了批语再回来。诗文是这样的："稽首天中天，毫光照大千。八风吹不动，端坐紫金莲。"

　　诗中"八风"指的是佛教中"称、讥、毁、誉、利、衰、苦、乐"八种情感。全诗的意思是说：我顶礼膜拜伟大的佛陀，蒙受佛光的普照，我的心已经不再受大千世界的八风所牵动，好似佛陀端坐莲花座上一样。

　　禅师看罢诗后，半晌不语。思考良久，提笔在诗文的背面批了两个字，叫书童带了回去。

　　苏轼心中满怀期待，以为禅师对自己修行参禅的境界一定会大加赞赏，迫不及待地打开诗卷，细看禅师的批语，上面只有两个字："放屁"。

　　原来还自鸣得意的苏轼，霎时气急败坏，连忙摆渡过江直奔禅寺去找佛印禅师。

　　出乎意料的是佛印禅师早在江边等候多时了。

　　苏轼怒不可遏地冲禅师说："禅师！我一直拿你当好朋友。我悟禅，你不赞赏也就罢了，怎可骂人呢？"

> 禅师若无其事地说:"我骂你什么呀?"
> 苏轼忙把诗文背面上批的"放屁"两字给禅师看。
> 禅师见状大笑起来:"嗨!你不是说自己'八风吹不动'吗?怎么我一屁就把你打过江了呢?"

思考题

1. 苏轼诗中涉及哪些情感类型?
2. 当苏轼看到禅师的批语后的情绪是什么?

上述故事,我们可以看到像苏轼这样的大文豪生活中特别注重心身的修炼,他自认为已经能很好地控制自己的情绪,却因为好友的一句话而气急败坏,驾舟去讨个说法。关于情绪,我们每时每刻都在体验,它给我们的生活增添了色彩,有时又使我们的天空阴云密布。但我们又了解它多少,当它来临的时候,我们是和它能和平共处,还是成为它的奴隶。本章我们将从心理学的角度来认识情绪、了解情绪,进而与情绪和解,学会管理自己的情绪。

第一节 情绪概述

一、情绪与情感的概念

情绪(emotion)和情感(affection)是指人对客观事物与自身需要之间关系的态度体验,也是人脑对客观现实的主观反映,是由某种外在的刺激或内在的身体状况作用引起的体验,只是反映的内容和方式与认识过程不同。首先,情绪和情感是以人的需要为中介的一种心理活动,它反映的是客观外界事物与主体需要之间的关系。外界事物符合主体的需要,就会引起积极的情绪体验;否则便会引起消极的情绪体验。其次,情绪和情感是主体的一种主观感受,或者说是内心的体验。它不同于认识过程,因为认识过程是以形象或概念的形式来反映外界事物的。再次,情绪和情感有其外部表现形式,即人的表情。表情包括面部表情、身体表情和言语表情。表情既有先天的、不学而会的性质,又有后天模仿学习获得的性质。最后,情绪和情感会引起一定的生理上的变化,包括心率、血压、呼吸和血管容积上的变化。

二、情绪、情感与认知过程的关系

(一) 情绪、情感与认知过程的联系

1. 情绪、情感与认识过程都是人对客观现实的主观反映,产生的根源都源于客观现实本身。
2. 认识过程是产生情绪和情感的前提和基础 客观事物是否符合人的需要

有赖于人对该事物的认识、评价。人只有在认识过程中才能判断客观事物与人的需要之间的关系,从而产生一定的情绪和情感。"有所知,才有所感。"如果人们对某一事物不认识,不能判断它是否符合人的需要,就不会产生情绪情感体验。如天生盲人不会有欣赏姹紫嫣红的百花之喜悦,聋哑人不会有对噪音的厌烦。并且,随着人对客观事物的认识加深,产生的情绪、情感也越深刻、越丰富。

3. 情绪、情感反过来又影响认识过程

> 情绪和情感有哪些区别和联系?

积极的情绪情感是认识活动的动力,它能推动促进人们去认识事物,提高活动效率;消极的情绪情感是认识活动的阻力,它会阻碍人们发挥认识活动的积极性,降低活动效率。

(二) 情绪、情感与认知过程的区别

1. 认识过程是人对客观事物本身的反映,而情绪和情感是人对客观事物与人的需要之间的关系的反映 由于人的需要不同,不同的人对同样的事物会产生不同的情绪、情感体验。即使同属一种情绪体验,如"喜",每个人感到的"喜"也可能不同。甚至同一个人由于需要的变化,在不同时间对同一事物也会产生不同的情绪、情感体验。

2. 认识过程是通过形象或概念来反映客观事物,而情绪和情感是通过主观体验来反映客观事物与人的需要之间的关系 无论人对客观事物抱什么态度,人自身都能直接体验到。"体验"被认为是情绪和情感的基本特征。

(三) 情绪与情感的关系

情绪和情感在概念上存在着以下区别。情绪通常与生理需要相联系,而情感与人的社会需要相联系。例如,婴儿饥渴或身体不舒适时就会有"哭"的情绪体验,吃完奶会做出"笑"的情绪表现。以后随着年龄的增长和社会化的进展,会产生对父母、对祖国爱的情感,并形成理智感、道德感和美感等高级情感体验。

情绪具有情境性、激动性和暂时性,情感具有稳定性、深刻性和持久性。情绪总是带有情境性,一般由当时的情景所引起,随情景改变而改变;情感则既具有深刻性,又具有稳定性和持久性。例如,孩子的过错可能引起母亲的愤怒,这种情绪具有情境性,但每一位母亲都不会因为孩子的一次过错,就失去对孩子的母爱,母爱是情感,具有稳定性和持久性。

在种系发展中,情绪发生较早,是人和动物所共有;情感发生较晚,具有社会性,只有人类具有。

情绪具有明显的外部表现,情感则比较内隐。情绪具有冲动性和外显性,如高兴时手舞足蹈,愤怒时暴跳如雷等。情感则比较内隐、含蓄,常以内心体验的形式存在,如深厚的爱,殷切的期望等。

情绪和情感虽有区别,但在具体人身上它们是很难严格区分开的。事实上,情绪和情感总是彼此依存、交融一体的。

情绪是情感的外部表现,情感离不开情绪。离开了具体的情绪过程,人的情感及其特点就不可能现实地存在。

情感是情绪的本质内容。一般地说,情感的产生会伴随有情绪反应,情绪的变化又受情感的支配。如现代社会某人虽然极度饥饿,但是不会随便拿别人的东西来吃,需要找到合适的场所才开始吃饭。这是人的生理需要服从社会需要的表现,因为人的情绪和情感是统一在人的社会本质之中的。因此,有些心理学家把情绪和情感统称为感情,也有些心理学家对情绪和情感两个概念不做严格区分,交叉使用。

三、情绪和情感的机体变化

人的情绪、情感活动,尤其是情绪活动,总是与机体内部和外部一系列可观察或可测量的变化相联系。情绪的机体变化一般表现为内外两个大的方面。

> 如何识别自己和别人的情绪?

(一) 机体的内部变化

1. 血液循环系统　情绪发生时,会伴有血液循环系统的活动变化,一般表现为血压、心率和血管容积的改变。例如,惊恐或暴怒时,心跳加快、血压升高,血液中血糖和含氧量有所增加等。

2. 呼吸系统　呼吸的频率和深度与人的基本需要有着直接和密切的关系:在情绪发生时,呼吸系统的变化一般表现为加速或减慢、加深或变浅。人在平静时,每分钟呼吸一般为 20 次左右,而愤怒时可达 40～50 次;突然惊惧时,人的呼吸会临时中断;狂喜或悲痛时,会有呼吸痉挛现象发生等。

3. 消化系统　积极的情绪体验通常促使胃液、唾液、胆汁等消化液的分泌;而消极的情绪体验常常抑制消化腺的活动,从而使食欲减退,导致消化功能失调,甚至出现消化系统溃疡等。

4. 皮肤电反应　任何外来的或新鲜的刺激都能引起皮肤的电阻变化。这种变化是由情绪状态中皮肤血管收缩的变化和汗腺分泌的变化引起的。如在情绪松弛或平静时,皮肤电阻增大;而在情绪紧张或激动时,皮肤的电阻会降低。皮肤电的波动直接反映了人的情绪变化。

5. 内外分泌腺　情绪状态中,肾上腺素、胰岛素、肾上腺皮质激素、抗利尿激素等的分泌都会有所波动。例如,在紧张、激烈的情绪状态下,肾上腺素会大量分泌,使机体处于一种应激状态;在焦虑不安的情绪状态下,抗利尿激素分泌抑制,使人的尿感频繁。外分泌腺在情绪状态下,也会出现明显的变化,如大喜大悲时,泪腺分泌增加;极度恐惧时,会惊出一身"冷汗"等。

(二) 机体的外部变化

情绪状态下人的机体的外部变化主要体现在表情、动作方面,西方心理学称之为情绪表达或表情(emotional expression)。人们的情绪表达主要有以下 3 个方面:

1. 面部表情　面部表情是人类表达情绪的最主要的一种表情。它是情绪在面部的表现。例如,喜悦时,双眉舒展,两目有神,嘴角上翘,一副眉开眼笑的模样;愤怒时,横眉立目,龇牙咧嘴,一副凶神恶煞的模样;忧愁时,肩头紧锁,两目无光,嘴角下挂,一副愁容满面的模样,等等。

2. 肢体表情　肢体表情是情绪在身体的姿态和动作方面的表现。例如,欢乐或激动时,手舞足蹈;生气或愤怒时,捶胸顿足;羞怯时,缩肩搓手,等等。头部、手和脚是表达情绪的主要身体动作部位。

3. 言语表情　言语表情是指情绪发生时在言语的声调、节奏和速度等方面的表现。人的言语不仅是交流思想的工具,而且也是表达情绪的手段。例如,激动时,语调高昂,语速较快;悲哀时,语调低沉,言语缓慢、间断;愤怒时,语音高尖,甚至出现颤抖音,等等。

(三) 情绪的中枢机制

现代生理心理学强调中枢神经机构在情绪发生中的作用。实验研究表明,某些情绪体验和丘脑、下丘脑、边缘系统和网状结构等脑区的机能有关,大脑皮层则对这些情绪和情感起到调节作用,控制着皮层下中枢的活动。

1. 丘脑　1927 年,W. B. Cannon 提出了情绪的丘脑学说,他根据丘脑受损伤后或丘脑活动在失去大脑皮层的控制时情绪变得容易激动或发生病理性变化等事实,认为丘脑在情绪的发生上起着重要的作用。他认为神经冲动传入丘脑,并在丘脑获得一定的"情绪特性",然后具有情绪特性的神经冲动一方面传入大脑皮层引起情绪体验;另一方面激发植物神经系统,引起相应的情绪反应。丘脑学说强调了大脑皮层对丘脑抑制的解除是情绪产生的机制,但如果情绪反应是由于丘脑机构在大脑皮层的抑制下的释放,那么在排除了皮层的抑制后就应当产生连续、持久的怒反应。但实际上发生的怒反应是暂时的,并不是连续的,而且怒反应也可在刺激下丘脑、大脑皮层甚至小脑时发生。因此,丘脑学说忽略了外周性变化和大脑皮层对情绪发生的作用。

2. 下丘脑和网状结构　下丘脑某些核团已被认为在许多不同种类的情绪和动机性行为中是主要的。背部下丘脑对产生怒的整合模式是关键的部位,如果这个部位被损坏,被试只能表现出一些片段的怒反应,而不能表现协调的怒模式;如果下丘脑未被破坏,在它的上部脑组织无论去掉多少,被试都仍能表现有组织的怒模式,甚至把被试的脑在下丘脑以上的组织全部去掉,仍能得到这些行为模式。J. Olds 和 P. Milner 用埋藏电极进行"自我刺激"的实验,发现在下丘脑、边缘系统和其临近部位存在着"奖励"和"惩罚"中枢。网状结构靠近下丘脑的部位,既是情绪下行系统的中转站,又是上行警觉激活系统的中转站。大脑向下发送信息,引起情绪的各种外部表现;向上传送信息,引起各种情绪激活状态,并经过大脑皮层活动产生主观体验。1951 年,美国心理学家 D. B. Linsley 提出了情绪机制的激活学说,大脑皮层的神经通路发出侧支纤维进入网状结构,网状结构内的侧支冲动可引起弥漫性网状兴奋,这又通过丘脑而激活整个大脑皮层。因此,Linsley 认为上行网状激活系统的功能连续性包括了从睡眠到极端兴奋状态的所有心理过程,当然也包括了情绪。

3. 边缘系统　神经生理学家 J. W. Papez 于 1937 年系统地阐述了一个包括情绪行为与情绪体验的复合神经机构,即帕帕兹环路。该环路的主要结构就是边缘系统。他认为情绪过程建立在海马区域,当海马被刺激时,冲动通过胼胝体下的白色纤维接力到下丘脑的乳头体;兴奋从下丘脑传递到丘脑前核,并上行到大脑内边界的扣带回,再回到海马和杏仁核,完成了这一环路。兴奋在这一环路上经扣带回扩散到大脑皮层,冲动在这里附加于意识上,产生情绪体验。20 世纪 80 年代以来,边缘系统与情绪的关系越来越受到注意,甚至有人将边缘系统称为情绪脑,主要包括以下区域:

(1) 杏仁核。W. H. Sweet 和 V. H. Mark 报道杏仁核病变的病人易发生凶暴行为。他们在损毁病人的杏仁核后发现,病人在术后 2～4 年未再发生凶暴行为。动物实验发现持续 24 小时刺激杏仁底外侧核使动物减少活动和摄食,动物似乎是松弛了,并且很"得意"。有研究表明杏仁核有两个颉颃的部位与摄食和情绪反应有关:损毁背内侧部引起情绪色调的丧失,损毁外侧部使愉快感更加强烈。

(2) 隔区。损毁啮齿类动物脑的隔区可使动物发生过度的愤怒反应和情绪增强,有人称之为隔综合征,它们随时间的增长而消失,一般持续 2～3 周。但这些表现并非所有种的动物都有。有报告称,在损毁猫、兔和人类隔区时也出现情绪增强。隔区损毁的动物对外界的刺激会发生过度的反应。它们对光的敏感性也加强,表现出超常的恐光反应。

(3) 海马。海马对植物性神经系统的影响比边缘系统的其他部位要小,它与情绪的关系也没有杏仁核或隔区那样密切。两侧海马损毁的动物,行为表现活泼,看上去热衷于开始新的动作,然而它们经常不能像对照动物那样长时间地坚持朝着一个有目标的方向的行动。除了没有短暂的愤怒反应外,其与隔区损毁时的行为改变是类似的。恐惧能使正常动物发生主动逃避或蠹立不动两类反应。海马损毁动物更多地出现主动性行为而较少发生蠹立不动的行为反应。较少发生蠹立不动的行为反应可能与对威胁性刺激物的恐惧程度降低有关。

(4) 扣带回。切除动物的扣带回可短暂地降低恐惧或愤怒的阈限。也有报告表明破坏两侧扣带回会立即引起短暂的情绪性增强,表现为攻击性和凶恶性增加。

4. 大脑皮层　情绪和情感的多水平中枢在皮层下各部位,同时与大脑皮层的调节是密不可分的。大脑皮层可以抑制皮层下中枢的兴奋,从而控制情绪和情感。额叶是与情绪有关的主要的新皮层。D. Ferrier 于 1875 年首先发现切除额叶的猴其性格有改变。J. F. Fulton 于 1951 年发现切除猩猩的额叶可使它因不再获得奖励而引起的挫折反应消失。这导致了临床上应用额叶切断术来治疗有情绪紊乱的病人。额叶切断术可使大部分病人的焦虑症状减轻。由于额叶切断术的副作用较多,现已很少应用于临床。大脑两半球对情绪的调节存在差异,积极情绪时,左半球出现较多电位活动,消极情绪则在右半球。

四、情绪和情感的功能

(一) 适应功能

情绪和情感是有机体生存、发展和适应环境的重要手段。有机体通过情绪和情感所引起的生理反应能够发动其身体的能量,使机体处于适宜的活动状态,便于机体适应环境的变化。同时,情绪和情感还可以通过表情表现出来,以便得到别人的同情和帮助。例如,在危险的情况下,人的情绪反应使机体处于高度紧张的状态,调动身体能量进行搏斗或者逃跑,同时呼救,求得别人的帮助。情绪和情感的适应功能从根本上来说,是服务于改善人的生存和生活的条件。婴儿通过情绪反应与成年人交流,以便得到成年人的抚养;成年人也要通过情绪表现来反映他的处境是好还是坏。在社会生活中,人们用微笑表示友好,用示威表示反对;人们还可以通过察言观色了解对方的情绪状态,以利于决定自己的对策,维护正常的人际关系。这些都是为了更好地适应社会需要,求得更好的生存和发展的条件。

> 情绪有哪些功能?

(二) 动机功能

情绪和情感构成一个基本的动机系统,它可以驱动有机体从事活动,提高人的活动效率。一般来说,内驱力是激活有机体行动的动力,而情绪和情感可以对内驱力提供的信号产生放大和增强的作用,从而能更有力地激发有机体的行动。例如,缺水使血液变浓,引起有机体对水的生理需要。但是仅有这种生理需要还不足以驱动人的行为活动,如果意识到缺水会给身体带来危害,因而产生了紧迫感和心理上的恐惧,这时,情绪和情感就放大和增强了内驱力提供的信号,从而驱动了人的取水行为,成为人行为活动的动机。情绪和情感的动机作用还表现在对认识活动的驱动上。认识的对象并不具备驱动活动的性质,但是,兴趣可以作为认识活动的动机,驱动人们进行认知和探索活动。

(三) 组织功能

情绪和情感对其他心理活动具有组织的作用,它表现在:积极的情绪和情感对活动起着协调和促进的作用;消极的情绪和情感对活动起着瓦解和破坏的作用。这种作用的大小还和情绪情感的强度有关,一般来说,中等强度的愉快情绪有利于人的认识活动和操作的效果;痛苦、恐惧这样的负性情绪则降低操作的效果,而且强度越大,效果越差。情绪和情感对记忆的影响表现在愉快的情绪状态下,容易记住带有愉快色彩的材料;在某种情绪状态下记住的材料,在同样的情绪状态下也容易回忆得起来。情绪和情感对行为的影响表现在,当人处于积极的情绪状态时,他容易注意事物美好的一面,态度变得和善,也乐于助人,勇于承担重任;在消极情绪状态下,人看问题容易悲观,无意于追求,但更容易产生攻击性行为。

(四) 信号功能

情绪和情感具有传递信息、沟通思想的功能。情绪和情感都有外部的表现，这就是表情。情绪和情感的信号功能是通过表情来实现的，表情包括面部表情、肢体表情和言语表情。例如，狂喜时手舞足蹈，愤怒时摩拳擦掌，说话时语调及伴随的喜、怒、哀、惧的面部表现等都具有交际的功能。表情还和身体的健康状况有关，医生常把表情作为诊断的指标之一，中医的望、闻、问、切的"望"包括对表情的观察。此外，表情既是思想的信号，又是言语交流的重要补充手段，在信息的交流中起着重要的作用。从发生上来说，表情的交流比言语的交流出现得要早。

专栏 7-1　情商

> 情商(emotional quotient, EQ)又称情绪智力，是与智力和智商相对应的概念。情商包括以下几个方面的内容：一是认识自身的情绪；二是能妥善管理自己的情绪；三是自我激励；四是认知他人的情绪，这是与他人正常交往，实现顺利沟通的基础；五是人际关系的管理，它主要是指人在情绪、情感、意志、耐受挫折等方面的品质，与后天的培养息息相关。
>
> 1995 年，心理学家哈佛大学的 Daniel Gorman 教授出版《EQ》一书，在全世界掀起了一股 EQ 热潮，使得 EQ 一词走出心理学的学术圈，走入人们的日常生活。2000 年，由 Bar-On 主编的《情绪智力手册》出版，它标志着情绪智力研究进入一个新的阶段。Gorman 在发展情商概念时，接受了 R. J. Stermberg 智力理论，特别是智力情境亚理论的思想，"力图按智力对人生成功的功能，重新定义智力"，Gorman 也重视情绪智力是对主体生存环境（主要是人际环境）的适应、选择和改造这一基本特质。定义情绪智力时，注重社会生活、人与人的关系，物质与精神的关系。在复杂的关系中，人们的情绪生活更易受到破坏，因此，情绪对于协调人与人、人与物的关系有重要的作用。和谐的关系可以促进人们的合作，从而使集体智力在社会的发展、科技的进步中发挥积极作用。
>
> 心理学家们认为，情商水平高的人具有如下的特点：社交能力强，外向而愉快，不易陷入恐惧或伤感，对事业较投入，为人正直，富有同情心，情绪生活较丰富但不逾矩，无论是独处还是与许多人在一起时都能怡然自得。专家们还认为，一个人是否具有较高的情商，和童年时期的教育培养有着密切的关系；并且情商通过一定的方法可以培养和提高。

第二节　情绪和情感的分类

一、基本情绪

关于基本情绪的种类问题，我国古代思想家曾有过各种不同的说法。《中庸》

将情绪分为"喜、怒、哀、乐"四种。《素问》把情绪分为"喜、怒、悲、忧、恐"或"喜、怒、思、忧、恐"五种;《吕氏春秋·尽数》则认为情绪分为"害、怒、忧、恐、哀"五种;《三国志·魏陈思王植传》中把"喜、怒、哀、乐、怨"定为五情。《左传·昭公二十五年》把情绪分为"好、恶、喜、怒、哀、乐"六种;《荀子·天论》称"好、恶、喜、怒、哀、乐";《白虎道·情性》称"喜、怒、哀、乐、爱、恶",也主张"六情"分类法;《礼记·礼运》曰:"何谓人情?喜、怒、哀、惧、爱、恶、欲,七者弗学而能。"提出"七情";《荀子·正名》还有"说、故、喜、怒、哀、乐、爱、恶、欲以心异",所谓"九情"的说法。还有把各种情绪概括为两种的,如"喜生于好,怒生于恶……好物乐也,恶物哀也"(《左传》);"欲,恶者心之大端也"(《礼记》)。由上可见,我国古代思想家都把"喜、怒、哀"看成基本的情绪,这与现代心理学把快乐、愤怒、悲哀、恐惧作为最基本的原始情绪是相当接近的。

(一) 快乐

快乐是一个人追求并达到期盼的目的时产生的情绪体验。快乐的程度取决于愿望满足的意外程度和目的的重要性。目的无足轻重时,只能引起些微小的满足;目的极重要,并且意外地达到时,则会引起异常的快乐。一般把快乐程度分为:满意、愉快、异常的欢乐和狂喜。

(二) 愤怒

愤怒是由于他人或他事妨碍目的达到,从而使紧张积累到一定程度而产生的情绪体验。愤怒的产生与对妨碍物的意识程度有直接关系。如果一个人完全不知道是什么人或事在妨碍、干扰他达到既定目的时,愤怒并不明显地表现出来,一旦他清楚地意识到是什么东西妨碍他达到目的,并知其不合理或恶意时,愤怒便会发生,甚至对引起愤怒的对象表现出攻击性行为。

(三) 悲哀

悲哀是失去所盼望的、所追求或有价值的东西所引起的情绪体验,如考试失败。由悲哀所带来的紧张释放产生哭泣,哭泣一般不超过 15 分钟,在这段时间内完全可以减轻过度的紧张情绪。哭泣之后会使人精神衰竭,甚至神志不清,最后却使人感到轻松。悲哀的强度取决于所依存于失去的事物的重要性和价值。

(四) 恐惧

恐惧是个人企图摆脱、逃避某种情景而又无能为力时产生的情绪体验。引起恐惧的关键因素往往是由于缺乏处理或缺乏摆脱可怕的情景(事物)的力量和能力。此外,熟悉的环境发生了意想不到的变化也会引起人的恐惧情绪。对儿童来说,习惯环境的改变会导致幼儿的焦虑。恐惧比其他任何情绪更具有感染性。一个人在恐惧时,往往会引起周围人的不安和恐惧,人在看到处于恐怖状态中的人或听到恐惧状态中的人叫喊时,也常常会引起恐惧。从进化的观点看,恐惧可以作为警戒信号,有助于人逃避危险,并从逃避中得到解救。恐惧还有利于群体的社会结合,以保证安全。但恐惧具有压抑作用,对认知活动也有消极影响;严重的恐惧会使感知狭窄、思维刻板、行动呆板。

以上四种最基本的情绪,在体验上是单纯的、不复杂的。在这四种基本情绪的基础上,可以派生出多种复杂的情绪。复合情绪是由基本情绪不同组合派生出来的。例如,由愤怒、厌恶和轻蔑组合起来的复合情绪可叫做敌意;而悔恨、羞耻这些情绪则包含着不愉快、痛苦、怨恨、悲伤等复杂因素,现实生活中很多情绪体验都属于复合情绪。

二、情绪状态

按情绪发生的速度、强度和持续时间的长短,可以把情绪状态划分为心境、激情和应激三种。

(一) 心境

心境是一种微弱、持久而又具有弥漫性的情绪体验状态,通常叫做心情。心境并不是对某一事件的特定体验,而是以同样的态度对待所有的事件,让所遇到的事件都产生和当时的心境同样的氛围。心境所持续的时间短的只有几个小时,长的可到几周、几个月,甚至更长的时间。心境往往由对人有重要意义的事件引起,但人们并不是对引起某种心境的原因都能意识到,而这种原因肯定是存在的。心境对人的生活、工作和健康会发生重要的影响,积极乐观的心境会提高人的活动效率,增强克服困难的信心,有益于健康;消极悲观的心境会降低人活动的效率,使人消沉,长期的焦虑会有损健康。经常保持积极乐观的心境,善于调整自己的心态,克服不良的心境是一种良好的性格特点。

(二) 激情

激情是一种强烈的、爆发式的、持续时间较短的情绪状态,这种情绪状态具有明显的生理反应和外部行为表现。激情往往由重大的、突如其来的事件或激烈的意向冲突引起。激情既有积极的,也有消极的。在激情状态下,人能做出平常做不出来的事情,发挥出自己意想不到的潜能,但也能使人的认识范围变得狭窄,分析能力和自我控制能力降低,因而在激情状态下人的行为可能失控,甚至会发生鲁莽的行为。人应该善于控制自己的激情,学会做自己情绪的主人。

(三) 应激

应激是在出现意外事件(如火灾、地震等)和遇到危险情景(如歹徒袭击等)的情况下所出现的高度紧张的情绪状态。能够引起应激反应的事物叫应激源,它对个体来说是一种能引起高度紧张、具有巨大压力的刺激物,是个体必须适应和应对的环境要求。应激源既有躯体性的,如高温或低温、强烈噪声、辐射或疾病;也有心理社会性的,如重大的生活事件、难以适应的文化冲击,以及工作中的应激事件等。个体对应激事件所做出的反应叫应激反应,包括生理反应和心理反应。个体在应激状态下的反应有积极和消极之分。积极的反应表现为急中生智,及时摆脱危险境地,做出平时几乎没能力做到的事情。消极的反应则表现为惊慌失措、意识狭窄，导致感知和注意混乱，思维迟滞，行动呆板，正常处理能力水平大幅度下降。

应激状态的某些消极表现是可以通过提高认识、接受训练加以调节的。例如，警察在长期的现场工作中，积累了丰富的经验和处理各种问题的方法，便能从容且顺利地解决现实中突然发生的而又必须立即做出决定的事件。

三、道德感、美感和理智感

人的高级情感包括很多种，主要有道德感、美感和理智感。此外，还有宗教情感、母爱等。

(一) 道德感

道德感是按照一定的道德标准评价人的思想、观念和行为时所产生的主观体验。热爱祖国、热爱人民、热爱社会的情感，集体荣誉感、责任感、同情感等都是同道德评价相联系的情感。

(二) 美感

美感是按照一定的审美标准评价自然界、社会生活及文学艺术品时所产生的情感体验。人的审美标准既反映事物的客观属性，又受个人的思想观点和价值观念的影响，所以美既是客观的，又是主观的，是主客观的对立统一。优美的自然环境可以陶冶人的情操，善良、纯朴的人格特征，公正无私、舍己救人的高贵品质给人以美的感受；奸诈狡猾、徇私舞弊、损人利己的行为则让人厌恶和痛恨。美感体验的强度受人的审美能力和知识经验的制约，对美感的培养和进行美的教育是精神文明建设的重要组成部分。

(三) 理智感

理智感是在智力活动过程中所产生的情感体验。例如，对未知事物的好奇心、求知欲和认知的兴趣；在解决问题过程中表现出来的怀疑、自信、惊讶以及问题解决时的喜悦等都是理智感。理智感不仅产生于智力活动，而且对推动人学习科学知识，探索科学奥秘有积极的作用。

第三节 情绪理论

在心理学上，除格式塔心理学家外，几乎所有心理学流派都很重视情绪的研究，并以自己的理论观点来解释情绪，本节将介绍不同心理学派有关情绪的理论假设。

一、传统理论观点

(一) Darwin 的情绪进化理论

Darwin、James 和 Freud 分别是生物学、心理学和精神病学的开创者，也是情绪心理学的创始人。Darwin 的进化论观点认为,情绪作为人类种族进化的证据,可能是人类行为得以延续的机制。他在阐述物种起源和人类进化是适应和遗传相互作用的结果时指出,感情、智慧等心理功能是通过进化阶梯获得的。他指出:"尽管人类和高等动物之间的心理差异是巨大的,然而这种差异只是程序上的,并非种类上的。人类所夸耀的感觉和直觉,感情和心理能力,如爱、记忆、注意、好奇、模仿、推型等,在低于人类的动物中都有其萌芽状态,有时还处于一种相当发达的状态。"他在《人类和动物的表情》一书中描述了表情在生物生存和进化中的适应价值和有用性,指出情绪是进化的高级阶段所发生的适应工具。

情绪心理学发展到今天,证明 Darwin 的见解是正确的。然而多年来,Darwin 在心理学方面的成就被忽视了。特别在 James 以后,情绪研究集中在外周神经反馈和中枢神经定位的路线上,Darwin 的进化观被遗忘了近一个世纪之久。只是在 20 世纪 70 年代又被人们所记起,情绪的适应功能和信号传递作用开始得到了进一步的研究。

(二) James-Lange 情绪理论

美国心理学家 James 和丹麦生理学家 Lange 分别于 1884 年和 1885 年提出了内容相同的一种情绪理论,他们强调情绪的产生是植物神经系统活动的产物。后人称他们的理论为情绪的外周理论,即 James-Lange 的情绪学说(图 7-1)。

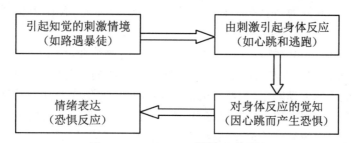

图 7-1 James-Lange 情绪理论图解

James 根据情绪发生时引起的植物性神经系统的活动,和由此产生的一系列机体变化,提出情绪就是对身体变化的知觉。他指出:"情绪,只是一种身体状态的感觉;它的原因纯粹是身体的。"又说:"人们的常识认为,先产生某种情绪,之后才有机体的变化和行为的产生,但我的主张是先有机体的生理变化,而后才有情绪。"当情绪刺激物作用于我们的感官时,立刻会引起身体的某种变化,激起神经冲动,传至中枢神经系统而产生情绪。在 James 看来,悲伤是由哭泣而起,愤怒乃由打斗而致,恐惧乃由战栗而来,高兴乃由发笑而生。

Lange 认为、情绪是内脏活动的结果。他特别强调情绪与血管变化的关系,认为"情感,假如没有身体的属性,就不存在了"。"血管运动的混乱、血管宽度的改变以及各个器官中血液量的变化,乃是激情的真正的最初原因。"Lange 以饮酒和药物为例来说明情绪变化的原因。酒和某些药物都是引起情绪变化的因素,它们之所以能够引起情绪变化,是因为饮酒、用药都能引起血管的活动,而血管的活动是受植物性神经系统控制的。植物性神经系统支配作用加强,血管扩张,结果就产生了愉快的情绪。因此,情绪决定于血管受神经支配的状态、血管容积的改变以及对它的意识。Lange 与 James 在情绪产生的具体描述中虽有不同,但他们的基本观念是相同的,即情绪刺激引起身体的生理反应,而生理反应又仅作用于身体,进一步导致情绪体验的产生。James-Lange 理论看到了情绪与机体变化的直接关系,强调了植物性神经系统在情绪产生中的作用,这有其合理的一面;但是,他们片面强调植物性神经系统的作用,忽视了中枢神经系统的调节、控制作用,因而引起了很多的争议。美国生理学家坎农(W. Cannon)于 1927 年首先反对这一理论,并提出了自己的理论。

(三) Cannon-Bard 情绪理论

Cannon 对 James-Lange 理论提出了三点疑问:第一,机体上的生理变化,在各种情绪状态下并无多大的差异,因此根据生理变化很难分辨各种不同的情绪。

> 简述 James-Lange 和 Cannon-Bard 情绪理论的区别?

第二,机体的生理变化受植物性神经系统的支配,这种变化缓慢,不足以说明情绪瞬息变化的事实。第三,机体的某些生理变化可由药物引起,但药物(如肾上腺素)只能使生理状态激活,而不能产生情绪。Cannon 认为,情绪的中心不在外周神经系统,而在中枢神经系统的丘脑。

由外界刺激引起感觉器官的神经冲动,通过内导神经,传至丘脑;再由丘脑同时向上向下发出神经冲功,向上:传至大脑,产生情绪的主观体验;向下:传至交感神经,引起机体的生理变化,如血压升高、心跳加快、瞳孔放大、内分泌增多和肌肉紧张等,使个体生理上进入应激准备状态。例如,某人遇到一只老虎,由视觉感官引起的冲动,经内导神经传至丘脑处,在此更换神经元后,同时发出两种冲动:一是经过体干神经系统和植物神经系统到达骨骼肌和内脏,引起生理应激准备状态;二是传至大脑,使某人意识到老虎的出现。这时某人的大脑中可能有两种意识活动:其一,认为老虎是驯养动物,并不可怕。因此,大脑即将神经冲动传至丘脑,并转而控制植物性神经系统的活动,使应激生理状态受到压抑,恢复平衡;其二,认为老虎是可怕的,会伤害到人,大脑对丘脑抑制解除,使植物性神经系统活跃起来,加强身体的应激生理反应,并采取行动尽快逃避,于是产生了恐惧。随着逃跑时生理变化的加剧刺激,恐惧情绪体验也加强了。因此,情绪体验和生理变化是同时发生的,它们都受丘脑的控制。

Cannon 的情绪学说得到巴德(Bard)的支持和发展,因此,后人称 Cannon 的情绪学说为 Cannon-Bard 情绪学说(图 7-2)。

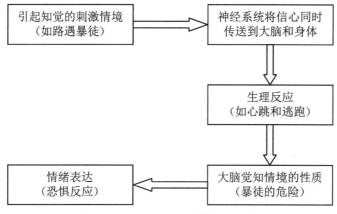

图 7-2　Cannon-Bard 情绪理论图解

二、情绪的精神分析理论

(一) Freud 的情绪理论

Freud 将情绪放在内驱力和无意识的框架之内。Freud 在《癔病研究》中就提出,癔病患者在某些精神创伤发生之后,常有感觉缺失和动作麻痹等症状。只要把这种强烈的被压抑情绪释放出来,症状就能排除,他常采用催眠和自由联想的方法使病人的情绪得到宣泄。

1. 情绪与内驱力　在 Freud 早期工作中,他曾使用过"本能"的概念来解释人的行为。但是他更经常用的是"内驱力"的概念。Freud 并未把内驱力概念作为情绪的理论概念。但是,在他谈到情绪时,则提出情绪"是一个欲表露的源于本能的心理能量的释放过程"。因此实质上,Freud 对情绪所持的理论即是内驱力理论。

他把情绪与动机过程联系在一起,而内驱力则是在此过程中的本源的力。Freud 以内驱力能量释放的精神分析观点,深入地研究过两种主要的复合感情:焦虑和忧郁。他认为焦虑和忧郁都是由能量压抑引起的,而能量的压抑与释放总是与内驱力的冲突联系在一起。

2. 情绪与无意识　Freud 有时把情绪与无意识看做是等同的。他经常使用"无意识自罪感""无意识焦虑"等概念,并认为情绪可以被压抑到无意识中去,Freud 在面对焦虑症或恐惧症患者时,他使用谈话法让患者在无意识中把他们的恐惧情绪、恐惧的对象表达出来。一般说来,Freud 所关注的是由冲突引起的负性情绪。

(二) 新精神分析学派的情绪理论

新精神分析学者 Rapaport 接受 Freud 的情绪是能里释放、无意识和内驱力等的概念。对于能量释放,他认为外周的自主性变化和感情是同一能量源的两个释放过程,一般说两者是匹配的,但也有不匹配的时候。因为诸如性、恐惧、攻击等情绪行为均依赖于意识的激活。当输入外界刺激时，人立即对它进行意识的、前意识的和无意识的三种评价，假如这三种评价的结果不相匹配，便会产生愿望或冲突，从而导致不同的感情性行为，他强调所有的情绪都与冲突掺杂在一起，形成混合的体验，如焦虑或忧郁。无意识的过程发生在对刺激的知觉之后，在外周神经产生反应之前，情绪产生于两个过程之间。由此可见，精神分析学派都承认情绪具有意识体验的成分和无意识过程的参与。

关于内驱力的观点，Rapaport 主张本能内驱力这种能量在心理上可以表现为观念和感情两种形式。这两种形式的能量都可成为行为的动力。观念可以导致行为。但是当观念里没有形成能够引起适应的行为时，感情就产生了。也就是说，感情是适应或适应不良的反应。

新精神分析学派把情绪放在更广泛的心理环境中考虑，认为能量释放、冲动、动机、知觉、认知、意识和无意识均参与情绪的形成，特别强调情绪参与在动机过程中。很多新精神分析学派学者则认为情绪本身就是一种行为动力。

新精神分析学派还把情绪放在人格中来考虑，并涉及情绪在人格结构中的地位，即感情性特征在人的整个相对稳定的心理特征群中的位置。精神分析学派认为，幼儿早期发生重大情绪性事件时，若当时该情绪被压抑，其能量就会固定下来，永久性地成为人格结构的一部分；还认为幼儿早期的认知、情感活动是同时进行的，从而产生认知情感的交互作用，久而久之即形成所谓的认知-感情结构。这些结构固定下来成为个性的感情特征，它们明显地影响成年后社会交往能力的发展和个性的形成。因此，新精神分析学派把情绪放在更长的时间背景中来探讨，注意到情绪或能量释放的途径在个体各发展阶段中的变化。这些都是后来的情绪理论所继承的一些思路。

三、情绪的认知理论

（一）阿诺德的情绪理论

美国心理学家阿诺德（M. R. Arnold）在 20 世纪 50 年代提出了情绪的评价-兴奋学说。这种理论认为，刺激情景并不直接决定情绪的性质，从刺激出现到情绪的产生，要经过对刺激的估量和评价这一环节，情绪产生的基本过程是：刺激情景—评价—情绪。同一刺激情景，由于对它的评估不同，就会产生不同的情绪反应。评估的结果可能认为对个体"有利""有害"或"无关"。如果是"有利"，就会引起肯定的情绪体验，并企图接近刺激物；如果是"有害"，就会引起否定的情绪体验，并企图躲避刺激物；如果是"无关"，人们就予以忽视。

Arnold 认为情绪的产生是大脑皮层和皮下组织协同活动的结果，大脑皮层的兴奋是情绪行为的最重要的条件。她提出情绪产生的理论模式是：作为引起情绪的外界刺激作用于感受器，产生神经冲动，通过内导神经上传至丘脑，在更换神经元后，再送到大脑皮层，在大脑皮层中刺激情景得到评估，形成一种特殊的态度（如恐惧-逃避、愤怒-攻击等)。这种态度通过外导神经将皮层的冲动传至丘脑的交感神经,将兴奋发送到血管和内脏,所产生的变化使其获得感觉。这种从外周来的反馈信息,在大脑皮层中被估价,使纯粹的认识经验转化为被感受到的情绪。以上就是"评定-兴奋学说"的主要内涵。

(二) Schachter 的情绪理论

20世纪60年代初,美国心理学家沙赫特(S. Schachter)和辛格(J. Singer)提出,对于特定的情绪来说,有两个因素是必不可少的:第一,个体必须体验到高度的生理唤醒,如心率加快、手出汗、胃收缩、呼吸急促等;第二,个体必须对生理状态的变化进行认知性的唤醒(图7-3)。

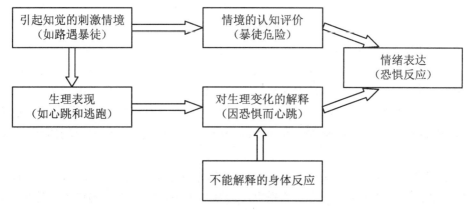

图 7-3 Schachter-Singer 情绪理论图解

他们用实验证明,人对生理反应的认知和了解决定了最后的情绪体验。这个结论并不否定生理变化和环境因素对情绪产生的作用。事实上,情绪状态是由认知过程(期望)、生理状态和环境因素在大脑皮层中整合的结果。环境中的刺激因素通过感受器向大脑皮层传送外界信息;生理因素通过内部器官、骨骼肌的活动向大脑传送生理状态变化的信息;认知过程是对过去经验的回忆和对当前情境的评估。来自这两个方面的信息经过大脑皮层的整合作用,才产生了某种情绪体验。

他们将上述理论转化为一个工作系统,称为情绪唤醒模型。这个工作系统包括三个亚系统:一是对来自环境的输入信息的知觉分析;二是在长期生活经验中建立起来的对外部影响的内部模式,包括过去、现在和将来的期望;三是现实情景的知觉分析与基于过去经验的认知加工间的比较系统,称为认知比较器,它带有庞大的生化系统和神经系统的激活机构,并与效应器官联系。这个情绪唤醒模型的核心部分是认知,通过认知比较器把当前的现实刺激与储存在记忆中的过去经验进行比较,当与知觉分析与认知加工间出现不匹配时,认知比较器产生信息。通过动员一系列的生化和神经机制,释放化学物质,改变脑的神经激活状态,使身体适应当前情境的要求,这时情绪就被唤醒了。

(三) Lazarus 的认知-评价理论

拉扎勒斯(Lazarus)是情绪认知理论的另一位代表。他认为情绪是人与环境相互作用的产物,在情绪活动中,人不仅反映环境中的刺激事件对自己的影响,同时要调节自己对于刺激的反应。也就是说,情绪活动必须有认知活动的指导,只有这样,人们才可以了解环境中刺激事件的意义,才可能选择恰当的、有价值的动作组合,即动作反应。按照 Lazarus 的观点,情绪是个体对环境事件知觉到有害或有益的反应。因此,在情绪活动中,人们需要不断地评价刺激事件与自身的关系。具体来讲,有三个层次的评价:初评价、次评价和再评价。

初评价(primary appraisal)是指人确认刺激事件与自己是否有利害关系,以及这种关系的程度。只要人们处在清醒的状态下,这种评价随时随地都会发生,这是人的生存适应的一个重要方面。

次评价(secondary appraisal)是指人对自己反应行为的调节和控制。它主要涉及人们能否控制刺激事件以及控制的程度,也就是一种控制判断。当人们要对刺激事件做出行为反应时,必须根据主观条件和客观社会规范来考虑行为的后果,从而选择有效的措施和方法。如当人们受到侵犯、伤害时,是采取攻击行为还是防御行为,这取决于人们对刺激事件的控制判断。在这种评价过程中,经验起着重要的作用。

再评价(reappraisal)是指人对自己的情绪和行为反应的有效性和适宜性的评价,实际上是一种反馈性行为。如果再评价结果表明行为是无效的或不适宜的,人们就会调整自己对刺激事件的次评价,甚至初评价,并相应地调整自己的情绪和行为反应。

四、情绪的动机-分化理论

Izard 的情绪动机-分化理论是以情绪为核心,以人格结构为基础,论述情绪的性质和功能。

(一) 情绪与人格

Izard 认为,情绪是人格系统的组成部分,而人格是由体内平衡系统、内驱力系统、情绪系统、知觉系统、认知系统和动作系统六个子系统组成。人格系统的发展是这些子系统的自身发展与系统差异之间联结不断形成和发展的过程。

在这些子系统中,Izard 认为认知过程引起比较和辨别活动,是知识的学习、记忆、符号操作、思维和言语过程。情绪具有动力性,它组织并驱动认知与行为,为认知和行为提供活动线索。可见,情绪是人格系统的核心动力,这是 Izard 理论的重要观点。

(二) 情绪系统及其功能

1991 年,Izard 认为,情绪包含着神经生理、神经肌肉的表情行为、情感体验等三个子系统,它们相互作用、联结,并与情绪系统以外的认知、行为等人格子系统建立联系,实现情绪与其他系统的相互作用。

1995年,Izard认为,情绪活动涉及广泛的神经结构,包括脑干中央灰质、丘脑、杏仁核、下丘脑、蓝斑、松果体、鼻周皮层、新皮层、前额皮层等神经结构。从感觉信息的产生到情绪的产生,有两条通道是不涉及大脑皮层的:一条是内感受器所接受的信息,它通过丘脑直接进入杏仁核产生情绪反应;另一条是杏仁核的传出信息,它进入下丘脑,经脑干中央灰质产生情绪。大脑皮层可以加工从丘脑传入的信息,产生情绪,或将信息下传到杏仁核、海马等产生情绪。另外,神经-内分泌、躯体神经系统、自主神经系统也都参与活动,使情绪得到放大和维持。

Izard认为,表情行为包括神经肌肉的活动和感觉反馈活动两部分,表现在脸部、言语、躯体姿势、手势等动作。他认为表情活动由大脑皮层中决定种系发展的那些古老皮层调节,在生物进化过程中发挥着一定的适应意义。在个体成长过程中,表情的社会功能逐渐增强,表情表达着情感体验、社会动机、行为意向或者由这三个成分构成的混合意义。

Izard认为,神经化学活动通过一些内在的程序激活脸部和躯体的活动模式,这些活动的反馈信号进入意识状态,形成情感体验。情感体验可进入认知系统,并接受认知系统的调节。情感体验是情绪系统与人格的其他系统相互作用的主要成分,对形成系统间的稳定和特定的联结有重要作用。

总之,Izard认为,情绪特征主要来源于个体的生理结构,遗传是某种情绪的阈限特征和强度水平的决定因素。

(三) 情绪激活与调节

关于情绪的激活与调节,Izard提出了四个基本过程:生物基因-神经内分泌激活过程、感觉反馈激活过程、情感激活过程和认知激活过程。Izard认为,生物遗传-神经内分泌系统不仅可以直接激活情感体验,而且可以影响其他三个情绪激活过程。

Izard在一项研究中发现,产妇的四种负情绪(羞愧、轻视、羞怯、厌恶)在产后6个月内的4次测评中,强度处于逐渐下降的趋势,这是由于内分泌物递质水平的改变造成的。这在某种程度上说明,生物遗传-神经内分泌系统是情绪激活和调节过程的决定者。Izard指出,体内、外的感觉输入信息作用于皮层下的有关部位,传出的运动信息使个体产生表达情绪的肌肉活动,肌肉活动所引起的感觉反馈信息进入边缘皮层区,使情绪达到意识水平,产生情感体验。这就是情绪产生的神经肌肉-感觉反馈原理。

Izard在论述情感体验在情绪激活和调节的过程中还认为,一种情绪可以引起另一种情绪。例如,极度悲伤会引起愤怒,极度疲劳会引起痛苦,疲劳与痛苦结合可能引起愤怒,快乐能激活兴趣,兴趣也能带来快乐等。Izard认为,认知是情绪产生的一个重要因素,但认知不等于情绪,也不是产生情绪的唯一原因,它只是参与情绪激活与调节过程。他还指出,激活情绪的认知因素包括认知评价、比较、分类、推测、判断、归因、信念、记忆、期望等。

五、情绪的不协调理论

情绪的不协调理论的代表人物是 P. T. Young 和 K. Pribram。

Young 在 20 世纪 40~60 年代形成了独特的关于情绪是"扰乱反应"的概念，他把情绪定义为"感情性的激烈扰乱"，认为情绪是神经中枢在感情上的"紊乱"反应，"紊乱"是情绪的关键因素。Young 解释说，正像一个杯子中的半杯水被摇动一样，当情绪性事件发生时，人就被扰乱或搅乱。因此，情绪是一种对平衡状态的破坏，无论快乐或不快乐的情绪均如此。

Pribram 总结了大量生理学和神经生理学的研究成果，对情绪作了概括的描述。他认为情绪的产生是以一种有组织的稳定性为基线，这个稳定的基线意味着自主神经系统调节下内部过程的正常工作。如果环境信息的输入使有机体处于一种适宜的协调状态，这时有机体的内部活动状态处于稳定的基线之下；当环境信息是一些不适宜的输入时，有机体的内部活动状态立即超越基线，使有机体处于一种不协调状态，从而产生紊乱，这时就产生情绪。Pribram 还提出了一个"监视器"的概念，他认为情绪是监视脑活动的一种机制，起着监视心理加工的作用；情绪过程就是当原来进行的加工程度受到阻断时产生的替代性执行程序。对这个阻断过程的意识觉知，就是情绪的体验或感受。

Pribram 和 Young 都强调情绪同其他心理过程之间的联系，认为情绪起源于对环境事件的知觉、记忆和经验。当人们在过去经验中建立起来的内部认知模式同当前输入的信息不一致时，就导致了情绪产生，这就是不协调的含义所在。例如，意外的成功引起欣喜，意外的挫折导致愤怒，但这两种截然相反的情绪都是对原有内部模式的扰乱。

不协调理论能较好地解释某些较强烈的无论肯定或否定性质的情绪状态，但对那些在满足需要的背景下产生的愉快、恬静的心境却无法说明。尽管如此，认知心理学家仍乐于接受。认知心理学从信息加工的观点出发，强调揭露认知过程的内部结构，如对信息的加工、储存和提取等。认知心理学家把脑的信息加工过程和有机体的生理生化活动结合起来解释情绪。

这个情绪唤醒模型的核心部分是认知。当外部事件作用于人，当前知觉材料的加工引起过去经验中储存的记忆信息的再编码时，这个认知过程就会产生人的预期或判断。当现实事件与预期、判断相一致时，事情将平稳地进行而没有情绪产生；若有足够的不一致，比如出乎意料的或违背愿望的事件出现，或无力应付给人带来消极影响的事件产生时，认知比较器就会迅速发出信息，动员一系列神经过程，释放适当的化学物质，改变脑的神经激活状态，使身体适应当前情景的要求，这时情绪就被唤醒了。所以，人类所特有的认知过程及它所附带的庞大生化机构形成一个反应活动的系统，该系统的工作就体现为情绪。

第四节 情绪调节

本章开头提到,大文学家苏东坡非常注重自己的修养,其中情绪调节就是修养必不可少的组成部分。要成为利用和调控情绪的高手,做到我的情绪我做主,就要了解什么是情绪调节,情绪调节机制和具体方法有哪些。

一、情绪调节的概念

情绪调节(emotion regulation)是指个体管理和改变自己(或他人)情绪的过程,在这个过程中,通过一定的调节方式(策略)和机制,使情绪在主观感受、表情行为、生理反应等方面发生一定的变化。

情绪心理学家对情绪调节含义的界定方式,主要归纳为3类:

(一)适应性界定方式

该方式强调情绪调节是一种适应社会现实的情绪和行为反应。Cole等人认为,情绪调节是一种社会可以容忍的方式,灵活地对一系列情绪(包括积极的和消极的)发展要求做出反应的能力,以及在需要的时候延缓反应的能力;Thompson于1994年指出,情绪调节是一种适应社会现实的活动过程,它要求人们的情绪反应具有灵活性(非呆板)、应变性(非固定不变)和适度性(非唤醒过度或唤醒不足),以使人们能以有组织的、建设性的方式,迅速而有效地适应社会情境的变化。

(二)功效性界定方式

该方式突出情绪调节旨在服务于个人目的。Masters于1991年指出,情绪调节是一种服务于个人目的、有利于自身生存与发展的活动。与之相应,许多研究也发现,人们调节自身情绪反应的内外过程,尤其是它的强度和持久性特征,与实现或达到个人目的有关。采用这种界定方式的研究者强调,情绪调节不仅仅是一个简单地适应社会情境要求的活动,而且也是一个与自身利益密切相关的活动。人们在进行情绪调节之前,或在对社会情境要求做出反应之前,会对社会情境与自身关系的主观意义以及自身的应付能力进行认知评价。这个活动与我有利害关系吗?我能有效应付吗?Lazarus认为,最终人们是否进行情绪调节以及如何调节,是对社会情境的主观意义以及自身应付能力的认知的函数。另外,由于个体在进行情绪调节时都有着个人的某种目的或动机,而且这种目的常常是变化的,因此其情绪调节的活动往往并非与基于普遍希望的外部标准相一致。Walden和Smith于1997年指出,那些在旁观者看来是没有用的或没有希望的情绪调节行为,其实与现实当事人的个人目的和价值有关。

(三)特征性界定方式

该方式从情绪调节的某一特征或特性着手,对之加以界定。1989年,Dodge

从其操作过程着手,认为情绪调节是激发一种活动以调节(减弱、增强或改变)另一种活动的过程。1995年,Izard等人强调情绪调节的动力特征,认为情绪调节是一个发生在意识内外的,包括生理、认知、体验和行为反应的动力组织系统,其功能是驱动和组织行为,以从一个或多个方面(生理、认知、体验和行为)适应特定情境。1990年,Salovey和Mayer从情绪调节在人的智能结构中的地位入手,认为情绪调节是情绪智能的主要成分之一,并将之视为加德纳(Gardner)的社会智能结构中的一个亚成分。

Gross指出对于情绪调节的理解有三个方面值得注意:一是情绪调节不仅仅是降低消极情绪,实际上情绪调节还包括消极情绪和积极情绪的增强、维持、降低等多个方面;二是与情绪的唤起一样,情绪调节有时是可意识的,有时是无意识的;三是情绪调节没有必然的好与坏,在一种情景中是好的,在另一种情景中则可能是差的。

二、情绪调节的基本过程

Gross认为情绪调节是在情绪发生过程中展开的,在情绪发生的不同阶段,会产生不同的情绪调节,据此,他提出了"情绪调节的同感过程模型"(图7-4)。

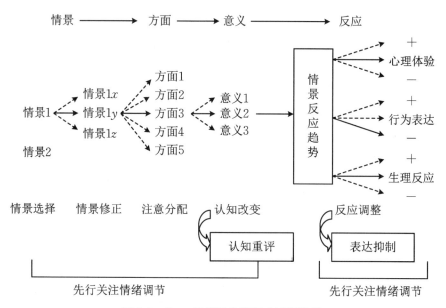

图7-4 Gross情绪调节的同感过程模型

在Gross的情绪调节过程模型中,Gross把情绪发生过程分为五个阶段,每个阶段都会产生情绪调节,即情景选择、情景修正、注意分配、认知改变、反应调整。情景选择是指个体趋近或避开情绪事

> 请简述你自己和身边的人常用的情绪调解方法?

件以调节情绪,如有社交焦虑的人会尽量避开社交场合以减少焦虑的发生。情景修正是指对情绪事件进行控制,努力改变情景,如当个体与同事关系紧张时,努力去改善紧张关系。注意分配是关注情绪事件许多方面中的一种或某些方向,如当谈到令人不愉快的话题时,个体会转移话题,转而注意别的事情。认知改变是改变对情绪事件意义的看法或态度,从而达到调节情绪的目的。如有人撞了你一下,你解释为不是故意的,则会避免生气这种情绪产生。反应调整是指情绪已经被激发以后,对情绪体验、行为表达、生理反应施加影响,主要表现为降低情绪反应的行为表达,如有人踩了你的脚,他没有表示歉意,尽管你很生气,但你会努力控制自己的愤怒情绪就属于反应调整。情景选择、情景修正、注意分配、认知改变发生在情绪反应激活之前,这些情绪调节称为先行关注情绪调节,而反应调整发生于情绪已经形成、情绪反应激活之后,被称为反应关注情绪调节。

专栏 7-2　历代医案中的情志相胜疗法

1. 喜伤心,恐胜喜　喜为心志,喜甚伤心气,可致嬉笑不止或疯癫之症。治之以"祸起仓卒之言"或其他方法使之产生恐惧心理,抑其过喜而病愈。清代《冷庐医话》中记一江南书生因金榜题名考中状元,在京城过喜而发狂,大笑不止。名医徐洄溪就诊,佯称其病不可治,告之逾十日将亡,吩咐他速回家,路过镇江时再找一位姓何的医生,或许能起死回生。书生一吓,果然病愈。但又因此郁郁寡欢往回走。至镇江,何医生就把徐洄溪早已送来的书信给书生一看,并解释其中的缘由。书生经开释,病痊愈。

2. 怒伤肝,悲胜怒　怒为肝的情志表达,但过怒因肝阳上亢,肝失疏泄而表现出肢体拘急,握持失常,高声呼叫等症状。治之以"恻怆苦楚之言"诱使病人产生悲伤的情绪,有效地遏制过怒的病态心理。《景岳全书》中记燕姬因怒而厥,张景岳诊后便声言其危,假称要用灸法才能治好。燕姬知道灸法不仅会引起疼痛,而且会损毁面容或身体其他部位的皮肤。于是,继而转悲,悲则气消,将胸中的郁怒之气排解。这样就克制了愤怒的情绪,消除了愤怒引起的疾病。

3. 思伤脾,怒胜思　正常的思虑为生理心理现象。但过思则气结,可使人神情怠倦,胸膈满闷,食纳不旺,脾气郁滞,运化失常。治之以"污辱斯罔之言",激病人盛怒以冲破郁思,使病人重新改变心理状态达到治疗的目的。《续名医类案》中记有一女因思亡母过度,诸病缠身,百药不治。韩世良借此女平时信巫,便离间母女关系,假托母死因女命相克,母在阴司要报克命之仇,生为母女,死为仇敌。女闻后大怒,遂不思,病果痊愈。

4. 忧伤肺,喜胜忧　悲忧皆为肺志,太过则使人肺气耗散而见咳喘短气、意志消沉等症状,还可由肺累及心脾致神呆痴癫,脘腹痞块疼痛,食少而呕等,治之可设法使病人欢快喜悦而病愈。《儒门事亲》中记有一病人因闻父死于贼,过度悲伤忧郁,心中结块痛不可忍。张子和认为"忧则气结,喜则百脉舒和""喜可治悲,以谑浪亵狎之言娱之"使病人畅怀大笑,一、二日后心下块皆散,不药而愈。

5. 恐伤肾,思胜恐　过度或突然的惊恐会使人产生肾气不固,气陷于下,惶惶不安,提心吊胆,神气涣散,二便失禁,意志不定等病理变化。可以用各种方法引导患者对有关事物进行思考,以制约患者过度恐惧,或由恐惧引起的躯体障碍。其实这就是一种认知疗法,通过树立正确的认知来治疗心理疾患。《续名医类案》中卢不远治疗一恐死症患者就是首先用言语开导;然后带他学习一种"参究法",即参禅,和患者一起研究生命之源,探究生死,对其进行深入的思考,使患者对生死不再恐惧从而病愈。

情志相胜疗法是古代中医心理治疗中常用的方法,所以历代医疗史中有许多情志相胜的医案记载,甚至其应用遍及民间,在文学作品中也有这方面的描述。

阅读　几种常见的情绪调节的方法

一、认知训练

认知训练法就是通过认知调节和控制,纠正不良的认知习惯,形成积极的思维方式,从而消除消极的情绪。认知训练主要有两种,一种是合理情绪疗法,另一种是归因训练法。合理情绪疗法就是要找出认知过程中的非理性思维,并努力加以纠正,最终达到消除不良情绪的目的。常见的非理性思维有三个特征:非此即彼的思维方式;以偏概全的思维方式;糟糕至极的思维方式。

"合理情绪疗法"包括4个关键步骤:

第一步,找到那些引起不良情绪的诱发事件。

第二步,将这些事件所引起的消极的思维或想法从头脑中剥离出来,让它明确地反映到人的头脑。

第三步,对照非理性思维的特征,看自己的思维方式是否有偏颇。

第四步,与自己辩论,以客观、正确的理性思维来代替非理性思维。

"归因训练法"是指人们对行为结果成功或失败的原因进行探究、寻求解释的方法。它试图在情绪产生之前,对导致情绪发生的事件或结果进行理性分析,进而影响后继的情绪和行为。

人类从三个维度对事件进行归因,即外部归因和内部归因、稳定归因和非稳定归因、可控归因和不可控归因,并发现人们通常把行为结果的原因归为4个方面:能力、努力、任务难度和运气(表7-1)。6种不同类型的人,在成功或失败后引起的情绪反应有着极大的差别。把成功归于稳定的、内部的、可控制的原因,这就是积极、正确、科学的归因。而经常体验失败的人应选择不稳定的、内部的、可控的归因,它使人认识到失败不是不可避免的,并会知耻而后勇。不难发现,归因方式有正确和错误之分,有积极和消极之别,我们要想提高学习和工作效率,形成积极稳定的情绪,就必须化消极归因为积极归因,变错误归因方式为正确的归因方式。

表 7-1　常见的归因维度及要素简表

稳定性维度	内外源维度	
	内部的	外部的
稳定的	能力	任务难度
不稳定的	努力	运气

2. 音乐调节法

音乐可以调节情绪。现代医学表明:音乐能调整神经系统的机能,陶冶情操,启迪智慧,改善注意力,增强记忆力,消除抑郁、焦虑、紧张等不良情绪,解除肌肉紧张,消除疲劳,激发精神和体力,提高工作效率。其他研究也表明:音乐能使人产生兴奋、镇定、平衡的情绪状态。在使用音乐调节法时,必须注意乐曲的选择,需要重视节奏、曲调(包括音调和旋律)、和弦、旋律配合等因素,这些因素对听者构成一首音乐的完整知觉。不同的曲调有各自不同的"性格",使人产生不同的情绪感受。因此,运用音乐调节法时也应该因人、因时、因地、因心情的不同状态选择不同的音乐,适宜的音乐常可取得很好的效果。例如,忧郁心情的人倾听"忧郁感"的音乐为好,如《忧郁圆舞曲》《蓝色狂想曲》等都是具有美感的。当忧郁的心灵接受了这些乐曲的"美感"沐浴之后,很自然地会慢慢除却心中的忧郁。

3. 生物反馈法

通过生物反馈技术的训练,可以使人通过对内脏功能的抑制,调节人的情绪,使许多看似不可能的"奇迹"变为现实。科学家用仪器捕捉肌肉的电活动变化并给出视觉或听觉反馈信号,以训练病人学会使全身肌肉达到高度的松弛状态,这种把肌电测量与放松相结合的方法可说是生物反馈的雏形,这种仪器就是"肌电生物反馈仪"。肌肉的松弛和紧张程度与肌电反馈仪测量的表面肌电电压幅度有明确的对应关系。肌肉紧张时,肌电值迅速上升;肌肉放松时,肌电值迅速下降。被试根据可视、可听的肌肉信息对骨骼肌进行加强或减弱其活动的训练,从而达到放松的目的。

4. 放松法

焦虑和放松是两种不同的身心状态,而人在某个时刻只能有一种身心状态,让放松占据你的身心,焦虑则无立锥之地。所以,驱逐焦虑最有效的方法是全身心地放松，焦虑与放松其势不能两立。情绪心理学所说的放松是以一定的媒介(如暗示指导、表象等)集中注意、调节呼吸，使肌肉得到充分放松，从而调节中枢神经系统兴奋性的方法。目前人们普遍采用的是美国芝加哥生理学家 Jacobson 于 1938 年首创的渐进放松法、奥地利精神病学家 Schultz 提出的想象放松法。渐进式放松的基本步骤如下：第一，首先放松身体局部肌肉群，然后使这种放松依一定顺序向全身扩散；第二，在进入新的肌肉群放松练习时，已经练习完了的肌肉群亦可以再次进行放松练习和复习；第三，重复以上过程，直至放松状态和安静感持续出现。想象放松法指通过人的意念想象来逐渐达到放松的方法。通过想象来进行放松，比身体绷紧再放松要容易一些。

5. 暗示调节法

所谓暗示是指人们通过言语、体语、情境、物品等对心理活动施加影响的过程。暗示的结果使人的情绪发生变化，从而影响人的某些生理功能、健康状况和工作效率。暗示不是对自我的命令，而是心理能量的有效动员，使心理能量唤起的强度处于理想的范围之内。暗示有着经济、便利、有效的特点，被广泛应用。

6. 情志相胜法

古代中医情志相胜疗法是用五行相克理论来表述情绪之间相互制约关系的经典提法，其基本原理是脏腑情志论和五行相克论的结合，将人体归纳为 5 个体系并按五行配五脏五志的方法，利用情志之间这种相互制约的关系来进行治疗的心理疗法，即运用一种情志纠正相应所胜的另一种失常情志。《内经》具体论述了情志相胜疗法的基本程序：喜伤心，恐胜喜；怒伤肝，悲胜怒；思伤脾，怒胜思；忧伤肺，喜胜忧；恐伤肾，思胜恐。情志相胜疗法是利用情志之间以及情志与五脏之间的相互影响、相互制约的关系，通过一种正常的情志活动来调节另一种不正常情志活动，使其恢复正常，有效治疗情志与躯体疾病的心理治疗方法。

7. 其他

情绪调节方法很多，除了以上介绍的一些方法外，还有表情调节、推迟动怒时间、合理宣泄不良情绪、适当的代偿转移、理性的升华、增加自己的幽默感等方法，个体可以根据自己的情况进行选择。

总之，情绪作为一种心理过程，它的到来毫无规律，但是掌握情绪的规律和情绪调节的方法，情绪是可以被管理的。

(何苗苗)

第八章　意志与行为

第一节　意志概述
　　一、意志与意志行动
　　二、意志行动的特征
　　三、意志与认识、情绪的关系
　　四、意志与自由
第二节　意志行动的心理过程
　　一、采取决定阶段
　　二、执行决定阶段
　　三、执行命令的意志过程
第三节　意志行动中的挫折
　　一、挫折及其产生原因
　　二、增强挫折承受力
第四节　意志的品质
　　一、自觉性
　　二、果断性
　　三、坚韧性
　　四、自制力
第五节　意志对个人行为的影响
　　一、意志品质的影响
　　二、意志行为的影响
阅读　人生最大的财富——意志力

案例 8-1　丧失的意志力

> 这是一个发生在第二次世界大战期间的非常著名的实验。实验者是一名军医，而实验对象则是一个即将被处死的俘虏。军医将俘虏的双眼蒙住，绑在一张床上。军医在俘虏的手腕静脉处扎入一支注射针头，并导上一根导管，在床侧放一个盆子，然后告诉俘虏说："我们将放你的血，直到你流尽最后一滴血为止！"俘虏镇定的心开始慌乱起来，后来神志就不怎么清醒了，并渐渐地失去了知觉……两天后，那个军医再观察俘虏时，发现他已经死了。其实，军医并没有放俘虏的血，那根导管的另一端是封闭的。那种液体滴在盆子里的声音，是由一个底部有小孔的容器装上水让其滴落在盆中发出的。俘虏的死因在于其求生的欲望和意志已被那误以为血滴入盆中的持续不断的滴答声消磨殆尽。

思考题

1. 意志是什么？它在我们的生活中有着怎样的意义？
2. 优良的意志品质有哪些特征？有哪些方法能够培养优良的意志品质？

从以上的案例中我们可以看出，意志在一个人的心理和行为中起着极其重要的作用，甚至关系生死。意志是人的主观能动性的突出表现，意志行动过程包括采取决定和执行决定两个阶段。具有优良意志品质的人，通常称为意志坚强的人；具有不良意志品质的人，通常称为意志薄弱的人，上述实验中所描述的俘虏便是意志薄弱之人。

第一节　意志概述

一、意志与意志行动

意志(volition)是人自觉地确立行动目的，并以此主动的调节自觉地行动，努力克服困难以实现预定目的的心理过程。

正如 Laurence 所说，意志是独一无二的个体所拥有的、以纠正自己的自动性的力量。人在进行客观实践活动中，为了满足物质和精神方面的种种需要，必须不断地去认识世界，掌握客观世界的本质和规律，并根据对事物的本质和规律的认识去改造世界，实现自己的目的。在改造客观世界的过程中，人也在改造自己的主观世界（如发展认识能力、积累知识经验、形成个性等）。人的这种认识和变革现实的活动是自觉的行动，它指向于事先确定的目的，并根据目的来积极地调节、支配自己的行动。例如，登山队员为了到达山顶而努力克服途中的艰难险阻；学生为了获得知识而认真听课、刻苦学习；教师为了提高教学质量、促进学生的发展而钻研教材，探索教学方式、方法；工人、农民为了提高生产效率，忘我地劳动；科技人员为了促进科技事业的发展而呕心沥血，刻苦攻关等。这些行动中，人所进行的与确立目的、调节行为以及克服困难相联系的心理活动就是意志的表现。意志是人类意识能动性、积极性的集中表现，具有引发行为的动机作用，比一般动机更具有选择性和坚持性，也是人和动物在心理方面的本质区别，是人所特有的心理现象。意志通过行为表现出来，受意志支配地行为称为意志行动，它是在人类认识世界和改造世界的需要中产生的，也是随着人类不断深入地认识世界和更有效地改造世界的过程中得到发展的，是人的行动中最重要的一部分。意志和意志行动是相互依存的关系。意志行动就是受意志调控的行为，显而易见；意志则是意志行动进行中的心理活动，隐而难见。

二、意志行动的特征

（一）意志行动的意识性与目的性

意志行动(volitional movement)是人经过深思熟虑，对行动目的有了充分的认识之后所采取的行动。离开了明确的目的，就无意志可言。这也是人类活动与动物活动的根本区别。动物虽然也有类似目的性的行为，但这种行为是"无意地发生的，而且对于动物本身来说是偶然的事情"。动物不可能意识到自己行为的目的和结果。人类活动则完全不同，它是有意识、有目的、有计划进行的。以动物筑巢和人类建造房屋来说，前者是一种无意识的本能行为，后者则是一种有目的、有计划、有意识的活动。人类意志行动的意识性与目的性广泛地表现在认识自然,尤其是改造自然的过程中。它有两个根本的特点:一是确定的行动目的要符合客观事物发展的规律;二是行动目的必须符合社会准则。个体不论参加何种社会实践活动,都要履行社会的义务和责任。在马努依连柯的实验中,单纯地要求学前儿童保持一定的姿势站立不动,儿童很难控制自己,过不了一会就动起来了。如果安排一个实验情景,让儿童扮演游戏中的角色(如哨兵站岗),要求他长时间地保持不动的站立姿势,这时保持站立的时间比前者要长3~4倍。明确的目的对儿童坚持活动、克制无关动作具有明显的作用。因此,一个人的世界观和道德观是决定其意志行动目的性的根本依据,意志水平正是以这种自觉目的性水平为转移的,目的愈高尚,愈远大,意志表现的水平就愈高。

(二) 意志行动对心理活动和行为的主动调节作用

意志不能离开了人的行动独立存在。人的意志活动的实质,不仅在于意识到行动的目的,而且在于积极调节行动以实现目的。意志对心理活动和行为的调节作用,一方面表现在抑制其他一切干扰任务的意图、动机和思想情绪,约束行为、控制心境和任何冲动性的动作;另一方面表现在根据情境调整自己的心理状态,选择有效的行动方法,组织一系列达到目的的手段,发动随意动作以实现预定的目的。这两方面在实际活动中是对立统一,相互联系又相互制约的。意志不仅组织、调节外部动作,还可以组织、调节人的心理状态。在某些情况下,意志对心理状态的调节,在整个意志行动中处于极为重要的地位。例如,当人处于危急、险恶的情境中,只有先克服内心的恐惧和慌乱,稳定情绪,才可能有效地采取正确的外部行动。正是由于意志能调节与控制外部动作和内部状态,才使人的主观能动性得以充分发挥,实现改造客观世界和主观世界的愿望。

(三) 意志行动表现在克服行动中的困难

人在确立目的和实现目的的过程中,通常都会遇到这样或那样的困难。这些困难有的来自主观方面,如经验的不足、思想顾虑、信心的动摇、行为的惰性等;有的来自客观方面,如条件的艰苦、他人的阻挠、时间的紧迫、支持的缺乏等。这些困难需要人运用意志的力量加以克服,只有在实现预定目的的过程中,遇到困难而又坚定不移地加以克服时,才会显示出意志的作用。人的意志的强弱主要以克服困难的大小来衡量,克服的困难越大,越需要坚强的意志力,畏惧困难或者在困难面前易冲动,都是意志薄弱的表现。可以说,没有困难的行动就无意志可言。

> 意志行动有哪些特征?

三、意志与认识、情绪的关系

同为心理过程,意志与认识、情绪既有区别,又有着密切的联系。

(一) 意志与认识过程有着密切的联系

意志的产生是以认识过程为前提,并随着认识活动的深化而不断发展。意志行动的目的本身就是人的认识活动的结果。只有人们认识了客观事物的发展规律,认识了自身的需要和客观规律之间的关系时才能自觉地提出行动目的。提出实现目的所需要的有关计划、方法、策略也是认识活动的结果。所以说,意志是以认识过程为基础的,离开了认识过程,就不会有意志活动。

认识过程也离不开意志的作用。意志能促使认识目的性和方向性更加明确,在认识过程中克服所出现的困难和挫折以保证认识活动的持续与深入。

(二) 意志与情绪的关系

两者有着密切的相互作用关系。一方面,情绪伴随着意志活动,并给予意志活动以动力影响。情绪作为一种与人的切身需要和主观态度密切相连的、并具有体验、生理和行为多种成分的心理活动,必然卷入任何旨在满足某种目的的活动之中。意志的每一个环节、每一个步骤都必然引发某种情绪。当意志活动进行顺利时,人必然会产生满意、快乐、兴奋等积极情绪;当意志活动受到阻碍或未达到预期目的时,人必然会产生失望、愤怒、沮丧等消极情绪。而已产生的情绪又会给予意志活动以动力的影响。积极的情绪对意志行动起推动和支持的作用,可以鼓舞人的意志,成为意志的动力;消极的情绪也可以成为人的意志行动的阻力,它会削弱人的意志,阻碍人去实现预定目的,使意志行动半途而废。

另一方面,意志对情感起着调节与控制作用。人们在工作或学习中面对困难而产生的消极情绪可以通过意志力加以调节和控制,从而使自己的意志行动服从于理智的要求,也就是日常生活中人们所说的实现"理智对情感的驾驭"。

四、意志与自由

对于人类究竟有没有"意志自由"这个问题,长期以来存在着激烈的争论,争论的焦点就是:人的意志在多大程度上能发挥能动作用。西方行为主义心理学家完全否定意志的存在,其代表人物 J. B. Waston 认为人的行动完全是外界刺激所决定的,从而否认人的意志的自由。此外,持"宿命论"观点的人也否认意志的作用,认为人的一切行为及其后果,都是由某种神秘力量所安排的,人的意志不起任何作用,唯有听天由命。

一些唯心论者又片面地夸大意志的自由,把意志看成一种独立于客观现实的、超乎物质之上而又不依存于客观规律性的东西。19世纪,德国的"唯意志论"者 Arthur Schopenhauer 和 Friedrich Wilhelm Nietzsche 肆意夸大意志的能动作用,认为人的意志可以主宰一切,创造一切,人可以随心所欲,为所欲为。这就是"意志自由论"的观点。

如 Dante 所言,人的意志并不总是万能的,因为笑声和泪水会伴随着产生这些东西的激情接踵而来,最真诚的人最不能控制它们。从辩证的观点来看,人的意志是人脑对客观现实的反映;意志不能离开客观现实而独立存在,它是受客观现实及其规律制约的。可以说,意志是自由的,但又是不自由的。意志自由,表现为在一定条件下,人可以按照他的意志自主地确定目的,发动或制止某种行为,选择达到目的的方式、方法,以及利用自然规律为人的目的服务,使人在自然界面前取得自由。而这一切的前提是要符合客观现实及其规律,否则将在行动中遭遇挫折和失败。因此,只能在相对的、有条件的意义上说,意志是自由的;而在绝对的、归根结蒂的意义上,意志又是不自由的。

专栏 8-1　有一种错觉叫自由意志

人类究竟有没有自由意志?换个问法也许更通俗些:人类到底是生物化学、社会文化的傀儡,还是不可预测、具有无限发展可能的能动主体?这个问题看上去很像哲学里的大问题——虽然重要,但是忽略它也不影响正常的生活。更何况哲学家对这个问题的思考似乎更适合于锻炼人的大脑而不是给出一个确切答案,所以长久以来自由意志研究总是停留在形而上的层面。

但是就在近期,心理学家和生物学家(或者统称认知科学研究工作者)通过一系列的实证研究对这个问题给出了相对易于理解、相对一致的研究结论,其中最重要三点就是:自由意志是错觉;人对自由意志与决定论的关系的认识是存在边界条件的;相信自由意志的错觉是更好的。

那么,难道人类真的没有自由意志吗?认知科学工作者究竟是怎样得出这些让人失望的结论的呢?

自由意志是错觉?

加州大学旧金山分校心理系教授 Benjamin Libet 和哈佛大学心理系教授 Daniel Wegner 的两个实验可以说是自由意志研究领域当中的两座里程碑。

在 Libet 教授的实验当中,他使用脑成像(EEG)来检测被试的脑活动信息,同时要求被试随时报告自己动作发出的意向。结果发现,大脑是在个体报告发出动作意向几百毫秒之前就已经产生了相应动作的脑部活动,也就是说动作产生的直接原因并不是个体意识当中的意向,而是意识之外的其他脑活动。这个研究的结果震惊了整个心理学界,引发了大量的后续研究。虽然有学者质疑 Libet 实验中被试报告与脑活动的时间差测量的精确性(比如对被试用来报告出动作意向的时间的测量问题),但是在 2008 年在《自然-神经科学》(Nature NeuroScience)上,金顺菘等人采用现代的脑成像技术再一次验证了 Libet 的研究结果。

另一方面,哈佛大学心理学教授 Daniel Wegner 采用心理学行为实验方法证明个体对于自由意志的体验是一种错觉,并不是对现实的真实反映。

在 1999 年的实验当中,Daniel Wegner 及其同事设计了一个非常复杂而巧妙实验室情境。在这个情境当中,实验员让被试与实验者的助手(伪装成被试)一同参与一个任务,即通过操纵鼠标将屏幕上的指针停留在特定目标物上。真假被试同时控制鼠标,实验者告知被试,当音乐响起时,他们就可以停下,但是不必立即停下。实际情况是在进入音乐之后,假被试听到的指导语与真被试是不同的,当真被试停下时,指针就只由假被试控制着达到目标物,真被试在这个阶段就有可能体会到虚假的控制感——这里可以延伸理解为虚假的自由意志体验。

研究发现,在改变真假被试停下的时间差(10 秒或 1 秒等)之后,随着间隔时间的减少,真被试对自己要指针停下的意向的评分就越高。也就是说,虽然这个期间指针并不是由真被试控制,但是因为与真被试预期指针的运动方向一致,时间越短,被试越会产生自由意志的错觉。

这两个系列研究至今都被作为证明自由意志是一种错觉的证据而广泛引用。Daniel Wegner 在其 2003 年著的《意识意志的错觉》(The Illusion of Conscious Will)一书中,系统总结了自己的研究以及前人的相关研究。目前"自由意志是错觉,行为产生的直接原因并不是意识"已经基本上成为了心理学界当中的普遍共识。

但是这里需要注意的一点是,这里面所探讨的自由意志指的是个体的"自由意志"体验,并不是指哲学上所探讨的自由意志实体。也就是说,心理学只能探讨我们体验到的掌控感是否是错觉,至于人类到底是不是具备控制能力,心理学无法研究。有些学者认为,心理学就是研究自由意志体验的,而自由意志本身并不是心理学的研究对象,甚至有学者认为心理学永远无法为自由意志建立一个科学模型。这两个系列研究至今都被作为证明自由意志是一种错觉的证据而广泛引用。

我们是如何理解自由意志的?

虽然实验证明自由意志并不与现实总是一一对应,是一种错觉,但这并不妨碍人类相信自由意志。实验哲学家非常关心个体是如何看待自由意志的,并希望由此来找到哲学讨论中不同的人对自由意志会有不同观点的心理学根源。

亚利桑那大学哲学系的 Shaun Nichols 在 2011 年的《科学》(Science)杂志上发表了一篇关于实验哲学领域对自由意志研究成果的综述。在其介绍的一个实验当中,首先给被试阅读一段指导语。这段指导语的主要内容是假设宇宙是遵守决定论的,每一个事件都由之前所发生的事情所决定,因此一切都是确定的。之后将被试分为两组,一组提问比较抽象的问题,比如"你认为在这样一个宇宙当中每个人是否有可能对自己所有的行为承担道德责任";而另一组被试则会被询问比较具体的问题,比如"现在有一个人杀了他的家人,但是他这样做都是有原因的,你认为他是否还要为自己的行为承担道德责任"。

这里要插入一个背景介绍,就是在哲学领域,一般认为在决定论的条件下,如果每个人的行为都是身不由己的,那么他们就不应该为自己的行为负责。因此实验的假设是认为只要承认世界是受决定论支配的,那么被试就应当认为个体不对自己的行为承担道德责任;反之,如果被试承认个体是有自由意志的,那么被试就应该认为人是应该为自己的行为承担相应责任的。

研究结果表明,案例越抽象,被试越相信决定论;案例越具体,被试越相信人是可以控制自己的行为的。也就是说,当询问的案例比较抽象的时候,被试会倾向于将决定论与自由意志对立起来;反之,在比较具体的案例中,被试就不会因为决定论的假设而排除行为主体对自身行为的道德责任。在哲学领域,有的学者认为自由意志与决定论是相排斥的(不兼容论者),有的学者认为两者是可以并存的(兼容论者),这两种哲学观点的心理学根源之一可能在于问题的抽象性。

我们还要相信自由意志吗?

Nichols 在《心理学和自由意志》(Psychology and Free Will)一书的序言中指出,心理学对于自由意志课题的探讨的贡献可以分为三个方面:首先是描述层面上的,就是回答人们是如何理解自由意志的;第二个层面是实质层面,就是究竟是否存在自由意志;第三个层面就是规范层次,就是要回答在理解了自由意志的本质之后人们应该怎么做的问题。其实,第三个问题似乎更重要一些,毕竟人们更关心的是拥有信念有多大的价值。心理学家们的确在这方面也进行了大量的研究。其中最重要的一个研究结论就是:相信自由意志能够减少不道德行为的发生。

明尼苏达大学管理学院的 Kathleen D. Vohs 和英属哥伦比亚大学心理系 Johnathan Schooler 设计了两个实验情境,一个情境当中被试被诱发相信决定论,另一个情境当中不进行任何处理,之后同样要求两个条件下的被试进行一个数学测验。在这个数学测验当中,被试被要求自己独立完成,但同时也被告知可以通过特定的操作看到答案(当然是不被允许的)。这样就可以通过暗中记录被试违规操作的次数来测量"欺骗"行为的频率,以此作为不道德行为的测量。结果发现,被诱发相信决定论的被试有更多的不道德行为。

为了进一步验证这个结论,在另一个实验当中,Vohs 和 Schooler 在一个条件下要求被试阅读认为这个世界是受决定论支配的文字,而另一个条件则不作任何处理。不道德行为的测量变为被试对自己在认知任务当中的表现的奖励是否公平。研究结果再一次表明,阅读了决定论文章的被试相比较于没有做任何处理的被试更频繁地给自己更多的奖励。

Vohs 和 Schooler 在解释自己的研究结果的时候说:"怀疑自己的自由意志可能会破坏一个人对自我作为行为主体的感觉。或者可以说,否认自由意志就会给人一个随心所欲行事的终极理由。"可见,无论自由意志是否是一种错觉,从功利主义的角度来讲,相信自由意志是一个更好的选择。毕竟相信人类的能动性会促使我们遵守道德规范,反之就会放松对我们自身的要求——因为如果一切都是决定的,那么我们就不用对自己的行为负责了。

> **自由意志的心理学研究**
>
> Kant 将自由意志定义为：一个人根据自己的意志而不是他人或者其他因素去遵守规范。从这个角度来说，自由意志的心理学研究的意义就不仅仅在于回答形而上的哲学问题，更重要的在于启蒙每一个人，让我们了解我们的行为究竟哪些是受到了社会文化因素的影响，哪些是真正自我的追求，如此才能获得真正的"自由"。
>
> 信仰自由不是信仰随心所欲，而是信仰不断追求真理的边界，不断地排除先天、世俗传统的约束，单纯地用自己的理性和真理去做出人生的每一个决策。尽管当前自由意志的研究离这些课题还有相当远的距离，但是我相信，正是这种对最大化自由的渴望才能驱动后来的心理学者们在这条道路上不断前进。

第二节 意志行动的心理过程

意志行动（volitional movement）的心理过程是指意志对行为的积极能动的调节过程。意志总是通过一系列的具体行动表现出来，意志行动的实现过程是意志心理过程的完整展现，它不仅是行动的外部表现过程，还包括心理对行动的内部组织和调节。这里主要从一般意志行动和执行命令时的意志行动来分析意志的心理过程。一般意志行动的心理过程主要分为两个阶段：采取决定阶段和执行决定阶段。

一、采取决定阶段

这是意志行动的开始阶段，是行动前在头脑中确立目标，考虑计划并引向行动的一种酝酿活动，它决定着意志行动的方向和行动的方法、步骤。这一阶段不是一瞬间完成的，而是表现为一个连续、完整、统一的过程，虽不易察觉，却极其重要，具体包括以下4个环节：

（一）动机冲突

动机冲突从形式上看，可以分为4类：

第一类是"双趋冲突"。当一个人以同样强度的两个动机去追求同时并存的两个目的，但又无法兼得时而产生的难以取舍的冲突。古语中"鱼和熊掌不可兼得"就是这种动机冲突的体现。若要解决双趋冲突，只能是权衡轻重，趋向认为重要的、更有价值的目标。这就要求我们学会权衡重要性，果断决策。

第二类是"双避冲突"。指个体以同等程度的两个动机去躲避两个具有威胁性的事件或情境时，因不能同时避开而产生的动机冲突。所谓"前有断崖，后有追兵"就属于这种情况。对于这种情况，也需要当事人权衡轻重，做出明智的选择。

第三类是"趋避冲突"。当一个人面对同一个目的同时产生两种相反的动机时,形成欲趋之又避之的矛盾斗争。是趋是避,不同的人有不同的选择;有人为避强而于趋,即不求成功,但求不失败;有人则趋强于避,即为了成功,不惜冒着失败的风险;也有人采取趋避折中的态度,即求成功,但又防失败,使不利降到最小限度而趋之。在大多数情况下,一个人存在着复杂多样的动机,但这些动机在意志行动中所起的作用是不同的。一个人最强烈最稳定的动机常成为他的主导动机。主导动机不仅决定着行动的方式和行动过程的坚持性,还决定着意志过程的结果。除了主导动机外,其余的都属于行动的辅助动机。但有时主导动机和辅助动机之间可能会发生转化。

第四类是"多重接近-回避型冲突"。又称多重趋避冲突,指一个人面对两个以上的目的,每种目的都具有吸引和排斥两个方面,而不能只简单地选择一种目标,回避另一种目标,必须进行多重的选择而引起的内心冲突。例如,一个人想跳槽到一个新的工作单位,因为该单位有较高的经济收入和其他优厚的福利条件,可是工作性质和人际关系不易适应。但如果留在原单位工作,有习惯了的工作条件及环境,以及较好的人际关系,可是经济收入和福利待遇较差。这种对各种利弊得失的考虑,就会产生多重趋避冲突。一般来说,如果几种目标的吸引力和排斥力相距较大的话,解决这种内心冲突比较容易;如果几种目标的吸引力和排斥力比较接近的话,那么,解决这种内心冲突就比较困难,并需要用较长的时间考虑得失、权衡利弊。

动机冲突从性质上来看,可分为原则性的动机冲突和非原则性的动机冲突。

> 动机冲突有哪几种类型?

凡是涉及个人愿望与社会道德准则、法律相矛盾的动机冲突等属于原则性动机冲突。凡是不与社会准则相矛盾,仅属于个人爱好、兴趣、习惯等方面的动机冲突属于非原则性动机冲突。解决原则性动机冲突,要经过激烈的思想斗争,因此也最能体现出一个人的意志品质。对于原则性的动机冲突,意志坚强者能坚定不移地使自己的行动服从于社会道德标准和法律、服从于集体的和国家的需要,意志薄弱者则会长久地处于犹豫不决的矛盾状态,甚至确定目的以后,也可能瞻前顾后,并且还会受到其他动机的影响而改变。对于非原则性的动机冲突,有的人也能根据当时的需要毅然决定取舍,这是意志果断性的体现。有的人就经常犹豫不决,摇摆不定,那是意志薄弱的表现。因此,解决动机冲突的过程往往也是对一个人思想境界和意志水平的考验过程。

(二) 确定行动目的

在动机斗争获得解决之后,或明确了行动的主导动机之后,行动的方向和目的就容易确定。作为意志行动都要有预先确定的行动目的,这是意志行动产生的重要环节。在某种意义上说,动机斗争的过程也涉及对外界多种行动目的的权衡选择。目的有高尚和卑劣之分,最终应确立既有益于社会也有益于个人的行动目的。目的也有远近、主次的不同。一般来讲,行动目的的社会价值越高,目的越明确,人的行动就越自觉；目标越远大，它对行动的动力作用越大。但行动的目的必须是有层次的，在远大目的的前提下还要制订一系列近期的、具体的目的，把两者结合起来，才能达到最终目的。

(三) 选择方法与策略

行动目的确定后，必须考虑如何实现这个目的，这就要选择有效的方法和策略。通常情况下，达到同一目的的方式和方法不只是一种，有的可能走捷径，有的可能走弯路，这时就需要进行选择。在选择之前还要进行必要的调查研究，要根据客观规律、实际条件等，从全局出发，分析比较各种方法的优缺点，充分了解各种方式方法可能导致的结果，然后才能做出决定。

(四) 制订行动计划

选择有效的方法和策略之后，要制订具体的行动计划，以便按计划行动，顺利实现行动目的。如开始一项科研或实施一次手术，都需要精心准备，做好计划。这就需要进行必要的调查研究，周密的思考，收集各种信息。实事求是地进行研究，既不能草率、盲目，又不能害怕困难，最终才能制订出切实可行的计划。

经过动机斗争，确定了目的，选择了方法，制订了计划，采取决定阶段的任务也就完成了。决策之后，就进入了执行决定的阶段。

二、执行决定阶段

执行决定是意志行动的完成阶段，是头脑里的目的计划和措施付诸实施，达到预定目的的过程。即使行动的动机再高尚，行动的目的再美好，行动的手段再完善，如果不付诸实际行动，这一切都只能是镜花水月。所以，执行决定是意志行动最重要的阶段，也是人的意志水平的高度表现。

首先，执行决定阶段是一个不断克服困难的过程。引起执行决定过程中的困难很多也很复杂，不仅包括内部困难，也包括外部困难。因此，首先是应该解决内部困难，只要认定行动目的是有意义的，计划是合理的，就应该发挥主观能动性去排除干扰，克服自身的弱点，坚持意志行动。当内部困难得到解决，外部困难一般总能够加以克服。当然，如果有人力不可抗拒的客观原因使得决定无法执行，就应该果断终止原定计划，再做新的打算，这依旧是意志行动的良好表现。

其次，执行决定阶段还要接受成败的考验。有很多时候，执行决定是一个漫长

> 意志行动的决定因素是哪个阶段？

的过程。在这个过程中，有短暂的成功，也有暂时的挫折和失败。要使意志行动的目的最终得以实现，就要有对待成败的正确态度。既不要迷失在成功的喜悦里，造成后面意志行动的轻率和盲目，也不要因一时的失败就丧失信心，半途而废。特别是对待失败，应该冷静地分析原因，总结经验，避免犯同样的错误。只有经历过成败的考验，做到"胜不骄，败不馁"，才能取得最后的成功。

三、执行命令的意志过程

在生活和社会实践中常常需要执行上级的命令,这仍然是一种意志行动过程。这个意志行动过程的特点是:行动目的、任务和方法主要是由领导层规定的,一般无需自己确定。所以,执行命令的意志过程不发生意志行动的准备阶段的动机斗争、目的确定、方法选择、计划制订的问题,但要了解命令的意义和执行命令的方法,要研究如何结合实际认真贯彻。这是一个把别人规定的目的、任务、方法、计划转变成自己的行动目的、任务、方法、计划的过程。这个过程中有一定的紧张程度,需要意志努力。

执行命令的意志行动过程的意志努力集中于执行命令的阶段。在这个阶段中,除了会遇到外部困难外,还会遇到许多内部困难,如命令与自己的愿望相抵触,或执行的方法不符合自己的习惯要求。这就需要在别人规定的范围内发挥自己的意志努力,在被动的情况下,发挥主观能动性,创造必要的客观条件,改变自己的习惯。这需要有更高程度的意志努力。

意志努力是指人在确定目的、解决动机冲突、制订计划、进行决策以及执行决定的过程中,克服内外各种困难把意志行动贯彻到底的心理力量。意志努力表现在整个的意志行动过程中。在解决动机冲突时,意志努力主要表现为:在并存的目的和动机的情况下,能克服犹豫不决、患得患失的心理,根据当时需要毅然做出取与舍,尽快解决动机冲突,努力使自己的行为服从于社会道德标准,服从于集体国家需要的目的和动机。在制订计划、进行决策时,意志努力表现为:有信心、决心和恒心到实际中去了解情况,摸清各种方式、方法的优缺点,拟定切实可行的行动方案,并按照社会道德标准对行动方案做出决策。在执行决定的过程中,意志努力表现为:在按照行动计划去实现预定目的的过程中,努力克服外部困难和内部困难,采取积极的行动去实现目的,制止那些不利于达到目的的行动。在发现采取决定时所确立的目的和计划不切实际时,能根据当时情况,及时地放弃或修正这种不切实际的目的和计划。对于挫折,能面对现实,努力查找挫折的根源,为实现目的继续努力。所以,意志努力集中表现为克服困难,以保证意志行动的顺利进行。

第三节 意志行动中的挫折

一、挫折及其产生原因

(一)挫折

挫折(frustration)是指个体的意志行为受到无法克服的干扰或阻碍,预定目标不能实现时所产生的一种紧张状态和情绪反应,也就是俗话说的"碰钉子"。

具体而言,挫折包含三个要素:一是挫折情境,指阻碍人的目的性活动的各种干扰条件或各种干扰的情境状态,形成刺激情境的因素很多,可能是人或物,也可能是各种自然、社会环境;二是挫折认知,指对挫折情境的认知、判断和评价;三是挫折反应,指人在挫折情境下所产生的紧张、忧虑、困惑等负面的情绪体验和行为。在这三要素之中,挫折情境和挫折认知都是引发挫折的相关因素,其中又以挫折认知为核心因素,而挫折反应挫折的外在表现,它的性质及程度主要取决于挫折认知。不同的挫折认知会引起个体不同的情绪和行为反应。如有的学生考了60分就会觉得很满意,而有的学生对同样的成绩则会感到失败和郁闷。

挫折三要素之间存在相互影响、相互制约的关系。首先,挫折反应的程度取决于挫折情境,挫折情境越严重,挫折反应就越强烈;反之,挫折反应就越轻。其次,挫折情境的程度是否严重由挫折认知来判断,只有当挫折情境被个体感知时,个体才会在心理上产生挫折反应;反之,即便是客观的挫折情境非常严重,若个体从主观上并没有意识到它,或者认为它并不属于严重的挫折,这时挫折反应也不会出现。例如,对于一次考试失利,从客观的角度来看这是挫折情境。但是,有的同学认为这是一个重大的挫折,而有的同学认为这只是成长中的一次经历。这正是挫折认知角度不同所产生的不同的挫折反应。综上,在挫折三要素中,挫折认知处于核心地位,挫折反应的性质、程度受个体对挫折情境的认知所左右。

案例 8-2 来自大学的烦恼

> 小静初、高中成绩很好,是班上乃至学校里的尖子生和学生干部,很受老师的欣赏和器重,在生活中很有优越感。进入大学以后,第一次摸底考试成绩很差,小静受到很大的打击,一度焦虑、烦躁,苦不堪言,而周边的同学们个个都很优秀,加上不喜欢所学专业,学习成绩一度不见提高,这使她陷入了深深的痛苦之中,学习的挫折感越来越强,一度空虚寂寞痛苦。
>
> 大二时,邻班的一个男生"乘虚而入",他们萌生了爱情,经营爱情费时费力,又严重影响了学业,她的成绩再度直线下降,甚至有几门课挂科,学习挫折感愈加强烈。双方家长对他们的期望值都很高,又强烈反对他们谈恋爱荒废学业。快毕业时,就业形势非常严峻,就业挫折感提前到来,小静说她所遭遇的挫折已经超过她个人的承受力,快要到崩溃的边缘。

思考题

请大家分析下小静的挫折主要来源于哪些方面的原因?

(二) 挫折产生的原因

挫折产生的原因很多,主要分为两大方面:客观原因和主观原因。

1. 客观原因

(1) 自然环境因素:主要是指非人力所能及的一切客观因素,如自然灾害、台风、地、酷热、洪水、疾病、事故等。

(2) 社会环境因素:指社会的政治、经济、文化、法律、道德、风俗习惯等各方面因对人产生的影响。这些要素在家庭、学校和工作环境中所结合的方式及发挥的作用有所不同,对个体产生的挫折影响也各不相同。家庭经济状况、自然结构、人际关系、教育方式、抚养方式等都有可能成为个体产生挫折的原因,尤其是成长早期在家庭环境中的不良因素对个体的负面影响,都有可能成为个体日后遭受挫折的潜在因素。与自然环境因素相比,社会环境因素更易引起个体的挫折感,而且后果也更严重。

2. 主观原因

(1) 个体生理因素:主要是指个体与生俱来的身体、容貌、健康状况、生理缺陷等先天素质所带来的限制。有生理缺陷的人在人际交往等社会活动中会因为其缺陷而处于劣势,无法在社交场合中正常发挥自己的才能,从而产生一种被孤立、被嘲笑的挫折感。

(2) 个体心理因素:心理因素引起的挫折是比较复杂的,主要原因来自以下几个方面:第一,动机强度。挫折的产生与否和个体的需要、动机等因素有密切的关系。动机行为受到阻碍使个体无法达到目标而感到受挫。因而,需要越迫切,动机越强烈;受挫后,挫折感越强。第二,自我期望值。自我期望与客观现实之间总会有一定的差距,如果脱离实际,片面强调主观愿望,人为扩大两者之间的距离,就会产生挫折感。第三,个人抱负水平。抱负水平指人对自己所要达到的目标制订的标准。标准高则抱负水平高;反之,则抱负水平低。个体的挫折感与个人抱负水平密切相关。与抱负水平低的人相比,抱负水平高的人更容易产生挫折感。第四,个人容忍力。容忍力指遭受挫折时个体适应能力的差别。个人容忍力不同,对挫折的感受程度也有所不同。但是,很多因素都会影响个体的容忍力,如个人生理健康状况、社会经验、主观认知等。有的人几经挫折却越挫越勇,有的人稍许遇到挫折便意志消沉,自暴自弃。这便是个人容忍力差异的体现。

(三) 挫折反应

人们在遇到挫折后,或强或弱、或多或少都会做出一定的反应。个体对挫折的反应具体表现为三个方面,即情绪性反应、理智性反应和个性的变化。

1. 情绪性反应　情绪性反应是指人在遇到挫折时伴随产生的紧张、焦虑、烦闷等情绪反应,表现为强烈的内心体验或特定的行为反应。情绪反应的形式一般有攻击、冷漠、退化、固执、幻想、逃避、自残等。最常见的情绪反应是攻击,即个体遭受挫折后发泄愤怒情绪的过激行为。攻击有两种类型:一是直接攻击,个体将攻击行为直接指向引起挫折的人;二是间接攻击,个体把愤怒、不满等情绪发泄到与产生挫折无关的其他人或物上。

2. 理智性反应　理智性反应实际上是意志行动的体现,指当人遇到挫折后,能审时度势,采取积极态度,克服种种困难,排除干扰,毫不动摇地朝预定目标奋斗。许多重要的创造发明都是科学家在经历多次失败后仍坚持不懈努力奋斗的结果。理智性反应不仅表现在坚持目标,继续努力,还表现在人能以理性的态度分析挫折,及时调整行动方案、改变目标或降低目标以实现最终目标。

3. **个性的变化** 持续的挫折或重大的挫折,不仅会使个体产生持续性的紧张情绪和挫折反应,而且某些行为反应还会渐渐固定下来,形成个体相应的习惯和某些突出的个性特点,甚至会影响个性的形成与发展。例如,挫折可能会使一些人缺乏积极性、冷漠无情,而有些人粗暴残忍、好攻击等。

二、增强挫折承受力

挫折在日常生活中是不可避免的。增强挫折承受力是培养良好意志品质的重要方面。挫折承受力是指个体遇到挫折时能够摆脱困境以避免心理与行为失常的能力。不同的个体承受力存在差异,即使同一个体,对不同挫折情境的承受力也存在差异。增强个体的挫折承受力可以通过以下几个途径来进行:

(一) 正确对待挫折

认知是影响挫折及挫折承受力的重要因素。个体首先要认识到挫折是普遍存在的,这就要求我们在平时的学习、工作和生活中要有充分的心理准备面对挫折,即面对挫折时不气馁、不后退。其次应认识到挫折具有两重性,既有积极的一面,又有消极的一面。挫折能促使个体为了改变困境而努力奋斗,能锻炼人的性格和意志,增长个体的能力和智慧,使个体对生活、对人生认识得更加深刻,更加成熟。同时,个体在遭受挫折后要认真总结经验教训,尽量避免不必要的挫折。

(二) 改善挫折情境

情境是产生挫折和挫折感的重要原因,如果挫折情境得到改善和消失,挫折感也随之消除。对挫折情境的改善,首先应是预防挫折的产生,即对一件事情的成功或失败做正确的估计。挫折产生后,要认真分析引起挫折的原因,设法改变、消除或降低其作用的程度。改变挫折情境的另一种办法是暂时离开挫折情境,到一个新的环境中去或改变环境气氛,给受挫者以同情、支持和温暖。

(三) 总结经验教训,正确认识自我

善于总结失败和挫折的教训,是增强挫折承受力的重要途径。一方面从失败中吸取教训,以积极态度冷静地分析受挫的主客观原因,及时找出失败的症结所在,发现自己的弱点,争取改进。另一方面,要发现自己的优点和长处,从而振作精神,鼓起勇气战胜挫折,提高对挫折的承受力。

(四) 调节抱负水平

抱负水平是指个体在从事活动前,对自己所要达到的目标或成就的标准。它是人们进行成就活动的动力,而能否成功则取决于抱负水平的高低是否适合个体的能力或条件。抱负水平过高或过低都不利于增强个体的自信心和自尊心。在过低的抱负水平下,即使成功了,也不能产生成就感;抱负水平过高,在达不到预定的目标时,特别容易产生受挫感。因此,要使个体在活动中产生成就感且又不至于受到挫折,就要提出适合个体能力水平的、具有挑战性的标准。

（五）建立良好的社会支持系统

建立良好的社会支持系统对增强挫折的承受力具有积极作用。当个体遭受挫折后，如果能得到亲朋好友的理解和支持，能向他们倾诉自己的苦闷，便能使个体较快地从挫折中解脱出来，内心的紧张也会逐渐减弱，重新振奋精神，战胜困难和挫折。

专栏 8-2　面对挫折的另一种方法——只要有一线希望就要努力

有一个叫 Michael 的青年，一次偶然的车祸，使他全身 2/3 的面积被烧伤，面目可怖，手脚变成了肉球（不分瓣），面对镜子中难以辨认的自己，他陷入痛苦迷茫之中。他想到某位哲人曾经说的："相信你能，你就能！""问题不是发生了什么，而是你如何面对它！"

他很快从痛苦中解脱出来，几经努力、奋斗，变成了一个成功的百万富翁。此时此刻，他不顾别人规劝，非要用肉球似的双手去学习驾驶飞机。结果，他在助手的陪同下升上了天空后，飞机突然发生故障，摔了下来。当人们找到 Michael 时，发现他脊椎骨粉碎性骨折，他将面临终身瘫痪的现实。家人、朋友悲伤至极，他却说："我无法逃避现实，就必须乐观接受现实，这其中肯定隐藏着好的事。我身体不能行动，但我的大脑是健全的，我还可以帮助别人的一张嘴。"他用自己的智慧，用自己的幽默去讲述能鼓励病友战胜疾病的故事。他走到哪里，笑声就荡漾在哪里。一天，一位护士学院毕业的金发女郎来护理他，他一眼就断定这是他的梦中情人，他把他的想法告诉了家人和朋友，大家都劝他，这是不可能的，万一人家拒绝你多难堪。他说："不，你们错了，万一成功了怎么办？万一答应了怎么办？"

他勇敢地向她约会、求爱。两年之后，这位金发女郎嫁给了他。Michael 经过不懈的努力，成为美国人心中的英雄，成为美国坐在轮椅上的国会议员。

箴言：无论遭遇什么样的挫折和痛苦，为了自己的理想和目标执著地去追求。只要有一线希望就要去努力，最终理想可能就会成功。

第四节　意志的品质

意志品质（volitional quality）是构成一个人行为特点的稳定因素的总和。意志品质反映了一个人意志的优劣、强弱和发展水平。优良的意志品质包括自觉性、坚韧性、果断性、自制性、勇敢性等；不良的意志品质包括依赖性、动摇性、冲动性、懦弱性等。它们贯穿于意志行动的始终，并构成人的意志的性格特征。

一、自觉性

自觉性是指个体在行动中具有明确的目的，能认识行动的社会意义，并使自己的行动服从于社会的要求。具有自觉性的人有坚定的立场和信仰,相信自己的目的是正确的。在行动中既不轻易接受外界的影响而改变自己的计划,也不拒绝一切有益的建议。与自觉性相反的是盲目性。盲目性表现为个人的行动不是从自己的认识和信念出发,而是依赖于外力的推动和督促,人云亦云,没有主见。他们没有明确的行动方向,也缺乏坚定的信心与决心,极易在别人的怂恿或煽动下做出有违社会要求和个人初衷的行动。

二、果断性

果断性是指能根据不断变化的客观情况,适时而坚决地采取决定和执行决定的意志品质。具有果断性的人能全面深刻地考虑行动的目的以及达到目的的计划和方法,在需要立即行动时能当机立断,但在不需要立即行动或情况发生变化时又能立即停止或改变执行的决定。这种品质在当今社会中显得尤为重要,具有果断性的人能够沉着冷静,临危不惧,审时度势,当机立断,不失时机地迅速采取行动,即使冒一定的风险也绝不迟疑。与果断性品质相反的是优柔寡断和草率决定。有这种品质的人,在决策时常常犹豫不决、瞻前顾后,冲突和动机斗争没完没了;在执行决定时,常出现动摇,拖延时间,怀疑自己的决定等。不过当情况复杂时,人们在做出决定以后,常常需要根据情况的发展修改决定,这种修改是为了保证决定的正确执行,因而和优柔寡断是不同的。

三、坚韧性

坚韧性是指行动中以充沛的精力和坚韧的毅力,不断地克服困难,实现预定目的的意志品质。"滴水穿石,不是因其力量,而是因其坚韧不拔、锲而不舍。"具有坚韧性意志品质的人,不但能克服和抵制不符合行动目的的主客观诱惑的干扰,始终不渝地坚持工作,而且能在行动中做到锲而不舍,百折不挠,勇于克服各种困难。"锲而舍之,朽木不折;锲而不舍,金石可镂。"坚韧性是人们取得事业成功的不可缺少的意志品质。与坚韧性品质相反的意志品质是动摇性。有动摇性的人,缺乏恒心和毅力,遇到困难和挫折,就信心动摇,退却放弃;受到外界诱惑,就左顾右盼,见异思迁。

四、自制力

自制力是指在意志行动中能够自觉控制自己的情绪,约束自己的动作和言语的品质。自制力强的人无论在什么情况下,都能控制自己的消极情绪,保证活动任务的完成。因此,自制力反映着意志的抑制职能,即表现为发动行动和抑制行动两个相互联系的方面。一方面克服内外部的干扰和困难,抑制自己的某些冲动和行动;另一方面,是在内外干扰的情形下,发动和维持某种行动。与自制力品质相对应的是冲动性和怯弱。前者不能约束自己的行动;后者在行动时畏缩不前或仓皇失措。

专栏 8-2 如何逐步提高自觉地意志力？

1. 关注你做决定的过程　我们的大脑中心有一个本能的区域，而自控的区域在大脑前叶。当我们没有意识到自己在做决定的时候，基本都是本能的区域在主宰。所以，当我们需要做一些对抗本能的决定的时候，一定要意识到，我们正在做决定，而且做这个决定需要意志力。

2. 冥想　冥想是对大脑的训练。哪怕冥想的时候感觉很差，对日常生活也会有很大的帮助，因为冥想的时候感觉很差就是因为我们会不断分心，需要把自己跑出老远的念头不断拉回来，不断把注意力转回到自己要做的事，关注于自己的目标正是意志力的一部分。

3. 降低呼吸频率到每分钟 4~6 次。

4. 适当的锻炼，哪怕是 5 分钟的室外散步。

5. 合理的作息，充足的睡眠。

以上 5 个建议的目的是为了锻炼身心，增加一个人的意志力储备。这里涉及人类的两个反应：一个是应激反应，一个是三思而后行反应。前者在外界威胁出现的时候工作，而后者在我们有内在的冲突的时候工作。这两个反应引发的生理反应是截然不同的。而三思而后行反应需要的是降低心率、血压、呼吸。

6. 放松，缓解压力　不论是应激反应还是三思而后行反应，它们都是一种大脑的紧张，而放松可以给我们的意志力充电。

7. 最重要的事情优先做　我们每天的意志力在不同的时间是不同的。

8. 合理的饮食，适当补充一点零食　意志力是一种大脑活动，高能耗。

9. 尝试着去控制一件你平时不去控制的事情，比如用左手开门。

10. 发现真正能让你坚持的动力　当你觉得自己的意志力快要用完的时候，鼓励一下自己，坚持一下，不要让大脑中的意志力停止工作。

11. 不要把"接受诱惑"作为自己"抗拒诱惑"的奖励，不要用"自律"为"放纵"辩护　当我们有所进步的时候，我们往往更容易接受诱惑，因为有了道德上的优越感。

12. 想改变行为的时候，减少行为的变化性，而不是改变行为　比如如果我今天抽 2 包烟，那么明天我还抽 2 包烟，而不是，我今天抽 2 包，明天我就不抽了。

13. 认为那个渴望变得更好的你才是真的你　这样你就不会因为自己做了一点好事，就要奖励自己一点做坏事的权利了。你会这样想，是因为你认为想做坏事的那个才是真的你，而做好事是别人的要求。

14. 分清楚奖励的承诺与奖励本身　这个里面涉及比较多神经学方面的东西。当我们得到了一个奖励的承诺之后，我们就会不断地去追求那个奖励。

很多时候,我们会发现,当我们要抗拒诱惑的时候,诱惑会显得格外诱人,而当我们得到诱惑的时候,却发现似乎没有那么幸福。所以,当我们面对诱惑的时候,想想过去得到他的时候的感受。

15. 保持心情愉快。
16. 远离让你恐惧的事。
17. 缓解压力　运动、散步、宗教活动、瑜伽、创造性的爱好、阅读、听音乐等。
18. 原谅同情自己而不是指责自己(尤其是在自己做了没有意志力的事的时候)　当我们情绪低落的时候,我们会更渴望种种诱惑,因为在原始的大脑中,满足欲望能让我们觉得开心。
19. 在做计划时,预测自己可能会受到的诱惑,并想一个应对之法。
20. 降低我们对未来收益的折现率　当我们要做与长期收益相背离的事情的时候,生动具体地想一想那个长期收益,想想我们能否为了及时满足放弃了更好的长期收益。
21. 在抗拒不了诱惑的时候,对自己说等10分钟。虽然只有10分钟,但是在心理上,我们会把它当做是未来的收益,它的价值会降低。

第五节　意志对个人行为的影响

一、意志品质的影响

必要强度的意志是一个人适应环境、改造环境,使之符合自身需要的必要条件。一旦意志方面出现问题,直接就会威胁人的正常活动,导致不健康行为的出现,进而无法适应周围环境的变化。由于大脑皮质活动受到抑制或大脑皮质出现器质性损害,使之在确定目标或在意志行为过程中出现增强、减弱、犹豫不决等状态,这些被称为意志障碍,包含矛盾症状、易暗示性、意志减弱、意志增强等类型。

矛盾症状又称精神矛盾症,指对同一事物同时产生相互对立的意志活动,患者却根本意识不到其矛盾性。矛盾观念、矛盾情绪、矛盾意向等均属于此类,常见于精神分裂症。其特点是:一是对非常简单的事犹豫不决,如出门是步行还是乘车,朝左走还是往右转弯,见到人是打招呼还是不理睬。因对象及目的不明,故进退两难;二是明确的矛盾观念、矛盾意向,患者却不能意识到这些矛盾性,也不去主动地予以纠正,部分患者整天处于矛盾之中,难以自拔;三是矛盾观念、矛盾情感、矛盾意志在正常人中也可出现,所不同的是上述矛盾症状往往在一患者身上同时并存,且维持时间较长,难以纠正。

易暗示性,是指自己的思想和行为,不加分析思考却常为别人的暗示所支配。常见于癔症患者。其特点是:一是易暗示性的患者则表现为不加分析思考全盘接受暗示；二是易受暗示的患者通常是被自己崇拜或信赖的人的暗示所支配；三是不同的人格有不同的易受暗示性，有人认为易受暗示性是一种病理现象或是人格障碍的特性。

意志减弱，是指意志活动缺乏进取心和主动性，缺乏克服困难的决心和力量。常见于情感性疾病的抑郁症和精神分裂症单纯型。其特点有：情感和意志是心理活动的两个方面，意志常受到情感的影响，情绪低落时对周围事物兴趣索然，对外界事物不产生动机，也缺乏应有的内在动力，意志活动往往减弱；认知和意志是心理活动不可分割的两部分，意志是认知过程进一步发展的结果。由于病理性认知的影响，如人格解体、现实解体等，感到世界上一切都是不真实的。例如，抑郁症患者的一个主要表现就是意志减退，这种患者往往对周围事物缺乏根本的兴趣，同时也缺乏起码的克服困难的信心与勇气，因而变得非常懒惰，任何事都不愿意做，严重者对生活产生厌烦、无聊、乏味的感觉，甚至导致自杀。

意志增强，是指在病态的自信基础上伴有固执的行为。多见于偏执性精神病、精神分裂症偏执型及躁狂症。其特点是：在病态情感或妄想支配下，患者可以坚持其某种行为是正确的，意志表现为极大的顽固性；在情感高涨的基础上，患者常会出现意志活动的增多，这也是意志增强的量化表现形式；患者可集中一切力量，采取所有措施试图达到正常人认为是无意义和无价值的目的，此属意志病态性增强。

二、意志行为的影响

意志对人的影响，长期以来有两种观点。行为主义学派完全否认意志的存在，它把人的行为归结为"刺激-反应"的简单公式，认为人的反应是机械地由外界刺激物所决定的，否认意志及其作用。精神分析学派认为，人的一切行为都是由隐藏在潜意识中的本能决定的，同样否认了意志及其对人的作用，这些对意志的取消主义观点是不符合事实的。主观唯心主义者则从另一个角度极端片面地夸大了意志的作用，他们提出"意志自由"的观点，把意志看成一种独立于客观现实的、纯粹的精神力量，认为意志是一种超越物质并不受客观规律制约的"自我"表现。德国哲学家尼采和叔本华就宣扬过唯意志论，鼓吹人的自由意志主宰一切，认为只要具有坚强的意志力，就能成为无所不能的"超人"。

以上观点都有偏颇之处。事实上，人的行为有高度的自主性。就一定条件下的具体行动而言，它的确是受个人的主观意愿所左右的。面临同样的情境，人可以产生这样的动机，也可以产生那样的动机；可以采取这个行动目的，也可以采取那个行动目的。人的行为不仅被动地、单纯地由外部情境所决定，也受主体内部意识状态的调节，这种调节正是意志活动存在的证明，是人的意志具有某种自由的证明。意志是决定人的活动的直接原因，但不是终极原因。意志受人的目的所指引，受人的动机所推动，但目的和动机是由人的需要所决定的，而人的需要最终必须受制于物质世界的因果制约性。

阅读　人生最大的财富——意志力

对意志力来说，个人情感的一般模式，或者说人的机体的一般行为，往往是最关键的动力。如果没有这些方面的因素，一个人根本不可能对自己的意志力施加任何控制。正是因为这种基本状况因人而异，或稳定或多变，或持久或短暂，或强大或微弱，由此，我们才得以区分出意志力的差别——强意志力、弱意志力和中等意志力，三者在程度上有所不同。但是，我们在这里有必要重申一遍，这些差别是源于每个人的个性，是由他独特的天赋和素质造成的。正是由于这种因人而异的个人素质和天赋而导致了基本状况的差异。当然，这些素质是可以通过后天的教育加以改良，这样即使意志力一开始发生反复和动摇，最终还是会稳定下来；即使一开始变来变去，最终还是会变得持久连贯；即使一开始懦弱乏力，最后也会变得强大执著。意志力通过后天的训练和培养是能够增强的，良好的意愿可能会马上实现，也可能无法马上实现，这要看一个人的智力水平和对自己智慧的把握；但是，一旦智慧开始积极地施加影响，那么意志力就可以牢牢地掌握手中的事情。

最高级的意志力显示出无所不能的、不可遏制的激情，它控制着一个人的所有思想。激情就是人的素质品性在心理情绪方面的表达。对次一级的意志力而言，这种和谐被彼此矛盾的各种倾向打破，尽管这些倾向同时都在起作用，但是与核心目标的实现格格不入。这些干扰目标实现的倾向，使人距离正大光明的主干道越来越远。第三个等级的意志力，是两个或者三个目标交替着影响一个人的行为，每一个目标都不能持久地处于主导地位，几种想法轮流支配着一个人的定位和取向。这些互相抵消、互相牵制的意志力之间冲突程度越严重，整个意志力的堕落也就越严重。最后可能会表现出精神失常者特有的种种症状。于是，我们要讨论的意志疾病可以限制在两种具体形式上：缺乏力量和缺乏恒久性。这两种大致的概括表现在一些具体的事例中，比如下面这些：

1. 意志不能支配大脑的活动

治疗办法：精神失常的例子需要进行专门治疗。如果是白日梦、狂喜等，可以通过保持健康、充实生活、积极行动来治疗；而对于那些意志处于僵化停滞状态的人，只有规划好具体的日常生活，有意识地去实现每个计划才是唯一的治疗方案。

2. 优柔寡断

治疗办法：对手对正在从事的工作养成专心致志的习惯，不管此类工作有什么利弊之处；锻炼自己的意志，无论如何要从乐观的一面迅速地考虑事情的发展。有的时候人们遇到需要做决定的紧急时刻，虽然知道自己的决策不是十全十美的，自己心中也存在种种疑虑，但是必须明白一点：决定是一定要做出的。

这个时候需要集合自己所有的智慧,迅速地权衡利弊、比较优劣、对照高下,而一旦做出决定以后,你会觉得,这个决定是自己当时能够做出的最好的决定,自己的行为也是当时最无懈可击的行为。生命过程中很多重要的决策都是属于这种情况。尤其需要记住的是,请别人帮助自己做决定不仅完全没有用处,反而往往使情况更糟。一个人最好养成在紧急时刻能够凭借自己的勇气化险为夷的习惯。永远要直面现实的问题,培养果断的品格。

3. 游移动摇的意愿

治疗办法:精神方面应当培养一种专注的态度——我一定要做到!这种精神状态应该一直保持在自己的意识中,时时省察,把自己意志力的薄弱看做是培养坚定意志的首要敌人,全力以赴地克服它。

4. 三心二意,见异思迁

治疗办法:决定开始做一件事时要谨慎,但一旦决定,就要把自己选定的事业坚持下去,一直做到最后;见异思迁的人应该学会一次只做一件事情,这并不是说除此之外的其他事情应当一概放弃,而是说没有深思熟虑就不要轻易着手一件事,而一旦认定一件事,就一定要专心致志地把它坚持到底,为它投入必要的专注和热忱;当一个人想放弃时,要努力把放弃当前事情的每一条理由坚决地转变成把它坚持下去的理由。额外的计划当然不要放弃,并不是每个人都一定要为了生存劳顿一生;但是,在赚钱谋生的过程中,心里应该有所准备,那就是要把自己所做的任何事情坚持到底;培养坚持到底的精神,不要做可耻的逃兵!

5. 缺乏坚持不懈的精神

治疗办法:一定要有意识地克服这种暂时的、间断性的厌倦感,随时保持警惕;要不厌其烦地耐心对待大脑目前的疲惫怠惰状态;积极激发自己的动力和兴趣,比如助于一些转移注意力的活动,来缓减对工作的暂时厌烦;说"我厌倦了",只表明暂时对它失去了兴趣。"五分钟的热度"消失了,但是新的看法或者新的处理事情的态度会自动激发对工作的兴趣;你应该尽可能地搜寻所有能够使你重新满怀热忱地投入工作的新动机,激励你的意志力重新发挥作用,说服自己坚持下去;培养理解、理智和连贯持久的精神,发掘新动力和积极的热情。

6. 突然爆发的意志

治疗办法:树立健康的个人主义观点,即自我尊重和自我欣赏;养成镇定自若的气度,即使在感情极度波动的时候也能保持从容;对别人的反应进行预测和推想,想到自己的情绪一旦爆发必然引起人们的反应,这样就一定会有效地遏止自己的怒火;培养自制力,尤其在一触即发的时候,把自己的感情发泄到其他的地方;回想以前的经验,令人记忆犹新的后果自然会阻止自己重蹈覆辙。培养理智的精神,养成冷静的习惯。

7. 顽固

治疗办法:千方百计地寻找支持或反对的理由,寻找最宽宏大量的理由;更多地重视别人的意见;有意识地养成适当让步的习惯;一定要克服自己的骄傲情绪,向真正的智慧和事实的真相低头认输。

出现以上情况的一个重要的原因就是对意志缺乏必要的知识,因为对意志力的真正理解意味着对意志的力量满怀信心。只要我们相信意志力,许多疾病都可以治愈。然而,最关键的一点是,我们应该了解把自己的信任和依赖放在什么地方。

(资料来源:弗兰克·哈多克.意志力训练手册[M].高潮,译.北京:中国发展出版社,2005.)

(张婷)

第九章 个　　性

第一节　个性概述
　　一、个性的概念
　　二、个性的特征
　　三、个性的结构
第二节　个性的理论
　　一、Freud 的个性理论
　　二、Erikson 的个性发展阶段理论
　　三、个性的特质理论
第三节　需要
　　一、需要的概念
　　二、需要的分类
　　三、需要层次理论
第四节　动机
　　一、动机的概念
　　二、动机的理论
　　三、动机与行为效率
　　四、学习的主要动机
第五节　兴趣
　　一、兴趣的概念
　　二、兴趣的品质
第六节　价值观
　　一、价值观的概念
　　二、当代大学生的价值观现状
阅读　多重人格障碍

案例 9-1　高校研究生投毒案

　　2013 年 4 月 1 日,某高校硕士研究生黄某突然因身体不适住院,经医务人员努力救治,4 月 16 日下午仍不治身亡。经法医鉴定,黄某系因二甲基亚硝胺中毒,致急性肝坏死引起急性肝功能衰竭,继发多器官功能衰竭死亡。11 日,警方通报在学生的饮水机残留水中检测出有毒化合物;12 日,基本认定同寝室的林某存在重大的犯罪嫌疑;25 日,该市区人民检察院以涉嫌故意杀人罪对嫌疑人林某依法逮捕。

　　在被警方逮捕后,林某对投毒过程供认不讳,但对作案动机闪烁其词。林某称,其与黄某在同一寝室生活时,因生活琐事常有不和,对于作案动机林某自称是愚人节的玩笑,想要捉弄黄某。

　　2014 年 2 月 18 日,一审宣判,被告人林某犯故意杀人罪被判死刑,剥夺政治权利终身。2015 年 1 月 8 日二审维持原判。2015 年 12 月 11 日,林某被依法执行死刑。

思考题

1. 你认为林某为什么会在饮水机内下毒?
2. 你认为林某的行为背后存在着心理问题吗?如果有,会是什么?

当我们看到上述的案例,很多同学都很震惊,看似非常"优秀"的研究生,竟会做出这样残忍的事情。正如当案件在网上公布时,掀起了轩然大波,大家都在问,林某的作案动机是什么?是因为嫉妒寝室同学的优秀?是因为难以接受的矛盾?还是因为钱财等问题?到底是什么原因使他会有这样的行为?行为的背后又能反映他怎样的心理问题呢?可当我们越来越多地了解到林某的个人生活背景和个性时,我们似乎找到了答案。

个性作为人的稳定而独特的整体心理面貌,一直是众多学科研究的对象。正常的个性保证人们能够适应正常的社会生活。多数心理学家认为,个性主要由个性倾向性和个性心理特征两个相互联系的部分构成。其中,个性倾向性是反映人对事物的稳定的心理倾向和行为趋向的个性成分,包括需要、动机、兴趣、价值观等。

第一节 个 性 概 述

一、个性的概念

个性(personality)指人的稳定而独特的整体心理面貌,反映了人与人之间稳定的差异的特征。个性一词,来源于拉丁语"persona",原指戏剧演员在舞台上扮演角色时所戴的面具。心理学家沿用其含义,转意为个性。其中包含了两个意思:一是指一个人在人生舞台上所表现出来的种种言行,遵循社会文化习俗的要求而做出的反应。就像舞台上根据角色要求所戴的面具,是个性所具有的"外壳",表现出一个人外在的人格品质;二是指一个人由于某种原因不愿展现的个性成分,即面具后的真实自我,这是个性的内在特征。心理学家把第一层含义即一个人在人生舞台上所扮演的角色及其各种心理活动都看做是个性的表现,也就是说把个性界定为一个人"外表的样子"或"在他人心目中的印象"。后来,随着心理学研究的深入,心理学家发现一个人表现出来的心理活动和他人对其的评价常常因人、因事、因地而异,并不能反映一个人的真实自我;只有把握一个人心理活动中的那些稳定的心理倾向、心理特征及其独特组合,才能反映其真实自我,才能形成对其整体心理面貌的认识。

在现代心理学中,心理学家已经普遍认识到,个性是在心理过程的基础上形成和发展的,由人在认识、情绪和意志活动中的那些稳定的心理倾向、心理特征及其独特组合所构成。在西方心理学译著中,personality常被译为"人格",所以一般常有人将个性和人格作为同一概念来看。但西方心理学中的"人格"概念与我国心理学中"个性"概念内涵略有差异,前者常仅指性格和气质,后者还包括能力。

二、个性的特征

个性是一个具有丰富内涵的概念,具有以下基本特性:

(一) 整体性

个性是一个由各种稳定的心理倾向、心理特征构成的有机整体,而不是简单堆积,即构成个性的各个组成部分是相互联系、相互制约的,任何一个组成部分的意义只有在个性这个整体中才确定。个性的整体性是心理健康的重要指标,当一个人的个性结构的各方面之间协调一致时,其个性就是健康的。否则,会出现适应困难,甚至出现"人格分裂"。

(二) 稳定性

构成个性的心理倾向和心理特征是在人的心理活动中经常出现的、比较稳定的,即只有当一个人的某些心理倾向和心理特征经常出现并且比较稳定时,我们才能将其确定为他的个性特征。而且,正因为个性具有稳定性,我们才能掌握一个人的真实自我,才能把一个人与另一个人在心理面貌上区分开来,才能预测一个人在某种情境中会产生什么样的心理活动。当然,个性的稳定性并不是意味着个性始终一成不变。随着生理的成熟,人所处的生活环境以及社会实践的变化,人的个性逐渐发展起来并会发生相应的变化。

(三) 独特性

正如俗话所说"世界上没有两片完全相同的树叶"一样,世界上也没有个性完全相同的人。这是因为每个人的个性的组成部分不尽相同,而且其结构方式也不尽相同。因此,即使是遗传素质完全一样的同卵双生子,他们的个性也不完全相同。但是,强调个性的独特性并不是说人与人之间在个性上毫无相同之处。生活在同一社会群体中的人,如家庭、年龄、民族、职业等生活环境和社会实践因素具有相同或相似性的人,会有一些相同的人格特征。但是,作为一个整体,个性是独特的,在个性的研究中,也会更加注重个体差异。

(四) 社会性

人的个性的形成和发展,虽然离不开由遗传素质构成的生物基础,但是社会生活和社会实践起着决定作用。遗传素质只为个性的形成和发展提供了可能性,社会生活和社会实践则为个性的形成和发展提供了现实性。"狼孩"的例子说明离开了人类的社会生活和社会实践,连最起码的人的心理活动都无法产生,也就更谈不上人的个性的形成和发展。

三、个性的结构

关于个性的结构,心理学界有多种不同的观点。多数心理学家认为,个性主要由个性倾向性和个性心理特征两个相互联系的部分构成。

(一) 个性倾向性

个性倾向性是反映人对事物的稳定的心理倾向和行为趋向的个性成分,包括需要、动机、兴趣、价值观等。人在与周围事物的相互作用中,趋向与回避什么、选择与舍弃什么、看重与轻视什么、接受与拒绝什么等,都由个性倾向性所决定的。个性倾向性是人的心理和行为的积极源泉,它可以促使人朝着预定的方向,追求一定的目标,以行动求得心理上的满足。因此,个性倾向性也被认为是一个推动人进行活动的动力系统,是个性结构中最活跃的因素。

(二) 个性心理特征

个性心理特征是人在心理过程中经常表现出来的稳定的心理特点,具体包括能力、气质和性格。

能力是直接决定人的活动能否顺利进行的那些最需的个性心理特征。人要进行某种活动或完成某种任务,必须具有相应的能力,否则,即使有满腔的热情和崇高的愿望,也将一事无成。因此,尽管人的活动会受多种因素影响,但能力是决定活动能否顺利进行的最必需的条件。同时,人的能力水平的高低,也直接影响活动的效率。

气质是反映人的心理活动动力特征的个性心理特征。气质使人的心理活动带有明显的个体风格,使人在不同场合、不同活动中表现出相同性质的心理活动动力特征。气质具有天赋性,主要由人的神经系统的先天生理特点所决定。

性格是反映人对现实的稳定态度和与之相应的行为方式的个性心理特征。具体来说,性格反映了人对待社会、集体、他人、工作、学习和自己的稳定态度,以及在认识、情绪、意志活动中的相应行为方式。性格具有很强的社会制约性,主要是因为它是在社会环境的影响下形成和变化的。

第二节 个性的理论

个性有着非常复杂的心理结构,心理学家们一直致力于研究个性的结构以及个性发挥作用的机制,形成了一些有关个性的理论,其中具有代表性的有 Freud 的个性理论、Erikson 的个性发展阶段理论、特质理论等。

一、Freud 的个性理论

Freud 于 19 世纪末 20 世纪初,构建了心理学史上第一个个性心理学的理论体系,并强调个性结构的动力性质,从而最先对个性差异做出了心理学解释。

Freud 先后提出过两种不同的个性结构理论。在早期,他提出了以潜意识为核心的个性结构说。他把个性划分为意识、前意识和潜意识,并将其结构形象地比喻为漂浮在大海上的一座冰山。以冰山中露出海平面以上的山尖比喻为意识,这部分是人们可以清晰认识和触及的心理部分；以冰山在海平面以下的部分比喻为潜意识，这部分是人类内心大量的真实想法而外人无法感知或接触到的心理部分。

在后期，Freud认识到早期关于个性结构的描述存在一定的局限性，从而又将个性划分为本我(id)、自我(ego)和超我(superego)三个部分。

(一) 本我(id)

又称伊的、原我，存在于潜意识深处，是个性中最原始、最模糊和最不易把握的部分，代表生物性的本能冲动，主要是性本能和攻击本能。其中性本能也称力比多(libido，意指欲力或性力)，对个性发展尤为重要。人格中的本我具有要求即刻被满足的倾向，按照"快乐原则"(pleasure principle)行事；追求直接的、绝对的和立即的满足，以释放紧张和焦虑。在婴儿及儿童的行为中体现出更多的本我的表现。随着个性的发展及社会化的过程，本我的活动逐渐在自我的管理和控制之下。

(二) 自我(ego)

大部分存在于意识中，小部分是潜意识的。自我是个性中最重要的部分，自我的发育及功能决定着个体心理健康的水平。一方面，自我的动力来自本我，是本我的各种本能、冲动和欲望得以实现的执行者；另一方面，它又在超我的要求下，顺应外在的现实环境，采取社会所允许的方式行动，保护个体的安全。自我遵循着"现实原则"(reality principle)调节和控制本我的冲动。因此，自我可以说是个性的执行部门，它努力使人格结构保持平衡。自我适应体现着心理健康的水平，也是判断个性成熟水平的重要标志。

(三) 超我(superego)

类似于良心与道德，具有良知、理性等含义，大部分属于意识的。它是在长期社会化过程中社会规范、道德观念等内化的结果。它用良心和罪恶感去指导自我行为，限制本我冲动，从而对个体的动机、欲望和行为进行管制。超我遵循着"至善原则"(principle of ideal)，凡不符合超我要求的活动都将引起良心的不安、内疚，甚至罪恶感。

Freud认为，个性是由本我、自我、超我三个部分交互作用构成。个性是在企图满足本能的欲望和努力争取符合社会道德标准两者之间长期冲突的相互作用中发展和形成的，即自我在本我和超我中间起协调作用，使两者之间保持平衡。如果两者间的矛盾冲突达到自我无法调节时，就会产生各种精神障碍和病态行为。一个人要保持正常的心理状态，就必须保持这三种力量的平衡。

二、Erikson的个性发展阶段理论

Erikson是美国著名的发展心理学家和精神分析学家。他的个性发展学说既承认性本能和生物学因素的作用，同时更强调文化和社会因素的作用；他认为现代人的一切心理上的变态都是人的本性需要和社会需要互相不适应乃至失调所引起的；人在克服心理与社会的矛盾和危机时，在很大程度上依赖于个体的心理社会经

验等。Erikson 认为,在个体发展的不同时期,社会对个体提出不同的要求,在个体自身的需要和能力与社会要求之间就出现不平衡现象,这种不平衡会给个体带来紧张感。Erikson 将社会要求在个体心理中引起的紧张和矛盾称为心理社会危机,他根据个体在不同时期的心理社会危机的特点,将个体人格发展过程划分为 8 个阶段(表 9-1)。该理论被称为个性的社会心理发展理论。

表 9-1 Erikson 的社会心理发展阶段

发展顺序	年龄阶段	主要挑战	恰当的解决	不恰当的解决
婴儿期 (infancy)	0～1.5 岁	信任与不信任	基本的安全感,能够依靠外界力量	不安全,焦虑
儿童早期 (early childhood)	1.5～3 岁	自主与自我怀疑	获得独立的感觉,能够控制自己的身体并进行某些活动	对自我控制及外部事物的控制感到无能为力
游戏期 (play age)	3～6 岁	进取与内疚	对于自己主动探索创造感到有信心	感觉缺少自我价值
学龄期 (school age)	6～12 岁	能力与自卑	掌握基本的智力和社会技能;被同龄人所接受	缺乏自信,有挫败感
青春期 (adolescence)	12～19 岁	自我认同与角色混乱	认为自己是一个独特的和被社会所接受的人,为此感到欣慰	自我概念不完整、变化多端,不清晰
成年早期 (young adulthood)	19～25 岁	亲密与孤立	能够与他人建立亲密和忠诚关系的能力	感觉孤独和孤立,拒绝亲密的需要
成年期 (adulthood)	25～50 岁	繁衍与停滞	关心家庭、社会和后代,而不只是关心自己	自我放纵、不考虑未来
老年期 (old age)	50 岁以上	自我完善与失望	有一种完整感,对人生感到满意	感觉人生没有意义,感到失望

Erikson 的社会心理发展理论,阐述了个性发展的 8 个阶段。Erikson 认为,每个阶段都有其特定的发展任务,每个阶段都存在着特有的心理危机。他认为,人的个性的发展过程是通过自我的调节作用及其与周围环境的相互作用而不断整合的过程。在每一个阶段中,个性发展的任务都包括了积极与消极两方面的品质,完成得成功或不成功,会产生个性发展的两个极端:属于成功的一端,就形成积极的品质;属于不成功的一端,就形成消极的品质。例如,儿童早期阶段的发展,完成得成功就会发展出自主的积极品质,完成得不成功就会发展出自我怀疑的消极品质。只要在积极品质与消极品质中取得平衡,让积极品质占主导地位,就算完成了这阶段的任务,否则就会产生心理社会危机,形成不健全的个性。

三、个性的特质理论

个性的特质理论起源于 20 世纪 40 年代的美国,主要代表人物有美国心理学家 Alport 和 Cattell。特质理论认为,特质(trait)是决定个体行为的基本特性,是个性的有效组成元素,也是测评个性所常用的基本单位。特质理论假定特质具有跨时间跨情境的稳定性。特质理论已被广泛应用于社会生活各领域用以预测个体的行为。

(一) Alport 的特质论

Alport 于 1937 年首次提出了个性的特质理论。他认为,特质是个性的根源,并将个性特质分为两类:共同特质和个人特质。共同特质是在某一社会文化形态下,大多数人或一个群体所具有的相同的、共性特质,如大学生群体常有热情、有活力的共同特质。个人特质是个体所独有的特质。Alport 又将个人特质分为 3 类:首要特质、核心特质和次要特质。首要特质是一个人最显著、最具概括性的特质,包含了个体最有代表性的特点并能影响到个体行为的诸多方面,如狡猾奸诈是曹操的首要特质、多愁善感是林黛玉的首要特质。核心特质则代表一个人的主要特征,通常有 5~10 个。例如,当导师给学生写一封推荐信说明某个学生的个人特点时,常用一些词来形容,如勤奋、好学、活泼、乐观、有责任心等,这些往往就是这个学生的核心特质。次要特质对于理解个体特性的帮助要小得多,通常是些并不重要的特质,如对娱乐方式、衣着款式的偏好等,就属于个体的次要特质。Alport 认为,特质可以作为一种中介变量,使相同的刺激产生出不同的反应,从而对个体的行为产生不同影响。

专栏 9-1 个性特质的起源

个性特质是怎么发展而来的呢?

英国科学家 Galton 注意到我们的语言中有很多描述人性格特点的词。那为什么不弄一本靠谱的词典,把这些词都找出来,归纳整理分类呢?他在《性格评估》(Measurement of Character)一文中写道:"我检索了好些词典的目录,发现有一千多个描述性格的词,有些词的意思差不多,但又有微妙的差异。"

这就是词汇学假说的起源。词汇学假说认为,重要的个性特征一定会在母语语汇中体现出来,越重要的特征,就越有可能被浓缩成一个词来表示。这个想法实在高明:你是什么个性,你有什么特点,大家都能看得见。如果很多人都有类似的特点,大家肯定就会找个词来描述这个特点。如果把意思相近的词归类,就能对个性进行分类了。

根据 Galton 提出的方法,1936 年,美国心理学家 Alport 和 Odbert 整理发表了一份史无前例的个性词表,包含 17953 个英文单词。看来两位心理学家也

> 知道自己整理出来的词多得可怕,他们在论文里"自黑"了一把,称这个词表是"语义的梦魇"(a semanticnightmare)。词表分为 4 个部分,分别是关于个人特质(traits)、当下状态(status)、社会评价(evaluation)以及其他一些难以归类的特征。
>
>   这些关于特质的 4504 个词成了后来人格心理学研究的核心。这些词是整个词表最重要的部分,也最接近于现代心理学家描述个性时所用的术语。

(二) Cattell 的特质论

Cattell 是特质论的另一位先驱,在 Alport 研究的基础上,受到化学元素周期表的启发,首次将因子分析的统计方法应用于个性的特质研究中,将个人特质区分为表面特质和根源特质。根源特质(source trait)处于个性结构的内部,是个性结构中最重要的部分,也是一个人行为的最终根源。Cattell 认为每个人都具有相同的根源特质,只是各自的程度不同。例如,任何人都有乐群性,但每个人的乐群性的强度是不同的。并且根源特质的强度会影响一个人的各个方面,如阅读什么读物,与什么人做朋友,对高等教育的态度等。Cattell 通过因子分析的方法最终得出了 16 种根源特质,分别为:乐群性、聪慧性、稳定性、恃强性、兴奋性、有恒性、敢为性、敏感性、怀疑性、幻想性、世故性、忧虑性、实验性、独立性、自律性和紧张性。与根源特质相对的是表面特质(muface tait),是指从外部行为能直接观察到的特质,比如,个人在人际交往当中表现出幽默、合群和无私等特质。表面特质是根源特质的外在表现,根源特质是表面特质的内在原因。每种表面特质都根源于一种或多种根源特质,且一种根源特质能够影响多种表面特质。Cattell 根据这 16 种根源特质,编制了《Cattell Sixteen Personality Factor Questionnaire》(16PF)。

(三) Eysenck 的特质论

Eysenck 是英国著名的人格心理学家,以因子分析法和传统的实验心理学相结合长期研究个性问题,在特质论的基础上将个性的研究转到维度的研究。他将所有特质归结为 3 个个性维度:内外向性(etaversion)、神经质(neuroticism)和精神质(psychoticism)。内外向性反映了个体是由内源或外源导向行为的,内向和外向也是个性的基本类型;神经质反映了个体情绪的稳定性;精神质则代表了个体是善良体贴的或是具有攻击性反社会的,该维度是指心理病态的倾向性而非精神病。Eysenck 将认为,个性维度代表着一个连续体,每个人都具有上述 3 种维度上的特征,只是表现程度因人而异。例如,神经质维度中,神经质高分者情感的易变性是外显的、反应过敏的,表现出焦虑、紧张和易怒,倾向于过于强烈的情绪反应,情绪激发后又很难平复下来,并且平复需要很长一段时间,而处在维度另一端的低分者则性情温和不易紧张、焦虑,对各种刺激的反应轻微而缓慢,并容易自我克制,即使激起了情绪也很快会平复下来。Eysenck 根据这 3 个维度编制了《Eysenck Personality Questionnaire》(EPQ)。

（四）五因素模型

随着对特质的研究，Tupes 等（1961）用词汇学的方法对 Cattell 的特质变量进行了再分析，发现约有五种因素可以涵盖个性描述的所有方面，并在不同文化情境中均发现其存在。这五种特质被称为五因素模型（five factor model）。在五个维度中，每个维度都具有两极性，分别代表对不同分数特质的描述，以下是关于这五个维度的描述。

1. 开放性（openness）　是指对经验持开放、探求的态度，描述的是个体对经验进行正确评价以及积极探索寻求新经验的程度。构成这一维度的特征包括想象力、对新经验的自觉接受度、发散性思维和好奇心。高开放性者想象力丰富、发散性思维和创新性强、对事物有较强的感悟能力，好奇心强，拥有独立的思想，喜欢探索和寻求新事物，不喜欢墨守成规。低开放性者较为传统，对新经验的自觉接受度低，喜欢熟悉的事物胜过新事物，倾向于依赖过去的经验和规则，不愿积极创新，对事物的感悟能力较差。

2. 严谨性（conscientiousness）　反映的是个体的自控和自律程度，可用以评估个体在目标取向行为上的组织能力、控制能力、持久性和动机水平。高严谨性的个体有组织性和自律性，准时守信，有抱负，做事认真、严谨，有条理有计划，并有坚强的毅力。低严谨性的个体组织性和自律性差懒惰用心，爱享乐，无远大目标、喜欢随心所欲，意志力弱，容易见异思迁，常常让人觉得不可靠。

3. 外向性（extraversion）　该维度是极端外向到极端内向的连续谱。外向性反映的是个体活动能量的数量和强度刺激需求度和快乐的容量。外向者乐群，好交际活泼，健谈，乐观，喜欢影响别人，做事通常精力充沛，爱冒险。内向者不喜欢与人打交道，冷静，含蓄，愿意独处，常常让人觉得无精打采，不爱冒险。

4. 宜人性（agreeableness）　反映的是个体人际交互作用的特征，可用以评估个体的人际取向在同情与敌对这一连续体上的位置。高宜人性者为人直率，乐于助人，富有同情心，易与他人建立信任感，也易被他人接纳。低宜人性者为人多疑，愤世嫉俗，缺乏同情心，难与他人建立信任感，喜欢操纵他人，不喜欢与人合作，不轻易帮助别人。

5. 神经质（neuroticism）　反映的是个体情绪的稳定性。高神经质者性情急躁，易紧张、烦恼和情绪化，更易因日常生活的压力而烦躁不安，经常体验到忧伤、焦虑等消极情绪。低神经质者一般比较平静、放松，情绪稳定，较少产生紧张感，自信并能承受压力，不易出现极端的情绪反应。

由于上述五个因素的首字母组成了"OCEAN"，因此五因素模型被称为个性的"海洋"，说明了个性内涵的丰富性。

专栏 9-2 中国人个性的特质模型

> 个性特质结构在文化普适性之外,是否还存在着文化的特殊性,是当今个性特质研究者工作的一个重要研究方向。五因素模型虽然已成为 20 世纪末以来最为风靡的对个性特质的描述,然而对于这样一个根植于西方文化土壤,建立在西方价值观、方法和人群样本基础上的理论,其他文化下的个性研究者的态度是审慎的。多年来,中国的心理学者基于发掘中国人的个性特质模型的研究,形成了一些个性理论,其中具代表性的是个性的六因子模型和七因子模型。六因子模型包括外倾性、神经质、开放性、宜人性、尽责性和人际关系性六个因素;七因子模型包括外向性、善良、行事风格、才干、情绪性、人际关系和处世态度七个因素。
>
> 中国学者研究并提出的个性特质模型都包含有五因素模型中一些相同的因素(如外向性、情绪性),同时也强调了中国文化下个性的特有表现(如人际关系性)。

(资料来源:① 张建新,周明洁. 中国人人格结构探索:人格特质六因素假说[J]. 心理科学进展,2006,14:574-585. ② 张志勇,王登峰. 论人格特质"大七"因素模型[J]. 心理科学,1997,20:49-51.)

第三节 需　要

人们每天都会进行各种活动,不管是吃喝拉撒、衣食住行,还是实现理想抱负、推动人类发展进步,这些活动背后都隐藏着人们的需要。

一、需要的概念

人们在认识和改造客观世界和主观世界的同时,一定会显露出某种态度,产生这样或那样的感受和体验,这些体验的产生和变化又总是与人的需要密切相关。

需要(need)是生存与发展所必需的事物在人脑中的反映。它是有机体内部的某种缺乏或不平衡状态,表现出其生存和发展对客观条件的依赖性。

人为了求得个体和社会的生存与发展,需要一定的事物作为物质基础。需要是由有机体内部生理上、心理上的某种缺乏或不平衡引起的,如血液中水分的缺乏,会产生喝水的需要;血液中血糖成分的下降,会产生饥饿求食的需要;遇到挫折打击,会产生被关注、被爱的需要;孤独寂寞时,会产生交朋友的需要等。

需要是个性倾向性的基础,与人的活动有着密切的联系。一方面,需要是人进行活动的基本动力,它促使人朝着一定的方向,追求一定的对象,以行动求得自身的满足。没有需要就没有人的一切活动;需要越强烈、越迫切,由它所引起的活动就越活跃。另一方面,需要也是在人的活动中不断产生和发展的。随着已有需要的满足,人与周围现实的关系就发生了变化,又会产生新的、更高的需要,从而促使人的活动不断向更高、更大的目标迈进。这样,需要推动着人去从事某种活动,在活动中需要不断地得到满足又不断地产生新的需要,从而使人的活动不断地向前发展。因此,需要在个性倾向性中居于重要地位,是人行为积极性的源泉,并常以动机、兴趣、信念、理想、价值观等形式表现出来。另外,需要主要表现为以下几个特点:

(一)需要具有客观现实性

人是自然实体,也是社会实体。为了个体的和社会的生存与发展,人们必然会产生种种客观需要。在任何情况下,个人的有意活动总是从自己的需要出发的。没有需要,就不会产生任何行动。可以说,人类的一切实践活动都源于需要,都是为了满足人的需要而进行的,没有需要,人类就无法生存和发展。人的需要是在一定的自然条件或社会条件下产生的,它会随着客观条件的变化而变化、发展而发展。不同时代的人,需要也是日新月异。当然,客观条件对人的需要的制约还必须通过主体内部因素,才能发挥影响和作用。

(二)需要具有主观差异性

需要是有机体自身或外部生活条件的要求在大脑中的反映。尽管人们有时把社会本身发展的客观要求称之为社会需要,但严格地讲,需要仅仅指个体反映机体内部或外界生活的要求而产生的,并为自己感受或体验到的一种内部缺乏或不平衡状态。所以需要又总是主观的,它以意向、愿望、动机、抱负、兴趣、信念等形式表现出来。需要表现出有机体的生存和发展对客观条件的依赖性。需要总是指向能满足某种需要的客体,并得到满足。例如,渴了就有解渴的需要,其对象就是水或饮料;寂寞了就有交往的需要,其对象就是志趣相投的人。

(三)需要具有动力发展性

需要是个体活动的基本动力,是个体行为动力的重要源泉。从饮食男女,到从事物质资料的生产、文学艺术作品的创作、科学技术的发明与创造,人的各种活动或行为,无不是在需要的推动下进行的。需要一旦出现,就会使个体内部感到缺乏或不平衡,这就成为支配行为去寻求满足的力量,推动人去从事各种活动以满足需要。需要激发个体去行动,使个体朝着一定的方向,追求一定的对象,以行为求得满足。需要越强烈、越迫切,由它所引起的活动动机就越强烈、越有力。同时,个体的需要也是在活动中不断产生和发展的。随着可以满足需要的对象范围的不断扩大,以及随之而来的需要满足方式的不断改进,需要也不断发展变化着。这样,需要推动着人去从事某种活动,在活动中需要不断地得到满足又不断地产生新的需要,从而使人的活动不断地向前发展。

(四)需要具有整体关联性

人的需要结构中的诸要素是相互联系、相互作用的整体。这种整体关联性表现为各种需要既互为条件,又互为补充。一方面,精神需要的存在与发展以物质需要存在发展为基础;物质需要的存在与发展又以精神需要存在与发展为条件。另一方面,各种需要又是互为补充的。人的某种需要得不到满足时,往往可以通过另一种需要的满足来保持个体相对的心理平衡。需要的这种整体关联性是普遍存在的,对人的心理发展具有极为重要的意义。例如,某人在家属于"妻管严"型的丈夫,受尊重的需要得不到满足,他也许会通过在单位积极工作、勤奋学习,从而得到领导的赏识和同事的赞许,即获得了尊重的需要和自我实现的需要。

二、需要的分类

人的需要是多种多样的,可以根据不同的标准,从不同角度进行以下分类:

(一) 生理需要与社会需要

根据起源,可以将需要分为生理需要和社会需要。

生理需要,也称自然需要,是指维持生命和种族延续所必需的事物在人脑中的反映,如对空气、热量、饮食、运动、休息、睡眠、排泄和性的需要等。这种需要又叫本能需要,动物也有这种需要。不过人的生理需要和动物的生理需要有着本质区别,它受社会生活条件和社会道德规范的制约。

社会需要是指与社会生活相联系的一些需要,如对劳动、交往、求知、娱乐、社会赞许等的需要。这种需要是后天获得的,带有社会意义。只有人类才有社会性需要。如果人的这类需要得不到满足,就会产生痛苦和忧虑,降低活动效率,不利于身心健康。

(二) 物质需要与精神需要

根据需要对象的性质,可以把需要分为物质需要和精神需要。

物质需要是指人对物质产品的需要,如对衣、食、住、行等的需要。在人的物质需要中,既包括生理性的物质需要,也有社会性的物质需要。例如,对住房和家具的需要是物质需要,其中就既有生理性需要的内容,也有社会性需要的内容。

精神需要是指人对社会精神生活及其产品的需要,如对知识的需要,对文化艺术、道德、审美的需要等。这类需要有时也称作认识的需要。它是人们学习科学知识、探索自然和社会发展规律的动力。例如,对美的需要使人努力去美化自己的生活,创造文学艺术,使人的生活丰富多彩。随着科学技术的进步,人们物质生活水平的提高,人对精神的需要会越来越多样化。

上述关于人的需要的分类,仅具有相对的意义,因为需要往往是相互联系的。比如,人类对服饰的需要既是生理性需要,也是物质性需要,同时又具有社会性的成分。满足精神需要往往要有一定的物质条件作为基础,但满足物质需要的同时还必须满足一定的精神需要,因此,这些需要很难截然分开。

三、需要层次理论

Maslow 的需要层次理论是以他对人类基本需要的理解为依据的。Maslow

认为,驱使人类行为与发展的是若干始终不变的、遗传的、本能的需要,这些需要有 5 个特点:① 缺少它会引起疾病;② 有了它能免于疾病;③ 恢复它可以治愈疾病;④ 在某种非常复杂的、自由选择的情况下,丧失它的人宁愿寻求它,而不是寻求其他满足;⑤ 在一个健康人身上,它处于静止的、低潮的或不起作用的状态中。

在 Maslow 看来,这些需要是人类天性中固有的东西,反映了人类真正的内在本质;文化不能扼杀它们,只能抑制它们。因此,这些需要被 Maslow 视为人类的基本需要。

在此基础上,Maslow 认为,人类的基本需要可以分为生理、安全、归属和爱、尊重、自我实现 5 种,并且以层次(或称层梯)形式分布(图 9-1)。

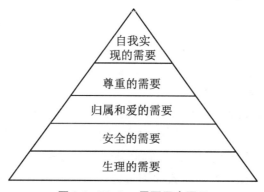

图 9-1　Maslow 需要层次图示

(一) 生理需要

Maslow 认为,生理需要是人的需要中最基本、最强烈、最明显的一种。假如一个人在生活中所有需要都没有得到满足,那么生理需要而不是其他需要最有可能成为他的主要动机。一个同时缺乏食物、安全、爱和尊重的人,对于食物的需要可能最为强烈。此时,他的整个身心状态和动机行为几乎全是为满足吃饱肚子这一目的所决定,而与达到这一目的无关的其他需要可能会全然消失,或者退居幕后。Maslow 还认为,当人的机体被生理需要主宰时,人关于未来的人生观也有变化的趋势——对于一个长期极度饥饿的人来说,乌托邦就是一个食物充足的地方。他往往会这样想,假如能够保证他一生的食物来源,他就会感到绝对幸福并且不再有其他奢望。对他来说,生活本身的意义就是吃,其他任何东西都是不重要的。自由、民主、尊重、爱情、婚姻、家庭等都被当做无用的奢侈品弃置一边,因为它们不能填饱肚子。可以说,这种人仅仅是为了食物而活着。

(二) 安全需要

当生理需要得到相对的满足之后,安全需要便作为支配动机显露出来了。它包括对组织、秩序、安全感和可预见性等的需要。处于这一需要层次中的人,首要目标是减少生活中的不确定性,以确保自己能生活在一个免遭危险的环境之中。

这在儿童身上表现得尤为明显。儿童需要一个生活较固定、有规律、对未来有计划的家庭环境,需要可以信赖、可以为其提供保障的人。否则,儿童就会出现焦虑不安、惊慌失措、寻求安定等行为。因此,父母之间的争吵、斗殴、分居、离婚,以及父母对孩子的粗暴、体罚等,都会给儿童造成不安全感,影响他们的健康发展。

(三) 归属和爱的需要

当生理和安全的需要得到基本满足时,对归属和爱的需要就开始支配人的动机和行为了。按照 Maslow 的话来说,"现在这个人会开始追求与他人建立友情,即在自己的团体里求得一席之地。他会为达到这个目标而不遗余力。他会把这个看得高于世界任何别的东西,他甚至会忘了当初他饥肠辘辘时曾把爱当做不切实际或不重要的东西而嗤之以鼻。"具体来说,处于这一需要层次中的人,会强烈地感受到友爱的可贵,希望能有美满的家庭,渴望在一定的社会集体中建立深情的同事关系。如果这一需要得不到满足,他会强烈地感到孤独、寂寞,感到在遭受抛弃、拒绝,并且会有举目无亲、浪迹人间的痛苦体验。

(四) 尊重的需要

当前三种需要都得到基本满足之后,尊重的需要便开始支配人的生活了。这类需要包括两个方面:一是要求得到别人的重视和尊敬,具体包括对声望、地位、荣誉、赏识、威信等的欲望;二是要求自尊,具体包括对有实力、能胜任、有成就以及要求独立和自由等的欲望。自尊需要的满足会导致一种自信的情感,使人觉得自己在这个世界上有价值、有力量、有能力、有位置、有用处而且必不可少。然而这种需要一旦受挫,就会使人产生自卑感、软弱感及无能感。

(五) 自我实现的需要

如果一个人的全部低层次都得到满足,那么他或她就可达到需要层次之巅——自我实现。这是促使自己的潜能达到最大限度实现的需要。Maslow 把自我实现的需要描述为"一种想要变得越来越像人的本来样子、实现人的全部潜力的欲望"。换句话说,自我实现就是使自己成为自己理想的人、把自己的潜能全部变成现实的需要。满足这一需要所采取的方式,在人与人之间是大不相同的。有的人可能是想由此成为一位理想的母亲;有的人可能想在体育上大显身手;还有的人想表现在绘画或创造发明上。与其他需要层次的满足方式相比较,在这一层次中的个体差异是最大的。由于自我实现需要的产生有赖于前面基本需要的满足,因而对大多数人而言,自我实现的需要是人们追求奋斗的终极目标,只有少数人能达到真正的自我实现。

Maslow 认为,这五种需要都是人类的基本需要。这些需要是天生的,与生俱来的,它们构成了不同的等级或水平,并成为激励和指引人们行为的力量。需要的层次越低,它的力量越强,潜力越大。随着需要层次的上升,需要的力量相应减弱。在高级需要出现之前,必须先满足低级需要。只有在低级需要得到满足或部分得到满足以后,高级需要才有可能出现。例如,一个人生命岌岌可危,就不会去追求归属和爱的需要。无论从人类发展,还是从个体发展来看,高级需要的出现都比较晚。高级需要比低级需要复杂。因此,要满足高级需要应具备较好的外部条件,如社会和政治环境、经济水平等。

但需要指出的是,对于以上的几种基本需要,虽然层次有所不同,但这种层次并不是固定不变的顺序。Maslow 提醒人们,这只是一种一般的模式,在实际生活中,并不完全像台阶式排列那样刻板,例外仍有许多。例如,有些人把自尊看得比爱更重要;有些天赋较高的人尽管缺乏一些基本需要的满足,仍不辞劳苦地奋斗与创造;病态人格的人永远丧失爱的需要,丧失了给予和接受感情的愿望和能力;有些具有崇高理想和价值观念的人,会为追求某种真理或价值而牺牲一切。

在谈到一种得到满足后会出现新的需要时,Maslow 说明,他所说的满足是就相对意义上的,而且新的需要的出现也不是突然的,是逐渐发生的现象。大多数人在正常情况下,只能得到基本需要的部分满足。人的一种需要有部分满足时,新的需要就有可能出现,这个人的动机就有可能受新的需要支配。作为逐渐发生的现象,Maslow 曾做过这样的说明:"如果需要 A 只满足 10%,需要 B 也许还不会出现;但当需要 A 满足 25%时,需要 B 可能出现 5%;当需要 A 满足 75%时,需要 B 就可能出现 50%。"

专栏 9-3　博采众长的 Maslow

> 作为人本主义心理学的奠基人之一,Maslow(1908～1970)用毕生的精力发展出了一系列理论,这些理论塑造的学科不仅仅有心理学,同样还有教育学、社会学、神学、市场营销学和管理学,就他的影响力来说,有证据表明,Maslow 关于人类行为的激烈的思想已经成为人们共同意识的一部分。
>
> Maslow 是在对十几位杰出人物的研究中提出他的健康人格模型的。他的研究对象包括他的两位老师和他的两个研究生(Maslow 认为这些研究生是"部分"自我实现者)以及一些杰出人物,如 Lincoln、Jefferson、Einstein、Eleanol Roosevelt、Schweitzer、Willian James、Jane Adams、Huxley、Spinoza 等,他从他们身上发现了自我实现者的诸多性格特点。
>
> 1954 年,Maslow 的《动机和人格》发表,这部著作被公认为是 20 世纪 50 年代应用心理学领域最重要的成果之一。这本书具有极为广泛的应用价值,它不仅在心理治疗、心理卫生以及教育学上有重要的指导意义,在管理学上有极为特殊的贡献,而且对社会学、经济学等学科也有十分重要的影响。50 年前 Maslow 逝世之际,遗留了大量等待发表的论文、随笔和信件,留待后人研究。
>
> 由于 Maslow 把发展人本主义心理学作为他毕生的事业,并以一种宗教般的热情去实践,因而他最终被公认为人本主义心理学的代言人,并使人本主义

心理学成为心理学中继精神分析和行为主义学派之后的第三种势力。

（资料来源：Hoffman，Maslow A H. 洞察未来：A. H. Maslow未发表过的文章[M]. 北京：改革出版社，1998.）

第四节 动 机

案例 9-2　面临退学的小孙

小孙是某高校大三的一名男生，由于来自于经济贫困的农村山区，在高中时期，小孙的学习目标十分明确——进入理想的大学，将来出人头地，因而学习非常勤奋刻苦。然而，在进入大学后，看到周围不少同学经常翘课、玩游戏而不认真学习，他渐渐地也认为自己在中学学得太辛苦了，现在进入大学可以松口气，而且大学混混日子也就过了。于是，小孙也成了逃课大军中的一员，学习没有动力，生活没有目标，辅导员点名才会到教室听课；由于经常不来上课，课程也听不懂，所以即使到教室也是玩手机；晚上还经常通宵达旦地泡在网上：打游戏、看电视剧、聊天……结果期末考试成绩一片飘红，被学校处以学业警示。现在已被处以3次学业警示，面临退学的境地。小孙和老师说自己不是因为喜欢上网而荒废了学业，而是因为实在觉得无聊才去上网、聊天、打游戏，现在后悔莫及，但不知如何才能摆脱这种状态。

思考题

1. 你认为小孙的问题出在哪里？
2. 你能帮助他解决问题吗？

上述案例中的小孙如今面临退学，主要原因就是由于到了大学以后，学习动机的不足。

动机不足往往使我们很难一直去从事或维持某些活动。在日常生活中，人的各种活动都受动机的支配，人们常常使用"动机"一词来指行为的原因。

一、动机的概念

在心理学上，动机（motive）是推动人去从事某种活动或行动的原因和内在动力。

动机一词，来源于拉丁文"Movere"，即推动的意思，用来说明个体为什么有这样或那样的行为。人从事任何活动都有一定的原因，这个原因就是人的行为动机。动机可以是有意识的，也可以是无意识的。许多心理学家认为，动机既能发动行为，又能确定行为方向。例如，学习作为一种行为，是由个体内部追求享乐的力量所发动和维持的,没有动机的机体是消极被动的,不会去行动,不会去探索环境,因而也不会有学习行为的结果。

动机的产生是内因和外因相互作用的结果。其中,内因是人的各种需要,外因是那些能够满足需要的事物。从内因来看,人的任何行为的动机都是建立在需要的基础上而产生的,都是为了直接或间接地满足某种需要;从外因来看,仅有需要并不能产生动机,还需要外部有能够满足需要的事物。也就是说,只有当需要和能够满足需要的事物同时存在时,人才会产生动机并付诸行动。

那些能够满足需要的事物,因为常常能诱发动机,被称为诱因。诱因根据个体对其趋向与否可以分为正诱因和负诱因:如果使个体趋向或接受而获得满足的诱因,称为正诱因;如果使个体逃离或躲避而获得满足的诱因,称为负诱因。例如,对于饥饿的人来说,食物是正诱因;绝大多数情况,人们都不愿意遭受到电击,电击就是负诱因。诱因可以是物质的东西,也可以是精神的东西。例如,给学习成绩好的学生发奖学金,就是激发学生学习动机的物质诱因;而老师对学习成绩好的学生进行表扬并将他作为其他学生的学习榜样,就是一种激发学生学习动机的精神诱因。

从动机的产生条件可见,人的任何动机都是为了满足某种需要或实现一定目的。因此,动机对人的活动具有如下调控功能:① 激发功能,即引发或发动人类各种活动;② 指向功能,即使活动针对特定的目标或对象;③ 激励功能,即对维持和调节活动的强度和持续时间。

动机可以从不同的角度和侧面进行分类。根据起源,可以把动机分为生理动机和社会动机;根据社会意义,可以把动机分为正确的、高尚的动机与错误的、低下的动机;根据作用,可以把动机分为主导动机和辅助动机;根据持续时间,可以把动机分为长远动机和短暂动机;根据学习在动机形成和发展中所起的作用,可以把动机分为原始动机和习得动机;根据动机的意识水平,可以把动机分为有意识的动机和无意识的动机。

二、动机的理论

(一) 本能理论

不同的生物有着其自身的行为方式,部分原因是由于生物遗传的本能所决定的。19世纪末20世纪初,在Darwin进化论的影响下,许多心理学家认为,人的大部分行为也是由本能所决定的。于是,作为最早对动机的研究理论——本能论(instinct theory)引入了心理学。本能是进化过程中不断形成并通过遗传固定下来,一种不学而能的行为模式,是人类行为的原动力。例如,母亲把饿了的新生儿抱在怀中,婴儿自己会吸吮乳头喝奶。

早期的研究高估了本能对人类行为影响的重要性,导致其在动机心理学中曾占据统治地位。1890年,美国心理学家James认为,人的行为比动物更多地依赖于本能。另外,人除了与动物一样具有生物本能外,还具有许多社会本能,如爱、社交、同情、谦虚、诚实等。人类与动物本能的目的都是为了适应环境。Freud 认为人类行为源于生本能(包括性欲)和死本能(包括敌对行为),如果本能的需要没有得到满足,就会产生紧张感,这种紧张驱动人趋近消除紧张的活动和事物,从而获得满足。Maslow 提出的需要层次理论中,认为人类的行为是由与生俱来的自我实现的潜能所决定。

20 世纪 20 年代末,本能论因其局限性开始受到怀疑与批评。一些跨文化的研究发现了许多不同文化间行为的变化和差异,这与本能论只考虑基因遗传的观点相违背。随着行为主义的研究不断加深,本能论受到更加致命的打击,行为主义心理学家证实了人类重要的行为和情感是后天习得的,而非先天具有的,如人的自信或自卑等。本能论的统治地位开始受到动摇。

专栏 9-4 印刻现象——动物的本能

> 1910 年,德国习性学家 Heinorth 在实验过程中发现一个十分有趣的现象:刚刚破壳而出的小鹅,会本能地跟在它第一眼看到的自己的母亲后边。但是,如果它第一眼看到的不是自己的母亲,而是其他活动物体,它也会自动地跟随其后。尤为重要的是,一旦这只小鹅形成对某个物体的追随反应,它就不可能再对其他物体形成追随反应。1952 年,德国习性学家 Lorentz 用孵化器孵化了一堆鹅蛋。小鹅孵化出来后,第一眼见到的活动对象是 Lorentz,以后就总跟在 Lorentz 的身后,Lorentz 走到哪里,小鹅就跟到哪里;见到它们的母亲,也不理不睬;在受到惊吓时,就向 Lorentz 跑去。小鹅出生后对 Lorentz 的这种"依恋"现象,人们称为"印刻现象"。印刻是动物的一种本能,以后人们在很多动物中都发现了印刻现象,而且这种现象同样存在于人类之中。

(二) 驱力理论

由于本能论并不能对人类的行为进行全面的解释,20 世纪 20 年代 S. Woodworth 提出行为因果机制的驱力(drive)概念,以此来代替本能概念。所谓驱力是指个体由生理需要引发的一种紧张状态,它能激发个体做出反应,采取消除紧张的行为,从而维持机体的动态平衡。1943 年,美国心理学家 Hull 提出这样一个观点,即最重要的行为是由内驱力而激发的。一个人要生存必然会有各种需要,要满足需要就会产生驱力。驱力就是一种动机结构,它提供机体能量与力量,使需要得到满足,从而减少驱力。人类的某些行为看起来很简单,比如饿了,就需要食物;渴了,就需要饮水。这些通过身体的内部刺激驱使,不需要通过学习获得的驱力,称为原始性驱力。同时,Hull 还指出,人类驱力并不仅仅是由原始性驱力支配的,更多的是受习惯或后天经验的支配。当外界的刺激伴随着原始性内驱力而降低,这就成了一种内驱力。因此,那些通过外部刺激,通过学习而获得的驱力,称为获得性驱力。Hull 认为,驱力(D)、习惯强度(H)、共同决定了个体的有效行为的潜能(P),以下公式说明了三者之间的相互关系:

$$P=D\times H$$

相比本能理论,驱力理论对动机有了更全面的解释,但对于某些行为动机的解释,仍然不能适用。例如,为什么有些人喜欢一些极限运动,如跳伞或蹦极等?用以上理论很难理解这种行为,因为从高处跳下只能增加紧张,而不是消除紧张。因此,在驱力理论之后,又有一些新的理论提出来试图对这些行为进行解释。

(三) 逆转理论

美国心理学家 Apter(1989)提了逆转理论(reversal theory),他认为人的行为总是存在两种状态相对立的动机,其中只有一种动机被激活。在实施行为的过程中,会从一种动机转向反向的另一种动机。该理论假定有四对元动机状态:有目的的—超越目的的;顺从的—逆反的;控制的—同情的;自我中心的—他人取向的。每对状态派生出不同的动机模式,每对动机都是向着相反的方向对应排列的,逆转理论力求解释人类是如何从对立的一端转向另一端的。以有目的的和超越目的的状态为例,人们进行蹦极等一些高危险刺激的活动时,在有目的的状态下,蹦极等高度刺激的活动会使个体产生紧张焦虑的情绪体验,但在超越目的的状态下,高度刺激会转化成兴奋的感受,这样从有目的的状态到超越目的的状态,实现了从焦虑向兴奋的逆转。Apter 的一个实验能够有效地证明这种逆转的存在。实验对两个跳伞俱乐部的会员进行资料采集,分别测量了他们在跳伞前、跳伞时和跳伞后的情绪体验。实验结果表明,这些会员在跳伞前是焦虑的,并且没有兴奋感;而当降落伞打开后他们是兴奋的,却没有了焦虑感。因此,人们总是处于一种状态中,而不是同时处于两种对立的状态之中。逆转理论为人类行为的动机提供了更加全面的解释。

(四) 诱因理论

上述的驱力理论强调了人类的活动来自于内在的驱力,却忽略了外在环境在引发行为上的影响。对于这一不足,学者提出了诱因(inducement)的概念。诱因是指能满足个体需要的刺激物,它具有激发或诱使个体朝向某一刺激物或目标。例如,色香味俱全的美食激起人们进食的欲望;琳琅满目而且价格优惠的商品激起人们的购买欲望;极具挑战性的任务往往激起人们的成就欲等。诱因可以是各种性质的刺激物,可以是物质的,如食物、衣服、房子、车子等;也可以是精神的或是复杂的事件和情境,如获得荣誉、威望、地位等。可以说,只要是人们希望得到的、有吸引力的刺激都可能成为诱因。诱因也有不同的类型,对人们有吸引力的刺激物(如愉快、成功等)为积极诱因;人们想回避的刺激物(如痛苦、失败等)为消极诱因。

Hull 接受了诱因理论的观点,后又提出诱因是行为的决定因素之一。他进一步修改了自己的公式,在其中增加了诱因动机(K)。

$$P=D\times H\times K$$

总之,人类的动机是非常复杂的,心理学家对动机的探究也是多侧面的。各种动机理论都有着一定的合理性,但又并不能全面地解释人类的所有动机现象,所以也都有一定的局限性。

三、动机与行为效率

（一）动机与行为

动机除了具有激活和维持行为的功能以外，它与行为的关系是十分复杂的。同一种行为可能由不同的动机引发，即各种不同的动机可以表现出同一种行为活动，如班级里的学生在认真地听课，有的学习动机是为了求知，有的学习动机是为了获得称赞或奖励，有的学习动机是为了不辜负父母的期望等。不同的行为活动也可能由同一种或相似的动机引发，如为了放松娱乐，有的人去看电影，有的人去唱KTV，有的人选择旅游等。

在同一个人身上，行为的动机也是多种多样的，其中有些动机占主导地位，称为主导动机，而有些动机处于从属地位，称为从属动机。例如，一个学生的学习动机是求得真知，获得真才实学，这些动机属于主导动机；同时也能让他获得老师和同学的称赞以及学校的奖学金，这些动机属于从属动机。主导动机和从属动机的组合，组成个体的动机体系，推动个体的行为。所以，个体的行为往往不是受单一动机的驱使，而是由动机体系所推动的。

（二）动机与工作效率

动机与工作效率的关系主要表现在动机强度与工作效率的关系上。人们一般认为动机强度与工作效率成正相关，也就是说动机强度越大，对行为的影响越大，工作效率也越高；反之，动机强度越小，工作效率越低。但心理学的研究表明情况并非如此。1980年，心理学家Yerkers和Dodson的研究表明，各种活动都存在着一个最佳动机水平，并不是动机越强越好。动机不足或过于强烈均会导致工作效率下降。研究还表明，最佳动机水平会因任务性质的不同而异。当面对较为容易的任务时，工作效率随动机水平的提高而上升；随着任务难度的增加，最佳动机水平有逐渐降低的趋势。这就是著名的Yerkers-Dodson定律（图9-2）。

四、学习的主要动机

学习动机是推动学生进行学习的原因或内部动力。教育心理学家认为，推动学生进行学习的主要动机涉及认知内驱力、自我提高的内驱力、亲和内驱力和自我价值感内驱力。

（一）认知内驱力

认知内驱力是一种为满足获得知识和解决问题的需要而产生的学习动机，如掌握自己感兴趣的知识，试图阐明和解决自己感兴趣的问题等。认知内驱力属于内部动机，因为它直接指向学习本身，即以求知解惑为目的。认知内驱力是在学习过程中逐渐形成的，其具体形成机制是：由于多次获得成功或满足的愉悦体验，使最初带有好奇性质的求知欲望逐渐发展为求知的乐趣，从而形成一种较稳定的学习动机。因此,在教学过程中,通过知识的内在价值和阶段性的学习成果来激发学生对于知识本身的兴趣,是培养认知内驱力的基本条件。

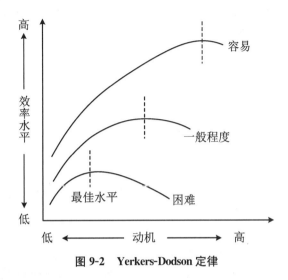

图 9-2　Yerkers-Dodson 定律

(二) 自我提高内驱力

自我提高内驱力是一种为满足赢得地位和荣誉的需要而产生的学习动机。自我提高内驱力会促使学生努力在学习上获得好成绩或在学业上获得成就。因为一个学生的学习成绩或学业成就总是与他所在班级和学校的地位密切相关,而且在学生心目中,学业成就越大,其相应的地位越高;反之,则越低。但是,自我提高内驱力属于外部动机,因为它并非直接指向学习或学业成就本身,而是指向学业成就背后的地位和荣誉,即把学习当做获得地位和荣誉的手段。

(三) 亲和内驱力

亲和内驱力是指为满足与长者(如家长、教师等)亲近、获得长者赞许或认可的需要而产生的学习动机。学生在感情上对长者具有天然的依附性,他们期望与长者亲近,希望获得长者的赞许或认可,而且长者的赞许或认可可以使他们获得某种非学业成就所能决定的地位,即派生的地位。因此,那些享受到这种派生地位好处的学生会努力使行为符合长者期望,以不断地获得赞许,巩固既得的派生地位。同样,那些尚未享受到这种派生地位好处的学生,也会努力使行为符合长者期望,以赢得赞许并获得这种派生地位。显然,亲和内驱力也属于外部动机。

(四) 自我价值感内驱力

自我价值感内驱力是 Covington 提出的一种追求学业成功的内驱力。学业上成功往往是努力克服困难的结果,而克服困难则需要相当的能力。因此,获得成功的学生会对自己能力产生较高的评价,并进而产生自我价值感。这样,能力、成功与自我价值感三者之间就形成了前因后果的连锁关系:有能力的人容易成功,成功经验导致自我价值感。经多次这样的经历之后,对自我价值感的追求就成为学习的主要动机之一。对某些学生来说,之所以努力学习,追求学业成功,正是为了从学习的成功经验中证明自我的价值或提升自我价值。

在学生的学习过程中,上述几种内驱力往往是综合地表现出来的,只不过它们的比重因学生年龄、性别、社会阶层以及个性特征的不同而有所不同。

> 1. 谈谈自己的学习动机有哪些?
> 2. 从哪些方面可以激发学习动机呢?

专栏 9-5　学习动机的激发

在教学过程中,教师对学生学习动机的激发可以从引起动机的内在因素和外在因素着手。其中,尤其值得重视的有以下问题:

1. **学习的价值性**　教师提供给学生的学习任务是否具有满足特定需要的价值,会直接影响到他们的学习动机。如果教师提供的学习任务对学生没有任何吸引力或"好处",学生自然就不会主动去学习它。因此,从激发学习动机的角度来看,学习任务首先必须具有吸引学生的价值。有关心理学家认为,根据学习任务与需要满足的关系,提供给学生的学习任务只有具有下列价值,才可能激发起学生的学习动机:一是兴趣性价值,即学习活动本身就带来愉悦的感受;二是发展性价值,即学习活动本身能使人增长才干;三是评价性价值,即取得好成绩或获得成功可以得到好评,并能证明自己的能力;四是利用性价值,即完成这一学习任务可使我们达到其他目标,如评奖学金、谋取职业等。当然,上述 4 种价值在对学生学习动机的影响上也有差异。其中,具有兴趣性价值和发展性价值的学习任务对学生的学习动机具有内在和持久的影响。

2. **难度的合理性**　学习任务的难易程度也直接影响学生的学习动机。如果任务难度太低,学生做起来轻而易举,会使学生觉得缺乏挑战性而不感兴趣;如果任务难度太高,学生力所难及,会使学生因遭受挫折而丧失自信,或为避免自尊心受挫而产生回避倾向。根据教育心理学的"最近发展区"理论,那些对学生具有一定的挑战性且经过适当努力能够完成的任务,既能激起学生跃跃欲试的心态,又能让学生体验到成功的满足,还能达到有效的增长能力的目的。

3. **反馈的及时性**　及时反馈学习结果能帮助学生及时发现、纠正错误,调整学习的进度,使用合适的学习策略来完成学业任务。同时,了解自己学习活动的进展情况,本身就是一种激励力量,会激发学生进一步学习的愿望。如果学生在学习很长时间之后,仍不知道其进展情况和所取得的成就水平,会因为缺乏学习的激励而难以继续保持学习的热情。反馈在学习上的效果是很显著的,尤其是每天及时反馈,较之每周反馈效果更佳。所以教师应尽可能让学生及时、准确、具体地了解自己学业的进展情况及取得的成就,对学生完成的作业(练习,试卷等)的批改切忌拖延,也不能过于笼统,只给"对错",尤其是对错误的批改分析,越具体越有针对性,效果越好。

4. 评价的发展性　教师如何对学生的学习状况进行评价,是影响学生学习动机的重要外部因素之一。评价的基本原则是对针对发展和努力,而非能力和竞争,即着重评价学生在学习过程中取得的进步和做出的努力,而不是着重评价学生的能力高低和名次前后。因为,在强调能力和竞争的评价情境中,学习目标的具体指向及其特定结果,使学习被有形地强调为证明学生能力的一种方式,因此它必然使学生的学习动机建立在对自己能力水平的关心上,即学生在为论高低和争名次而投入学习活动之前,需要确信自己的能力水平是否比别人高,否则他们将会选择防御性策略以隐蔽自己的能力或防止自己的能力受到不利评价。特别是那些对自己能力评价不佳的学生,极易采取回避和远离挑战的策略,以防自尊心受到伤害。即使是那些对自己能力有较高估计的学生,也常会因学习任务中含有出错的风险而"明智地"放弃学习机会。在强调发展和努力的评价情境中,学习目标的具体指向及其特定的结果,使学习被强调为通过努力求得进步的一种方式,因此它自然使学生的学习动机建立在对学习任务本身的兴趣和对所学知识的发展价值的关心上,即学生在为发展而投入学习活动之前,无需顾虑自己的能力水平是否比别人高,也不必在乎显露无知的风险,相反会将之看做是消除无知、提高能力的机会。为了自身的发展,学生常会以跃跃欲试的态度去掌握那些他们不懂、不会或不敢确信是否能做的事情。总之,强调评价的发展性,可以使学习成为学习本身的目的,从而易使学生产生寻求挑战的学习倾向。

第五节　兴　　趣

一、兴趣的概念

兴趣(intrest)是人力求认识某种事物或从事某项活动的心理倾向。

兴趣具有认知和情绪双重特征。从认知特征来看,兴趣表现为人对认识某种事物或从事某种活动的选择倾向和主动探究的态度。例如,一个对心理学感兴趣的学生,会对心理学课程的学习产生偏爱,不仅优先予以关注,而且积极探究其原理。从情绪特征来看,兴趣伴随着愉悦的情绪体验,即人在从事感兴趣的活动时会觉得"乐在其中"。相反,如果我们从事自己不感兴趣的活动,不仅难以愉悦,往往还觉得非常痛苦。

兴趣与动机两者既有联系也有区别。尽管兴趣与动机都源于需要,都是需要的派生形式,但是兴趣是动机的进一步发展,其对人的心理和行为的动力影响比动机稳定、持久。对某一事物产生了动机,未必一定能发展为兴趣;而一旦产生了兴趣,必然有与之相应的动机伴随。因此,激发和培养学习兴趣,常常是学习动机形成与发展的心理基础。

"知之者不如好之者,好之者不如乐之者。"在学习过程中,兴趣不仅是驱动学生积极学习的内在动力,而且其对学生学习的影响明显优于智力的作用。美国心理学家 Lazarus 曾做过一项语文学习的比较研究,将高中学生按照智力和兴趣分成智力组和兴趣组,智力组的学生平均智商为 120 分,但对语文阅读和写作不感兴趣;兴趣组的学生平均智商为 107 分,但对语文阅读和写作很感兴趣。研究结果显示,兴趣组学生的学习成绩明显优于智力组。例如,兴趣组学生平均每人阅读了 20.7 本课外书,写了 14.8 篇文章;而智力组学生平均每人只阅读了 5.5 本课外书,写了 3.2 篇文章。

兴趣有直接和间接之分。所谓直接兴趣,是指对认识事物或从事活动本身的兴趣;所谓间接兴趣,是指对认识事物或从事活动的结果的兴趣,即对事物或活动本身虽没有兴趣,但对认识事物或从事活动的结果有兴趣。例如,对学外语的兴趣,有人是指向学外语本身,对掌握一种新的语言系统感兴趣;而有的人则指向学外语的结果,即对考大学、考研究生的外语级别评定感兴趣。在学习过程中,这两种兴趣对于学生的学习都是必要的。如果学生缺乏直接兴趣,会使学习成为一种沉重的负担;没有间接兴趣,又会使学生丧失学习的目标和恒心。因此,直接兴趣与间接兴趣有机地结合是提高学习效果的重要条件。

专栏 9-6 兴趣的发展规律

心理学家和教育工作者的实验和理论研究表明,兴趣也有其本身特点的发展规律。

1. 兴趣的发展逐步深化 人的兴趣的发展,一般要经过有趣—乐趣—志趣三个阶段。有趣是兴趣发展的低级水平,它往往是由某些外在的新异现象所吸引而产生的直接兴趣,其特点是随生随灭,为时短暂,带有直观性、盲目性和广泛性。乐趣是兴趣发展的中级水平,它是在有趣的基础上逐步定向而形成的。在这个阶段或水平上,学生的兴趣会向专一的、深入的方向发展,即对某些课程产生了特殊的爱好。乐趣具有专一性、自发性和坚持性的特点。志趣则是兴趣发展的高级水平,它与崇高的理想和远大的奋斗目标相结合,是在乐趣的基础上发展起来的,其特点是具有社会性、自觉性、方向性和更强的坚持性,甚至保持终身不变。国内学者的教学实践显示,有趣、乐趣和志趣与学生的年龄也有较大关系,即随着年龄的增长,学生的兴趣逐步由有趣向乐趣发展,最后向更高水平的志趣发展。

2. 直接兴趣和间接兴趣的相互转化 在学习活动中,直接兴趣和间接兴趣可以相互转化。学生遇到稍微简单、容易和生动有趣的知识时,便会产生直接兴趣;但一旦遇到复杂的、困难的和枯燥乏味的知识时,便需要有间接兴趣来维持学习。当学生对掌握的某种知识的必要性和重要性有了充分的认识时,

> 就会对它产生间接兴趣,从而激励自己去学习那些本无直接兴趣的东西。当学生通过努力学习,克服了学习中的困难时,便又会对这种东西产生直接兴趣。

二、兴趣的品质

(一) 兴趣的广泛性

兴趣的广泛性是指人兴趣的范围。有些人兴趣广泛,对许多事物和活动都兴致勃勃,乐于探求;有些人则兴趣狭窄,常常对周围一些活动和事物漠然置之。兴趣的广泛程度与个人的知识面的宽窄密切相关。一般来说,人的兴趣愈广泛,知识愈丰富,愈容易在事业上取得成就。

(二) 兴趣的中心性

兴趣的中心性指是否有中心兴趣或主导兴趣。中心兴趣不仅对其他兴趣具有主导或统驭作用,而且直接制约着相应认识活动的深度。因此,如果一个人虽有广泛的兴趣但无中心兴趣,势必"样样都喜欢、样样都不专",结果一无所长,难有建树。只有将兴趣的广泛性与兴趣的中心性相结合,使兴趣既博又专,才可能在学业和事业上有所建树。

(三) 兴趣的持久性

兴趣的持久性又称为兴趣的稳定性,指个体兴趣持续时间或稳定程度。在人的一生中,兴趣必然会发生变化,但在一定时期内,能保持基本兴趣的稳定性是一种良好心理品质的体现。根据兴趣持续时间长短,兴趣可分为短暂兴趣和持久兴趣。有了持久的兴趣,人才能把工作持续地进行下去,从而把工作做好,取得相应的成就。没有稳定兴趣的人,势必朝三暮四,一事无成。兴趣的持久性与人的理想、信念和意志品质有着密切关系,因此是可以培养的。

(四) 兴趣的效能性

兴趣的效能性又称为兴趣的有效性,指兴趣能积极地推动人的行为,提高行为的效能。人的行为产生需要某种动机的激发,而兴趣作为一种积极的内在心理倾向,能促进人的行为更加积极主动,从而更好更高效地完成行为。

第六节 价 值 观

一、价值观的概念

价值观(values)是人用来区分好坏标准并指导行为的心理倾向系统。

价值观与价值有着密切的联系。所谓价值,指的是事物与人的需要之间的关系,简而言之,就是事物对于人是否"有用""有益"或"有利"。正因为事物对于人有着不同的价值,人才有了关于事物的价值意识或观念,即价值观。价值观一旦形成,就构成人用来区分事物好坏的标准或理由,构成指导自身思想和行为的观念或理由,并通过兴趣、愿望、态度、观点、理想、信念等方式表现出来,从而构成指导自身行为的心理倾向系统。

人的价值观有其社会历史性。处于同一历史时代,同一社会生活环境的人们,其价值观有着共同的特征,它反映了这个时代的精神风貌;处于不同历史时代、不同的社会生活环境中的人们的价值观则有着显著的区别。中国古代不同时期的思想家,就曾提出过多种人生价值观,如孔子的"义以为上",墨子的"国家百姓之利",庄子的"物无贵贱",孟子的"良贵说"等。这些各具特色的人生价值观都是当时社会历史条件的某种反映。我们现在践行的社会主义核心价值观是我国现阶段价值观的体现。

价值观作为一种心理倾向系统,有着多维度和多层次的特性。因此,国内外不少学者就价值观的内在结构或分类做过探讨。例如,Rokeach认为,价值观可以分为终极性价值和工具性价值两类;Braithwaite等则将价值观按个人目标、社会目标、行为方式进行分类;李德顺认为,价值观由关于主体地位和意义的价值观念、关于理想社会秩序和状态的价值观念、关于社会规范的价值观念、关于社会实践过程中的价值观念和价值本位观念五部分构成;江畅认为,价值观的结构可划分为目标系统、手段系统、规则系统和制约系统四个子系统。尽管对于价值观的结构和分类尚无统一标准,但是多数学者认为,就个体而言,追求幸福是其人生的终极目标,是具有普遍意义的人们的价值取向,且在不同领域、不同文化、不同时代的不同个体之间存在高度的一致性;在关注这种普遍性和一致性的同时,必须保持对价值取向的差异性和由此引发的行为差异的关注,因为不同个体对于幸福的理解存在明显的差异,因而不同个体为了实现终极目标而确立具体目标或次级目标及其方式与手段,而这些差异和不同,应该是价值观研究的核心。

二、当代大学生的价值观现状

随着我国经济体制的转变,人们在思想观念、生活方式和价值观念等方面都出现了巨大变化。根据调查,当代大学生与以往的大学生相比较,尽管价值观的主流是积极向上的,但是也有不少明显的变化。其主要表现在以下方面:

(一) 价值目标由理想主义趋向现实主义

价值目标是价值主体所设想的自身实践活动的结果。科学的人生价值目标应是个人发展与社会发展相统一的目标,个人目标服从于社会发展的目标。传统的价值目标表现出理想主义、英雄主义的特征,强调的是实现共产主义,解放全人类。社会主义市场经济肯定物质利益原则,凸显了个人利益,促进了大学生的思想解放、观念更新和价值观的更替。如今的大学生普遍采用实用主义的人生态度,谋求自身价值的实现是其人生理想,其价值观表现为明显的功利性和实用性倾向。他们注重实效,反对虚假与形式主义,看重经济效益,这是与市场经济合拍的。但是如果过分关注自己的状况,片面追求财富、地位,看重眼前利益,就会使他们忽略社会发展的目标,不关心社会的共同理想。

(二) 价值本位由集体本位趋向个体本位

在计划经济体制下,人们的价值观念是受以社会集体为本位的价值思想所规范和教育的,呈现出服从国家和集体的特征。它强调集体的至上性、绝对性,从而导致真正意义上的个人消失了,合理的个人利益没有了。如今,随着社会主义市场经济体制的建立和逐步完善,当代大学生的自我意识得到唤醒并逐步增强。大学生对自我需要的尊重,对自我价值实现的关注与追求,对自我价值主体地位的确认等,已成为当代大学生价值取向的主要因素。大学生虽然都能认识到社会、集体对个人生存和发展的重要性,但他们更关注自我价值的展现和个性的张扬;他们虽然重视个人对社会的责任、贡献,但是更强调集体、社会对个人的尊重与满足。但是立足个体的个体本位观导致了一部分大学生"个人至上"的极端个人主义,他们一切从自我利益出发,无视国家和集体的利益,这是值得注意的。

(三) 价值取向由一元趋向多元

价值取向既是价值判断与选择,也是对价值目标的追求。过去,由于计划经济体制的制约,官方的价值导向成为权威导向,价值观表现出单一性。进入新时期后,在思想解放和包容性越来越强的社会环境下,大学生的价值取向日益呈现出个性化和多元化的特征。大学生以是否有利于个人生存发展作为指导其行为的根本准则,对传统的与现代的、本土的和外来的、正统的与非正统的、计划的与市场的观念进行扬弃、整合,从而内化成为自己的价值观,表现为社会型的、科学型的、实用型的、信仰型的、审美型的、权利型的等多种类型,打破了传统的单一的价值观。但是在这样一个复杂的转型期内,各种价值观,不管是积极的还是消极的,传统的还是现代的,在社会上都有其市场,这些观念冲突也必将影响着大学生价值观的形成和发展,能否正确取舍至关重要。

(四) 价值评价由绝对单一趋向理智和宽容

传统的价值观具有绝对性和单一性,严重制约和束缚个体的个性发展。当今大学生表现出多种个性自由发展,多种价值观并存的宽松局面。价值评价也表现得更加宽松,有了多重的标准;有的以对社会贡献的大小为标准,有的以事业成败为标准,还有的以获得的社会回报、物质利益的多寡为标准等。大学生的价值标准更趋向理智和宽容,对善与恶、好与坏、道德与不道德、成功与失败的评价标准不再像过去那样单一。但是价值评价存在些许偏差,在大学生日常生活中表现出一些不良倾向,如重经济轻政治、重利轻义、重个体轻集体、重索取轻奉献、重"现代"轻"传统"等。

阅读　多重人格障碍

多重人格障碍是心理疾病的一种,表现为一个人身上显示出两个或两个以上不同"角色"的人格特点。这些不同的"角色"各自有着自己的行为习惯、思考方式、自己的生活环境和对自己的认知,轮番主导一个人的行为,有如"在一个身体里住着几个灵魂"。

多重人格障碍在精神疾病诊断与统计手册中归类于第一轴的解离症的一种。在中国精神疾病诊断标准(CCMD-3)中称为"癔症性身份识别障碍",属癔症;在 ICD-10 中称为"多重人格障碍",属分离(转换)性障碍;在美国精神疾病诊断标准(DSM-IV)中称为"分离性身份识别障碍",属解离型障碍。1994 年美国精神病学会将分离性身份识别障碍定义为该病症的国际统一正式名称。在美国精神疾病诊断标准(DSM-5)中称为"分离性身份障碍",属分离障碍。

多重人格的各个亚人格都是各自独立、彼此分开的;一种人格出现,其他人格就自动退场;任何时候,都有一个主要人格占优势,人的行为也就由占优势的人格"值班"、控制,不会出现"好几个人格争夺控制权的混乱状态"。究竟由哪种人格来支配,完全遵循"哪种人格最适应当时的环境和需要,就启动和出现哪种人格"的原则。这实际上就是适者生存法则的心理学翻版。如果我们用"变色龙"或者"变形虫"来理解多重人格,也许会更形象、更直观。比如,用比较自信的人格,去应付具有竞争性的环境;用脆弱、神经衰弱的人格去赢得同情、获取依赖;用画家和艺术家的人格和身份,去应对上流社会等。这样,我们就会发现,多重人格在本质上就是一种通过频繁地变换人格来适应环境的心理现象,是一种适应环境的心理努力。

治疗多重人格是一个艰辛并非常具有个性化的过程。科学家和医生针对不同病患尝试过很多方法,其中最有名的方法就是人格融合:治疗人员通过对患者不同人格的了解和分析,找出熟悉所有人格的一个内在人格,通常称为内在自助者(inter self helper,ISH),让其成为核心人格。与此同时,让其他人格互相沟通了解,征得同意以后,融合两个或多个性格相近的人格,从而逐步减少内在人格的数量,最后使多个人格合而为一。不过,即使治疗成功,也可能因为某种外在压力,造成人格再次解离。

(王欣　蔡磊)

第十章 能 力

第一节 能力概述
　　一、能力的概念
　　二、能力与知识、技能的关系
　　三、能力的分类
　　四、能力、才能和天才
第二节 能力结构理论
　　一、智力因素说
　　二、智力结构理论
第三节 能力的形成与差异
　　一、能力的形成
　　二、能力的类型差异
　　三、能力的发展水平差异

四、能力表现的早晚差异
五、能力的性别差异
六、能力的年龄差异
第四节 能力测验
　　一、智力测验的产生与发展
　　二、智力测验的标准化
　　三、标准化的智力测验量表
　　四、社会适应能力诊断量表
　　五、特殊能力测验
　　六、创造性思维测验
阅读　智力测试与智力障碍分级

案例 10-1　尴尬的同学聚会

　　阳春三月,李明突然接到了高中同学的同学聚会邀请。他从小成绩优异,名列前茅,高中毕业后考上了名牌大学,进入了象牙塔,成为同学们羡慕的对象。可是大学毕业后,为了端上"铁饭碗",他进入了事业单位工作。他工作消极,认为干多干少一个样,干好干差一个样,终于在不久前,单位精简人员,他"下岗"了。

　　犹豫了很久,李明还是去了同学聚会。十年的分别,让同学们见面倍感激动与感慨,纷纷诉说着这十年的生活阅历。尤其是王磊,他是班里的"活跃分子",从小调皮捣蛋,无心学习,辍学后经商,现已成为一家上市公司的中层干部。

　　王磊成为聚会的"焦点",李明暗暗尴尬了起来,从前,他才是同学们的"核心"呐!同学们也悄悄地将李明和王磊进行比较,大家认为王磊年轻有为、能力突出,而曾经的"天之骄子"李明却成为"一般公民"。

思考题

1. 同学聚会的气氛为什么尴尬了起来?

2. 如何看待成绩与能力之间的关系？
3. 怎样来衡量一个人的能力呢？

"高分低能"的说法已屡见不鲜，是指学习成绩优秀，生活自理能力、社会适应能力和社交能力低下的人。这类人因善考高分，思维简单，处事幼稚而被人轻视。相反的，"低分高能"的人已拥有越来越多的崇拜者，这样的现象已导致"读书无用论"的再次盛行。人们只是简单地认为，经济能力是能力高的表现。然而，对"高分低能""低分高能"的正确理解要建立在对"能力"的科学解释上，不是仅仅以某一方面的表现来衡量的。那么，究竟什么是能力？能力的分类有哪些？用什么标准来衡量人的能力？让我们一起来认识能力，了解能力的结构和差异。

第一节 能 力 概 述

一、能力的概念

能力(ability)是作为掌握和运用知识技能的条件并决定活动的效率的一种个性心理特征(《中国大百科全书》)。其中"活动的效率"是指活动的速度、水平以及获得成果的质量。

从内容上看，能力不仅包括人的实际能力，也包括人的心理潜能。

从表现形式上看，可区分为认知能力(个体学习、研究、理解、概括、分析的能力)和实际操作的能力(个体操纵创作、运动的能力)，认识能力和操作能力是有机联系的。

从构成因素看，可分为一般能力和特殊能力，凡是为大多数活动所共同需要的能力，如观察力、记忆力、思维力、想象力、注意力等称之为一般能力；凡是为某项专门活动所需要的能力，如绘画能力、写作能力、体育能力、音乐能力等称之为特殊能力。

由此可见，个体可以拥有多种能力，每一种能力还包含有多种成分，如数学能力包括运算能力、逻辑推理能力和空间想象能力等；记忆能力包括记忆的准确性、记忆的敏捷性和记忆的恒常性等多种品质。尽管人的能力是多方面的，但万能与全能都是不可能存在的。所以，"高能"不仅是相对的，而且也具有较大的局限性，只是指具体的某个个体身上所具有的某几种潜能的充分展现而已。所以，一个人具有某种能力，归根到底是指他有掌握和运用某方面知识技能的可能。

二、能力与知识、技能的关系

能力与知识、技能是不同的概念，区别和联系并存。

知识是人脑对客观事实的主观表征。它是活动的自我调节机制中一个不可缺少的构成因素，也是能力结构中一个不可缺少的组成部分。人掌握知识，能够运用这些知识指导自己的活动与实践。

技能是指人们通过练习而获得的动作方式和动作系统,它主要表现为动作执行方式,因此与知识有很大的差别。技能可以直接控制活动的动作程序的执行,是活动的自我调节机制中又一个组成要素,也是能力结构的基本组成部分。

能力是学习者对学到的知识和技能经过内化的产物,是使活动顺利完成的个性心理特征。知识、技能和能力三者之间的关系可用图10-1来表示。

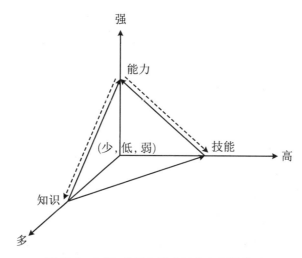

图10-1 知识、技能与能力三者之间的关系
(资料来源:冯忠良.智育心理学[M].北京:教育科学出版社,1981.)

知识是技能和能力的基础,知识和技能反之又成为能力的基础。只有被广泛应用和迁移的知识和技能,才能转化成为能力。能力不仅包含了一个人现在已经达到的成就水平,而且包含了一个人具有的潜力。正如本章案例中所提到的"高分低能"的人,这些人只是将知识停留在书本上,既不能广泛迁移,也不能用来解决实际问题。

知识、技能与能力有着密切的关系。首先,知识、技能是能力形成、发展的基础,能力的形成和发展是在掌握和运用知识、技能的过程中实现的。随着人的知识、技能的积累,人的能力也会不断提高。其次,能力的发展水平直接制约掌握知识、技能的速度和程度,并制约知识、技能的运用,制约着掌握知识、技能的难易、深浅、速度和巩固程度。随着知识、技能的掌握又会导致能力的提高。因此,能力是掌握知识、技能的前提,也是掌握知识、技能的结果。两者是相互转化,相互促进的。我们不能单凭考试成绩的高低去简单地判断学生能力的高低。此外,教师在教学过程中,不仅要向学生传授知识,更要注重对能力的培养,正所谓"授人以鱼不如授人以渔"。由于能力不等同于知识,人们就不应该用知识的评定来代替对能力的鉴定,须研究评定能力的正确方法。

三、能力的分类

人的能力多种多样,从不同角度、不同标准可以把能力分为以下几类:

(一) 一般能力和特殊能力

按照能力的适用性,可将能力分为一般能力和特殊能力。

一般能力又称为共同能力,是指注意、观察、记忆、思维、想象等能力,通常也叫智力,其中的核心是抽象思维能力,它是人们完成任何活动所不可缺少的,是能力中最主要、最一般的部分。特殊能力又称为专门能力,是指人们从事特殊职业或专业需要的能力,如音乐能力、数学能力、艺术表演能力、管理能力等。

一般能力和特殊能力的关系是辩证统一的。在完成某种活动中,两者是互相联系的;在彼此的发展上,两者又是互相作用的。一方面,一般能力的发展为特殊能力的发展创造了有利的条件。某种一般能力在某些专门活动领域中的特别发展,有可能成为特殊能力的组成部分。另一方面,在特殊能力发展的同时也发展了一般能力。

> 飞行员需要具备哪些特殊能力呢?

(二) 流体能力和晶体能力

按照能力在人一生中的发展趋势以及它和先天禀赋、社会文化因素的关系,可将能力分为流体能力和晶体能力。

流体能力是指在信息加工和问题解决过程中所表现出来的能力,如对关系的认识,类比、演绎推理的能力等。它较少地依赖于文化和知识的内容,而决定于个人的禀赋。晶体能力是指获得语言、数学等知识的能力,它决定于后天的学习,与社会文化有密切的关系。

晶体能力是与流体能力相对应的。流体能力指基本心理过程的能力,它随年龄的衰老而减退。晶体能力是以学得的经验为基础的认知能力,如掌握的技能、语言文字能力、判断力、联想力等。晶体能力受后天的经验影响较大,主要表现为运用已有知识和技能去吸收新知识和解决新问题的能力,这些能力不随年龄的增长而减退。晶体能力在人的一生中一直在发展,不因年龄增长而降低,到 25 岁以后,发展速度渐趋平缓,如图 10-2 所示。

> 想一想,流体能力与晶体能力有什么样的关系呢?

(三) 模仿能力和创造能力

按照能力所参与的活动的性质来分,可将能力分为模仿能力和创造能力。

模仿能力是指能使人迅速地掌握知识、适应环境,按照原有的模式进行活动的能力。这种能力符合学习活动的要求。模仿能力的大小,表现为个人的行为方式与被模仿者的相似程度,两者愈相似,则表明模仿能力愈强。创造能力是指具有流畅、独特、变通、创新及超越平常的思考与活动的能力,这种能力符合创造活动的要求。创造能力对于个体或社会具有独特性和价值性。在创造能力中,创造性思维和创造想象起着十分重要的作用。

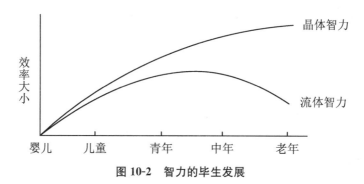

图10-2 智力的毕生发展

模仿能力和创造能力有着密切的联系。创造能力是在模仿能力的基础上发展而来,人们通常先模仿,然后进入创造。

> 儿童模仿父母说话、表情等是模仿能力,你还可以举出哪些例子?

从字帖上模仿前人的书法是模仿能力,而后再创作出具有个人独特风格的作品,是创造能力。模仿是创造的前提和基础,创造是模仿的发展。这两种能力的划分是相对的,互相融合,相互促进。

(四)认知能力、操作能力和社交能力

按照能力的表现功能来分,可将能力分为认知能力、操作能力和社交能力。

认知能力是指人脑加工、存储和提取信息的能力,即我们平时所说的智力,如观察力、记忆力、想象力等。人们认识客观世界,获得各种各样的知识,主要依赖于人的认知能力。

操作能力是指人们操作自己的肢体以完成各项活动的能力,如劳动能力、艺术表演能力、体育运动能力、实验操作能力等。操作能力是在操作技能的基础上发展起来的。

社交能力是指人们在社会交往活动中表现出来的能力,如组织管理能力、言语感染力、判断决策能力、调解纠纷能力、处理意外事故能力等。这种能力对于组织团体、促进人际交往和信息沟通有着重要的作用。

四、能力、才能和天才

能力是顺利有效地完成某种活动所具备的心理条件。在完成活动的过程,往往是多种能力的组合使用。具备能力所需要的各种心理条件称之为才能,它是多种能力的互相结合,可保证活动的顺利进行。例如,演说家要具备流畅的语言表达能力、敏捷的逻辑思维能力和极具感染的号召力等,理科学生要具备较好的数字计算能力、思维分析能力等。

能力的高度发展称之为天才,它能够实现一般人不能完成的复杂和困难的创

造性的活动,是能力的独特发展。天才往往是多种能力发展的完美结合,使人同时具备多种优秀的能力。天才的发展离不开社会和时代的要求,也离不开个人的勤奋。

第二节 能力结构理论

能力结构是指人们所具备的能力类型及各类能力的有机组合。从不同角度或不同层面,可以划分不同的能力类型,每个人所具备的能力结构是不同的。能力不是某种单一的特性,而是具有复杂结构的多种心理特征的总和。探讨能力的结构,分析能力的构成因素,是非常必要的。了解能力结构的构成因素,对于深入理解能力的本质,进行能力测量,科学地制定能力培养的原则,具有重要的意义。

以能力测量中不同的因素分析方法为基础,形成了诸多有关能力的观点,现简要介绍以下几种能力结构理论:

一、智力因素说

(一) 二因素理论

1904年,英国心理学家C. E. Spearman提出了能力的二因素说。这种理论是建立在因素分析的基础上的。他认为,人的能力由两种因素构成,一个是一般因素(general factor),简称G因素;另一个是特殊因素(specific factor),简称S因素。人完成任何一种作业都是由这两种因素决定的。特殊因素是每一种活动都需要的,是人人都有的,但每个人的G值有所不同,所谓一个人"聪明"或"愚笨",正是由G值的大小决定的。由此,C. E. Spearman认为,一般因素G在智力结构中起主导作用。

特殊因素因人而异,即使是同一个人,也有不同种类的S因素,它们与各种特殊能力,如言语能力、空间认知能力等相对应,每一个具体的S因素只参加一个特定的能力活动。完成任何一种活动,都需要由一般能力因素G和某种特殊的能力因素S共同承担。

C. E. Spearman的这一理论是最早的智力理论之一,这一理论过于强调G因素与S因素的区别,并且将它们绝对对立起来,忽略了它们之间的联系,有一定的局限性。

(二) 群因素理论

美国心理学家L. Thurstone认为能力是由许多彼此无关的原始能力所构成的。他从56种不同的测验中概括出7种主要因素,分别是计算能力、言语理解能力、词的流畅性、记忆能力、演绎推理能力、空间知觉能力和知觉速度,并为此设计了基本智力测验来测量这7种因素,结果发现这些能力之间存在一定关系。他认为,这7种基本能力的不同搭配,构成了每一种独特的智力结构(能力群)。

在 L. Thurstone 的观点中,7 种因素结果跟 C. E. Spearman 的 G 因素假设是矛盾的。但目前大家认为,若能在 L. Thurstone 的 7 个因素中进行第二因素分析并且能够找出一个一般因素,那么则支持 C. E. Spearman 的 G 因素。换句话说,假如 L. Thurstone 的 7 个因素中都有第二因素的话,这个因素就可以被认为是一般因素。

L. Thurstone 的贡献在于用测验统计的方法找出智力中的主要因素,证明这些因素与智力有很大的关系。1941 年,根据其理论编制的"基本能力测验"成为著名的智力测验之一。

二、智力结构理论

(一) 三维结构理论

1967 年,美国心理学家 J. P. Guilford 提出智力三维结构模型,即从操作、内容、产品三个维度去考虑智力结构。

智力的第一个维度是操作,即智力活动过程,包括认知、记忆、发散思维、聚合思维、评价 5 个因素;第二个维度是内容,即智力活动内容,包括听觉、视觉、符号、语义、行为 5 个因素;第三个维度是产品,即智力活动结果,包括单元、门类、关系、系统、转换、蕴含 6 个因素。把这 3 个维度的因子组合起来,会得到 150 种(5×5×6)不同的智力因素。J. P. Guilford 把这些构想设计成立方体模型,得到 150 个立体方块,每一立方块代表着一种独特的智力因素(图 10-3)。

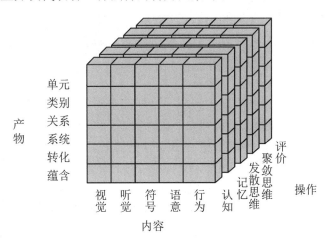

图 10-3 智力的三维结构

1988 年,他又将智力活动过程中的记忆分为短时记忆和长时记忆两部分,将智力分为 180 种元素。

J. P. Guilford 的智力三维结构模型对我们认识智力结构的复杂性,把握各智力要素之间的关系,启发我们对智力结构进行深入细致的研究,都具有积极意义。

(二) 层次结构理论

1960年,英国心理学家P. E. Vernon提出了能力的层次结构理论,这一理论发展了C. E. Spearman的二因素理论。他认为,能力是按等级层次组织起来的,最高层次是一般因素,相当于C. E. Spearman的G因素;第二层是言语—教育能力和操作—机械能力两大因素群;第三层是小因素群,如言语—教育能力(言语因素、数量因素等);最后一层是特殊因素,相当于C. E. Spearman的S因素。

大家认为,P. E. Vernon的层次结构理论是在C. E. Spearman的G因素和S因素之间增加了两个层次,是C. E. Spearman二因素论的拓展,同时把L. Thurstone的基本心理能力和J. P. Guilford的智力结构归纳为G因素的下级层次。

(三) 多重智力理论

美国心理学家Gardner提出了多重智力理论。他在1983年出版的《智能的结构》一书中提出:"智能是在特定的文化背景下或社会中,解决问题或制造产品的能力。"也就是说,人的智力就是适应社会生活的各种能力。具体来说,智力结构包括7种相对独立的智力,每种智力都有其独特的解决问题的方法,都有自身的符号系统。在不同的人身上,这7种智力的组合方式是多种多样的。有人可能在某些方面是天才,其他方面却很平庸。有人可能各种智能都很一般,但若他的各种智能被巧妙地组合在一起,则可能在解决某些问题时会显得很出色。7种智力包含语言智力、逻辑—数学智力、视觉—空间智力、音乐智力、身体—动觉智力、人际智力、自知智力等。

1. 语言智力　指处理词和语言的能力,包括口头语言和书面语言。能说会道、妙笔生花是语言智力高的表现。作家、演说家在这方面的能力较强。

2. 逻辑-数学智力　指数学和逻辑推理的能力以及科学分析的能力。数学家的逻辑-数学智力较高。

3. 视觉-空间智力　指在脑中形成一个外部空间的模式并能够运用和操作该模式的能力。画家、雕塑家、建筑师大多在视觉-空间智力方面较高。

4. 音乐智力　指感知并创造音调和旋律的能力。这种能力多来自天赋。

5. 身体-动觉智力　指运用整个身体或身体的一部分解决问题或制造产品的能力。出色的舞蹈家、运动员、外科医生具有很强的身体-动觉能力。

6. 人际智力　指理解他人的能力。人际智力高者善于处理人际关系,善于与人交往。推销员、教师、心理咨询师、政治家的人际智力往往较高。

7. 自知智力(自我内省智力)　指深入自己内心世界的能力。善于了解自己的内心感受,进行自我内省。

(四) 智力的信息加工理论

1. 三元智力理论　美国心理学家R. J. Sternberg从信息加工心理学的角度出发,提出了三元智力理论。他认为,智力理论可分为三个方面:① 情境理论,阐明智力与环境的关系;② 经验理论,阐述智力与个人经验的关系;③ 成分理论,揭示智力活动的内在心理结构。其中,智力成分结构有三个层次:① 元成分,是高级管理成分,其作用是实现控制过程,包括在完成任务过程中的计划、鉴别和决策等方面;② 操作成分,其作用是执行元成分的指令,进行各种认知加工操作,如编码、推断、提取、应用、存贮、反馈等;③ 知识获得成分,学会如何解决新问题,如何选择解决问题的策略等。

三元智力理论是现代智力理论的代表之一,它与当代认知心理学的发展产生了契合,使智力理论的研究有了突破性进展,不再局限于传统的因素分析方法,为当代智力理论与实践的研究指出了一条可行之路。

2. 智力 PASS 模型　所谓智力 PASS 模型(plan attention simultaneous successive processing model)即为"计划—注意—同时性加工—继时性加工"。它包含了三层认知系统和四种认知过程。PASS 模型是加拿大心理学家 J. P Das 等学者在"必须把智力视作认知过程来重构智力概念"的思想指导下,把信息加工理论和认知研究新方法与因素分析法相结合,通过大量的实验研究,探讨了智力活动中的信息加工过程,提出了三级认知功能系统的智力模型。最初它只是作为一种信息加工模型,随后又被描述为一种信息整合模型。直到 1988 年,才被肯定为是认知评价模型。

三级认知功能系统包括注意系统、计划系统和信息加工系统。注意系统又称为注意—唤醒系统,它是整个系统的基础,主要功能是使大脑处于一种适宜的工作状态。同时性加工和继时性加工统称为信息加工系统,处于中间层次,负责对外界输入信息的接收、解释、转换、再编码和存储,这一系统在 PASS 模型中处于关键地位,智能活动的大部分操作都在该系统发生。计划系统处于最高层次,它执行的是计划、监控、调节、评价等高级功能,在智能活动中确定目标、制订和选择策略、决定和修改解决问题的方法,以及对方法及其结果做出评价,实现对整个操作过程的监控和调节。三个系统协调合作,保证了智力活动的正常运行。

同时,三个机能系统之间有一种动态的联系,注意、信息编码和计划之间是相互作用和相互影响的。第一机能单元和第三机能单元关系非常密切,计划过程需要一个充分的唤醒状态,以使注意能够集中,进而促使计划的产生。编码和计划过程也是密不可分的,因为在现实生活中的任务往往能以不同的方式进行编码,个体如何加工这种信息也是计划的功能,所以同时性或继时性加工也会受计划功能的影响。

第三节　能力的形成与差异

一、能力的形成

能力形成的原因很复杂,总体来说,所有差异都是在遗传和环境两大因素的支配下,通过成熟与学习的交互作用形成。在这一方面,历史上曾形成了两大对立观点:遗传决定论和环境决定论。目前绝大多数心理学家已完全抛弃这两种极端的观点,将智力看做是遗传与环境共同作用的结果。

(一) 先天素质的影响

先天素质是指人们与生俱来的解剖生理特点,它包括感觉器官、运动器官、神经系统和脑的特点。它是能力形成和发展的自然前提和物质基础。有了这个基础,能力才能产生乃至发展。听觉或视觉生来就失灵者,无法形成与发展音乐才能,也不能成为画家;早期脑损伤或发育不全的人,其智力发展会受严重影响。

神经系统是素质的重要组成部分之一,它的特点(强度、灵活性和平衡性)对能力的形成是有影响的。神经系统的强度水平影响人的注意力集中程度及持续时间,并且和学习能力有关,神经系统的平衡性影响注意的分配,神经系统的灵活性影响知觉的广度。

先天素质在能力形成中的作用已得到肯定,心理学家普遍认为先天素质具有遗传性,但并不能因此得出能力由遗传决定的结论。第一,先天素质不完全是通过遗传获得的,有些是因为在胎儿期母体环境受到各种变异的影响,如孕妇的营养不足、疾病、药物及受到辐射等,给儿童的智力形成和发展带来危害,这些危害是先天因素造成的而非遗传因素。第二,先天素质只能为能力提供形成和发展的可能性,并不能预定或决定能力的发展方向。例如,人的手指长短是由遗传决定的,手指长为学弹钢琴提供了良好的自然条件,但这并不代表将来就一定能成为钢琴家,因为成为钢琴家还需要许多主客观条件。又如,个子矮的人不利于排球场上拦网,但如有超强的弹跳力且灵活,就能补偿个子矮这一无法改变的先天素质条件而成为出色的拦网手。所以说,先天素质并不等于能力本身。第三,同样的先天素质可能发展多种不同的能力,而良好的先天素质如果没有受到良好的培养和训练,能力也不可能得到应有的发展。

(二) 环境、教育的影响

1. 早期环境的影响　　良好的早期教育也可以促进智力发育。在儿童成长的整个过程中,智力的发展速度是不均衡的,往往是先快后慢。美国著名的心理学家 B. S. Bloom 对近千人进行追踪研究后,发现五岁前是儿童智力发展最为迅速的时期。苏联生理学家 Pavlov 曾说"人从出生后第三天开始教育,那就已经晚两天"。由此可见,早期环境对能力的发展具有重大的影响。

2. 教育条件的影响　　学校教育是对学生施加有目的、有计划、有组织的影响。学生通过系统的教育,不仅能掌握知识和技能,而且还可以发展能力与其他心理品质。经过长期的训练,学生的思维和语言有明显的提高。同时,吸引学生参加课外科技、绘画、读书等兴趣小组,丰富校园文化生活内容,也有利于学生能力的发展。

一个人能力发展水平的高低、速度的快慢,取决于后天的教育条件。家庭环境、生活方式,家庭成员的职业、文化修养、兴趣、爱好以及家长对孩子的教育方法与态度,对儿童能力的形成与发展有极大的影响。

（三）实践活动的影响

人的各种能力是在社会实践活动中形成起来的。实践活动是人与客观现实相互作用的过程，是人所特有的积极主动的运动形式。先天因素、环境因素和教育因素只有在实践活动中才能影响能力的形成与发展，实践活动是能力形成与发展的必要条件。实践的性质、广度和深度不同，会形成各种不同的能力。例如，长期从事管理工作的人，组织领导的能力得到发展，他们善于了解人们的情绪和思想动向，善于处理人群中的各种人际关系；长期在高炉前工作的炼钢工人，发展了根据火焰颜色判定壁炉温度的能力；经常和油漆打交道的工人，能分辨的油漆颜色达400～500种；陶器和瓷器工人听觉很灵敏，可以根据轻敲制品时发出的声音的性质，来确定器皿质量的优劣。这些都说明，长年累月、坚持不懈地参加某种社会实践，其相应的能力就能得到很好的发展。

> 1. 你知道爱因斯坦学习小提琴的故事吗？
> 2. 想一想，你在生活中，有没有因为参加实践活动，而使能力得到发展的事例呢？

（四）其他个性因素的影响

环境和教育是能力形成与发展的外部条件，外因必须通过内因起作用。一个人要想发展能力，除了必须积极地投入到实践中去之外，还要充分发挥自身的主观能动性（积极的个性心理特征），即理想、兴趣、勤奋和坚韧不拔的意志力。

许多学者和有成就的人指出，人的智慧同坚强的信念、崇高的理想联系在一起。没有理想和信念，发展能力就缺乏强大的动力。兴趣和爱好会促使人们去探索实践，它是发展各种能力的重要条件。高尔基说过："才能不是别的什么东西，而是对事业的热爱。当人们迷恋于自己感兴趣的工作时，就会给能力的发展提供强大的内部力量，勤奋与坚强的毅力也是能力得以发展所不可缺少的性格因素。"歌德说过："天才就是勤奋。"著名的物理学家 Einstein 在向别人介绍自己的成功经验时写下了一个公式：$A=X+Y+Z$，其中，A 代表成功，X 代表艰苦的劳动，Y 代表正确的方法，Z 代表少说空话。从这个公式看出，Einstein 把自己的成功归于多种因素的结合，但勤奋是最重要的因素，因此把它放在首位。

综上所述，优秀的个性心理品质能促进能力的发展。因此，教师在注重发展学生能力的同时，还必须重视学生优良个性品质的培养。

二、能力的类型差异

人与人之间的能力不尽相同，每个人的各种能力也具有差异。对能力的个别差异研究对人的发展具有十分重要的意义，例如，教学上常提出"因材施教"，就是针对于个体能力的差异提出的。能力的个别差异可以从发展水平差异、类型差异和表现早晚差异等方面来分析。

> 1. 案例 10-1 中，李明和王磊的能力差异体现在哪些地方？
> 2. 你是怎样看待"高分低能"这一现象的？

(一) 一般能力

能力类型差异主要表现在知觉、表象、记忆、思维等方面。

1. 知觉类型差异　主要3种类型：① 综合型，具有概括性和整体性，但分析能力较弱；② 分析型，对事物的细节能清晰地感知，分析能力较强，但整体性不够；③ 分析综合型，具有上述两种类型的特点。

2. 表象类型差异　主要有4种类型：① 表象视觉类型，视觉表象占一定的优势；② 表象听觉类型，听觉表象占一定的优势；③ 表象运动觉型，运动表象占一定的优势；④ 表象混合型，几乎在同等程度上运用各种表象。

3. 记忆类型差异　主要有3种类型：① 形象记忆型，对于物体、图画、颜色和声音的记忆较好；② 抽象记忆型，擅长记忆数字、概念等抽象的事物；③ 混合记忆型，对于形象和抽象记忆效果都较好。

4. 思维类型差异　主要有3种类型：① 形象思维型，在思维和言语中具有丰富的形象和情绪因素；② 抽象思维型，在思维和言语中富有概括性和逻辑性；③ 中间型，兼有上述两型的特点。

以上主要介绍的是一般能力类型差异，特殊能力类型存在以下差异：

(二) 特殊能力类型差异

1. 音乐能力的类型差异　苏联心理学家 B. M. TenaoB 认为，音乐能力由旋律感、听觉表象和音乐节奏感等三种主要能力构成。他对三个学习音乐成绩最好的学前儿童的研究表明，其中一个儿童的特点是有强烈的旋律感和很好的听觉表象，但音乐节奏感较弱；第二个儿童的特点是有很好的听觉表象和强烈的音乐节奏感，但旋律感较弱；第三个儿童的特点是有强烈的旋律感和音乐节奏感，但听觉表象较弱，这显示出音乐能力构成因素之间相互关系的差异。

2. 运动能力的类型差异　每个人的运动能力有差异。如击剑运动能力由观察力、反应速度、攻击力量、意志力等多种心理因素组成。Putney 对三个击剑运动员的研究表明，他们具有同等水平的职业能力，并达到几乎同样的运动成绩，但他们的击剑运动能力的组成因素的发展水平却不尽相同。第一个运动员具有高度发展的观察力和"感觉因素"，但反应速度并不突出；第二个运动员以一般的灵活性与坚韧性为突出特点；第三个运动员则具有强烈的攻击力量与必胜的信心。例如，短跑运动能力由动作强度、动作和节奏的配合等因素组成。两个短跑运动员都有同样良好的短跑成绩，但一个人依靠动作和节奏的更好配合，而另一个人则依靠更大的动作强度。

> 即使是成绩几乎相同的击剑运动员，他们之间的能力及发展水平也不尽相同，你在生活中还发现有哪些类似的情况呢？

3. 组织能力的类型差异　苏联心理学家 петровского 介绍了组织能力的类型差异的具体事例。如 Nicholas 和 Victor 都具有杰出的组织能力。Nicholas 的组织能力由以下心理品质综合组成：主动、敏感、关心人、对人要求合理、有观察力、善于并乐意分析同伴的性格和才能、对集体的高度责任感、个人的吸引力等。Victor的组织能力由另一些心理品质综合组成,如严峻、考虑周到、精明强干等。

总而言之,构成特殊能力的各种因素之间的关系是动态变化的,某种能力的薄弱,可以由其他的能力或能力组合的发展来补偿或代替。

三、能力的发展水平差异

能力的发展水平差异主要是指智力差异(即一般能力的差异),它表明人的能力发展有高有低。人与人之间,智力表现为同质而不同量的能力,并且具有普遍性。也就是说,在智力发展水平上有着明显的个别差异。研究发现,智力的个别差异在一般人口中都呈常态曲线式的分布(图10-4),即智力极低或智力极高的人很少,绝大多数的人属于中等智力。智力发展水平的差异可以用智力测验所得到的智商分数表示出来。智商超过130分的,称为智力超常;智商低于70分的,称为智力低常;普通人的智商在100分左右,称为智力中常。表10-1说明了个体智力发展的水平差异。

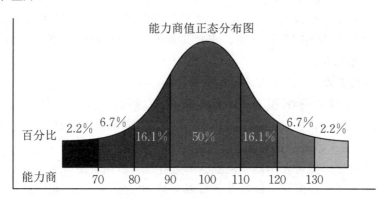

图10-4 能力商值正态分布图

表10-1 智力的分等

智商	分类	人口中的百分数(理论)
130分以上	极超常	2.2%
120~129分	超常	6.7%
110~119分	高于平常	16.1%
90~109分	平常	50%
80~89分	低于平常	16.1%
70~79分	边界	6.7%
69分以下	智力缺陷	2.2%

(资料来源:姚树桥.心理评估[M].2版.北京:人民卫生出版社,2013.)

根据智力发展水平的不同,可以把儿童分为超常儿童、普通儿童和低常儿童。

(一) 超常儿童

超常儿童指智商在130分以上的儿童。我国心理学家对超常儿童的调查研究表明,这些儿童能力超常的表现虽然多种多样,但都有着共同的心理特点,主要表现在以下五个方面:

1. 有浓厚的认知兴趣和旺盛的求知欲　这类儿童较早表现出强烈的好奇心,喜欢追根究底,有浓厚的学习兴趣且兴趣广泛。
2. 注意集中,记忆力强　超常儿童的注意既广又能高度集中,识记快,保持时间长久。
3. 感知敏锐,具有良好的观察力。
4. 思维敏捷,理解力强,有独创性。
5. 自信、好胜、有坚持性,做事有主见,不易受暗示,能不受外界干扰坚持完成学习任务。

并非所有的超常儿童都会在成人期有出众的表现,高智商并不是获得成功的表现,它只揭示了智力发展的潜能。超常儿童的发展与优越的遗传素质和后天的早期教育环境、努力程度息息相关。超常儿童若要获得成功,也必须追求真知、勤奋努力,并且坚持不懈。

(二) 低常儿童

低常儿童是指智商在70分以下的儿童,又称做弱智儿童。智能不足并不是某一心理过程的破坏,而且各种心理能力的发育迟滞,其明显的特征是智力低下和不适应社会。其在一般能力类型差异上主要有以下表现:

1. 知觉方面　低常儿童知觉范围狭窄,速度缓慢,内容笼统而不够分化。
2. 注意方面　轻度智力低常儿童可以有被动注意,对有兴趣的事物也能有主动注意,但注意力不稳定,注意广度较窄;重度智力低常儿童完全缺乏注意力,对周围事物漠不关心。
3. 言语方面　低常儿童言语出现迟且发展缓慢,意义含糊,词汇量小,缺乏连贯性。
4. 记忆方面　低常儿童对词和直观的材料识记都很差,再现时会出现大量的歪曲和错误,缺乏逻辑和意义的联系。他们记忆保持差,视觉表象贫乏分化、不稳定。
5. 思维方面　低常儿童的思维带有具体性,概括水平低,在归纳、推理和概念化上表现较差,从而限制了其对抽象材料的学习。
6. 个性方面　低常儿童在个性上表现为沮丧,缺乏信心,对人有敌意,情绪紧张、压抑。

造成低常儿童智力落后有多方面的原因。其中有80%的原因是产前原因,如染色体异常、父母近亲婚配、母亲孕期患病、放射性照射等。也有产程原因,产程过长或过短会造成智力落后,产程过长容易造成新生儿缺氧而导致智力低下;产程过短则容易造成婴儿颅内毛细血管破裂出血,影响脑的正常发育。胎位不正,造成脑损伤或缺氧,也会影响智力的发展。也有的是因为产后的疾病、脑创伤、营养不良、缺乏早期教育等造成的。

由于低常的原因不同,可分为弱智型与病理型两大类。弱智型是指家族性智力发育不全,是家族里制约智力的许多遗传因子不良组合的结果。病理型是疾患的一种体征,可分为遗传性和外因性两种:遗传性的如染色体畸变或代谢缺陷,外因性的如妊娠期损伤、分娩损伤等。也有一些智力低常者不是生理疾病所致,也无脑损伤的病史。这些人的父母智力水平较低,家庭中缺乏良好的学习环境或者在成长过程中营养条件较差,都可能是造成这一类型智力落后的原因。

低常儿童可分为4个等级:

(1) 轻度:智商在 55~69 分,生活能自理,可以从事简单劳动,但对新奇复杂的环境适应有困难,学习上难以领会抽象的科目,在一定指导下能适应社会,能够与人进行交往,属于"能教者"。

(2) 中度:智商在 40~54 分,生活能够半自理,动作基本可以或有部分有障碍,阅读和计算能力很差,对周围环境辨别能力差,只能通过简单方式与人交往,属于"能训者"。

(3) 重度:智商在 25~39 分,生活不能自理,动作、说话有困难。

(4) 极重度:智商在 25 分以下,需要监护。

智力落后是一个重大的医学和社会问题。在对低常儿童进行病理诊断和治疗的同时,要正确对待智力落后儿童,有必要设置特殊教育机构,根据不同情况采取相应的教育措施,使他们获得发展智力的机会。

专栏 10-1　学者症候群

> 电影《雨人》的主人公雷蒙·巴比特患有自闭症,他不能以正常的方式与人交往,不能适应通常意义上的社会生活。但他却拥有着超凡的能力:记忆力惊人,有"过目不忘"的本事;可以准确报出飞行史上所有重大空难发生的航班班次、时间、地点、原因;能迅速地数清掉落在餐厅地板上的 246 根牙签,甚至能记得电话簿上任意一个读过的电话号码,心算速度不输于计算器。
>
> 这一类人通常被称作学者症候群(savant syndrome),是指有认知障碍,但在某一方面,如对某种艺术或学术,有超乎常人能力的人。自闭患者中有10%是学者症候群(也称自闭学者,autistic savant),大脑损伤患者中有约1/2000 的概率存在。他们的智商大部分低于70 分,但在一些特殊测试中远胜于常人,故俗称为白痴天才(idiot savant)。他们的天赋有多种不同的形式,如演奏乐器、绘画、记忆、计算及日历运算能力。

《雨人》的原型、患有孤独症的"天才"金·皮克就是一名学者症候群患者。皮克有"超级天才"之称,在历史、文学、地理、数字、体育、音乐等15个不同领域有着超凡天赋。与此同时,他在其他一些领域则显得有些"弱智",比如在自己家里找不到抽屉,不会穿衣服等。

2004年,美国国家航空航天局的科学家首次使用核磁共振成像和X射线断层成像等手段对金·皮克的大脑进行了一系列研究,建立了一个大脑结构的三维图像,用于比较1988年做的核磁共振成像。这是首次试图使用无创技术来探索金·皮克的"不寻常脑子"为什么能够完成他所能做的事。

四、能力表现的早晚差异

能力的个别差异还表现在能力表现的早晚上。有些人的能力表现得较早,在童年期就表现出某些方面的非凡能力,被称为"神童";有的人则是年少时表现平平,到了中年、甚至老年才脱颖而出,取得了卓越的成就,即所谓的"大器晚成"。历史故事和名人传记中常常会由这样的故事。

古今中外,人才早慧、智力早熟的神童举不胜举。李白表现为"五岁读六甲,十岁观百家";杜甫表现为"七龄思即壮,开口咏《凤凰》";明末爱国诗人夏完淳表现为"五岁知五经,九岁擅辞赋古文"。歌德四岁前就识字读书,能朗诵诗歌,八岁时已经能用德语、意大利语、法语、拉丁语和希腊语阅读、书写。中国科学技术大学自1978年以来已招收多期少年班大学生,他们都是十四五岁就上了大学。

能力早期表现在绘画、音乐等艺术领域最为常见。能力的早期表现不仅需要有良好的素质基础,同时还与其所接受的家庭教育和实践活动有密切的关系。

另一种相反的现象,就是"大器晚成"。姜子牙辅佐周武王,72岁才任宰相;著名画家齐白石40岁才表现出绘画

> 1.《伤仲永》的故事说明了什么道理?
> 2. 你还知道哪些"大器晚成"的故事?

才能;人类学家Morgan发表基因遗传理论时已60岁了;苏联学者伊·古谢娃40岁才开始学习文化,后跟儿子一起毕业于农业大学,很快获得哲学博士学位,73岁完成博士论文。能力表现较晚有很多原因,比如早期教育环境不良,或是少年不知努力而后来奋发图强。

中年是成才和发明创造的最佳年龄,是人生的黄金时期。有关研究发现,科学人才发明创造的"最佳年龄"是在25~45岁。人到中年往往积累了丰富的知识和经验,同时精力充沛、感觉敏锐,是个人成就最多、对社会贡献最大的时期。有人对301位诺贝尔奖金获得者作了统计,70%的获奖者科学发明的年龄是在30~50岁,当代世界上杰出的科学家取得成就的年龄峰值在36岁左右。

五、能力的性别差异

关于能力的性别差异研究结果大不相同,但基本一致的结论有两方面。第一,男女智力的总体水平大致相等,但男性智力分布的离散程度比女性大,即很聪明的男性和很笨的男性都比女性多,智力中等的女性比男性多。第二,男女的智力结构存在差异,各自具有优势领域。男性的视知觉能力较强,尤其是空间知觉能力,明显优于女性;女性的听觉能力较强,特别是对声音的辨别和定位,明显优于男性。男性偏于抽象思维,喜欢数学、物理和化学等学科;女性长于形象思维,喜欢语言、历史、人文地理等学科。一般来说,女性比男性口语发展早,在语言流畅性和读、写、拼等方面均占优势,而男性在语言理解、言语推理等方面又比女性强。

由于人在能力上存在以上方面的差异,所以对教师来说,针对学生能力的差异采取不同的教育措施,进行个性化指导,充分发挥他们的各自特长,促使他们的才能进一步发展,是十分必要的。

六、能力的年龄差异

在人的一生中,能力的发展水平随年龄发展而变化,但并不是匀速直线前进的。总的来说,0~5岁智力发展最迅速;5~12岁发展速度仍有较大增长;12~20岁智力缓慢上升;到20岁左右智力达到高峰,这一高峰期一直持续到34岁左右;然后直到60岁,智力缓慢下降;60岁以后,智力下降迅速。不同学者的研究结果表明:智力的绝对水平在儿童成长过程中随着年龄的增长而增长,但它与年龄的增长不是线性关系,从总体上讲,是先快后慢,到一定程度停止增长,并随衰老而呈现下降趋势。

各种智力因素的发展也存在明显差异,它们在发展速度、高峰期范围、衰退时间方面都存在差异。迈尔斯等学者研究发现:知觉能力发展最早,在10岁就达到高峰,高峰期持续到17岁,从23岁便开始衰退;记忆力发展次之,14岁左右达到高峰期,持续到29岁,从40岁开始衰退;再次是动作和反应速度,18岁达到高峰期,持续到29岁,也是从40岁开始衰退;最后是思维能力,有的在14岁左右达到高峰期,有的18岁达到高峰期,持续到49岁,从60岁以后开始衰退。

智力何时出现衰退不仅取决于智力因素的不同,还取决于个体的状况。一般说来,智力低的人发展速度慢,且停止发展的年龄较早;智力高的人发展速度快,停止的年龄也较晚。身体健康、勤于参加体力和脑力劳动的人,智力衰退较慢。体弱,特别是神经系统和脑部有疾病的人,智力衰退会比较快。

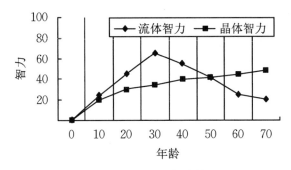

图 10-5　智力变化与年龄的关系

(资料来源:彭聃龄. 普通心理学[M]. 北京:北京师范大学出版社,2012.)

第四节　能　力　测　验

一、智力测验的产生与发展

智力测验是在一定的智力理论和测量理论的指导下,通过测验的方法来衡量人的智力水平高低的一种科学方法。

(一) 智力测验的产生

智力测验的产生,出于实际需要。最初,人们测量智力,是因为要治疗智力落后者和精神病病人。法国 Ezquerro 是第一个把智力落后与精神病分开的医生。他认为,精神病以情绪障碍为标志,不一定伴随智力落后,而智力落后则是以出生时或婴儿期表现出来的智力缺陷为主要标志。50多年后,法国的心理学家 Binet 提出应该从在学校学习的儿童中筛选出不能适应的儿童,安排在特殊的班级里学习和教育。此举动导致了心理测验史上重大事件的发生——世界上第一个智力测验诞生了。实验心理学的诞生是心理测验产生的另一个重要原因。实验心理学的诞生和发展,还给心理测量带来了另一个产品——严格的标准化程序。标准化是现代心理测验的重要评价指标。

虽然科学的智力测验兴起于欧美,但是中国是公认的产生心理测验思想的故乡。6世纪初,南朝人刘勰的著作《新论·专学》中

> 1. 智力测验是怎样产生与发展的?
> 2. 常见的智力测验有哪些?

提到了类似现代"分心测验"的思想。在中国古代,"七巧板"是一种很常见的儿童玩具,它也被作为创造力测量的工具。中国古代心理测量的思想中包含着典型的东方文化特点(定性描述及带有道德判断色彩)。

(二) 智力测验的发展

自从德国心理学家 Wundt 创立了实验心理学以后,实验控制的思想孕育了现代标准化的测量概念。英国学者 Francis Galton 对心理测量技术做出了重要贡

献,他首先使用了等级评定量表和问卷法作为测量的辅助方法,提出了"测验"和"心理测量"术语。他最早从事测验的应用工作,在1884年的万国博览会上设立了人类学测量实验室,对参观者进行时间和视听敏锐度等测查,被誉为差异心理学之父。1890年,美国心理学家Raymond Bernard Cattell发表了著名的《心理测验与测量》论文,首次使用了术语"心理测验"。德国精神病学家Emil Kraepelin率先将心理测验用于检查精神病人,研究精神病理现象。德国心理学家Ebbinghaus将速算、数字记忆和填词造句用于学校儿童能力测试。

中国近代心理测量的发展历程如下:

1916年,樊炳清介绍了比内-西蒙智力量表。

1920年,北京高等师范学校和南京师范学校建立了我国最早的两个心理学实验室,廖世承和陈鹤琴在南京高等师范学校开设了心理测验课。

1921年,他们出版《心理测验法》一书。

1922年,中华教育改进社邀请了美国教育心理测验专家麦考尔来华讲学。

1924年,陆志韦发表了《订正比内西蒙智力测验说明书》,随后又与吴天敏做了修订。

1931年,由艾伟、陆志韦、陈鹤琴、萧孝嵘等倡议,组织并成立了中国测验学会。

1932年《测验》杂志创刊。至抗日战争前夕,由我国心理学工作者制定或编制出的智力测验和人格测验约20种。

1978年以后,我国心理学发展重新兴起,先后对国外的智力量表进行了修订。

同时,多名学者致力于心理测验的中国化,参照编制了《中国比内测验》等适合我国文化背景的智力测量量表。目前,心理测量在我国广泛开展,心理测量研究在我国取得了丰硕的成果。

(三) 智商概念的由来与发展

智商是智力商数的简称(intelligence quotient, IQ),是通过一系列标准测试测量人在其年龄段的智力发展水平。德国心理学家Stern提出智商概念,定义为智龄与实龄之比。之后,Terman在修订斯坦福-比内测验时引入IQ,为了去除小数点,把商数乘以100,计算公式为$IQ=100\times MA/CA$。如果儿童实龄是8岁,能通过10岁儿童的智力测验,智龄为10岁,则IQ为125分。智商为比较不同年龄的个体的智力水平提供便利。随后,美国心理学家Wechsler于1949年采用标准分来表示智力测验结果,假设每个年龄阶段的智力分布是正态分布,一个人的智力(测验成绩)与他同年龄人的平均分数作比较,计算其智商的公式为$100+15(X-M)/S$,其中X为某人测得分数,M为该人所在年龄组的平均分数,S为该年龄组得分的标准差。尽管计算已没有商数的含义,但由于IQ早已为人所尽知,Wechsler仍然称其为智商,称之为离差智商(deviation IQ, DIQ),以区别于原先的比率智商。目前,韦氏量表和斯-比量表第五版都使用了离差智商概念。

二、智力测验的标准化

智力测验是衡量人的智力和智力发展水平的工具。要衡量测验的质量,应注意心理测验的客观指标(信度、效度、难度和区分度);同时,标准化是心理测量理论的最基本概念,要注意常模标准问题。

(一) 心理测验的客观指标

1. 信度　信度是对测验结果的一致性或稳定性的估计,又称可靠性。信度用来估计源自测验本身、测验实施过程和受试者的误差,造成信度低的因素有测验题目数量太少、取样缺乏代表性、测试环境干扰、受试焦虑等各种因素,受试动机和实测者差异也是影响信度的因素。

信度一般用相关系数表示,常用信度有再测信度、分半信度和复本信度。优秀智力测验的信度系数在 0.90 以上。中国联合型瑞文测验城市儿童版,再测信度为 0.91,分半信度为 0.97。

2. 效度　效度是指一个测验是否测量到它所要测的东西,又称真实性。较高的效度是心理测验的必备条件,考察测验好坏首先因素是效度,其次是信度。判定效度的标准称效标。影响效度的因素有信度、样本量和测题设计等。估计效度的方法有内容效度、构想效度等。

3. 难度　难度是表示测题难易程度的指标,难度系数一般在 0~1。一般能力测验和成就测验的测题平均难度在 0.50 左右,选拔考试的平均难度水平大多数都高于 0.5。

4. 区分度　区分度是衡量测题对不同水平受试者区分程度的指标,又称为鉴别力。测题区分度高,说明质量好。一般认为,区分度在 0.3 以上的测题较好。

(二) 测验标准化

标准化是指测验的一致性,要求测验的编制、施行、记分和测验分数的解释程序都是一致的。测验的目的是要取得对受试者作业的准确估计,使不同个体在尽可能相同的情况下进行比较,因此,高质量的心理测验必须具有严格的标准化过程。标准化过程是指测验编制时要经历 4 个标准步骤。

1. 按照测验的性质选择具有代表性的测验题目　选择项目时还要注意公平合理,避免因文化差异等差别而偏向某些被试。

2. 选取具有代表性的被试,确定标准化样本　应用抽样的方法,从某一全体中选出少数被试为样本。样本选取时还要注意男女比例、城乡居民比例、不同地区人口比例、不同人的社会阶层、经济地位等。人数的多少也和测验的标准化有关,取样的数量越多,标准化的程度越精确。

3. 施测程序标准化　就是使施测和评分都有统一的标准。施测时要注意对施测环境的控制,统一规定施测时间,事先做好必要准备,使不同的被试按同样规则从事测验作业。记分要客观、准确、经济、实用。

4. 标准化常模的建立　常模是对标准化测验所得结果的总的描述,是用来比较的标准化参照体系。有了常模,就有了单位和参照点,个体测量得到的原始分数就能与常模比较,得到个体的相对等级或相对位置。常模的建立是通过有代表性的抽样获取的。常模可以是发展智商、离差智商、T量表、标准分或百分量表。

三、标准化的智力测验量表

(一) 斯坦福-比内智力量表

斯坦福-比内智力量表(Stanford-Binet intelligence scale)是测试智力和认知能力的个别测验,源自比内-西蒙量表,是世界上最著名的智力测验之一。1916年,美国斯坦福大学Terman教授对比内-西蒙量表进行修订,新增39个项目,采取标准化施测程序,首次应用了智商分数。标准化标本包括1000名儿童和400名成年人。为了适应时代和文化的变化,后面又进行过三次重大修订。

斯坦福-比内智力量表测验以个别方式进行,通常幼儿不超过30~40分钟,成年人被试不多于90分钟。测验程序是以稍低于被试实际年龄组开始,如果在这组内有任何一项目未通过则降到低一级的年龄组继续进行,直至某组全部项目都通过,这一年龄组就作为该被试智龄分数的"基础年龄"。然后,再依次实施较大的各年龄组,直至某组的项目全部失败为止,此年龄组作为该被试的"上限年龄"。

斯坦福-比内智力量表在中国的修订始于1924年,陆志伟在南京发表《中国比内-西蒙量表》。1936年,陆志伟与吴天敏对中国比内-西蒙量表进行了第二次修订,把适用范围扩大到了北方。第三次修订在1981年由吴天敏完成,适用于2~18岁,最佳适用年龄是6~14岁,使用简便,施测时间约1小时,评分易掌握。由于同一类型测验分开施测,很容易诱发儿童产生兴趣,激发测验动机。考虑到教育、医疗使用部门对智力测验的实际需要,吴天敏还编制了《中国比内测验简编》,由8个项目组成,省时简便。同时,王栋对《中国比内测验简编》中的部分试题作了修改,使之更适合农村社会文化背景。《中国比内测验简编》在我国农村地区因碘缺乏所致精神发育迟滞的研究及防治监测中得到广泛应用。1996年,范存仁完成了第四次修订,项目内容有较大变化。

(二) 韦克斯勒量表

韦克斯勒量表(简称韦氏量表)是继斯坦福-比内智力量表之后,世界上通用、重要的智力测验量表之一。斯坦福-比内智力量表是对个体智力状况的综合测量,只得出一个笼统的测验结果,但是智力并不是单一的能力,它包含着各种结构成分。对于同一个人,智力的各个成分也会有不同的发展水平。为了更加真实可信地反映一个人的智力状况,韦克斯勒编制了若干套智力量表:韦克斯勒学前儿童智力量表,适用于4~6.5岁儿童;韦克斯勒儿童智力量表,适用于6~16岁儿童;韦克斯勒成人智力量表,适用于16岁以上成人。

专栏 10-2 韦氏儿童量表部分项目的说明和样题

1. 常识　涉及历史、天文地理、文学、自然等题目,如衣服用什么做成的?测试知识广度、一般的学习、认识和接受能力以及记忆力。

2. 填图　每张图片上的画均不完整,要求被试指出缺失的部分。测量视觉记忆、视觉推理和观察理解能力。

3. 数字广度　分为顺背和倒背两部分。顺背时,主试口头说出 3~9 个随机数字,要求受试按顺序复述。倒背则要求受试逆着数字串的顺序倒背 2~8 位数字串出来。

4. 图片排列　测量知觉组织和理解总的情境的能力。每组图片以无序形式展示给受试,要求受试按适当顺序重新排列组合,并讲出一个连贯的故事。

5. 词汇　测量言语理解能力和知识广度与文化背景。按难度顺序由易到难排列,要求被试解释呈现的每个词的意思,如"母鸡"。

6. 木块图案　积木为正方体,两面呈红色,两面为白色,另两面以对角线为界分别涂上红白各半的颜色。每次向被试展示一个图案,让其在规定时间内将木块按图案摆好。

7. 算术　由类似小学四则运算题的测题组成,被试通过心算报告答案。如"我原有 15 美元,又得到 8 美元,我现在有多少钱?"

8. 拼图　让被试把切成数块的常见图像拼成一幅完整的图形。测量概括思维、辨别部分与整体关系和知觉组织能力。

9. 理解　让被试解释一句谚语的含义,或为什么要遵守某种社会规则。如"为什么夫妻离婚必须去法庭解决?"

10. 数字符号　数字 1~9 的每一个数字都规定一个特别的符号,要求受试在规定时间内,按照样例,将与数字相对应的符号填写在每一个数字下面的空白处。

11. 类同　测量抽象概括和逻辑思维能力。如"汽车和轮船在哪些方面相同或高兴与悲伤有何共同之处?"

为了适用于中国国情,韦氏量表在我国经过了一系列修订。1979~1981 年,由龚耀先主持修订中国韦克斯勒成人智力量表(WAIS-RC),分别制订了城市和农村两个版本。1985 年,由林传鼎和张厚粲主持完成中国韦克斯勒儿童智力量表(WISC-CR)的修订。1993 年,龚耀先和蔡太生主持再次修订,增加了农村版。1985 年,由龚耀先和戴晓阳主持完成中国韦克斯勒幼儿智力量表(C-WYCSI),有城市和农村两个版本。李丹和朱月妹也分别曾制订过 WISC-R 和 WPPSI 修订本的上海地区常模。

四、社会适应能力诊断量表

社会适应能力是指人为了在社会更好地生存而进行的心理上、生理上以及行为上的各种适应性的改变,与社会达到和谐状态的一种执行适应能力。

一般认为社会适应能力包括以下一些方面:个人生活自理能力、基本劳动能力、选择并从事某种职业的能力、社会交往能力、用道德规范约束自己的能力。从某种意义上来说就是指社交能力、处事能力、人际关系能力。同时社会适应能力是反馈一个人综合素质能力高低的间接表现,是个体融入社会,接纳社会能力的表现。

个体在遇到新情境时,一般有3种基本的适应方式:问题解决,改变环境使之适合个体自身的需要;接受情境,包括个体改变自己的态度、价值观,接受和遵从新情境的社会规范和准则,主动地做出与社会相符的行为;心理防御,个体采用心理防御机制掩盖由新情境的要求和个体需要的矛盾产生的压力和焦虑的来源。

社会适应能力是一个人适应社会生活和社会环境的能力。社会适应能力的高低,从某种意义上说,反映了一个人的成熟程度。常用北京师范大学郑日昌教授编制的《社会适应能力诊断量表》,进行社会适应能力的自我判别。

专栏 10-3　社会适应能力诊断量表

---

1. 我最怕转学或转班级,每到一个新环境,我总要经过很长一段时间才能适应。(　　)
   A. 是　　　　B. 无法肯定　　　　C. 不是

2. 每到一个新的地方,我很容易同别人接近。(　　)
   A. 是　　　　B. 无法肯定　　　　C. 不是

3. 在陌生人面前,我常无话可说,以至感到尴尬。(　　)
   A. 是　　　　B. 无法肯定　　　　C. 不是

4. 我最喜欢学习新知识或新学科,它给我一种新鲜感,能调动我的积极性。(　　)
   A. 是　　　　B. 无法肯定　　　　C. 不是

5. 每到一个新地方,我第一天总是睡不好,就是在家里,只要换一张床,有时也会失眠。(　　)
   A. 是　　　　B. 无法肯定　　　　C. 不是

6. 不管生活条件有多大变化,我也能很快习惯。(　　)
   A. 是　　　　B. 无法肯定　　　　C. 不是

7. 越是人多的地方,我越感到紧张。(　　)
   A. 是　　　　B. 无法肯定　　　　C. 不是

8. 在正式比赛或考试时,我的成绩多半不会比平时练习差。（　　）
   A. 是　　　　　B. 无法肯定　　　　　C. 不是
9. 我最怕在班上发言,全班同学都看着我,心都快跳出来了。（　　）
   A. 是　　　　　B. 无法肯定　　　　　C. 不是
10. 即使有的同学对我有看法,我仍能同他(她)交往。（　　）
    A. 是　　　　　B. 无法肯定　　　　　C. 不是
11. 老师在场的时候,我做事情总有些不自在。（　　）
    A. 是　　　　　B. 无法肯定　　　　　C. 不是
12. 和同学、家人相处,我很少固执己见,乐于采纳别人的看法。（　　）
    A. 是　　　　　B. 无法肯定　　　　　C. 不是
13. 同别人争论时,我常常感到语塞,事后才想起该怎样反驳对方,可惜已经太迟了。（　　）
    A. 是　　　　　B. 无法肯定　　　　　C. 不是
14. 我对生活条件要求不高,即使生活条件很艰苦,我也能过得很愉快。（　　）
    A. 是　　　　　B. 无法肯定　　　　　C. 不是
15. 有时自己明明把课文背得滚瓜烂熟,可在课堂上背的时候,还是会出差错。（　　）
    A. 是　　　　　B. 无法肯定　　　　　C. 不是
16. 在决定胜负成败的关键时刻,我虽然很紧张,但总能很快地使自己镇定下来。（　　）
    A. 是　　　　　B. 无法肯定　　　　　C. 不是
17. 我不喜欢的东西,不管怎么学也学不会。（　　）
    A. 是　　　　　B. 无法肯定　　　　　C. 不是
18. 在嘈杂混乱的环境里,我仍然能集中精力学习,并且效率较高。（　　）
    A. 是　　　　　B. 无法肯定　　　　　C. 不是
19. 我不喜欢陌生人来家里做客,每逢这种情况,我就有意回避。（　　）
    A. 是　　　　　B. 无法肯定　　　　　C. 不是
20. 我很喜欢参加社交活动,我感到这是交朋友的好机会。（　　）
    A. 是　　　　　B. 无法肯定　　　　　C. 不是

单号题 A:−2 分;B:0 分;C:2 分
双号题 A:2 分;B:0 分;C:−2 分

35～40 分:社会适应能力很强
29～34 分:社会适应能力良好

17～28分：社会适应能力一般

6～16分：社会适应能力较差

5分以下：社会适应能力很差

五、特殊能力测验

特殊能力测验具有较强的针对性，对职业定向指导、选拔人才、发现和培养具有特殊能力的儿童有重要意义。但这种测验发展较晚，测验的标准化问题尚未得到满意的解决。例如，C. E. Seashore 根据对音乐能力的分析，列举了 5 个方面的测验项目，分别测量辨别不同音强、音高的能力，测量时间、和谐、记忆、节律方面的能力。

专栏 10-4　音乐能力测验内容

1. 音乐的感觉能力

　　基础音乐能力　　复杂音乐能力

（1）音调高低的感觉　　节奏的感觉

（2）音强的感觉　　音色的感觉

（3）时间的感觉　　和谐的感觉

（4）广度的感觉　　音量的感觉

2. 音乐的动作

（1）音调高低的节制

（2）音强的节制

（3）时间的节制

（4）音色的节制

（5）节奏的节制

（6）音量的节制

3. 音乐的记忆与想象能力

（1）肌肉运动的表象

（2）听觉的表象

（3）创造想象

（4）记忆的广度

（5）学习的能力

4. 音乐的智能

（1）音乐的自由联想

（2）音乐的回想力

(3) 普通智力
5. 音乐的情感
(1) 音乐的测验：喜悦和厌恶
(2) 对于音乐的情绪反应
(3) 对于音乐情感的自我表情

六、创造性思维测验

南加利福尼亚大学创造性思维测验由 J. P. Guilford 及其同事编制。J. P. Guilford 认为创造性思维主要是发散思维，所以这个测验的测量内容为发散性思维。本测验适用于初中以上文化水平的被试。

整个测验包括 14 个项目，具体内容如下：

(1) 词语流畅：快速写出包含一个特定字母的单词，如写出必须包含字母 O 的单词。

(2) 观念流畅：快速列举属于某一类型的事物，如能够燃烧的液体有汽油、酒精等。

(3) 联想流畅：列举某个单词的近义词。

(4) 表达流畅：写出以指定字母开头的 4 个单词组成的句子。

(5) 替换用途：列举某一特定事物的可能用途，如杂志可用于阅读、当扇子扇风、坐垫等。

(6) 解释比喻：以几种不同方式完成包含比喻的句子。

(7) 效用测验：列举某几件东西的用途，多多益善。

(8) 情节命题：给故事情节加上合适的标题。

(9) 设想后果：对假设事件的后果进行设想和推测。

(10) 为物求职：说出某个符号或物体所象征的职业，如灯泡：电气工程师、灯泡制造商等。

(11) 组成物体：使用一组给定的图形组成指定物体的图形。给定图形可以重复使用，也可以改变大小，但不能增加其他图形。

(12) 完成略图：在给定的图形上增加线条，使其成为一幅可以辨认的物体的略图。

(13) 火柴拼图：尽可能地拼出各种图案。

(14) 装饰设计：以尽可能多的不同设计来装饰物体的轮廓。

测验的前 10 个项目需要言语反应，后 4 个项目只需作图。测验从流畅、弹性、独创、精细等 4 个方面进行评分。

阅读　智力测试与智力障碍分级

按照智商分数和社会适应障碍程度两个基本指标将儿童智力障碍分为4个等级。

1. 轻度智力障碍　智商为70~55分(以韦氏智力测验为例,下同),同时具有轻度的社会适应障碍。轻度智力障碍儿童具有基本的生活自理能力,能承担简单的家务劳动。早期教育对他们的发展十分重要,他们可以进入幼儿园、学前班接受早期康复训练和学前特殊教育,在小学正常班级随班就读。他们在学科学习(如语文或数学等课程)方面存在不同程度的困难,但大多数人能完成小学阶段的基本学习,具有一般日常生活所需的语言交往能力,具有简单的阅读和应用写作能力(如写留言条、请假条、简单的应用文书等),具有简单的计算能力;青少年期可以接受职业教育和职业训练;成年后可以从事简单的职业劳动,参与社区生活。他们在生活环境发生变化时需要得到他人的支持和帮助才可顺利适应。

2. 中度智力障碍　智商为55~40分,同时具有中度的社会适应障碍。中度智力障碍儿童具有一定程度的生活自理能力,可以完成部分简单的家务劳动,在基本生活方面需要得到他人的支持和帮助。他们一般较早被发现,并在3岁前后被确诊,可以及时进行早期康复训练,在康复站或学前特殊教育班接受学前教育,进入义务教育阶段可以在特殊教育学校或班级接受以适应日常生活为主的功能性教育,能够认识常见的文字和进行简单的计算。少数中度智力障碍儿童具有一定的特殊能力,如音乐能力,在专门训练下可以达到一定的水平。部分中度智力障碍儿童可能存在语言方面的沟通问题或行为问题,可以借助于康复训练和行为支持得到显著改善。经过一定的职业训练,在适当的支持下,他们可以在专门的工作岗位或在正常的工作环境下从事生产劳动,参与社区活动,与周围人建立友谊和信任的关系。

3. 重度智力障碍　智商为40~25分,同时具有严重的社会适应障碍。重度智力障碍儿童常在出生后不久被确诊,应当对其积极进行早期干预与训练。对他们的训练主要集中在生活自理、简单语言沟通和人际交往方面。经过长期系统的训练,重度智力障碍儿童的生活功能会得到显著的改善,独立生活能力得到增强;也可以为他们安排休闲活动或力所能及的劳动,充实他们的日常生活。为改善他们的日常社会生活,可以依据重度智力障碍儿童生活的具体环境,评估他们在特定环境中的生活状况,为他们制订在这一特定生活环境中的训练目标和训练计划,并适当地改变环境,使用辅助工具,帮助他们实现基本的生活功能,参与社区生活,尽量使他们生活得愉快和幸福。

4. 极重度智力障碍　智商为25分以下,同时存在极为严重的社会适应障碍。极重度智力障碍儿童基本没有独立的生活能力,常常伴随着多重障碍,包括运动障碍、日常生活障碍、言语沟通障碍和心理方面的疾病等,需要得到长期持续的支持和帮助,但他们也具有一定的潜能。他们可以接受一定的康复训练和必要的治疗,在一定程度上改善生活自理状态,表达需求和情感等。可以为极重度智力障碍儿童提供各种行为支持和身体协助,让其感觉到周围人对他们的关心、尊重,让他们愉快地生活。

目前国际上对智力障碍采取了一种新的、根据支持程度进行的分类,将智力障碍分为需要间歇性支持、有限支持、广泛支持和全面支持4类。新的分类方法为智力障碍儿童的康复提供了新思路,可以通过建立支持系统为智力障碍儿童的康复带来新的途径和方式,能够有效地改善康复训练和康复服务的效果,最终目的在于提高他们的生活质量。

(李国柱　范君君)

第十一章 气 质

第一节 气质概述
　一、气质的概念
　二、气质的学说
　三、高级神经活动类型与气质
第二节 气质的类型及其鉴定
　一、气质类型及其主要特征
　二、气质类型的鉴定指标
第三节 气质研究的实践意义
　一、气质与个体发展
　二、气质与职业选择
　三、气质与因材施教
阅读　气质类型测试

案例 11-1　"不同世界"的同桌

> 　　小杨和小孔是同桌,在彼此的眼中对方似乎和自己是截然不同两个世界的人。小杨非常温柔、和顺,对事物观察敏锐,反应敏感,体验深刻,想象丰富,但在活动中不敢表现自己,大家做游戏时,她却一个人不做声;做事小心谨慎,胆小好哭,课堂表现很守纪律。而小孔却动作迅速,精力充沛,热情洋溢,爱发脾气,情绪产生快而强,难以自制,理解问题常比别人快,活泼直率,粗心大意,一直坚持己见。

思考题

1. 为什么说小杨和小孔是不同世界的人?
2. 他们的差异表现在哪些方面?

上述案例中,我们可以看到小杨和小孔在脾气、情绪表现、处理事情上等有着很多不同,生活中确实有不少人在相同的心理活动上有着很大的差别,这种差异性的表现我们在心理学上称之为气质。关于气质,日常生活中的理解和心理学上的概念并不相同,也就出现了一些不够科学的认识。其一,错把气质视为风度,其实气质是指心理活动的那些典型而稳定的动力特征;其二,错把气质的形成与体液、体型、血型、激素等相联系,其实气质的形成主要与高级神经活动类型相关;其三,错把气质的类型看作有好有坏,其实气质类型无优劣之分,只是不管何种气质均有积极的和消极的方面。

第一节 气质概述

一、气质的概念

气质是一个古老的概念。早在公元前5世纪,古希腊医生Hippocrates就观察到,不同的人有不同的气质。现代心理学把气质理解为人典型的、稳定的心理特点,是表现在心理活动的动力特征上的个性心理特征。这些心理特点在各种各样的心理活动的动力上以相同的方式表现出来,而且不以活动的内容、目的和动机为转移。

在日常生活中,我们经常能发现有的人活泼好动、反应敏捷,有的人则稳重安静、行动缓慢;有的人做事总是比较急躁,有的人则做什么都慢吞吞的;有的人思维灵活、善于适应,有的却反应迟钝、不善应变;有的人精力充沛、生气勃勃,有的人却容易疲劳、缺乏生气。这些都是不同气质的表现。具体来说,气质具有以下特点:

(一) 心理活动的动力特征的稳定表现

日常生活中,人们常常错把气质视为风度,其实气质是指不以活动目的和内容为转移的典型的、稳定的心理活动的动力特征。所谓心理活动的动力特征,是指心理活动在强度、速度、稳定性、指向性等方面的特点。在心理活动进行的强度方面,主要表现为心理活动进行时力量的强弱,如人的精力和情绪反应的强弱、意志努力的程度等;在心理活动进行的速度方面,主要表现为反应的快慢,如感知速度和思维快慢等;在心理活动进行的稳定性方面,主要表现为心理活动进行的时间长短,如注意的稳定性和兴趣的持久性等;在心理活动的指向性方面,主要表现为心理活动是指向于外还是指向于内,如有的人倾向于从外部世界获得印象,而有的人喜欢沉湎于自己的内心世界。构成气质的心理活动的动力特征是稳定的,是不随活动的动机、目的和内容而改变的。因此,具有某种气质的人,可以在内容完全不同的活动中展现出同样表现的动力特征,从而使人的全部心理活动都呈现了个人的独特色彩。

(二) 天赋性

人的气质主要是由先天的高级神经活动类型所决定的,因而具有天赋性。对新生儿的研究表明,人一出生就表现出不同的气质特征。例如,有的婴儿易哭、爱笑,手脚动作多,有的则相反;同样是哭,有的哭声响亮,有的哭声轻微。另外,还有研究发现,一个人的气质在其出世前的几个月就有明显表现。据一些怀孕的女性报告,有的胎儿在孕妇情绪波动时有明显的胎动,有的则不明显。跟踪研究证明,怀孕中胎动比较明显的孩子,出生后稍有不称心就容易吵闹,不容易平静下来;胎动较少的孩子,出生后,除明显的不舒服或饥饿外,一般较少吵闹,比较安静。显然这是属于两种不同气质类型的孩子。此外,对同卵双生子的气质类型测定表明,他们的气质类型非常接近甚至相同,这也证明气质类型特征与遗传因素密切相关。

(三) 稳定性

在个性结构中,由于更多受先天神经系统特性的影响,气质比起能力、性格以及兴趣、需要更具稳定性。在一般情况下,一个人一生当中很难改变自己的气质类型。俗话说"禀性难移",即指气质具有不易改变的稳定性特点。但是,尽管气质比较稳定,并不是说自始至终一点都不改变。由于神经系统本身具有可塑性,因而神经系统的先天特性所决定的气质表现也会因后天生活环境与教育的影响而发生改变掩蔽。

> 1. 个性心理特征中,哪种特征最具稳定性?
> 2. 气质可以改变吗?

二、气质的学说

自古以来,人的气质问题受到普遍关注,许多学者先后探讨了气质的相关问题,并形成了多种气质学说。

(一) 气质与阴阳

战国秦汉间一部医学著作《黄帝内经·通天篇》,虽未用气质一词,却根据人体阴阳之气的比例把人类先天禀赋分为五型,每型人各有其体质形态和心理特点。黄帝问少师,人按阴阳如何分型,少师曰:"盖有太阴之人、少阴之人、太阳之人、少阳之人、阴阳和平之人。凡五人者,其态不同,其筋骨气血各不等。"太阴之人,外表谦下,内存险诈,只进不出,静观其变;少阴之人,没有同情心,好伤害人,嫉贤妒能;太阳之人,举止轻率,平庸自负,志大才疏;少阳之人,行事精细,妄自尊大,自以为是;阴阳和平之人,不恐惧,无贪欲,顺其自然,谦和讲理(表 11-1)。在类型的划分上,阴阳五行说与神经类型说、气质类型说有一些相似之处,一些类型有所重叠(表 11-2)。

表 11-1　五种气质类型及其特点

气质类型	阴阳匹配	表现特点
太阳之人	多阳无阴	居处于于,好言大事,无能而虚说,志发于四野,举措不顾是非,为事如常自用,事虽败而常无悔
少阳之人	多阳少阴	谛谛好自贵,有小小官则高自宜,好为外交而不内附偎
阴阳和平之人	阴阳之气和	居处安静,无为惧惧,无为欣欣,婉然从物,或与不争,与时变化
太阴之人	多阴无阳	贪而小仁,下齐湛湛,好内而恶出,心和而不发,不务于时,动而后之
少阴之人	多阴少阳	小贪而贼心,见人有亡,常若有得,好伤好害,见人有荣,乃反愠怒,心疾而无恩

表 11-2 阴阳五行说与神经类型说、气质类型说的比较

阴阳五行说	太阳之人	少阳之人	阴阳平和之人	少阴之人	太阴之人
神经类型说	兴奋型	—	中间型	—	抑制型
气质类型说	胆汁质	多血质	—	黏液质	抑郁质

专栏 11-1　中国古代哲学中的气质概念及其流变

考察中国汉语词典，气质这个词的核心是"气"。"气"是中国传统哲学概念，早期写作"炁"，后来写作"气"。在甲骨文、小篆字形中，气属于象形，象云气蒸腾上升的样子。《说文》：气，云气也；《礼记·月令》：天气下降，地气上腾。《左传·昭公元年》：天有六气……六气曰阴、阳、风、雨、晦、明也。后来扩展到气象、节气、气味；再后来引申为呼吸、气息，再后来发展为声气、语气，如气长（理直气壮）；气拍（醒木，惊堂木）；气竭声嘶（气力竭尽，声音嘶哑）；后来发展为景象、气氛、社会风气和习俗；再后来指人指人、物的属性，如气习、气质、习性；还可以指气运、人的元气、精神状态、情绪、气派、义气、作品的风格、气势，等等。气质的本义是本体、本性，如物质、实质、本质、资质，也可以理解为朴素、单纯，比如质朴；后扩展为问明、辨别、责问，比如质疑、质问、对质等；也可以理解为抵押或抵押品，如人质。

将气和质放在一起称为气质，最早出自张载《张子全书·语录钞》："为学大益，在自求变化气质。"张载提出："形而后有气质之性，善反之，则天地之性存焉。"（《正蒙·诚明》）二程赞同此说，认为"论性不论气，不备；论气不论性，不明，二之则不是。"（《二程遗书》卷六）"性即是理，理则自尧舜至于涂人，一也。才禀于气，气有清浊。禀其清者为贤，禀于浊者为愚。"（《二程遗书》卷十八）明确将人性分为"天命之性"与"气质之性"。"天命之性"，即"理"和"五常"。圣人、凡人皆同。"气质之性"，亦称"才"，则因人出生时所禀气之清浊而异，但均可通过教育和自身的努力而发生变化。朱熹说："论性不论气，则无以见生质之异；论气不论性，则无以见义理之同。""性只是理，然无那天气地质，则此理无安顿处。但得气之清明，则不蔽锢此理，顺发出来。蔽锢少者，发出来的天理胜；蔽固多者，则私欲胜。便见得本原之性，无有不善。"（《朱子语类》卷四）他进而认为人的性格刚柔、资质聪愚贤不肖、寿命长短、身份贵贱等，皆由"气质之性"所决定；但又强调气质可变，并据以论证教育的必要性与可能性。也有诗人和文艺理论家将气质理解为指风骨、诗文慷慨的风格。如《宋书·谢灵运传论》："子建、仲宣以气质为体。"《隋书·文学传序》："气质则理胜其词，清绮则文过其意。"

我国古代的思想家孔子从类似气质的角度把人分为"中行""狂""狷"三类。他认为"狂者进取，狷者有所不为"。意思是说，"狂者"一类的人，对客观事物的

态度是积极的,进取的,他们"志大言大",言行比较强烈外显;属于"狷者"一类的人比较拘谨,因而就"有所谨畏不为";"中行"一类的人则介乎两者之间,是所谓"依中庸而行"的人。我国春秋战国时期的古代医学中,曾根据阴阳五行学说,把人的某些心理上的个别差异与生理解剖特点联系起来。按阴阳的强弱,分为太阴、少阴、太阳、少阳、阴阳和平五种类型,每种类型各具有不同的体质形态和气质。又根据五行法则把人分为"金形""木形""水形""火形"和"土形",也各有不同的肤色、体形和气质特点。这两种分法是互相联系的。作为分类基础的阴阳与近代西方生理学研究的兴奋和抑制有某些类似之处,但并没有使用气质这个概念。

(二) 气质与体液

古希腊学者 Empedocles 提出了人体"四根说"。他认为人的身体是由四根构成的,固体部分是土根,液体部分是水根,呼吸是空气根,血液主要是火根。"四根"配合得好,身体就会健康,并且决定有机体结构的特征。"四根说"虽没有得到科学的证明,但已经具有了气质和神经类型学说的萌芽。古希腊著名医生 Hippocrates 受到 Empedocles 观点的影响,提出了"体液说"。他把土与黑胆汁、气与黄胆汁、火和血液、水和黏液相联系;黑胆汁生于胃,黄胆汁生于肝,血液生于心脏,黏液生于脑。当体液分布平衡时个体就是健康的,当体液分布失衡时将会导致疾病。后来,罗马医生 Galen 从 Hippocrates 的"体液说"出发,把四种体液与四种气质联系起来(气质这个词来源于拉丁语 temperare,意为"混合")。他除了用生理和心理特性之外,还将人的道德品行加入进来,这些因素组成 13 种气质类型。后来,简化为 4 种气质类型,分别为多血质、胆汁质、黏液质和抑郁质。每一种气质类型的特点都是某种体液占优势的结果,并有特定的心理表现。胆汁质的人,黄胆汁过多,急躁易怒,动作激烈;多血质的人,血液过多,活泼热心,喜欢活动;黏液质的人,黏液过多,稳重沉静,会算计;抑郁质的人,黑胆汁过多,多愁善感,过于郁闷。Galen 还认为,人的行为方式不仅决定于气质,也决定于周围环境。Galen 用体液来解释气质的机制,显然是不科学的,但这些类型的名称却被保留下来一直沿用至今。

(三) 气质与体型

德国精神病学家克 Kretschmer 把人的体格类型分为三种:肌肉发达的强壮型,高而瘦的瘦长型、矮而胖的矮胖型。他认为,不同体型的人具有不同的气质,正常人与精神病患者只有量的差别,没有质的不同。不同体型的正常人在气质上也带有精神病患者的某些特征。矮胖型的人,活泼好动、情绪不定,具有躁狂抑郁症的特征;瘦长型的人,内向孤僻、寡言多思,具有精神分裂症的特征;强壮型的正义节俭、遵守秩序,具有癫痫症的特征。因此,他将人的气质也分为:躁郁气质、分裂气质和黏着气质。美国心理学家 Sheldon 受 Kretschmer 的影响,对气质与体型的关系进行了更为深入的研究,把人的体型分为三种主要类型:内胚叶型(柔软、丰满、肥胖)、中胚叶型(肌肉骨骼发达、坚实、体态呈长方形)和外胚叶型(高大、瘦长、体质虚弱)。相应的人的气质也分三种：内胚叶型的人，图舒服、闲适、乐群，属于内脏气质型；中胚叶型的人，好动、自信、独立性强、爱冒险，属于肌肉气质型；外胚叶型的人，爱思考、压抑、约束，属于脑髓气质型。他还发现体型与气质之间有高达 0.8 左右的正相关。不过，现代心理科学认为，尽管气质与体型之间理所当然存在某种相关，但是不能认为两者之间理所当然的存在因果关系。

(四) 气质与激素

激素是由内分泌细胞分泌的高效能化学物质，在血液中的浓度极低，但对生理和心理活动有重大影响。Berman 认为，人的气质特点是由内分泌活动所决定的。他根据人的某种内分泌腺特别发达而把人划分为：甲状腺型、垂体型、肾上腺型、性腺型、副甲状腺型和胸腺型。不同类型的人，有不同的气质特点。例如，甲状腺型的人，体态为身体健康、头发茂密，气质特点为知觉灵敏、意志坚强，不疲劳；垂体型的人，体态未发育较好、体格纤细，气质特点为情绪温柔、自制力强等。现代科学研究发现，激素会对人的行为有影响，如肾上腺特别发达的人会有情绪容易激动的气质特点。但认为激素对气质有作用，或是气质是由激素决定的就比较片面，因为激素受到内分泌腺活动的影响，而内分泌腺的活动又受到神经系统直接或间接的控制。

三、高级神经活动类型与气质

现代心理学认为，高级神经活动类型与气质的关系密切，并将苏联生理学家 Pavlov 的高级神经活动类型学说视为是气质的主要生理基础。

(一) 神经过程的基本特性

Pavlov 发现，高级神经活动有两个基本过程，包括兴奋过程和抑制过程。兴奋过程是与有机体的某些活动的发动和加强相联系的；抑制过程是与有机体的某些活动的停或减弱相联系的。兴奋与抑制是相反相存，相互转化。Pavlov 认为，这两个神经过程有三个基本特性：神经过程的强度、神经过程的平衡性和神经过程的灵活性。

1. **神经过程的强度**　神经过程的强度是指个体大脑皮层细胞经受强烈刺激或持久工作的能力，即神经细胞是否能经受较强的刺激并能持久的工作。有关研究表明：在一定的限度内，神经细胞的兴奋能力符合于刺激的强度：强刺激会引起强兴奋或强抑制，弱刺激会引起弱兴奋或弱抑制。但是，当刺激强度超出一定限度时，并不是所有的个体都能以相应的兴奋或抑制对其发生反应。神经过程强的人，对于很强的兴奋性刺激仍能形成和保持条件反射，对于很强的抑制性刺激也能承受较长的时间；但是，神经过程弱的人，对于很强的兴奋性刺激就难以形成和保持条件反射，对于很强的抑制性刺激也不能承受较长的时间，甚至会产生神经活动的病理性变化。

2. **神经过程的平衡性**　神经过程的平衡性是指个体的兴奋过程和抑制过程之间的力量对比程度，即强度是否相当。如果兴奋和抑制的强度相当，说明两种神经过程的强度是平衡的；如果其中某一方占优势,则说明两种神经过程的强度是不平衡的。不平衡又可分为两种：兴奋强于抑制或抑制强于兴奋。

3. 神经过程的灵活性　神经过程的灵活性是指兴奋过程与抑制过程相互转换、相互替代的速度。人与人之间在兴奋和抑制相互转换速度上有所差异。有的灵活性大,有的灵活性小。实验研究表明：神经过程灵活性强的个体,能顺利并迅速地使兴奋性条件反射与抑制性条件反射相互转换、相互替代,或者把已有的动力定型（习惯、动作的生理机制）改造为新的动力定型；但神经过程灵活性弱的个体就会表现的困难,进而引起反射活动混乱及大脑皮质机能的失调。

（二）高级神经活动类型

Pavlov 依据神经过程三个方面基本特性的独特组合,形成了不同的高级神经活动类型（简称神经类型）。

1. 强而不平衡的类型（兴奋型）　这种类型的人的兴奋占优势,个体兴奋过程强于抑制过程,兴奋性条件反射的抑制性条件反射形成更快,是一种容易兴奋,易怒而难于自制的类型,所以也有人称之为不可遏制型。

2. 强而平衡、灵活的类型（活泼型）　这种类型的人兴奋过程的抑制都较强,而且两种神经过程平衡,并且两者容易转化；表现为活泼,反应较快,能很快适应变化的环境。

3. 强而平衡、不灵活的类型（安静型）　这种类型的人兴奋过程的抑制过程都较强,而且两种神经过程平衡,但两者不易转化；容易建立条件反射,但是一旦建立后就不易改造；以沉静而行动迟缓为特征。

4. 弱型（抑制型）　这种类型的人兴奋过程和抑制过程都很弱,条件反射的形成较慢,经受不了强烈刺激,但有较高的感受性,是一种胆小而神经质的类型。

神经过程的基本特性与高级神经活动类型的关系如表 11-3 所示。

表 11-3　神经过程的基本特性与高级神经活动类型

神经过程的基本特性			高级神经活动类型
强度	平衡性	灵活性	
强	不平衡	—	兴奋型
强	平衡	灵活	活泼型
强	平衡	不灵活	安静型
弱	—	—	抑制型

上述四种高级神经活动类型只是基本类型,还有许多过渡的或混合的类型。

专栏 11-2　对心理学有着重要贡献的生物学家——Pavlov

Pavlov(Иван Петрович Павлов,1849～1936),苏联生物学家、苏联科学院院士。1849 年 9 月 14 日生于梁赞。1870 年在圣彼得堡大学学习动物生理学,

1875年转入军事医学院学习,1883年获医学博士学位。1904年因消化腺生理学研究的卓越贡献而获得诺贝尔奖。他是用条件反射方法对动物和人的高级神经活动进行客观实验研究的创始人,也是现代唯物主义高级神经活动学说的创立者。Pavlov开始是研究血液循环和消化功能,但主要工作是关于高级神经活动的研究。他发展了Sechenov关于心理活动反射本性的学说,把反射解释为有机体与外部世界相互作用的要素。高级神经活动学说是其多年实验研究的总结,主要记述在《动物高级神经活动(行为)客观研究二十年经验,条件反射》(1923)和《大脑两半球机能讲义》(1927)之中。Pavlov详细地研究了暂时联系形成的神经机制和条件反射活动发展和消退的规律性,论述了基本的神经过程——兴奋和抑制现象的扩散和集中及其相互诱导的规律,提出了神经系统类型的学说和两种信号系统的概念。在苏联,它们被认为是对心理学问题进行辩证唯物主义深入研究的自然科学基础。他强调了心理与生理的统一,反对把心理的东西与生理的东西割裂开来。他应用客观的方法对心理现象进行科学研究,有助于心理学摆脱内省主义的束缚,近几十年来,生理学中的新进展使人们对心理的生理机制的认识不断深入,并使高级神经活动学说本身得到不断发展。Pavlov于1936年2月27日在彼得格勒逝世。

(三) 高级神经活动类型与气质

Pavlov认为,四种基本的高级神经活动类型分别对应四种气质类型,即兴奋型对应胆汁质,活泼型对应多血质,安静型对应黏液质,抑制型对应抑郁质。他认为,虽然有这样的类别对应,但不能把神经类型和气质类型看成同一物质,因为气质是一种心理现象,而高级神经活动类型是生理现象。所以,Pavlov的高级神经活动类型学说只是揭示了气质的主要生理基础,即胆汁质的生理基础是兴奋型,多血质的生理基础是活泼型,黏液质的生理基础是安静型,抑郁质的生理基础是抑制型(表11-4)。同时,高级神经活动类型不仅仅是上述的四种类型,还存在着许多过渡类型;气质类型也不仅仅是上述四种类型,也存在着许多混合类型。从现代气质类型测量的结果来看,大多数人的气质类型属于混合型。

表11-4 高级神经活动类型与气质类型表

高级神经活动过程	高级神经活动类型	气质类型
强、不平衡	兴奋型	胆汁质
强、平衡、灵活	活泼型	多血质
强、平衡、不灵活	安静型	黏液质
弱	抑制型	抑郁质

专栏 11-3　气质的神经生物学研究进展

对气质的生物学实质的研究最初是从神经解剖学上起步的，Kagan 的行为抑制性理论指出，气质生物学基础的研究应从中枢神经系统环路（包括下丘脑脑垂体、肾上腺和网状激活系统）和负责情绪控制的自主神经系统（交感副交感神经干）的高唤醒水平来探讨。通过多年的研究，现已达成了较一致的观点，即边缘系统的主要结构（包括海马结构、扣带回、隔区、下丘脑和杏仁核）以及它们对运动和自主目标的反射弧是行为抑制性特别重要的参与者。这些对我们认识气质的生物性起到了一定的作用，但仅仅是一些较单一的低水平上的认识，并未揭示出其生物实质。近年来，学者们开始对气质进行更深层次的多水平研究，利用现代神经影像学、分子生物学等科学技术手段对气质的生物性进行实证性解释。

1. 分子遗传学对气质的认识

(1) 遗传学的认识。

双生子和寄养子研究表明，遗传和环境因素在气质发展中起着非常重要的作用。双生子研究显示，同卵双生子的气质相关程度明显大于异卵双生子，其相关系数分别为 0.76 和 0.56（$P<0.01$）。还有一些研究发现同卵双生子在气质的很多方面都要比异卵双生子更加相似，如情绪性、活动性、害羞、社会性、注意、坚持性、态度、适应性、苦恼、积极情感和消极情感等。有学者对寄养子女进行 7 年的随访发现，寄养子女（0~7 岁）与生父间气质的平均相关系数为 0.03，寄养子女与未被寄养的血缘同胞气质的平均相关系数为 0.08，养父母与寄养子女间气质的平均相关系数为 0.12，并指出寄养子女与亲缘之间的气质差异是环境影响的结果。

(2) 气质的基因关联研究。

国内外些研究认为气质与多巴胺 D4 受体基因（DRD4）和 5-羟色胺（5-HT）基因有关。

2. 气质的脑电研究

不同的气质会表现出不同的脑电反应。苏思惠等人的研究发现，不同气质类型的被试者其脑电图在频率波幅、发放率和串长都存在明显的区别。黏液质 EEG 中 α 节律的频率最慢，而胆汁质的频率最快；黏液质的串长时间最长、同步反应的神经元数量最多，表明神经系统稳定性最强，而抑郁质的串长最短、同步反应的神经元数量最少，则神经系统兴奋性最高也最不稳定。

3. 气质的脑血流研究

脑血流与各气质类型之间也存在一定的关系。在利用单光子发射计算机断层成像技术（SPECT）对静息状态下被试的局部脑血流和气质性格量表（the temperament and character inveniory，TCI）相关研究中发现，右侧前部和后部岛脑以及左侧前扣带回的脑血流与新异刺激寻找存在显著的正相关,左侧海马旁回、右侧眶岛联合区、右侧额上回、梭状回和左侧颞下回等脑区的脑血流与伤害避免存在显著的负相关,双侧海马旁回、双侧前扣带回、右侧的前脑岛等脑区的脑血流量与奖励依赖存在显著的负相关。另有研究发现,左侧的舌回、中央前回、海马旁回、中脑,以及右侧的颞中叶与新异刺激寻找呈负相关,右侧的额中回与新异刺激寻找呈正相关。右侧的颞下回、前扣带回,左侧的颞中回、颞下回与伤害避免呈负相关;而右侧的颞叶下部和中部、左侧的眶额和颞下回与奖励依赖表现为显著的正相关。

4. 气质的神经化学研究

人们对气质的神经化学方面的研究做了一些尝试性的工作。在 Cloninger 的人格生物社会模型中曾提出奖励依赖与去甲肾上腺基线激活水平有关,较高的去甲肾上腺基线水平与较低的奖励依赖分数有关。之后一个关于酒精依赖的研究发现,生长激素(growth hormone,GH)对阿朴吗啡(一种多巴胺能 D2 兴奋剂,doparminergic D2 agonist)的反应和新异刺激寻找分数存在显著相关,而伤害避免和奖励依赖则与这种激素的反应无关。Gerra 等人对血浆去甲肾上腺素(NE)、肾上腺素(E)、NE-依赖性睾酮(T)、皮质醇(cort)和催乳素(PRL)水平与追求感官刺激(SS)、追求新奇刺激(NS)的人格维度评分之间进行了相关性研究。结果表明,血浆 NE、T 和 PRL 浓度与 NS 和 SS 得分呈正相关,多元回归分析显示血浆 NE、T 浓度与 SS 评分也呈正相关。NE 和依赖 NE 的激素级联反应下游酶化学修饰活性以及其他单胺能神经元冲动发放的变化,共同承担 SS 与 NS 人类气质的发展与程度。

第二节 气质的类型及其鉴定

一、气质类型及其主要特征

如前所述,现代的气质学说仍将气质分为典型的四种类型并保留了"体液说"的命名,分别为胆汁质、多血质、黏液质和抑郁质(表 11-5)。

(一)胆汁质及其主要特征

胆汁质的人情绪体验强烈、爆发迅猛、平息快速;无论是积极情绪,还是消极情绪都表现非常强烈,并具有突发、猛烈的特点,但很快平息下去。因此,脾气暴躁冲动,好挑衅,精力旺盛,争强好胜,勇敢果断;思维灵活,但粗枝大叶、不求甚解;为人热情直率、朴实真诚、表里如一;行动生气勃勃,工作顽强有力。概括地说,胆汁质最主要的特点是:反应迅速,但准确性不足;性情直率,但易粗暴;为人热情,但易冲动。

(二) 多血质及其主要特征

多血质的人情感丰富,易于外露但不稳定;思维反应敏捷灵活,但理解问题往往肤浅;善于交往,容易跟人接近;活泼好动,热情大方;爱好广泛,但兴趣和注意容易转移;工作热情富于效能性,有一定的自制能力。概括地说,多血质最主要的特点是:灵活敏捷,但持久性差;适应力强,但稳定性差;情感丰富,但不深刻;善于交往,但容易见异思迁;接受能力强,但常浅尝辄止。

表 11-5 气质类型的行为表现特征

气质类型	行为表现特征
胆汁质	精力充沛,动作有力,性情急躁,情绪易爆发,体验强烈且外露,不易自制,易冲动
多血质	活泼易感好动,敏捷而不持久,适应性强,注意易转移,兴趣易变换,情绪体验不深刻且外露
黏液质	稳重,安静,反应缓慢,沉默寡言,情绪不外露,注意力稳定但不易转移,善于忍耐,内向
抑郁质	反应迟钝,敏感,怯懦,情绪体验深刻、持久且不易外露,动作缓慢,易伤感,孤僻,善于观察小事细节,内向

(三) 黏液质及其主要特征

黏液质的人安静平和,情绪平稳很少有波动,难得看到放声大笑和大发脾气;面部表情平淡,行为举止镇定而缓慢;平时沉默寡言,喜欢沉思,不爱与人交谈、较少与人交往。有耐心,自制力强;思维的灵活性略差,但考虑问题细致而周到,不容易改变旧习惯而适应新环境;兴趣注意稳定不容易转移。概括地说,黏液质最主要的特点是:反应缓慢,但具有稳定性;沉着冷静,但缺乏生气;踏实稳重,但刻板冷漠。

(四) 抑郁质及其主要特征

抑郁质的人具有高度的敏感性,情绪体验深刻,容易多愁善感,细腻持久;观察仔细,感受性高,能觉察和体验到一般人觉察不出来的细节;容易疲劳,不能经受强刺激;思维敏锐,想象力丰富;很少在集体活动中表现自己,尽量摆脱出头露面工作,但做起工作细致;外表沉稳,但不善交际显得孤僻;反应不够灵活,动作迟缓而显无力。概括地说,抑郁质最主要特点是:外表温柔谦和,但懦弱缄默;行动踏实谨慎,但孤僻迟缓;情感体验深刻,但过敏多疑。

在中国的文学作品中,我们常可以看到上述四种气质类型的典型代表。例如,《三国演义》中的张飞是胆汁质的典型人物;《西游记》中的猪八戒是多血质的典型人物;《水浒传》中的林冲是黏液质的典型人物;《红楼梦》中的林黛玉则是抑郁质的典型人物。另外,苏联心理学家也曾形象地描述了四种气质类型的典型人物在同一情景中的不同行为举止:四个不同气质类型的人去剧院看戏,但都迟到了:胆汁质的人和检票员争执起来,企图闯入剧院,到自己位置上去。他分辩说,是剧院里的时钟走快了,他进去看戏是不会影响任何人的,打算推开检票员径直跑到座位上去。多血质的人立刻明白检票员是不会放他进入剧场的,但是通过楼厅进场比较便当,就跑到楼上去了。黏液质的人看到检票员不让他进入正厅,就想"第一场总归是不太精彩,我还是暂且在小卖部待一会,等到幕间休息时再过去"。抑郁质的人则说:"我总是不走运。偶尔来一次戏院,就这样倒霉。"然后就沮丧地返回家去了。

在现实生活中,属于上述四种气质类型的典型代表的人数较少,大多数人或是接近、倾向于某种气质类型,或是几种气质类型某些特点混合。

> 你能根据上述描述,分析自己的气质类型吗?

专栏 11-4 婴儿的气质

> 气质是婴儿出生后最早表现出来的稳定的个人特征,是个性形成的基础。知道婴儿气质对了解和预测婴儿的个性和社会相互作用系统有重要意义。
>
> 1. 婴儿气质类型
>
> 最著名的婴儿气质类型是 Thomas 和 Chess 的分类。他们将婴儿气质类型划分为三种,即容易型、困难型和缓慢型。
>
> (1) 容易型。这类婴儿约占 40%。他们吃、喝、睡等生理机能有规律,容易适应新环境,也容易接受新事物和不熟悉的人。他们的情绪一般积极愉快、爱玩,对成年人的交往行为反应积极,容易受到成年人最大的关怀和喜爱。
>
> (2) 困难型。这类婴儿约占 10%。他们在饮食、睡眠等生理机能活动方面缺乏规律性,对新食物、新事物、新环境接受很慢。时常大声哭闹,烦躁易怒,爱发脾气,不易安抚。他们的情绪总是不好,在游戏中也不愉快。在养育过程中容易使亲子关系疏远。
>
> (3) 缓慢型。这类婴儿约占 15%。他们的活动水平很低,行为反应强度很弱,常常安静地退缩。情绪低落,不甚愉快。逃避新事物、新刺激,对外界环境和事物的变化适应较慢。但在没有压力的情况下,他们也会对新刺激缓慢地产生兴趣,在新情境中逐渐地活跃起来。随着年龄的增长,以及成年人抚爱和教育情况不同而发生分化。
>
> 以上三种类型只涵盖了约 65% 的儿童,另有约 35% 的婴儿不能简单地划归到上述任何一种气质类型中去。他们往往具有上述两种或三种气质类型的混合特点,属于上述类型中的中间型或过渡(交叉)型。
>
> 2. 婴儿气质对早期教养和发展的影响
>
> 婴儿气质对早期教养的影响体现在不同气质类型婴儿对早期教养的适应性和要求不同。一般来讲,容易型婴儿对各种各样的教养方式都容易适应,因

此这类婴儿容易抚养。困难型婴儿的早期教养和亲子关系一开始就面临着问题,父母必须要处理许多棘手的问题,如怎样适应婴儿生活不规律、适应慢的特点,怎样对待婴儿的烦躁、哭闹等。如果父母的教养方式不能适应婴儿的气质特点,就会导致婴儿更加烦躁、抵触。因此家长要全面考虑婴儿气质特点,采取适合婴儿气质特点的措施,使婴儿健康成长。对缓慢型气质的婴儿,关键在于允许他们按照自己的速度和特点适应环境,如果给他们很大的压力,他们就会表现出回避倾向。事实上,这类儿童应多寻找机会去尝试新事物,适应新环境,逐渐获得良好的适应性。因此,父母应接受婴儿与生俱来的气质特征,采取适合于儿童特点的教养方式,才能帮助儿童健康成长。

二、气质类型的鉴定指标

(一) 气质类型的心理指标

现代心理学通常在高级神经活动类型的基础上,用下列 6 个反映心理活动动力特征的指标来鉴定人的气质类型:

1. 感受性　感受性是指人对内外适宜刺激的感觉能力。感受性是神经过程强度特性的一种表现,可以根据人产生心理反应所需的最小刺激强度来加以鉴定。

2. 耐受性　耐受性是指人对客观刺激在时间和强度上的耐受能力。它也是神经过程强度特性的表现。耐受性通常体现在长时间并保持高效率地从事某种活动时,心理活动的稳定性和坚持性等方面。

3. 反应的敏捷性　反应的敏捷性是指心理反应和心理过程进行的速度,如思维的敏捷程度、识记的速度、注意转移的灵活程度等。它主要是神经过程灵活性的表现。

4. 可塑性　可塑性是指人根据外界环境的变化而改变自己适应性行为的程度,如人适应外界环境变化的难易,采取适应性行为的快慢等。可塑性主要也是神经过程灵活性的表现。

5. 情绪兴奋性　情绪兴奋性是指情绪活动的易感性和情绪表露的程度,如情绪活动是否易于激起,情绪表露是否强烈等。情绪兴奋性既是神经过程的强度特征的表现,也是神经过程的平衡特性的表现。

6. 倾向性　倾向性是指人的心理活动和言行反应是表现于外还是表现于内的特性。表现于外叫外倾性,表现于内叫内倾性。外倾的人心理活动常随外界刺激而变化,内倾的人心理活动常随自己心理状态而转移。外向性是兴奋性占优势的表现,内向性是抑制过程占优势的表现。

根据上述各种心理特性的不同结合,可对不同的气质类型加以鉴定(表 11-6)。

表 11-6　心理特性和气质类型

	胆汁质	多血质	黏液质	抑郁质
感受性	−	−	−	+
耐受性	+	+	+	−
反应的敏捷性	+	+	−	−
可塑性		+	+	
情绪兴奋性	+	+		+
外倾性	+	+	−	−

注:"+"表示程度高;"−"表示程度低。

(二) 气质类型的个性倾向指标

英国心理学家 Eysenck 以传统的四种气质类型进行分类。他以内向和外向为"纬",以情绪稳定性为"经",确定了两个维度,分别是内外向和情绪的稳定性;这两个维度组合起来构成一个环状图形,得出四个组合类型,分别是外向稳定型、内向稳定型、外向不稳定型和内向不稳定型,依次相当于四种气质类型中的多血质、黏液质、胆汁质和抑郁质(图 11-1)。同时,Eysenck 还研究了这两个维度的神经基础。内向的人在皮层——网状结构回路有较高的活动水平,因而内向的人比外向的人有更高的皮层唤醒水平。所以,内向的人不易分心,能比其他人更专注于完成

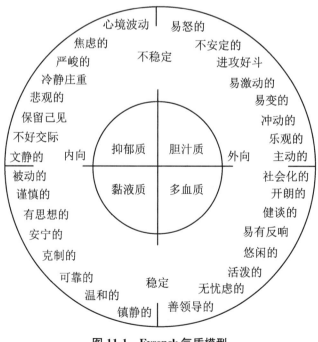

图 11-1　Eysenck 气质模型

当前的任务。外向的人由于皮层唤醒水平低，往往要通过参与某些活动（如冒险），靠外部刺激来提高唤醒水平；而内向的人则相反，他们的皮层唤醒水平高，所以要回避外部活动以使唤醒水平不至于过高。情绪的稳定性维度是一个人焦虑、消沉、烦恼、敌对等情绪方面的表现程度。情绪的稳定性表现与自动产生唤醒的脑结构（海马-杏仁、下丘脑等）有关。

（三）气质类型的情绪特征指标

我国学者卢家楣着重探讨了气质类型的心理指标中的"情绪兴奋性"，从情绪兴奋的敏感性、强度、速度、变化速度、外显性、易控性6个方面对4种气质类型进行了分析。

胆汁质类型的人，情绪兴奋的敏感性并不很高，即兴奋阈一般，需有一定的刺激方会引起情绪，但一旦引起情绪，不仅速度快，而且强度大，易爆发激情。他们情绪兴奋后不容易转变，不易自制，易控性小。他们的情绪发生时，外部表情明显，喜怒哀乐都在脸上，这类人给人的典型印象是"情绪粗犷"。

多血质类型的人，情绪兴奋的敏感性较高，即兴奋阈较低，易动情，易激动，并且情绪发生的速度快，强度较大。但他们在情绪兴奋后，转变也较快，易于自制，易控性较大。他们在情绪发生时，不仅外部表情明显，而且生动，富有感染力。这类人给人的典型印象是"情绪丰富"。

黏液质类型的人，情绪兴奋的敏感性较低，即兴奋阈高，不易动感情，情绪一般平静、稳定，较少起伏。若情绪发生其速度也较慢，强度一般不大，并且转变的速度也较慢，易于自制，易控性大。他们的情绪发生时，外部表情不明显，平时脸上的表情多趋于平淡。这类人给人的典型印象是"情绪贫乏"。

抑郁质类型的人，情绪兴奋的敏感性很高，即兴奋阈低，极易为一些细小的刺激动感情，引起情绪上的兴奋。情绪引起的速度并不快，但强度较大，并主要表现在内部情绪体验的深刻性上，即往往情绪卷入深而难以自拔，故情绪转变慢，不易自制，易控性小。他们在情绪发生时，外部表现不明显、不易被周围人所察觉，形成外表貌似平静而内心体验强烈、深刻的巨大反差。这类人给人的典型印象是"多愁善感"。

专栏 11-5 气质的鉴定方法

> 1. 分析组合法　是通过对人们的神经系统的强度、平衡性和灵活性三方面表现的分析组合，确定其高级神经类型，然后再鉴定其气质类型的方法，见上述表 11-3。
>
> 2. 类型对照法　是根据四种气质类型典型心理特征去对照人的行为表现，再做出气质类型鉴定的方法，见上述表 11-5。
>
> 3. 问卷法　问卷法回答方式有三种，两择一式的（答"是"或"不是"）、三择一式的（在前面两种回答之间加上"不确定"）或采用多等级评定尺度进行回答。

测量气质的问卷一般是基于气质理论,在经验的基础上编制而成。问卷法的优点是可以集体施测,结果的解释相对简单客观;缺点是被试的反应可能有虚假,自陈式问卷往往有向好的方向作答的倾向。常见气质测量有:

(1) Thurstone 气质量表。美国心理学家 Thurstone 于 1953 年编制而成,他采用因素分析法,测量 7 种人的气质特质。全量表共 140 题,每 20 题测量一种气质特质,这 7 种特质是因素 A-活动性(active)、因素 V-健壮性(vigorous)、因素 D-支配性(dominant)、因素 E-稳定性(stable)、因素 S-社会性(sociable)、因素 R-深思性(reflective)、因素 I-冲动性(impulsive)。在我国已有修订本出版。

(2) Strelan 气质调查表(STI)。波兰心理学家 Strelau 编制,共 134 题。该调查表分 E(兴奋过程强度,44 个)、I(抑制过程强度,44 个)、M(神经过程的灵活性,46 个)三个量表,神经过程的平衡性(B)没有单独记分。STI 是国际上应用比较广泛的一种气质测验量表。

(3) 陈会昌气质量表。由山西省教科院陈会昌等专家编制,共 60 题,每种气质类型 15 题,测量出 4 种气质类型:胆汁质、多血质、黏液质和抑郁质。他们的研究结果表明,多数人的气质是两种气质的混合型,典型气质和三种气质混合型的人很少。具体测量表见专栏 11-4。

4. 神经生理测定法　在心理实验室里,可用心理实验仪器对被试形成或改造条件反射的过程中,观察神经类特性,借以鉴定气质类型。实验者以不同形式条件反射测定神经类型的特性。现举例如下:

为了测定神经类型的强度指标,用条件光化学反射的办法,给被试一定强度的光刺激,在形成某种光化学反应之后,不断增强光的强度,如果在超强度的光刺激下,被试自然保持已形成的光化学反应,就说明他承受较强刺激,其神经类型为强型,反之就是弱型。

为了测定神经类型的平衡性指标,可通过被试形成兴奋性条件反射和抑制性条件反射所需光的强弱进行比较确定。如果被试形成两种条件反射所需光刺激的强度相等,说明他的兴奋进程和抑制过程是平衡的,即平衡型。如果抑制性条件反射形成比兴奋型条件反射形成所需光弱,就可判断抑制占优势,反之兴奋过程占优势,这都是神经过程不平衡的表现。

为了测定神经系统的灵活性,也可通过已形成上述两种条件反射加以改造(即兴奋性反射变为抑制性反射,或把抑制性反射变为兴奋性反射),视其难易程度加以判断。不同的被试完成这种改造所需强化的次数很不一样,所需次数少的,可断定是灵活型;所需次数多的,可断定是不灵活型。根据上述三方面特性的测定视其组合就能断定被试的神经类型,这样就不难判定其气质类型。实验法比较科学,所得结果较为精确;但需要仪器设备和技术经验。

下面介绍一种简便易行测定神经类型强度的方法:[①]

仪器为敲击板、计数器(无计数器可人工记数)、秒表。

步骤1:① 要求被试用优势手紧握棒的上端,以垂直方式尽最大努力来回敲击两块金属板(10 cm 见方,距离为 35 cm),要敲得又快又准(只有敲在铜板上,计数器才记数),先敲一分钟;② 实验开始主试先记录被试前 30 秒的敲击次数(n_1),然后记录后 30 秒的敲击次数(n_2);③ 被试安静坐下休息 1 分钟,然后以同样方式再做 1 分钟,试以同样方式记录 n_3 和 n_4。

将 n_1、n_2、n_3、n_4 的结果填入表 11-7。

表 11-7 神经类型强度测定记录表

被试	第 1 分钟		第 2 分钟	
	n_1	n_2	n_3	n_4

步骤2:根据表内数据用下列公式确定被试神经类型强度特性。

$$n_2 - n_1 \geq 0 \quad (1)$$
$$n_4 - n_3 \geq 0 \quad (2)$$
$$n_3 - n_2 \geq 0 \quad (3)$$

如果被试的结果完全符合上列三式或二式可确定为"强";如果只符合其中一式,则确定为中等;如果三式均不符合,只确定为"弱"。

说明:① 本实验主要测定强度指标,强度是神经类型最重要的指标,四种神经类型的强度依次排列是胆汁质、多血质、黏液质和抑郁质,可从实验测定再结合观察法和问卷法加以准确判定并验证。② 实验设计者杨博民等人的被试是青少年运动员,经实验测定的 55 人中,测定结果与教练员平时观察相符合的达 75%。

5. 言语电波测定法　苏联学者阿良克瑞斯基通过对儿童言语活动特性的实验研究来确定个体的神经过程的特定和气质类型。他用言语电波描记法测定儿童言语的反应时间、强度和意义内容。实验时,要求被试用大声朗读 Pushkin《上尉的女儿》中的三句诗;用言语电波描记器记录他们朗读的时间,分析每一个词的发音长度、间隔和发音强度。结果见表 11-8。

[①] 杨博民. 心理实验纲要[M]. 北京:北京大学出版社,1989.

表 11-8 言语活动特性和气质类型

被试	年龄（岁）	时间（秒）	间隔（秒）	发音时间（秒）	强度（分贝）	神经过程的基本特性	气质类型
А	11	9.7	2.19	7.51	57.3~77	强、平衡、快	多血质
Б	10	11.83	3.39	8.44	53~80	强、不平衡、急	胆汁质
В	9	15.96	8.53	7.43	52.8~73	强、不平衡、慢	黏液质
Г	14	26.95	17.56	9.39	51.2~66	弱、不平衡、慢	抑郁质

第三节 气质研究的实践意义

一、气质与个体发展

气质无优劣之分，其本身并不决定人的社会价值和成就高低。同一类型气质的人既可成为杰出人物，也可成为平庸之辈；既可成为品德高尚，有益于人民的人，也可成为道德堕落，有害于人民的人。与之相应，不同类型气质的人都有可能取得较高的社会成就。例如，19世纪俄罗斯文坛上出现四位杰出人物，分别属于四种气质类型：Pushkin属于胆汁质，Herzen属于多血质，Krylov属于黏液质，Gogol属于抑郁质。同样，中国文坛上的四位巨匠也分别具有四种气质类型：李白属于胆汁质，郭沫若属于多血质，茅盾属于黏液质，杜甫属于抑郁质。不过，从社会适应的角度来看，各种气质类型既有积极方面，又有消极方面。因此，就个体发展来说，每一种气质类型的基础都有使个性品质向一定方向发展的可能性，气质研究的意义就在于科学、辩证地认识自己的气质，注意扬长避短。

二、气质与职业选择

在特定的职业或工作中，人的不同气质类型具有一定的适应性。也就是说，有些工作适应某些气质类型的人来做，由另一些气质类型的人来做可能就不太适合。因而在人才选拔中，如果能适当考虑气质类型与职业要求之间的关系，既有利于个人综合素质的发挥，又有利于提高工作效率。特别是在航空、航天、情报、军事等特殊行业的高级人才选拔中，将气质类型作为一项参考指标，有助于大大降低人才培训的淘汰率。

一般来说，胆汁质的人更适合做反应快捷、热情奔放、突击性强和危险性大的工作，不适合做细心稳重的工作；多血质的人更适合做反应灵活、善于交际和多样化的工作，而不太适合踏实精细的工作；

> 你能根据自己的气质特点，找到自己适合的职业吗？

黏液质的人更适合做稳重踏实、细致刻板的工作,而不太合适做灵活多变的工作;抑郁质的人更适合做需要持久耐心、操作精细的工作,而不太适合做需要处事果敢、反应灵活的工作。不过,我们也不宜过分夸大气质与工作之间的关联性。许多研究表明,对于大多数一般性的工作中,气质的特征之间可互相补偿,对活动效率并不产生明显的影响。例如,中国科学院心理研究所对先进纺织女工的研究表明:一些黏液质的纺织女工看管多台纺织机时,她们注意的稳定性补偿了注意转移(从一台机器到另一台)的困难;另一些多血质的女工则是以注意的迅速转移来补偿其注意易分散的消极特点。

三、气质与因材施教

在教育教学过程中,一直强调因材施教。从气质类型的角度来看,老师应充分考虑学生的气质类型,采用适合学生气质特点的教育方法,因势利导、扬长避短,以促进学生身心的全面和谐发展。具体表现为长其善、就其失、究其法。

(一)长其善

尽量给不同气质类型的学生提供表现和展示其积极方面的机会。例如,胆汁质学生精力充沛,办事雷厉风行,参加活动时热情高涨,可以委托他们完成一些突击性任务;多血质学生性情外向,爱说爱动,善于表现自己,热心集体活动和班级工作,可以委托他们为班级多做些服务性工作。

(二)就其失

就学生学习和交往中存在问题与气质类型的关系,帮助其认识自身气质类型的消极方面,提高扬长避短意识。同时,平时多加关心,适当给予锻炼机会。例如,抑郁质学生胆小软弱,平常不声不响,在班级中多处于随从地位,教师对他们要更多地关心、照顾,并创设机会和条件,鼓励其"出头露面"。

(三)究其法

在具体教育中,针对不同类型学生采取不同的教育方法。例如,同样是对所犯错误的批判,对胆汁质的学生宜采取"商讨式"的批评方式,切忌在语言上伤害他们的自尊心,以防"火上浇油";对多血质的学生宜采取"震动式"的批评方式,以防"漫不经心";对黏液质的学生宜采取"启发式"的批评方式,以防"思维定势";对抑郁质的学生宜采取"渐进式"的批评方式,以防"心理伤害"。

阅读　气质类型测试

> 气质是天然的,它决定于人的生理因素。目前最常用的气质分类方法源自古希腊医生 Hippocrates 的气质说。他将人的气质分为黏液质、多血质、胆汁质和抑郁质四种气质类型。每个人都不单纯的属于某个气质类型,而应该是多种气质类型的混合。明白了你的主要气质、一般气质和次要气质分别是什么,就可以更好地了解自己,判断他人。

你在回答下列问题时,认为很符合自己情况的计 2 分;比较符合的计 1 分;介于符合与不符合之间计 0 分;比较不符合的计 -1 分;完全不符合的计 -2 分。

1. 做事力求稳妥,不做无把握的事。
2. 遇到可气的事就怒不可遏,想把心里话全说出来才痛快。
3. 宁肯一个人干事情,不愿很多人在一起。
4. 到一个新环境很快就能适应。
5. 厌恶那些强烈的刺激,如尖叫、噪音、危险镜头等。
6. 和人争吵时,总是先发制人,喜欢挑衅。
7. 喜欢安静的环境。
8. 善于和人交往。
9. 羡慕那种能克制自己感情的人。
10. 生活有规律,很少违反作息制度。
11. 在多数情况下情绪是乐观的。
12. 碰到陌生人觉得很拘束。
13. 遇到令人气愤的事,能很好地自我控制。
14. 做事总是有旺盛的精力。
15. 遇到问题常常举棋不定,优柔寡断。
16. 在人群中从不觉得过分拘束。
17. 情绪高昂时,觉得干什么都有趣;情绪低落时,又觉得干什么都没什么意思。
18. 当注意力集中于一件事时,别的事很难使你分心。
19. 理解问题总比别人快。
20. 碰到危险情境,常有一种极度的恐惧感。
21. 对学习、工作、事业抱有很高的热情。
22. 能够长时间做枯燥、单调的工作。
23. 符合兴趣的事情,干起来劲头十足,否则就不想干。
24. 一点小事就能引起情绪的波动。
25. 讨厌做那种需要耐心、细致的工作。
26. 与人交往不卑不亢。
27. 喜欢参加热烈的活动。
28. 爱看感情细腻、描写人物内心活动的文艺作品。
29. 工作学习时间长了,常会感到厌倦。
30. 不喜欢长时间谈论一个问题,愿意实际动手干。
31. 宁愿侃侃而谈,不愿窃窃私语。

32. 别人说你总是闷闷不乐。
33. 理解问题总是比别人慢些。
34. 疲倦时只要短暂的休息就能精神抖擞,重新投入工作。
35. 心里有话宁愿自己想,不愿说出来。
36. 认准一个目标就希望尽快实现,不达目的誓不罢休。
37. 学习、工作同样一段时间后,常会比别人更感疲倦。
38. 做事有些莽撞,常常不考虑后果。
39. 老师或老师傅讲授新知识、技术时,总希望他讲得慢些,多重复几遍。
40. 能够很快地忘记那些不愉快的事情。
41. 做作业或完成一件工作总比别人花时间多。
42. 喜欢剧烈、运动量大的体育活动,或喜欢参加各种文娱活动。
43. 不能很快地把注意力从一件事转移到另一件事上去。
44. 接受一个任务后,希望把它迅速完成。
45. 认为墨守成规比冒风险强些。
46. 能够同时注意几件事物。
47. 你烦闷的时候,别人很难使你高兴起来。
48. 爱看情节跌宕起伏、激动人心的小说。
49. 对工作抱认真严谨、始终一贯的态度。
50. 和周围人们的关系总是相处不好。
51. 喜欢复习学过的知识,重复做已经掌握的工作。
52. 希望做变化大、花样多的工作。
53. 小时候背诗歌,你似乎比别人记得清楚。
54. 别人说你"出语伤人",可你却不觉得。
55. 在体育活动中,常因反应慢而落后。
56. 反应敏捷,头脑机智。
57. 喜欢有条理而不甚麻烦的工作。
58. 兴奋的事情常使你失眠。
59. 老师讲新概念,常常听不懂,但是弄懂了以后就难以忘记。
60. 假如工作枯燥无味,马上就会情绪低落。

记分方法:
按题号将各题分为4类,计算每类题的得分总和。
胆汁质:2、6、9、14、17、21、27、31、36、38、42、48、50、54、58
多血质:4、8、11、16、19、23、25、29、34、40、44、46、52、56、60
黏液质:1、7、10、13、18、22、26、30、33、39、43、45、49、55、57
抑郁质:3、5、12、15、20、24、28、32、35、37、41、47、51、53、59

评价方法：

如果某气质类型得分明显高于其他三种，且均高出4分以上，则可定为该气质类型。如果该气质类型得分超过20分，则为典型型；如果该气质类型得分在10~20分，则为一般型。

两种气质类型得分接近，其差异低于3分，而且又明显高于其他两种，高出4分以上，则可定为两种气质类型的混合型。

三种气质类型得分想接近而且均高于第四种，则为三种气质类型的混合型。如多血-胆汁-黏液质混合型或黏液-多血-抑郁质混合型。

（王欣）

第十二章　性　　格

第一节　性格概述
　一、性格的概念
　二、性格的基本特征
　三、性格与气质、能力的关系
第二节　性格的结构
　一、性格的静态结构
　二、性格的动态结构
第三节　性格的理论
　一、功能类型说
　二、心理倾向说
　三、认知风格说
　四、生活倾向说
　五、性格取向说
六、职业选择说
七、行为模式说
第四节　影响性格形成和发展的因素
　一、机体因素
　二、社会文化因素
　三、家庭因素
　四、学校教育因素
　五、自我因素
第五节　性格测量
　一、问卷法
　二、投射测验法
　三、情境测验法
阅读　房树人测验（HTP）

案例 12-1　和时间赛跑的小张

> 小张在朋友的眼中是个"急性子"，他总是匆匆忙忙的，似乎一直在和时间赛跑。小张做事情的节奏很快，并在一段时间内常做多件事情，常常是边小跑，边吃东西或穿外套；边喝茶，边看杂志，还与别人通电话，并同时对进入办公室的人打招呼。小张对自己的要求很高，所有事情都要在自己设定的时间内尽快尽好的完成，竞争性很强，凡事都力求做得比别人更好。小张非常守时，从不迟到，也非常讨厌浪费时间，最怕排队。

思考题

1. 小张的性格有哪些特点？
2. 你知道小张的性格属于哪种性格类型吗？

在我们的身边有些人就像上述案例中的小张一样，总是匆匆忙忙，最大限度地利用时间，有强烈的竞争意识，做事力求更好，但也常处于中度焦虑的状态，也有一些人生活的却轻松自由、悠闲自得、凡事"差不多"即可、不愿与人竞争，这些都体现着人们有着不同的性格。"性格决定命运",性格的不同让我们对待事情的态度不同,相应的行为习惯不同,也会指引着我们选择生活的方向,决定着我们不同的命运。

第一节 性格概述

性格在个性心理特征的三个组成部分(能力、气质和性格)中具有核心意义,对个体适应环境、生涯发展及心理健康状况等方面均有较大影响。

一、性格的概念

性格(character)是表现在人对现实的稳定态度和习惯化了的行为方式上的心理特征。性格一词,源于希腊语"χρακτη'ρ",其原意为经雕刻而留下的痕迹或印记。后来此概念也用来表示经过环境"雕琢"的人的心理特点。在日常生活中,性格也常被广泛应用,它不但被用来表示事物的特性,也被用来表示人物的特征。

性格是一种与社会密切相关的个性特征,性格表现了人们对现实和周围世界的态度,并表现在他的行为举止中。在社会实践活动中,人对不断作用于人脑的客观现实会形成一定的反应倾向。这些客观现实通过人的认知、情绪及意志活动等心理过程在人脑中得到反映,并逐渐固定下来,从而形成了相对稳定的反应倾向(即态度),并以相对固定化、习惯化的方式表现在个体的行为方式中,由此表现出的个性心理特征就是性格。例如,一名大学生对待同学总是热情坦诚、乐于助人,对待自己总是严于律己、开朗自信,对待学习及工作总是认真负责、勤勤恳恳。在上述对待他人、自己及学习工作的稳定态度和与之相适应的习惯化了的行为方式中所表现出的独特的心理特征就构成了该个体的性格特征。

必须指出的是,在个体生活中那种一时性的偶然表现不能被认为是这个人的性格特征。例如,一个人在一次偶然的场合表现出的胆怯行为,不能据此认为这个人具有怯懦的性格特征;一个人在某种特殊的条件下,一反常态地发了脾气,也不能认为这个人具有暴躁的性格特征。只有那些经常的、习惯性的表现才能被认为是个体的性格特征。

二、性格的基本特征

(一)性格的独特性

俗话说"世界上没有两片完全相同的树叶",世界上也没有两个性格完全相同的个体。性格的这种独特性,表现在它不是个体全部心理特征的机械组合,只有那些能反映个体独特性的心理特征才能构成一个人的性格特征。正是由于性格具有独特性,人们才能够区分出不同性格特征的人。虽然性格具有独特性,但并不意味着人们的性格特征就完全不同,生活在同一社会群体中的人也有着一些相同的性格,比如中华民族是一个勤劳的民族,这里的"勤劳"就是共同的性格特征。

(二) 性格的统一性

性格是稳定的态度和习惯化了的行为方式两者有机的统一。这种统一性体现在两个方面:一是人对现实的态度决定了与之相适应的习惯化了的行为方式;二是一种习惯化了的行为方式也反映着人对现实的稳定态度。例如,面对有兴趣的人或事物时,人们通常会表现出接近的行为倾向;而面对不感兴趣的人或事物时,人们又通常会不愿接近甚至表现出回避的行为倾向。

(三) 性格的社会制约性

性格主要是后天社会环境的产物,因而具有社会制约性。主要表现为:首先,就性格内容而言,它反应的是客观现实,特别是对现实社会关系的反应。其次,就性格形成和发展的动态过程而言,它是在社会环境影响下形成和发展的,并随着社会环境的改变而进行再塑造。再次,就性格的评价而言,与气质、能力等心理特征不同,性格具有明确的社会道德评价意义,它反映了个性的社会属性,因此对性格的评价具有明显的好坏之分。

(四) 性格的稳定性与可塑性

性格具有稳定性。只有那些反映个体稳定倾向的心理特征,即稳定的态度以及习惯化了的行为方式才能反映人的性格特征,而那些个体偶然表现出来的,或在某些特定情境中所表现出来的心理特征不能被视为这个人的性格特征。例如,一个一贯乐观开朗的学生由于高考没考到理想的学校而突然变得沉默寡言,那么突然的沉默寡言就不能被视为该学生的性格特征,而具有稳定倾向的乐观开朗则可以视为其性格特征。正是因为性格具有稳定性,因此,了解人的性格,就能预测他在一般情境下会"做什么"和"怎么做"。例如,诸葛亮正是充分了解关羽重情重义的性格特点以及曹操多疑的性格特点,才能准确预测到曹操必走华容道而关羽必会放走他,不忍心杀之。

性格虽然具有稳定性,但并不意味着性格就是不可改变的。性格是稳定性与可塑性的统一。由于性格是在后天社会环境影响下形成和发展的,因而后天环境的改变必然会导致性格发生相应的变化,即表现为性格的可塑性。当然,性格的改变不会是突然发生的,往往是一个缓慢的过程。

三、性格与气质、能力的关系

性格是个体精神面貌的集中体现,是个性心理特征的核心。它与气质、能力等心理特征系统之间不是彼此孤立的,而是相互联系、彼此制约的,它们在个体身上表现为一个有机的个性心理特征整体。因此,探讨性格与气质、能力的关系,有助于揭示个性及其心理特征的实质。

(一) 性格与气质的关系

性格与气质两者关系密切,它们既有区别又相互联系。

1. 性格与气质的区别　性格与气质的区别主要体现在3个方面：① 从起源上看，气质是先天的，主要受人的高级神经活动类型影响，性格是后天的，主要受人与社会环境的相互作用的影响；② 从可塑性上看，气质的可塑性较小、变化既难且慢；性格的可塑性较大，变化既易又快；③ 从社会评价看，气质反映人的心理活动的动力特征，与心理活动的内容无关，因而无好坏或善恶之分，仅有积极或消极之分；性格涉及心理活动的内容，涉及人与他人及社会的相互关系，所以要受社会规范制约和评价，因而有好坏或善恶之分。

2. 性格与气质的联系　性格与气质之间的密切联系，可以从以下3个层面来理解：

(1) 从气质对性格的影响来看：首先，气质影响性格的表现方式，使性格特征表现出个体独特的色彩。例如，从"助人为乐"这一性格特征的表现方式上来看，胆汁质者在帮助人时往往行为爽直、明显外露；黏液质者在帮助人时动作沉稳、含而不露。其次，气质影响性格形成和变化的难易或快慢。例如，就形成自制这一性格特征而言，黏液质和抑郁质者因为其心理活动的动力特征与自制有较多的相近之处，因而比较容易形成沉稳自制的性格特征；而胆汁质者因为其心理活动具有情绪兴奋性高、抑制能力差等特点，所以需要通过较大的意志努力才能形成自制的性格特征。

(2) 从性格对气质的影响来看：性格可以在一定程度上掩盖甚至改造气质的某些特征，从而使气质特征更好地服从于社会实践的要求。例如，一个胆汁质的人，一旦形成了沉着冷静的性格特征，就有可能在实践活动中掩盖或抑制其冲动、外露等气质特征的自然表现。

(3) 性格与气质的密切关系还表现为：相同气质类型者可以形成不同的性格特征；而不同气质类型者也可以形成相同的性格特征。例如，神经活动类型为不可遏止型的胆汁质者和神经活动类型为抑制型的抑郁质者都可以培养出自制的性格特征。

(二) 性格与能力的关系

性格与能力的形成、发展有着相辅相成的关系。人在实践活动中，不仅形成、发展着相应的能力，而且形成、发展着各种性格特征。

> 你能结合生活中实际的例子来谈谈性格与气质、能力的区别与联系吗？

一方面，某些能力的形成与发展有助于相应性格的形成与发展。例如，学者在科研活动中，在其科研能力形成与发展的同时，也促使其严谨的科学态度及相应的习惯化行为方式的形成与发展。另一方面，性格对能力的形成和发展起着制约作用。优良的性格特征，如认真、勤奋、耐心、自制、自信、自尊等，能够促进其能力的形成与发展；不良的性格特征，如马虎、懒惰、急躁、任性、自卑等，则阻碍其能力的形成与发展，甚至会导致已经形成的能力的衰退。另外，良好的性格特征还能弥补能力在某些方面的不足或缺陷,如我们通常所说的"笨鸟先飞""勤能补拙"。

第二节 性格的结构

性格作为一种复杂的心理现象,其内在结构也十分复杂。我们可以从性格的不同侧面可以概括出不同的性格特征,这些特征在每个个体身上都以一定的独特性结合成有机的整体。对性格结构及其特征进行分析,有助于人们对性格这一心理现象的认识,同时也为良好性格的塑造提供依据。一般可以从性格的静态结构与动态结构分析入手,来剖析性格的结构。

一、性格的静态结构

对性格结构的静态分析主要是指对性格的描述性分析。我国心理学界倾向于从性格的态度特征、理智特征、情绪特征及意志特征 4 个维度来描述性格的静态结构。

(一) 性格的态度特征

性格的态度特征是指人对待现实的态度体系的性格特征,是性格结构中最重要的组成部分。属于这方面的性格特征主要有:① 在对社会、集体和他人的态度中表现出来的性格特征,如公而忘私或假公济私、诚实正直或虚伪狡诈、善于交际或行为孤僻等;② 在对劳动、工作和学习的态度中表现出来的性格特征,如勤劳或懒惰、认真细致或粗心马虎、勇于创新或墨守成规等;③ 在对自己的态度中表现出来的性格特征,如自尊或自卑、自律或放纵、自信或自负等。

上述三类性格的态度特征是彼此联系、相互影响的。例如,对待他人表现出热忱、助人等性格特征的人,在对待自己时常常会表现出自信、自尊、自立等性格特征。在上述众多性格特征中,对待社会和集体的态度特征是个体态度特征体系的核心,它通常决定了个体对待其他事物的态度,如决定了对待劳动、工作、学习、他人及自我的态度。

(二) 性格的理智特征

性格的理智特征是指人们表现在认识活动方面的性格特征。属于这方面的性格特征主要包括:

1. **在感知方面表现出来的性格特征** 如主动感知型与被动感知型、精细感知型与概括感知型、快速型与精细型、场独立型与场依存型等。

2. **在记忆方面表现出来的性格特征** 如精细编码型与简单编码型、理解记忆型与机械记忆型、主动记忆型与被动记忆型等。

3. **在想象方面表现出来的性格特征** 如想象广阔型与想象狭窄型、现实型与理想型、主动想象型与被动想象型等。

4. **在思维方面表现出来的性格特征** 如发散型与聚合型、分析型与综合型、独立思考型与模仿型、注重细节型与注重整体型等。

（三）性格的情绪特征

性格的情绪特征是指人们在情绪活动中经常表现出的一些具有稳定倾向的个体差异。这些性格差异主要表现在情绪的强度、稳定性和持久性以及主导心境3个方面。

1. **情绪强度方面的性格特征** 情绪强度方面的性格特征是指人的行为活动受情绪的感染和支配程度，以及情绪受意志调控的程度。人在情绪强度方面的差异主要反映了个体在情绪兴奋性方面的差异。例如，对于情绪兴奋性高的人而言，微弱的环境刺激就足以引起他们强烈的情绪反应，且情绪一经产生就难以控制；而对情绪兴奋性低的人来说，他们的情绪体验微弱、冷静且易于控制。

2. **情绪稳定性、持久性方面的性格特征** 这种性格特征是指人的情绪易于波动起伏的程度以及人的情绪活动持续时间的长短程度等。如有的人情绪易于波动起伏、喜怒无常；有的人则情绪比较平稳，即使遭到较重大的环境刺激也能保持情绪稳定。有的人情绪活动的持续时间较长，对其身心和工作的影响也较深刻；有的人情绪稍纵即逝，对其身心和工作几乎没有什么影响。

3. **主导心境方面的性格特征** 主导心境方面的性格特征是指人们在稳定的心境状态方面表现出的个体差异。如有些人的主导心境表现为欢乐而愉快；有些人的主导心境表现为抑郁而低沉；还有些人的主导心境表现为宁静而平和。

（四）性格的意志特征

性格的意志特征是指在意志活动中，人们对自身行为的自觉调控方式和水平方面表现出的性格特征。属于该方面的性格特征主要体现在以下4个方面：

1. **对行为目标明确程度的性格特征** 主要包括目的性、独立性、主见性、盲目性、易受暗示性、独断、散漫等。

2. **对行为自觉调控水平的性格特征** 主要包括主动、自制、克制、被动、冲动、感情用事、为所欲为、任性等。

3. **在紧急状况或困难情境中表现出的性格特征** 主要包括镇定、果断、勇敢、沉着冷静、急中生智、惊惶失措、优柔寡断、软弱等。

4. **在长期和经常的工作中表现出的性格特征** 主要包括毅力、坚持、认真、严谨、动摇、易妥协、草率、半途而废等。

二、性格的动态结构

各种性格特征既不是孤立地存在于个体身上，也不是各种特征的简单堆砌或机械组合，而是相互联系、彼此制约，共同构成了一个有机的性格整体；这些性格特征会根据环境和实践活动的需要而表现出不同的结合方式，并具有随环境改变而改变的特性。这都表明人的性格结构具有动态性。

(一) 整体性

性格虽然是由各种性格特征组成的,并不是各种性格特征的简单堆砌。在每个个体身上各种性格特征之间存在着一定的内在联系,它们相互影响、相互制约并构成一个统一的整体。其中,性格的态度特征在性格结构中居于相对主导的地位,影响其他性格特征的表现。这是因为,性格的态度特征与人的生活目的、理想、信念、价值观紧密相连,突出地反映了一个人的本质。由于性格特征之间存在着一定的内在联系,所以人们有时可以根据个体的某种主导性格特征推断出他在其他方面的性格特征。

(二) 情境性

由于性格的形成和表现更多受到后天环境的影响而具有社会制约性,所以各种性格特征会根据社会环境的需要,在不同场合表现出不同的结合方式,或表现出性格的不同侧面。如一个娇惯任性的儿童在老师和家长面前的表现通常是不同的。

(三) 可塑性

性格虽然具有相对稳定性,但并非一成不变。性格的形成是主客观因素相互作用的结果,同样,性格的变化或发展也受主客观两方面因素的影响。其中,生活环境的改变是性格发生变化的主要客观原因。例如,一个原来活泼开朗的人,如果遭受某种重大的不幸事件或打击,会变得沉默寡言。当然,对于不同的个体而言,生活环境对其性格的影响是不同的。相比较而言,未成年人的性格变化受生活环境的影响较大;而成年人的性格变化受生活环境的影响较小。与之相对应,人的主观能动性是性格发展变化的重要主观原因。生活环境对性格的影响,总是通过人的主观调节而起作用的。有时即使外界生活环境没有发生太大变化,但是当个体认识到自己的某些性格特征与社会要求不相符合时,也可以通过主观努力去改变这些性格特征;有时即使外界生活环境发生了很大的变化,但是如果个体认识到这些变化及其要求与自身已有的信念、世界观相悖时,也会有意识地控制自己,保持其原有的性格特征而不为环境所左右。

> 你能结合生活中实际的例子来谈谈你自己或身边的其他人性格是如何塑造的吗?

第三节 性格的理论

性格居于个性心理特征的核心位置,同时,性格有着十分复杂的心理结构。许多心理学家从不同角度来研究性格的结构,从而形成了各具特色的性格理论。下面介绍几种常见的性格理论。

一、功能类型说

英国心理学家 Bain 和法国心理学家 Ribot 依据理智、情绪和意志三种心理功能何种在性格结构中占据优势,相应地把人的性格划分为理智型、情绪型和意志型 3 种类型。为确定性格的上述功能类型,有学者还编制了相应的测验,由此确定人的性格类型。

对上述性格类型的研究表明,理智型者理智占优势,通常用理智的尺度衡量一切,其行为主要受理智控制,处事冷静而善于思考;情绪型者情绪占优势,表现为行动举止易受情绪激发和支配,不善于冷静思考,但情绪体验深刻;意志型者人的意志占优势,通常表现为行为目标明确,行事积极主动,勇于克服困难、意志坚定、自制力强。此外,该学说还认为,除了上述 3 种标准类型之外,还存在着中间类型,如理智-意志型,情绪-意志型等。

二、心理倾向说

瑞士心理学家 Jung 根据人的心理活动是倾向于外部还是内部,把人的性格分为外倾型和内倾型,以及介于两者之间的中间型 3 种类型。其中,外倾型者的心理活动倾向于外部世界,其典型表现为对外部事物更为关心和感兴趣,适应能力强,对人对事都能很快熟悉起来,感情丰富而外露,活泼开朗,善于交际,不拘小节,喜欢自由,缺乏谦虚态度,反应敏捷,动作迅速,好动但不愿做过多深入思考,做事不太精细等;内倾型者的心理活动则倾向于关注主体内部世界,其典型表现为处世谨慎,感情深藏不露,遇事冷静沉着,办事稳妥,不善交际,不易适应环境,爱独处,喜欢安静,易心胸狭窄,不宽容人,多思虑等;而中间类型者则兼具上述两种性格类型的特点。

Jung 还认为,人的心理活动有思维、感情、感觉和直觉 4 种基本功能。结合两种心理倾向可以构成 8 种人格类型,分别为:① 外向思维型。这种人尊重客观规律和伦理法则,不感情用事。② 外向感情型。这种人对事物的评价往往感情用事,容易凭借主观判断来衡量外界事物的价值。③ 外向感觉型。这种人以具体事物为出发点,容易凭借感觉来估量生活的价值,遇事不假思索,随波逐流,但善于应付现实。④ 外向直觉型。这种人只以主观态度探求各种现象,不接受过去的经验,只憧憬未来,容易悲观失望。⑤ 内向思维型。这种人不关心外部价值,以主观观念决定自己的思想,感情冷淡,好独断,偏执,易被人误解。⑥ 内向感情型。这种人情绪稳定,不露声色。⑦ 内向感觉型。这种人不能深入到事物的内部,在自己与事物之间常插入自己的感觉。⑧ 内向直觉型。这种人不关心外界事物,脱离实际,好幻想。

专栏 12-1　分析心理学创始人——Jung

> Jung(1875~1961),瑞士心理学家,精神分析心理学的代表人物。儿时的 Jung 腼腆、孤独、敏感,"心中藏有秘密"成为他一生不变的特点。1902 年,Jung 获得苏黎世大学医学博士学位,1905 年,任该校精神病学讲师,后来辞职自己开诊所。1900 年,Freud 的《梦的解析》出版,Jung 为书中的独到见解和深邃思想深深吸引。1906 年,他和 Freud 开始书信交往,后来又亲自到维也纳拜望 Freud,两人一见如故。1911 年,Jung 被推选为国际精神分析学会的第一任主席。1914 年,因与 Freud 在性本能等问题上的分歧退出国际精神分析学会,自创分析心理学。Jung 历经十多年的多文化游历和考察,提出了集体无意识的概念。他对于集体无意识及原型的研究深邃而神秘,他提出的人格类型理论开辟了个体差异研究的新领域。1961 年,Jung 去世,留下了诸多代表著作,如《本能与潜意识》《心理类型》《分析心理学的基本假设》《集体潜意识的原型》《心理学与宗教》等。

(资料来源:许燕.人格心理学[M].北京:北京师范大学出版社,2009.)

三、认知风格说

认知风格(cognitive style),又称认知方式,是指个人所偏爱使用的信息加工方式。例如,有人喜欢与别人讨论问题,从别人那里得到启发;有人则喜欢自己独立思考。认知风格与认知能力是两个截然不同的概念,其差别主要表现在以下 3 个方面:① 能力是指成就水平,而风格是指认知方式;② 能力是指人们能够达到的最高行为,而风格是指人们的典型行为;③ 能力是一种单极变量,有高低或好坏之分,而风格是指一种双极或多极变量,无高低与好坏之分。个体在认知风格上的差异具有一定的稳定性,儿童时期所表现出来的某种认知风格可能会保持到成年。认知风格有多种,其中最具有代表性的认知风格分类是美国心理学家 Witkin 提出的场独立性和场依存性。

1940 年,Witkin 等人在对知觉进行研究的过程中,发现了人对外部环境(场)存在两种对立的依存方式,即场独立与场依存,这种差异主要表现在人对场的不同依赖程度上。Witkin 根据这两种对立的信息加工方式,相应地把人的性格分为场独立型和场依存型两类。

(一) 场独立型

倾向于以内在参照作为信息加工的依据,不易受外在环境干扰,善于独立地对事物做出分析和判断;在人际关系上比较自主,具有掌握社会环境的能力;在应激情境中不惊慌失措,能发挥自己的力量;自信心、自尊心强,但易于固执己见,甚至喜欢把自己的意见强加于人;对社会的敏感性差,喜欢孤独的非人际情境。

(二) 场依存型

倾向于以外在参照作为信息加工的依据,易受外在附加物的干扰;在确定对现实的态度时,社会敏感性较高,较容易使用外在的社会参照框架,更关心他人提供的社会线索;对其他人感兴趣,善与人相处。但场依存型者常常不加批判地接受别人的意见,缺乏主见,应激能力差。

认知风格可以通过训练而得到改变。Witkin的研究结果说明,对儿童进行艺术、音乐和体育训练,能有效地提高儿童的场独立性水平。1985年,Globerson采取两种不同的训练方式,分别对场独立型和场依存型的8岁儿童进行有针对性的训练,结果他们在解决问题的能力上得到了同样的提高。1982年,许燕的研究表明,当教学方式与场依存型学生的认知方式相匹配时,能减轻这种学生在数学学习中的相对"劣势"。

专栏12-2　评定场独立型与场依存型的测验

1. 身体顺应测验　早期这个测验主要用来测试当外在视野线索与内在线索(身体垂直知觉)不相一致时,个体主要参照哪一种线索进行垂直判断。后来,人们发现这种测验上的个别差异在许多心理活动中都存在,具有稳定性,因此,就成为测定场依存型的一项测验。测验时,被试坐在一间小的斜屋内,要求他把身体调正。结果发现,场独立型的人,在调整身体时,主要不考虑屋子的位置,更多地利用从内部来的经验作为参照;场依存型的人,往往调整身体以与斜屋看齐,即他在确定身体位置时,以环境作为主要参照物。

2. 棒框测验　测验时,被试坐在暗室内,面前放着一个可以调节倾斜度的亮框,框中心装有一个能够转动度数的亮棒,要求被试把亮棒调到垂直。结果表明,场依存型的人,倾向于外在参照,他们调节亮棒与亮棒看齐,即根据亮框主轴来判断垂直;场独立型的人,倾向于更多地利用内在参照,他们往往利用自己感觉到的身体位置,把棒调成接近于垂直(图12-1)。

(a) 实验情境　　(b) 场独立型之反应　　(c) 场依赖型之反应

图12-1　棒框实验

(资料来源:Zimbado,1988)

3. 镶嵌图形测验　简单图形暗含在复杂图形中,要求被试把简单图形分离出来,这需要重新组织材料的能力。场独立型的人比场依存型的人容易分离出简单图形。

图 12-2　镶嵌图形测验示例
（资料来源：Witkin，1944）

四、生活倾向说

1928 年，德国心理学家 Spranger 把人类的社会生活方式分为理论的、经济的、审美的、社会的、权力的和宗教的 6 种类型，并由此把人的性格也划分为相应的 6 种类型：理论型、经济型、审美型、社会型、权力型和宗教型，并认为只有极少数人属于单一类型，大多数人都属于混合型。各种性格类型的主要特征如下：

（一）理论型

这种类型的人一般有浓厚的认识兴趣，以知识体系作为衡量事物价值的尺度，把认识事物的本质、追求理想及真理作为生活的目标，总能冷静而客观地观察事物，关心理论，力图把握事物的本质而缺乏解决现实问题的能力。

（二）经济型

这种类型的人往往以经济价值看待一切事物，以实际功利来评价事物的价值，以获取经济利益为生活目标。

（三）审美型

这种类型的人倾向于把审美价值作为衡量客观事物的尺度，对实际生活漠不关心，常常把自我感受和获得美作为生活的目标。

（四）社会型

这种类型的人重视爱，以关爱和帮助他人为人生的最高价值。有献身精神，有志于增进他人或社会福利。

（五）权力型

这种类型的人往往把获得更多权力及享受权利作为判断事物价值的标准，具有强烈的权力意识及支配他人的欲望，并把获得更多权力作为生活目标。

（六）宗教型

这种类型的人坚信宗教，生活在信仰中，总能感受到上帝的拯救和恩惠，富有同情心，以慈善为怀，以爱人爱物为目的。

五、性格取向说

性格是由一系列性格特征组合而成，而某些性格特征具有共同的倾向，美籍德裔心理学家 Fromm 称之为性格取向。个体的性格结构中可能存在几种性格取向，通常根据占主导地位的性格取向来划分其性格类型。他把人的性格划分为两类：

（一）生产取向

这是一种健康的性格，是人类发展的一种理想境界或目标。生产取向的性格特征体现在人的思维、工作和情感过程中。生产性的思维能透过现象发现本质，能客观地看待世界和自身；生产性的工作不是为生存或强权所迫，也不是为了克服无聊和空虚，而是为了实现人的潜能；生产性的爱是在保持自我完整性和独立性的同时与他人相聚为一体，这种爱的基本要素是关心、责任、尊重和理解。

（二）非生产取向

这是一种不健康的、病态的性格，它包含接受取向（被动地接受所需要的东西，依附于人，没有生产或爱的能力）、剥削取向（依靠强力和诡计从他人那里索取东西）、储藏取向（通过储藏和节俭来维持安全感）、市场取向（把自我作为商品，随着雇主的需求而改变自我）等。个体身上积极和消极的性格特征的比例将决定着其心理是否健康。

六、职业选择说

1973 年，美国心理学家 Holland 根据性格特征与职业选择的关系，把人的性格划分为以下 6 种类型。

（一）现实型

注重物质和实际利益而不重视社交；遵守规则，喜安定，但缺乏洞察力；适合从事那些具有明确要求，能按既定程序进行操作的职业。

（二）研究型

好奇心强，重分析，处事慎重；适合从事需要进行观察，以及科学分析的创造性工作。

（三）艺术型

想象力丰富，有理想，富有独创性；适合从事无固定程序、较少拘束的工作。

（四）社会型

乐于助人，善于社交，重友谊，责任感强；适合从事教育、医疗或与他人关联较多的工作。

（五）企业型

有冒险精神，自信而精力旺盛，喜欢支配他人，遇事有主见；适合选择从事组织、领导类的工作。

（六）常规型

易顺从，能自我抑制、想象力差，喜欢有秩序的环境，对重复性或习惯性的工作感兴趣，如出纳员、仓库管理员等。

七、行为模式说

1974年,Friedman和Roseman研究了某一类群体的性格特征与患病之间的关系,尤其是与冠心病之间的关系,并据此确定了A型、B型两种行为模式;1984年,英国学者Greer等研究者又提出了与癌症有关系的行为模式,即C型性格。

(一) A型性格

极端好胜、富有攻击性、缺乏耐心、有时间紧迫感和怀有敌意,通常对生活的某些核心方面感到不满,极富竞争性且野心勃勃,多为孤独者。本章开头案例中的小张就属于A型性格。研究表明,A型性格比一般人群更易获取社会成功,但同时也易罹患冠心病。其中,A型性格和冠心病相关的核心因素有三个:惯常的时间紧迫感、长期处于紧张状态和多重负荷状态以及敌意。

(二) B型性格

与A型性格相反,B型性格者总是以放松的姿态去面对他们所处的环境,较少竞争性,不愠不火,较少敌意,对工作和生活比较满意,喜欢慢步调的生活节奏。

> 你知道本章开头案例的小张是哪种类型性格了吗?

(三) C型性格

他们是善良、隐忍或自我牺牲的,易于合作且愉快,不果断,有耐心,服从外部权威,而且压抑消极情绪不使其外露,特别是愤怒情绪。此类性格可以预测哪些个体更易于患上癌症或加速其病程。

第四节 影响性格形成和发展的因素

性格并非与生俱来的。人的内部世界的倾向性和稳定性越强,对每一时刻影响人的客观事物的行为反应就越恒定。所以,任何性格都不是一朝一夕形成的。它是个体从儿童时期就不断地受到社会环境的影响、教育的熏陶和自身的实践长期塑造而成的。正因如此,性格一经形成就比较稳固。客观现实是十分复杂的,环境因素经常有各式各样的变化,人们之间的接触与交往也非常复杂,这种现实影响的多样性和多变性决定了性格不是一成不变的。

性格也不是社会环境消极作用的结果。个体的自我意识系统也会影响人们对环境的看法及态度,影响人们的性格的发展。

因此,性格是个体在社会实践活动中,在主体与环境相互作用过程中逐渐形成和发展起来的,并受到主体自我意识的调控。

一、机体因素

个体在出生时首先是作为一个生物有机体而存在,其心理发展首先是建立在与生俱来的机体特征之上的。因此,个体在性格形成过程中,社会影响首先通过其外在的机体特征对其产生作用。例如，一个人的身高、体重、体型和外貌等机体特征就会对其性格产生影响。这主要是因为对个体外貌特点的评价通常会受到一定社会文化价值取向的影响，而性格作为对社会现实的反应，必然会反映出社会的某种审美观念，因而一个人的外貌特点必然会对其性格有所影响。例如，在崇尚"骨感美"的社会中，体态丰满的女性就容易形成自卑、羞怯的性格特点。另外，有研究表明，那些符合社会审美标准的个体与不太符合社会审美标准的人相比，能更好地适应社会，性格和情绪上的问题也较少。

当然，并非不具备非凡外貌特征的个体就必然会形成自卑或自愧不如等消极性格特点。人具有主观能动性，通常会有选择性地接受外在影响，完全可以不为外界社会评价所左右，或采用"以内在补外在"的方式弥补自身的不足，进而形成积极乐观的性格。

二、社会文化因素

每个人都生活在特定的社会文化环境之中。社会的政治经济发展、文化传统、价值观念、生产方式以及风俗习惯等方面的特点，都会对个体性格的形成和发展产生深刻影响。社会文化因素对个体性格的影响主要是通过社会文化、社会规范、社会舆论、大众传媒以及社会职业等因素来实现的。此外，社会文化因素还通过家庭、学校、社会团体及各种社会关系等因素来影响个体性格的形成和发展。

（一）社会文化

社会文化是社会整体性的产物，它一经产生，就陶冶着每位社会成员的思想、观念、态度与情操，并以价值观念的形态积淀于民族心理意识之中，在现实生活中发挥程度不同、功能不一的社会心理效应。而且，社会文化对个体心理的影响具有广泛性和稳定性，即它会在大多数社会成员身上发生作用，形成共同的或相似的心理烙印。

在西方文化中，个人是社会的基本单位；而许多亚洲和非洲文化则强调家庭和其他社会群体。在集体主义文化中，个人形成的同一性往往和群体和谐地融合在一起。而且，人们会认为别人也是这样的。而在个人主义文化中，个人往往会形成独特的同一性，而且会认为，别人也总是想要与众不同。所以，对西方人来说，自我是一个整体；而对许多亚洲人和非洲人而言，自我只是一个部分。对西方人来说，群体是由单独的个人组成的，当人们一起工作时，就形成了团队；而对亚洲人和非洲人来说，群体是一个自然单位，不归属任何群体的个人是不完整的。来自不同文化的人在经商和进行政治谈判时所产生的冲突和误解常常是由对于人格和个人群体之间关系的不同期望导致的。

除了个人主义与集体主义之外，学者发现在竞争与合作之间也存在着较大的文化差异。崇尚个人主义的美国人一般会选择竞争。与来自集体主义文化的个人相比，美国人在有关成就需要的测试中往往能获得较高的分数。

专栏 12-3 与性格有关的一些其他文化差异

> 不同文化之间的差异还体现在一些与性格有关的方面,这些方面与个人主义和集体主义倾向并没有非常明显的联系,这些方面包括:
>
> 1. 不同年龄和性别群体的社会地位　在许多亚洲文化中,年长者具有较高的社会地位;在许多传统社会中,女性的地位要低于男性的地位。
>
> 2. 爱情　认为婚姻必须建立在爱情之上的思想诞生于近代的欧洲,并且多见于崇尚个人主义的文化中。
>
> 3. 淡泊　亚洲文化教导人们抑制强烈情感的表达,而西方人则更普遍地表达强烈情绪(虽然这点被称为性别差异)。
>
> 4. 控制源　在诸如美国和加拿大这样的个人主义国家中,人们的控制源更多的是在内部,而在诸如墨西哥和中国这样的发展中国家中,人们的控制源则较少在内部。
>
> 5. 思维和情感　许多文化(如拉丁美洲)并不像美国文化那样将思维和情绪清清楚楚地一分为二。

(二) 社会规范

人类社会生活的基本常识表明,每个社会为了自身的延续和发展,都会以一定的原则或法则为指导,向社会成员提出一定的行为规范方面的要求。这些行为规范规定了每位社会成员在扮演某一特定社会角色时所应表现出的行为方式。与之相对应,每位社会成员只有通过掌握这些行为规范,才能取得参与社会生活的资格。同样,自诞生之日起,人们所处的社会环境就不断地通过各种社会心理气氛和社会角色期待令个体意识到,为了更有效地生活和更成功地扮演特定的社会角色,就必须使自身对特定情境的心理反应与相应的社会规范相适应。同时,个体在社会交往过程中积累的经验与教训也在不断地强化着这种意识。由此导致,当人对特定情境产生心理反应时,个体更多考虑的通常不是如何真实地表现自己的内心感受,而是如何更好地为他人所接受和理解,如何更好地赢得他人的赏识和尊重,如何更好地获取或巩固既定的社会地位。换言之,人们考虑更多的是他人对其心理反应的反馈。

社会正是通过人们力图追求良性反馈的意识来调节和控制其心理反应的。在上述有形或无形的社会压力下,为满足社会对人的角色期待,个体不得不去理解各种社会情境的特定心理气氛,以便入乡随俗。同时,为了避免社会对个体的惩罚,人们不得不去控制或抑制自身的某些可能不为社会所期待的心理反应,甚至不惜装假。在上述过程中,个体逐渐形成了看待社会现实的稳定态度和与之相适应的习惯化了的行为方式。

(三) 社会舆论

社会舆论是指社会上大多数人对于某一普遍关心的有争议性人物或事物,用富有情绪色彩的态度和语言公开发表的意见,亦称公众意见。社会舆论作为多数社会成员的意见,其所反映的思想观念和行为方式较之其他意见具有压倒性的效力,常常有形、无形地构成社会成员看待特定社会问题的"正常的"价值规范和行为规范,进而形成相应的社会风气。因此,社会舆论对人的心理活动取向具有强烈的制约、指导和强化作用。社会舆论能使持相同意见的个体得到心理上的激励,为自己的言行得到社会认同所鼓舞,增强其自信心和对社会的归属感。

社会舆论也能使与之意见相反的个体感受到心理压力,为其言行受到社会谴责而不安,产生社会孤独感,从而被迫约束或改变自身的言行。因此,无论对于个体还是群体而言,在心理上与社会舆论保持一致,"以民心为己心"是适应社会环境的有效方式,也是实现自身利益的有效途径。反之,则会被视为"反常",导致与他人的格格不入或产生社会冲突,甚至遭受社会舆论的抨击。因此,社会舆论常常能导致人的心理的趋同倾向。

(四) 大众传媒

随着信息传播技术的迅速发展,网络、电视、广播、报刊、图书等大众传播媒介对个体心理的影响也日益显著,以致心理学家和社会学家称我们现在的社会为"拷贝世界",即由大众传播媒介构成的精神世界。拷贝世界不同于现实的客观世界,因为它所传播给人们的信息并非现实世界的简单复制,而是传媒从业人员依据一定的信念、态度、价值观念对现实世界发生的事件进行筛选或加工改造的结果。因此,大众传播媒介向人们提供的信息直接影响人们对特定角色模式、角色评价、价值标准和行为规范等的认识,并对个体性格的形成和发展产生潜移默化的影响。

大众传播媒介,特别是网络对青少年的影响,已经成为心理学、社会学工作者日益关注的研究领域。因为有相当数量的青少年几乎每天都要在网络上花费数小时的时间,网络已成为青少年名副其实的"第二学校"。电视对青少年的影响同样不可小觑。在美国,青少年看电视的平均时间甚至已经超过了上学的时间,以至于不少西方学者把现代的年轻人称为"在电视机前成长起来的一代"。

(五) 社会职业

性格的形成与发展贯穿着个体毕生的发展。青少年从学校走向工作岗位后,为了适应所从事的社会职业,以及适应新的人际关系、环境气氛和工作条件,需要反复学习扮演新的职业角色所应具备的行为方式以及对待事物的态度,从而形成和改变某些性格特征。长期从事某种特定的职业后,由于职业要求和职业行为的习惯化,也会使人形成某些特定的职业性格。例如,飞行员、航海员、火车和汽车司机更易形成冷静沉着、互助友爱和高度责任感等性格特点;教师更易于形成机智敏锐、耐心细致和以身作则等特点;文艺工作者易于形成活泼开朗、热情大方的特点;而科技工作者则易于形成实事求是、一丝不苟和善于独立思考等性格特点。此外,由于工作所带来的固定收入,使人们在家庭和社会中的地位也发生了变化,因而在性格的某些方面也会产生相应的变化,如独立性、责任心、安定感和自尊心等的提高。

三、家庭因素

家庭是构成社会的细胞,也是儿童出生后最早接触到的社会环境,各种社会文化传统及道德观念最初就是通过家庭来影响儿童的性格的。在家庭生活中,儿童通过衣食住行和父母的言传身教,接受各种社会经验的教育,领会着自己在物质生产、消费关系以及在政治关系中的地位,并逐渐形成着不同的生活态度和行为方式。因此,心理学家普遍把家庭视为"制造性格的工厂"。

(一) 家庭因素的重要性

家庭环境因素对儿童性格形成的重要性主要体现在以下 3 个方面:

1. 对性格影响的广泛性与长期性　儿童出生后有十多年甚至更长的时间在家庭中度过,因此家庭对儿童性格形成的影响是广泛的。父母的言行,家庭气氛,育儿方式,生活条件,以及家庭中所发生的一切,都对儿童的身心发展产生影响。儿童在家庭中不仅学习知识,掌握技能,发展智力,同时也塑造着性格。他们在家庭中既可能接受良好的教育,也可能受到不良的影响。这就需要家长充分重视家庭因素对儿童性格形成的影响。

2. 对性格形成的关键性　儿童早期是个体心理发展的"敏感期",诸多心理和行为的发展都始于该阶段。性格的形成和发展也是如此。例如,心理学研究发现,那些童年缺乏母爱的孩子,即使成年后,在人际交往中也常常会缺乏爱心,甚至对自己的婴儿也缺少应有的母爱。

3. 对后继性格发展的制约性　个体性格的形成具有连续性,后期的发展离不开早期的影响。儿童早期在家庭教育中形成的某些优良性格特征,会为其日后的性格发展和个性发展奠定良好的基础;而早年形成的某些不良性格特征,有可能影响其一生的发展,甚至导致其后来走上歧路。

(二) 家庭因素对性格的影响

家庭因素对性格的影响主要体现在以下几个方面:

1. 教养方式　是指父母在教养子女时所表现出的育儿风格,包括教养行为、态度以及流露出的情感等。20 世纪六七十年代美国心理学家 Baumrind 将父母教养方式归纳为两个维度:一是父母对待儿童的情感态度,即接受-拒绝维度;二是父母对儿童的要求和控制程度,即控制-容许维度。并根据这两个维度将父母的教养方式分为权威型、专断型、放纵型和忽视型 4 种类型(表 12-1)。

(1) 权威型。父母认为自己在孩子心目中应该有权威。但这种权威来自父母对孩子的理解与尊重,来自他们与孩子的经常交流及对孩子的帮助。父母以积极肯定的态度对待儿童,及时热情地对儿童的需要、行为做出反应,尊重并鼓励儿童表达自己的意见和观点。同时他们对儿童有较高的要求,对儿童不同的行为表现奖惩分明。这种高控制且在情感上偏于接纳和温暖的教养方式,对儿童的心理发展有许多积极影响。这种教养方式下的儿童独立性较强,善于自我控制的解决问题,自尊感和自信心较强,喜欢与人交往,对人友好。

表 12-1 不同教养方式的可能后果

教养方式	维度类型	可能后果
权威型	接受+控制	儿童期:心情愉悦,幸福感;高自尊和高自我控制 青少年期:高自尊,高社会和道德成熟性;高学术和学业成就
专断型	拒绝+控制	儿童期:焦虑,退缩,不幸福感;遇到挫折易产生敌对感 青少年期:与权威型相比,自我调整和适应较差,但与放纵型和忽视型相比,常有更好的在校表现
放纵型	接受+容许	儿童期:冲动,不服从,叛逆;苛求且依赖成人;缺乏毅力 青少年期:自我控制差,在校表现不良;与权威型和专断型相比,更易产生不良行为
忽视型	拒绝+容许	儿童期:在依赖、认知、游戏、情绪和社会技巧方面存在缺陷;攻击性行为 青少年期:自我控制差;学校表现不良

(2) 专制型。父母要求子女绝对地服从自己,他们与子女之间的地位是不平等的。这一类也属于高控制型教养方式,但在情感方面与权威型父母有显著的差异。这类父母常以冷漠、忽视的态度对待儿童,他们很少考虑儿童自身的要求与意愿。会对儿童违反规则的行为表示愤怒,甚至采取严厉的惩罚措施。这种教养方式下的学前期儿童常常表现出焦虑、退缩和不快乐。他们在与同伴交往中遇到挫折时,易产生敌对反应。在青少年时期,在这种专断型教养方式下成长的儿童与权威型相比,自我调节能力和适应性都比较差。但有时他们在校的学习表现比放纵型和忽视型的学生好,而且在校期间的反社会行为也较少。

(3) 放纵型。父母和权威型父母一样对儿童抱以积极肯定的情感,但缺乏控制。父母放任儿童自己做决定,即使他们还不具有这种能力。例如,任由儿童自己安排饮食起居,纵容儿童贪玩、看电视。父母很少向孩子提出要求,如既不要求他们做家务事,也不要求他们学习良好的行为举止;对儿童违反规则的行为采取忽视或接受的态度,很少发怒或训斥儿童。这样教养方式下的儿童大多很不成熟,他们随意发挥,往往具有较强的冲动性和攻击性,而且缺乏责任感,合作性差,很少为别人考虑,自信心不足。

(4) 忽视型。父母对孩子既缺乏爱的情感和积极反应,又缺少行为方面的要求和控制,因此亲子间的互动很少。他们对儿童缺乏最基本的关注,对儿童的行为缺乏反馈,且容易流露厌烦、不愿搭理的态度。如果儿童提出诸如物质等方面易于满足的要求,父母可能会对此做出应答;然而对于那些耗费时间和精力的长期目标,如培养儿童良好的学习习惯、恰当的社会性行为等,这些父母没有耐心去完成。这种教养方式下的儿童与放纵型教养方式下的儿童一样,具有较强攻击性,很少替别人考虑,对人缺乏热情与关心,这类孩子在青少年时期更有可能出现不良行为问题。

儿童在家庭中的地位并不是完全被动的,父母的教养方式同时也受到儿童应答方式的影响,即父母与子女之间是双向互动的关系。父母在塑造子女性格的同时,儿童自身的性格、气质等心理特点和行为也在影响着父母对其教养方式的选择。研究表明,父母和儿童的性别会影响父母对待孩子的教养方式,异性父母对待孩子比同性父母更仁慈,少严厉且更允许孩子自由。此外,孩子的行为特征也会影响父母的教养行为,活动过度的儿童的母亲比正常儿童的母亲有更多的指令和否定性。儿童的气质也影响父母的教养行为。

难养型气质类型的儿童容易与母亲发生冲突,其主要表现为:睡眠、进食、大小便难养成规律;看见生人就害怕;对新事物采取拒绝态度,适应慢;情绪多为消极性,好哭,遇到困难后会大声哭叫等。上述行为特点均会增加了母亲的控制,继而增加了孩子问题行为的可能性。美国心理学家在"谁影响谁"的亲子互动研究中发现,在和正常儿童在一起时,母亲都显得平静而肯定;而与行为问题儿童在一起时,母亲则变得具有强制性。研究还表明,攻击性高、不服管教的儿童比其他较顺从的儿童更易引起父母严厉的反应。

2. 母子关系　在诸多家庭因素中,以母亲为中心的各种刺激对孩子性格的形成与发展起着至关重要的作用。儿童不仅体验着由家庭环境给他们带来的一切影响,开始形成着最初的性格特征,更为今后性格的发展奠定了基础。母子关系对儿童性格塑造的作用主要体现在以下3个方面:

(1) 母亲与孩子之间的言语交往影响着儿童性格的形成与发展。亲子之间的言语交往是儿童智力和性格发展中不可或缺的因素。那些在婴儿时期就持续得到母亲丰富的言语刺激的儿童,其智力和性格的发展也较为迅速。此外,母亲所使用的语言的内容和质量,也直接影响着儿童性格特征的形成和发展。在文化水平较为低下的家庭中,由于母亲使用言语的内容贫乏,质量低劣甚至粗鲁,不仅易于造成儿童智力发育迟缓,而且还易于导致其许多不良性格特征的形成。

(2) 亲子的交往是互动反馈的动态过程。母亲通常会依据孩子的反应状态决定对其下一步该采取的行动。上述反馈活动越多,越有助于促进儿童的个性发展。

(3) 母亲给予的丰富刺激,在满足儿童生理需要的同时,更有助于促进其心理发展。反之,那些缺乏母爱的儿童则不利于其心理的正常发展。许多调查表明,长期住院或在保育院养护的儿童,由于缺乏足够的爱抚和与社会交往的机会,他们在性格发展上易于受到不良影响,通常表现为情绪淡薄、表情呆板、执拗、消极、冲动、乖僻等。此外,其智力和言语的发展,与正常的同龄儿童相比也更为迟缓。心理学家把这种现象的原因归结为"母亲养育剥夺",即母爱被剥夺的同时,感觉刺激和探索行为也被剥夺了,因而影响到其心理发展。

专栏 12-4　中国人比西方人更具恋母情结

"媳妇和妈妈同时落水你先救谁?"这是中国男人常被问的问题。世界上恐怕只有中国人才会纠结于这类问题。因为在中国人眼里母亲是不可替代的。中国人始终把母亲摆在一个非常重要的位置。就算是长大成人了,对母亲的情感联络,也早已渗透到个人的认知与行为中。似乎中国人比西方人更具恋母情结。

心理学家发现,由于东西方文化存在差异,东西方"自我"概念的差别也很大。其中一个突出表现就是中国人的自我概念中包含母亲的成分,母亲在中国人的心目中占有重要的地位。在第十七届国际跨文化心理学大会上,北京大学心理系教授朱滢、清华大学心理学系主任彭凯平教授等心理学家介绍了这个有趣的研究发现。

朱滢教授说,东方人和西方人对于自我这个概念的认识是不一样的,自我概念中包含名字、职业、性格等许多内容,东方人的自我概念强调同他人的关系,包括父母、好朋友、同事等,中国人在做一个决定时,更看重母亲或是朋友的意见;而西方人是绝对、独立的自我,其自我概念中并不包含父母、朋友和同事,只有他自己,自己的事自己决定,重要的事情,他一个人说了算,其他人的意见,包括妈妈的意见也只是参考。

通过实验,心理学家发现,自我和记忆有着密切的关系,被试会更容易记住和自我挂钩的词汇。在实验中,心理学家给被试提供一些人格形容词,诸如"勇敢""勤劳""友善"等,然后让被试将这些形容词跟自我挂钩,跟母亲挂钩。如果被试认为自己是勤劳的,那么他就能很好地记住这个词。结果发现,被试对与母亲挂钩的形容词的记忆和自我挂钩的记忆一样好。如果他认为母亲是"友善"的,那么他对"友善"这个词的记忆就与自我挂钩的词记得一样好。这说明,中国人始终把母亲摆在一个非常重要的位置,和自己是一样重要的。这就是为什么中国孩子比较听母亲的话、中国人对母亲更依恋的心理原因。

美国等西方国家的心理学家也用同样的方法进行了类似的研究,结果却与中国的实验结果大相径庭。被试对与自己相关的形容词记得最好。由此专家推断,母亲这个概念不在西方人的自我概念以内,母亲在西方人的自我意识中并不是最重要的。

彭凯平教授说,美国人的自我概念是独立的,母亲和总统这两个概念一样都属于外界事物,可以说,这是独立的、个人主义的自我,而中国人则是关系的自我,注重家庭、社会关系的自我,是一种集体主义、家庭的自我。

3. 父子关系　人们常会认为,母亲比父亲对儿童的性格养成起着更加重要的作用。其实,父亲在儿童良好性格塑造方面同样发挥着不可或缺的重要作用。父亲为子女提供的关怀和照料的质量水平将对其成年后的生活产生重要影响。父亲参与抚育要比单纯由母亲抚育更能有效预测子女行为的变化，因为父亲教养子女时所表现出的个体差异要大于母亲间的个体差异。父子关系对儿童性格塑造的作用主要体现在以下 4 个方面：

（1）父亲的智力水平既可以预测其育儿程度，也能预测其对孩子智力、学业发展的关心程度。

（2）父亲的就业状况和工作条件对其育儿行为会产生重要影响。失业、经济拮据、工作地位低下等，可预示着父亲将陷于紧张的婚姻关系，失去对自己孩子的影响力，从而对亲子关系产生不利影响。

（3）在婚姻关系方面，未表现出疑虑和担忧的丈夫会倾向于用较为积极的情感与子女进行交流，并以一种鼓励的方式与子女交谈。对于那些尚处于童年期或青少年期的孩子而言，父母婚姻关系的性质更能预测父亲对其社会、情感发展方面的关心程度。

（4）父亲积极参与育儿过程将会使子女终生获益。例如，在游戏中父亲诱导孩子体验到积极的情绪，给孩子带来快乐与满足，这种快乐和满足对于儿童的生活有着重大的意义：它使儿童从中获得对世界、对社会和他人的信心以及自信心，习得对他人的宽容和忍耐，较少紧张并得到应对环境的能力，帮助儿童成为心理功能完备的人。父亲参与育儿过程，有助于孩子完成在心理上与母亲的分离，教导他们控制自己的冲动，学习各种法律和规范，并对情境做出适当反应。父亲的支持给儿童带来信心、胜任感，从而有效地克服不良情绪障碍。因此，父亲成为除了母亲之外，第二个能为子女成长提供指导的人。此外，来自父亲的关爱也是一个避难所，他们通常能帮助母亲避免过度情绪化地处理母子关系。

4. 家庭结构　家庭结构也会影响着儿童性格的形成。我国的家庭结构已经发生了变化，几代同堂的大家庭越来越少，而由一对夫妇和一个孩子组成的"核心家庭"已成为我国家庭结构的主要形式。大家庭中的孩子易受到家风、家规等影响，有助于他们形成良好的性格特征，但也可能会因为隔代溺爱以及长辈在孩子教养方式上不一致等问题而导致孩子无所适从，易于形成不信任、投机取巧、欺骗、见风使舵、恐惧、焦虑等不良性格特征。核心家庭中虽然没有传统的隔代溺爱，但由于年轻父母普遍缺乏教育孩子的经验和方法，对孩子可能时而放纵，时而严苛。另外，由于核心家庭中很多父母都是双职工，可能也缺少教养及爱抚孩子的时间。此外，由于离婚率的持续上升，单亲家庭、再婚家庭比例也在逐年上升。这类家庭结构对儿童性格形成的影响同样不容忽视。首先，单亲家庭由于经济来源减少，会相应减少孩子参与各种活动的机会，从而对其智力和社交能力的发展产生不利影响，也降低了孩子的主观幸福感，影响了其性格。其次，单亲父母容易缺乏良好的心情和充足的时间与孩子交谈，使孩子的喜怒哀乐无法向父母表达。而儿童阶段正是性格形成的关键时期，缺乏沟通理解易于导致离异家庭儿童形成诸多不良性格特点。例如,性格懦弱、孤僻、自卑,不愿意讲话,感情波动起伏不定,心理早熟等;有的儿童还会表现为口吃,有时甚至有撒谎或暴力倾向。

四、学校教育因素

学校教育对儿童性格的形成也起着重要作用。学校是儿童有目的、有计划、系统地接受社会文化教育的重要场所。学生在学校里不仅学习、掌握系统的文化科学知识,而且发展智力,接受着一定的社会价值观念、道德标准等方面的教育,并在上述过程中形成自己的性格特征。

首先,学校的校风、班风、舆论气氛对学生的性格产生影响。一个有着良好校风、民主上进的班集体,有助于学生形成勤奋好学、积极进取、遵章守纪等良好性格特点。

其次,教师的言行对学生性格的形成也有重要影响。教师不仅传授给学生知识、技能,也在教育他们如何做人。教师是学生的一面镜子,也是他们学习和模仿的榜样,教师的一言一行都会对儿童性格的形成产生潜移默化的影响。因此,教师应做到为人师表,时时处处以身作则,对学生形成良好的性格特征起到榜样示范作用。

此外,学生在班集体中的地位、教师对待学生的态度以及学校的各种教育实践活动都会对学生性格的形成产生影响。每个学生在班级中都处于一定的地位,扮演着不同的角色,这种角色地位差异必然会影响教师和同学对他的态度和要求,影响他在班级中的行为方式和人际关系,进而影响其性格的形成与发展。另外,教师对待学生的态度也会影响其性格的形成。例如,教师对学生采取民主的态度,学生易形成情绪稳定、主动积极、态度友好的性格特征;教师对学生采取放任的态度,学生易形成无组织、无纪律、放任等性格特征;教师对学生采取专制的态度,学生易形成情绪紧张、缺乏自制、冷漠、自卑、虚伪等性格特征。因此,教师不可轻易地给学生贴上差生等标签,或对偶尔表现不佳的学生进行公开批评或示众,以免损伤孩子的自尊心。

五、自我因素

性格的形成与发展离不开家庭、学校、社会等环境的影响,但是环境影响并不能机械地决定人的性格。任何外部环境只有通过主体的自我调控系统才能产生影响。特别是当个体形成了自己的理想、信念、价值观念体系之后,性格的形成和发展更主要是主体有意识地自我培养和自我塑造的过程。这主要表现为,人们会根据自己已经形成的需要、动机及价值观念来调节自己对待现实的态度及行为方式。那些与主体自身价值观念相一致的外在社会要求更容易被人们所接纳,并逐步转化为主体内在需要,促进其性格的形成和发展;而那些与人们自身价值观念不相一致、甚至相冲突的外在社会要求,就不能转化为主体的内在需要,人们也就不会形成相应的性格特征。对性格成因的探讨有助于人们理解性格现象的本质,同时也为良好性格的塑造提供了一定依据。

> 你能结合生活实际谈谈如何培养学生良好的性格吗?

第五节 性格测量

如何鉴别性格的差异呢?心理学中用于测评性格的方法有很多,常用的有问卷法、投射测验法、情境测验法、行为观察法、谈话法、调查法等方法。这里只简要介绍其中几种较为常用的测量方法。

一、问卷法

问卷法,又称自陈量表法,是最常用的测量性格的方法是被试鉴别自己性格的自我评定问卷。这类问卷一般由若干描述性格特征的项目组成,采用客观测验的形式,要求被试根据自身的性格特点做出符合与否的回答。常用的自陈式问卷通常是按以下3种方法编制而成的:

(一)经验建构法

指使用若干题目对不同类型组(如正常组与精神障碍组)被试加以测试,并把其中能将不同类型被试区分开来的题目保留下来编制问卷的方法。如由美国明尼苏达大学心理学家 Hathaway 及精神病学家 Mckinley 合作编制而成的明尼苏达多相个性测验(MMPI)就是这类测验的典型代表。这种测验所侧重的是被试的主观感受,而不是客观事实,且在编制量表时采用正常与异常两个对照组为样本。该问卷不仅可用于临床诊断,还可用于测定正常被试者的性格特征,使人们对一个人的人格有概括的了解。该量表包括14个分量表,其中10个为临床量表,4个为效度量表。题目的内容范围很广,包括身体方面的情况、精神状态,以及对家庭、婚姻、宗教、政治、法律、社会等的态度,具体的内容及项目数见表12-1。所有题目均采用"是""否""不一定"来回答,题目举例如下:

(1) 我喜欢看机械方面的杂志。　　　　是(　)　　不一定(　)　　否(　)
(2) 我的胃口很好。　　　　　　　　　是(　)　　不一定(　)　　否(　)
(3) 我早上起来的时候,多半觉得睡眠充足,头脑清醒。
　　　　　　　　　　　　　　　　　　是(　)　　不一定(　)　　否(　)

表 12-1　MMPI 项目涉及的内容及题数

分类项目	项目数
1. 一般健康	9
2. 一般精神症状	19
3. 脑神经	11

续表

分类项目	项目数
4. 运动和协调动作	6
5. 敏感性	5
6. 血管运动,营养,分泌腺	10
7. 呼吸循环系统	5
8. 消化系统	11
9. 生殖泌尿系统	5
10. 习惯	19
11. 家庭婚姻	26
12. 职业关系	18
13. 教育关系	12
14. 有关性的态度	16
15. 有关宗教的态度	19
16. 政治态度——法律和秩序	46
17. 关于社会的态度	72
18. 抑郁情绪	32
19. 狂躁情绪	24
20. 强迫状态	15
21. 妄想、幻觉、错觉、关系疑虑	31
22. 恐惧症	29
23. 施虐狂,受虐狂	7
24. 志气	33
25. 男女性度	55
26. 想把自己表现得好些的态度	15

(二) 逻辑建构法

指依据某种性格理论或推理来编制问卷的题目,即先确定要测量的性格包含哪些特征,并据此编制出能测量到上述特征的题目。如 Edwards Personal Preference Schedule(EPPS)就是采用这种方法编制成的。该量表是由美国心理学家 Edwards 以 Murray 的需要理论为基础编制的性格自陈式问卷,主要用于测量个体在成就、顺从、秩序、表现、自主、亲和、支配、助人、攻击等 15 种心理需要上的倾向性,并由此构成了 15 个分量表。该量表共 225 题,其中有 15 题是用来检验被试反应一致性的重复项目,每个题目都包括两个以"我"为开头的陈述句,并采用强迫选择的方式,让被试按照自己的性格偏好从两者中选择一个。例如:

A. 当我的朋友有麻烦时,我喜欢帮助他们。

B. 对我所承担的一切事情,我都尽我最大的努力去做。

此外,该量表通过比较被试对项目的反应与一般人反应的差异,从而确定被试的一般性格特点及需要的特点。

(三)因素分析建构法

指对大量题目进行大样本测试,并借助因素分析的方法,将其中相关性高的题目编为同质组,且该组题目应与其他组题目间的相关较低或无相关。在第九章第二节中介绍过的 16PF 问卷就是用这种方法编制的。16PF 主要用于评价人的个性的 16 种根源特质,16PF 问卷中,共有 187 题,分配在 16 种因素中,每个题目有 A、B、C 三个选项(例如,A. 是的;B. 不一定;C. 不是的),受测者根据自己的情况选择一个最合适的选项。例如:

如果我有机会的话,我愿意:

A. 到一个繁华的城市去旅行

B. 介于 A、C 之间

C. 游览清静的山区

二、投射测验法

投射测验(projective test)是以 Freud 心理分析的个性理论为依据的。该理论认为人的行为是由潜意识中受压抑的本能驱力所推动的。因此,人们难以通过自陈式问答直接了解一个人的情感和欲望,但如果给被试呈现一些模棱两可的刺激情境,其潜意识中的欲望和情感则有可能会通过这些情境而投射出来,进而有助于了解其性格。

投射测验法就是根据上述理论设想设计出来的。测验通常由若干未经组织、模棱两可的刺激组成,让被试在极短的时间内对刺激做出任意解释,从而使其动机、态度、情绪及性格等特征在不知不觉中得以显露,并通过主试的分析来推断其性格特征。

投射测验法的种类很多,目前应用较为广泛的主要有罗夏墨迹测验(RIT)、主题统觉测验(TAT)、画人测验及语句完成测验等。罗夏墨迹测验是由瑞士精神医学家 Rorschach 于 1921 年设计的,共 10 张墨渍卡片,其中 5 张为黑色图形,2 张为黑红双色图形,3 张为彩色图形(图 12-3)。

施测时每次按顺序给被试呈现其中一张,同

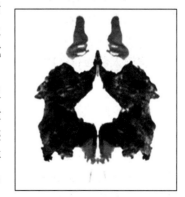

图 12-3 罗夏墨迹测验图片示例

时询问被试"你看到了什么"等,并依据被试的"反应是由墨迹的形状还是由其颜色决定的""其反应是否与众不同"等标准来进行判断。这种测验适合于个别施测,施测时主试在记录被试言语反应的同时,还要留意被试的情绪表现和伴随动作。

三、情境测验法

社会学习论者强调,如果能将情境中某种刺激与个体行为反应之间的关系确定下来,那么就可以创造某种情境来预测或监视个体的行为,这就是人格测验中情境测验的设计原则。情境测验就是主试在某种情境下观察被试的行为反应,进而了解其人格特点。情境测验可用于教育评价、人事甄选上,如性格教育测验、情境压力测验等。

(一) 性格教育测验

学校教育中一直培养学生们诚实、合作、友爱、负责等品格,却很少能用客观的测量工具来评定教育的效果,性格教育测验就可以用来进行鉴定。例如,一次考试结束后,将每份试卷复印一份,再发给学生并附上标准答案,要求他们自己评分,最后回收试卷,通过对照来测量学生"诚实"的程度,进而了解过去教育的绩效与有待改进的方向。

(二) 情境压力测验

情境压力测验是设计一种特殊的情境,使被试产生面临情境上的压力,然后由主试观察、记录被试是如何应付的,从而了解他的人格特质。例如,无领袖团体情境测验中,在情境中安置几个互相不认识的人,给他们布置一项任务,这个项目必须由他们合力完成,如果在规定的时间内没有顺利完成任务,那么每个人都会受到惩罚。被试在这种压力情境下,可能会使其中的某个人主动站出来带领大家完成任务,并得到其他人的支持与合作。通过这一测试,可以判别某人可能具有领袖的特质。

最后,必须要指出的是,由于性格现象具有复杂性,往往很难通过一种方法对性格进行全面的测量。因此,如果想较为准确地鉴别一个人的性格,还需要综合运用多种测量方法。

阅读 房树人测验(HTP)

> 房树人测验(House-Tree-Person,HTP),又称屋树人测验,是一种相对简单好用的投射测验。它开始于 John Buck 的"画树测验"。John Buck 于 1948 年发明此方法,受测者只需在三张白纸上分别画屋、树及人就完成测试。20 世纪 60 年代,日本引进了 HTP 测验并加以推广应用。学者们在临床实践中发现,分三次描绘三张图形对被测者的心理压力较大,尤其不适于那些精力不足、情感淡漠、注意力不集中的精神病患者。于是将房子、树、人三项合画于一张纸之中,不仅可大大减轻被测者的负担,扩大测验对象,提高成功率,而且能简捷

有效地探测被测者的人格特征。这就是统合型 HTP 测验(Synthetic House-Tree-Person Technique)。

　　HTP 测验相对来说方法多种多样,在测验的形式上又有许多变通。例如,有的简单要求被试画出房、树、人,有的要求被试在画完房树人后,再用蜡笔对画进行涂抹上彩,还有的对人物画要求画性别相反的两个人物;统合性 HTP 测验则要求被试在同一张纸上画有房树人来进行测试。总而言之,HTP 测验不仅是一种人格测验,而且是一种智力测验。它可以动态地掌握病人病情的演变,并且能促发病人的创造力,甚至通过绘画,起到治疗作用。通过多次绘画达到治疗目的的方法以后逐步形成了心理治疗中的绘画疗法。

（王欣）

参 考 文 献

[1] 李秀,刘新民.普通心理学[M].合肥:中国科学技术大学出版社,2016.
[2] 黄希庭.心理学导论[M].北京:人民教育出版社,2007.
[3] 格里格,津巴多.心理学与生活[M].北京:人民邮电出版社,2003.
[4] 安德森.认知心理学及其启示[M].北京:人民邮电出版社,2012.
[5] 傅于玲,邓富民,杨帅,等.舌尖上的"自虐":食辣中的心理学问题[J].心理科学进展,2018,2(9):1651-1660.
[6] 叶奕乾,等.普通心理学[M].上海:上海师范大学出版社,2000.
[7] 李新旺.生理心理学[M].北京:科学技术出版社,2001.
[8] 杜文东,蔡雄鑫.医学心理学基础[M].南京:南京大学出版社,1987.
[9] 杜文东.医用普通心理学[M].北京:北京科学技术出版社,2003.
[10] 立群.图解心理学[M].北京:中国华侨出版社,2017.
[11] 彭聃龄.普通心理学[M].北京:北京师范大学出版社,2012.
[12] COON D,MITTER J O.心理学导论:思想与行为的认识之路[M].11版.郑刚,等译.北京:中国轻工业出版社,2008.
[13] STERNBERG R J.认知心理学[M].3版.杨炳钧,等译.北京:中国轻工业出版社,2006.
[14] 程素萍.心理学[M].杭州:浙江大学出版社,2007.
[15] 多俊岗.基础心理学[M].北京:化学工业出版社,2008.
[16] 杜文东.心理学基础[M].北京:人民卫生出版社,2013.
[17] 梁建宁.心理学导论[M].上海:华东师范大学出版社,2013.
[18] 津巴多.普通心理学[M].北京:机械工业出版社,2017.
[19] 迈尔斯.迈尔斯心理学[M].7版.黄希庭,等译.北京:人民邮电出版社,2013.
[20] 津巴多,约翰逊,安韦伯.津巴多普通心理学[M].5版.北京:中国人民大学出版社,2013.
[21] 郭秀艳,周楚,李宏英.实验心理学[M].北京:人民卫生出版社,2013.
[22] 位焕弟.问题解决的影响因素分析[J].黑龙江教育学院学报,2009,28(10):71-73.
[23] 王雁.普通心理学[M].北京:人民教育出版社,2003.

[24] 孟昭兰.情绪心理学[M].北京:北京大学出版社,2005.
[25] 许远理,熊承清.情绪心理学的理论与应用[M].北京:中国科学技术出版社,2011.
[26] 曾智.古代中医情志相胜心理疗法之研究[J].南京中医药大学学报(社会科学版),2003,4(1):42-46.
[27] 姚树桥.心理评估[M].北京:人民卫生出版社,2013.
[28] 郑日昌.大学生心理诊断[M].济南:山东教育出版社,1999.
[29] 张履祥,葛明贵.普通心理学[M].合肥:安徽大学出版社,2002.
[30] 李元华.中国古代学者论气质与性格的个别差异[J].首都师范大学学报(社会科学版).2003(5):50.
[31] 卢家楣.对气质的情绪特性的探讨[J].心理科学.1995(1):58 61.
[32] 崔光成.发展心理学[M]:北京:人民卫生出版社,2007.
[33] 李杰,王凤梅,宝呼格吉乐图,等.气质的神经生物学进展[J].中华行为医学与脑科学杂志,2009,18(2):190-192.
[34] 郑日昌.普通心理学[M].北京:人民教育出版社,2011.
[35] 津巴多,约翰逊.普通心理学[M].北京:中国人民大学出版社,2008.
[36] 许燕.人格心理学[M].北京:北京师范大学出版社,2009.
[37] 陈曦,赵玉平.房树人测验(HTP)的研究及应用[J].社会心理科学,2012,9(27):80-85.
[38] 袁苑,陈美芬.统合型房树人测验(SHTP)及研究现状[J].科教导刊,2013,(25):212-213.
[39] 搜狐网:心理学家研究称:中国人比西方人更具恋母情结[EB/OL].(2004-08-07). http://it.sohu.com/20040807/n221410987.shtml.
[40] TURNBULL C M. Some observations regarding the experience and behavior of the BaMbuti Pygmies[J]. American Journal of Psychology,1961,74(2):304-308.
[41] GIBSON E J, WALK R D. The "visual cliff"[J]. Scientific Amerincan,1960,202(4):67-71.
[42] 赵佩琼,陈巍,张静,等.橡胶手错觉:拥有感研究的实验范式及其应用[J].心理科学进展,2019,27(1):37-50.
[43] 懂球帝网.大五人格特质的起源及发展历程[EB/OL].(2019-06-08). https://www.dongqiudi.com/news/1106381.html.